The State, War, Korea

국가, 전쟁, 한국

국가, 전쟁, 한국

발행일 1쇄 2012년 12월 10일
지은이 박상섭
펴낸이 여국동
펴낸곳 도서출판 인간사랑
출판등록 1983. 1. 26. 제일-3호
주소 경기도 고양시 일산동구 백석동 1178-1번지 2층
전화 031)901-8144(대표) | 977-3073(영업부) | 031)907-2003(편집부)
팩스 031)905-5815
전자우편 igsr@naver.com | igsr@yahoo.co.kr
블로그 http://blog.naver.com/igsr
인쇄 인성인쇄 **출력** 현대미디어 **종이** 세원지업사

값 25,000원
ISBN 978-89-7418-068-3 93340

국가_The State,

전쟁_War,

한국_Korea

박상섭 지음

인간사랑

서문

이 책은 필자가 2013년 초로 맞게 되는 정년퇴임을 계기로 지난 30년간 서울대학교 외교학과(지금은 정치외교학부)에 봉직하면서 썼던 글 가운데 아직도 읽을거리가 된다고 생각되는, 보다 정확하게는 그렇게 되기를 희망하는 일부를 하나로 묶은 것이다. 글을 식섭 읽게 되면 저절로 드러날 일이 되겠지만, 이 글들이 지금까지 알려지지 않았던 어떤 것을 새롭게 발견한다거나 어떤 새로운 이론적 주장을 제시하기 위한 작업 결과들은 아니다. 그러나 교과서나 어떤 다른 참고서적들을 통해 쉽게 접할 수 있는 그러한 내용만으로 구성된 것은 아니라고 생각한다. 대부분 필자 자신이 공부하는 과정에서 궁금하게 여겼지만 쉽게 찾을 수 없는 사항들을 필자 자신이나 또는 학생들을 위해 이곳저곳을 찾아 정리하여 쓴 것들이다. 그런 점에서 필자의 관심과 공부 과정의 흔적을 찾을 수 있는 것으로 생각된다. 따라서 이 책을 읽는 사람들이 여러 곳을 찾아야만 알 수 있는 것들을 좀 더 쉽게 찾을 수 있도록 하는 길잡이 역할을 해냈다고 생각해 주기만 한다면 더 이상 바랄 일은 없을 것이다.

이 책을 묶는 제목으로 선택된 『국가, 전쟁, 한국』은 사실 어떤 의미에서 지난 30년간 필자의 관심 사항을 대변하는 몇 가지 키워드 또는 주제 사항으로 얘기될 수 있는 것이다. 한국 문제를 직접 다루는 글은 한 편에 불과하다. 다른 곳에서 한국 문제에 관해 발표한 글이 몇 편 되지만 이 책에 수록된 다른 글들과 유사한 이론적 토론을 바탕으로 하지 않은 것들이어서 전부 빼기로 결정했기 때문이다. 이 책에 실은 글의 대부분이 실제 서양의 문제를 다루고 있지만 그 글들이 단순히 서양의 사정이 궁금해서 썼던 것은 아니다. 서양의 문제를 다룰 때 글 자체에서 그 흔적을 찾기는 쉽지 않을지도 모르지만 그와 관련된 한국 문제를 항상 염두에 두었었다. 즉 한국 문제를 이해하기 위한 하나의 자(尺) 또는 비교를 위한 모델(heurisitc model)을 찾는 과정에서 이루어진 작업이었다고 말하고 싶다.

필자가 살아온 지난 60여 년 또는 학교에 봉직해 온 30년의 한국사 시간이 갖는 역사적 의의는 세계사적 의미를 갖는 다른 어떤 중요한 사건들에 비교해도 결코 뒤지지 않는다고 필자는 자부한다. 필자가 대학에 입학했던 1960년대만 해도 모두가 민족주의라는 말 자체에서 어떤 신성함마저 느끼곤 했지만 발전과 성장의 결과 "민족주의는 반역"일 수도 있게끔 역사의 상황이 변했다. 역사의 진행이 어떤 방향성이나 목적을 갖는다고 말하는 역사철학류의 주장에 대해 필자는 전혀 동감하지 않지만, 최소한 근대 이후만을 국한해 볼 때 역사 진행 속에서 일정한 추세를 발견할 수 있는 것 또한 부인하기 어려운 사실이다. 필자는 이러한 추세가 역사 자체에 내재되어 있는 것이라기보다는 현실을 살아가는 사람들의 욕구의 자연스런 표현의 결과로 보고 있다. 이러한 욕구는 기본적으로 보다 낳은 삶, 약간 달리 표현하여 안전과 자유/자율을 위한 노력의 당연한 결과로 여겨진다.

그러한 노력은 사람들 상호간의 협동작업을 통해 자연적·사회적 장애를 극복하는 일에 초점이 맞추어졌는데, 그 과정에서 국가라는 엄청난 조직이 만들어졌음은 잘 알려진 일이다. 인간이 국가를 만들면서 극복하지 못할 장애는 없게 되었지만 바로 그 국가 자체가 인간의 삶을 억압하는 새로운 장애로 나타나게 되었던 점 또한 사실이다. 그러한 장애를 극복하려는 시도는 전쟁 또는 혁명이라는 대규모의 폭력사태로 귀결되었고, 그러한 폭력과정 속에서 변화에 저항하는 여러 가지 노력들이 극복되었다. 이러한 점에서 필자는 국가, 특히 근대국가의 형성 문제를 공부의 기본 주제로 해왔다. 필자가 그동안 단행본 형식으로 펴낸 몇 권의 책들 전부가 국가 문제를 중심으로 연결되는 작업이었다.

그러한 저술작업의 과정에서 본 작업과 직·간접적으로 관련되는 사항을 조사하거나 또는 낙수(落穗) 같은 결과물들이 있었는데, 이 책에 수록된 글들이 전부 그것들이다. 첫 번째 글 「국제관계의 역사사회학」은 1991년 『한국정치학회보』(25집 1호)에 게재된 것으로, 필자가 뒤에 책으로 펴낸 『근대국가와 전쟁』(나남, 1996)의 작업과정에서 집필된 것이다. 이 글은 암묵적으로는 유기적으로 연결되어 있는 국내정치와 국제정치의 두 개의 정치과정을 별도로 취급되는 현재의 정치학 추세를 비판하는 뜻도 포함하고 있다. 따라서 필자의 관심의 초점은 그 두 개 과정의 연결고리에 맞추어져 있다.

두 번째 글은 양영학술재단의 연구비를 받아 이루어진 결과물로 서울대학교 국제문제연구소에서 발간하는 『국제문제연구』 20집(1996)에 수록된 것이다. 이 글에서는 영국과 프랑스에서 중세 말 전쟁수행을 위한 자원 마련과 관련된 국내 동의기관의 (서로 다른) 역할과 그 이후의 서로 다른 정치발전 방식의 인과관계를 다루고 있다. 앞의 글 『국제관계의 역사사회학』에서 제시된 결론을 보여주는 역사적 사례 연구라는 의미를 갖는다.

세 번째 글 『국제관계와 화폐』는 이 논문의 서문에서도 밝히고 있지만 서양의 다양한 화폐 단위들의 실제 크기가 과연 어떤 것이었는가 하는 궁금함 때문에 조사한 글이다. 큰 부담 없이 읽을 수 있지만 근대식 화폐제도가 근대국가 형성과정과 밀접하게 연결되어 있다는 점을 깨우치는 데 도움이 될 것으로 생각된다. 이 글도 상기 『국제문제연구』 23집(1999)을 통해 발표되었다.

네 번째 글 「정치적 현실주의」는 한국국제정치학회에서 기획 단행본으로 발간했던 『현대국제정치학』(이상우·하영선 공편, 나남, 1992)에 기고한 글이다. 제2차 세계대전 이후 상당 기간 동안 영미 국제정치학계의 대표적 국제정치학 시각으로 자리 잡고 있던 소위 정치적 현실주의의 등장과 그에 대한 비판을 정리한 글이다. 새로운 논점이 제시되기보다는 국제정치학을 공부하는 학생들을 위한 안내라는 관점에서 쓰인 글이다.

다섯 번째의 글 「마르크스의 국가론」은 필자가 네오 마르크스주의 국가이론을 주제로 박사 논문의 한 장으로 썼던 부분을 확대해서 서울대학교 국제문제연구소의 『논문집』(현재의 『세계정치』의 원래 명칭) 8호(1984)를 통해 발표했던 것이다. 집필의 원래 의도는 국가에 관한 마르크스의 단편적 글들을 바탕으로 한 편의 체계적 논의로 만들어 보고자 한 것이었다. 이 글이 나온 이후 이 주제와 관련한 다양한 글이 많이 나왔지만 나름대로 아직 읽을거리가 될 수 있기를 희망하면서 수록을 결정했다.

여섯 번째 배링턴 무어에 대한 소개 글은 서울대학교 사회과학연구소가 주관하여 진행되고 있는 「사회과학의 명저」라는 이름의 강좌 시리즈에서 발표한 것을 글로 옮긴 것이다. 이 글은 동 연구소가 발간한 『사회과학의 명저』 2권에 수록되었다. 배링턴 무어의 글은 미국 사회과학계에서 역사사회학에 대한 관심에 다시 불을 지핀 중요한 의의를 갖는 저서이다. 물론 다른 국가의 영향에서 상대적으로 자유로운 환경에서 정치발전을 경험했던 주요 국가들을 중심으로 한 연구이지만, 근대화 작업이 기본적으로는 자본주의의 발전과 그에 따른 계급관계의 구조적 변동을 바탕으로 한다는 기본 논지는 20세기 후반 수많은 역사사회학적 작업의 출현을 자극하고 고무했다는 학술사적 의의를 갖는 작업이다. 한때는 정부 당국에 의해 번역작업이 억제된 것으로 알려져 있는데 지금은 정반대로 많은 사람들에 의해 거의 잊혀져 가고 있는 상황에 대한 대단히 안타까운 느낌을 바탕으로 쓰인 글이라는 점을 강조하고 싶다.

일곱 번째의 글 「한국 자유민주주의」는 1987년 당시 한국 지식계에 자유화 바람이 불면서 한국정치학회가 기획한 『현대 한국 정치와 국가』(최상룡 편, 법문사, 1987)에 기고했던 글이다. 이 글에서 필자는 한국에서의 자유민주주의가 갖는 부적합한 정치사회학적 기초에도 불구하고 나름대로 한국 정치의 기본 이념으로 작용해 왔던 역설적 상황을 이해하려고 시도했다. 최근 자유민주주의에 대한 일부 학자들의 부정적 태도가 보도되었지만 한국에서의 자유의 이념은 좁은 의미의 계급적 연결관계를 뛰어넘는 그 어떤 것이라는 점을 말하고 싶었던 글이다.

마지막의 일본의 군사전통에 관한 글은 필자가 1997-1998년 〈일한학술교류기금〉의 지원을 받아 일본 교토 대학에 머물고 있을 때 작업한 글이다. 일본이 다른 동아시아 국가들에 비해 빠르게 서양을 충격을 넘어서서 서양의 주요 국가들과 어깨를 나란히 할 수 있는 강국으로 도약한 것은 단순한 우연이 아니라 일본이 갖고 있는 독특한 역사적 배경 때문에 가능했을 것이라는 것이 필자가 작업을 시작하기 전에 갖고 있던 기본 가정이었다. 이러한 관점에서 작업을 한 결과 필자가 알게 된 것은 일본 자체가 (16세기까지) 갖고 있던 독특한 분권화된 정치상황 때문에 나타났던 높은 수준의 군사화가 2세기 반에 걸친 장기간의 평화시기에도 불구하고 재빨리 군사국가로 재도약할 수 있는 밑거름이 되었다는 것이 필자의 논지이다. 필자가 쓰고 있는 내용은 물론 전문가의 시각에서 본다면 몇 가지의 중요한 약점을 갖고 있겠지만 그런대로 흥미 있는 얘기를 담고 있다고 여겨졌기 때문에 재수록을 결정하였다.

발표된 지 상당한 시간이 지난 글들이기 때문에 수정 또는 보충해야 할 부분이 적지 않으리라 여겨지지만 그 작업 또한 간단한 일이 아니고, 또한 공부해 온 흔적을 그대로 보인다는 점에서 분명히 잘못된 것이라고 여겨지는 한두 곳 외에는 어떤 수정도 하지 않은 채 글을 재수록했다. 다만 원래의 글에서 사용하던 한자의 경우는 전부 한글로 바꾸었다. 일본 관련 글에서만은 인명이나 지명 등은 한자로 된 원래의 표기를 그대로 쓰면서 괄호 속에 일본어 발음을 한글로 적었다.

한편 인용하는 외국 책의 경우 원래의 글이 발표된 이후에 번역된 책도 있지만 작업의 번다함 때문에 구태여 반영하려는 노력을 기울이지 않았다. 이 때문에 불편을 야기한 점은 있겠지만 다른 점에서 크게 잘못된 점은 없으리라 믿는다. 또한 글들의 일부 주제와 관련된 주요한 연구 단행본 또는 논문들이 역시 글이 발표된 이후 발간된 것을 잘 알고 있지만 역시 글 속에서 반영하지 못했다. 이 점에 대해서도 양해가 있기를 바란다. 그리고 이 자리를 빌려 글들이 원래 실렸던 학술지의 발간 기관들이(한국정치학회, 한국국제정치학회, 서울대학교 사회과학원, 서울대학교 국제문제연구소) 재수록을 흔쾌히 허락해 주신 데 대해 감사의 말씀을 전하고 싶다.

책의 머리 부분에 감사의 말이 반드시 들어가는 것이 관례인 것으로 알고 있다. 새로 쓴 글도 아니고 지난 30년간에 발표된 글 가운데 일부를 모은 이 책의 경우도 예외가 될 수 없다. 그러나 사실 생각해 보니 그 고마움이 너무 크기 때문에 "고맙습니다" 하는 한마디 말로 충분치 못하다고 여겨져 송구스럽기 짝이 없다. 그래도 은사님들, 학교 선배·동료 교수님들, 제자·후배님들께, 그리고 묵묵히 옆을 지켜왔던 가족들에게도 다시 한 번 고맙다는 말을 전하고 싶다. 끝으로 바쁜 출판 일정에도 불구하고 이 책의 출판을 흔쾌히 수락해 주시고 번다한 편집업무를 맡아주신 인간사랑 출판사의 영업 및 편집팀에 역시 감사의 뜻을 전하고자 한다.

임진(壬辰)년 세모(歲暮)

지리산 우거(寓居)에서

필자 씀

목차

국가_The State,

전쟁_War,

한국_Korea

1장
근대 국제체제의 사회학을 위한 시론

1. 서론: 국내정치와 국제체제의 구조적 연결성에 관한 기존의 논의

독립적 분과학으로서 국제정치학은 미국이 역사상 최초로 명실상부한 세계 국가(the global power)로서 등장한 제2차 세계대전 이후 미국의 세계정책 수립이라는 현실적 요청에 부응하여 이루어진 것으로 이해된다.[1] 이러한 현실적 요청에 부응하여 나타난 국제정치학의 지배적 패러다

1 국제정치학의 이러한 성격에 관해서는 Stanley Hoffmann, "An American Social Science: International Relations," in S. Hoffmann, *Janus and Minerva: Essays in the Theory and Practice of International Politics*(Boulder: Westview Press, 1987[1977]),

임이 '현실주의'였음은 이미 잘 알려진 일이다.

원래 유럽 대륙에서 발전한 현실주의의 정치철학은 1930－1940년대 지성의 대이동기를 계기로 미국에 옮겨진 후[2] 당시까지 고립주의 전통 때문에 적극적 대외정책의 수립에 적합한 지적 조망의 틀을 미처 준비하고 있지 않던 미국으로 하여금 세계정책을 수립하는 데 필요한 이론적 장치를 제공해 주었다고 이해된다.[3] 한편 역사상 처음으로 명실상부한 세계정책 수립의 필요성을 갖게 된 미국에서 국제관계에 대한 현실적 관심은 미국이 갖고 있는 독특한 지적 분위기, 미국의 세계 정치상의 위치 및 학문기관의 제도적 성격 등에 의해 독립적 분과학으로 성장할 수 있는 계기를 갖게 만들었다.

미국이 갖는 독특한 지적 배경과 현실적 요청에 호응해 성립되고 성장했기 때문에 국제정치학은 나름대로의 특성을 지니게 되었는데, 이 중 몇 가지는 취약점으로 지적된다. 이 중에서 본 논문의 취지와 관련되는 것으로는 국제문제 논의 전반에서 나타나는 희박한 역사적 조망을

---

pp. 3－24 참조.

2 보는 시각에 따라서 '현실주의'는 마키아벨리에까지 소급되기도 한다. 그러나 굳이 역사를 거슬러 올라가 소급하자면 고대 인도의 Kautilya나 고대 그리스의 도시국가 간의 '국제관계'가 드러내고 있는 '현실주의'적 성격을 잘 기술하고 있는 Thucydides까지도 소급될 수 있을 것이다. 미국에서 현실주의 이론의 전파에 중심적 역할을 한 Hans Morgenthau에게 직접적 영향을 주고 있는 현실주의 사상의 직접적 연원은 독일의 Bismarck의 Realpolitik와 관련된 19세기 말 20세기 초 독일의 사상가들, 그 중에서도 특히 Max Weber를 들 수 있을 것이다. 이 점에 대해서는 Kenneth W. Thompson, *Masters of International Thought*(Baton Rouge: Louisiana State University Press, 1980), pp. 82－83 참조. 그리고 독일 지적 전통의 미국으로의 유입에 대해서는 H. Stuart Hughes, *Sea Change: The Migration of Social Thought, 1930－1965*(New York: McGraw－Hill, 1975)를 참고할 것.

3 Hoffmann, 1987, pp. 10－11.

들 수 있다. 이러한 현상은 미국에서의 국제관계 연구가 기본적으로 전후문제에 대한 현실적 관심에 의해 자극되었다는 사실과 관련된다. 따라서 대부분의 국제문제를 다루는 정치학자들의 역사에 대한 지식은 대체로 '대학생용 개요' 정도로 요약된 것에 불과하고, "그들의 관심은 과거의 사건들을 맥락에서 떼어내어 컴퓨터에 입력시키기 위한 자료로 사용하는 데 그친다'"는 호프만 교수의 지적은 바로 그러한 사정을 잘 요약하고 있다.[4]

현재의 문제를 분석함에 있어 현재의 사태 그 자체에만 몰두한 나머지 역사적 조망을 결여하게 됨으로써 국제정치의 동태성에 대한 고찰은 자연히 소홀하게 되었다. 주어진 틀 속에서 국가들 사이의 관계변화에만 몰두한 나머지 16-17세기에 걸쳐 그 시원적 형태를 갖추고 나타난 이래 계속 이루어져 온 근대 국제체제 그 자체의 역사적 변동 문제는 그리 큰 관심의 대상이 되지 못했다. 특히 그러한 변동을 가져오게끔 한 국제관계 영역 밖에서 이루어진 각종 변화, 예컨대 새로운 이데올로기(민족주의, 사회주의 등)의 등장, 또는 새로운 사회적 성격의 집단에 의한 지배계층의 교체와 같은 국내정치적 상황에 대한 고려가 소홀했다는 점도 기존의 현실주의에 기반을 두고 있는 국제정치학이 갖는 주요한 약점으로 지적될 수 있다. 바로 이러한 배경 하에서 "70년이나 된 국제관계 연구에서 서로 다른 역사 시기에 나타난 국가 조직형태의 구조적 변화양상과 그에 상응하는 국제체계의 정치적 형태의 차이점에 대한 사회학적 논의가 단 한 편도 나오지 않은 것은 놀랄 만한 일이다"라는 지적이 나오게 된 것이다.[5]

4 Hoffman, 1987, pp. 8-13.

5 Justin Rosenberg, "A Non-Realist Theory of Sovereignty? Giddens' *The Nation*-

국제관계 연구자들이 국제문제를 국내정치적 맥락에서 절연시킨 채 연구해 온 것과 마찬가지로 국내문제의 연구자들도 또한 국제정치적 맥락에 대한 고려 없이 국내문제를 연구해 온 것도 사실이다. 국제관계 연구자들이 부분적으로 국제정치의 동태를 이해함에 있어 국내정치적 맥락의 이해가 필요하다는 점을 최소한 부분적으로는 인식하고 있었음에 비해[6] 기존의 소위 국내문제 전문가들에 의해서 국제관계상의 변수

State and Violence," Millennium: Journal International Studies, 19-2(1990), p. 253.

6 국제관계와 국내정치의 유기적 연관성에 관한 논의는 주어진 정치체계의 연구자들보다는 주로 국제정치학자들의 부담으로 여겨져 왔다는 사실은 대단히 흥미 있는 일이다. 물론 그렇다고 국제관계 연구자들 사이에서 한때 주요한 문제로 제기되어 온 국내구조 및 국제구조의 연계성에 관한 연구가 그 연구의 필요성에 대한 강조만큼 실질적으로 이루어진 것으로 보기는 어려울 것이다. 이러한 쟁점에 대한 초기의 문제의식을 알기 위해서는 Henry A. Kissinger. "Domestic Structure and Foreign Policy," *Daedalus,* 95-2(Spring 1966), pp. 503-529; Kenneth N. Waltz, *Foreign Policy and Democratic Politics: The American and British Experience*(Boston: Little, Brown, 1967) 등을 볼 것. 미국 국제정치학계에서 이 문제의 중요성을 크게 강조함으로써 국제정치학의 본격적인 연구주제로 삼게 하는 데 선구적 공헌을 한 사람으로는 James N. Rosenau 교수를 들 수 있을 것이다. 그는 이 문제를 '연계(連繫)의 정치학'(linkage politics)이라는 주제로 요약하고 1960년대 후반에 여러 편의 논문들을 발표했는데, 이 글들은 지금 그의 *The Scientific Study of Foreign Policy*(New York: Free Press, 1967) 및 *Linkage Politics: Essays on the Convergence of National and International Systems*(New York: Free Press, 1969)에 실린 여러 편의 논문을 통해 잘 엿보인다. 그러나 이러한 분위기에 자극되어 나타난 그 이후의 연구는 거의 국제체계의 구조적 성격보다는 특정 국가의 대외정책의 특정 성향을 규정짓는 국내적 요인에 대한 분석적 논의로 집중되었다. 이때 연구 대상이 된 특정 국가는 거의 대부분이 미국이었는데, 이러한 사실은 연구자들의 관심이 당장에 주어진 현재의 문제에 집중되어 있었다는 사실을 잘 말해주는 것이라 하겠다. 이러한 연구들이 갖는 전반적인 특성은 1973년부터 연간으로 발행되고 있는 *Sage International Yearbook of Foreign Policy*에 실리는 논

는 본격적으로 취급되지 않았다.

이러한 사실은 영미의 지배적인 사회과학 패러다임인 자유주의 이론에서나 또는 그에 대항되는 지배적인 카운터 패러다임으로서의 마르크스주의 이론에서 지배적 분석단위로서 개별 국가/사회가 채택되고 있다는 점을 그대로 반영하는 것이다. 이러한 시각들에서는 현대 국가/사회의 역사적 발전이 근대국가의 틀을 바탕으로 성장해 왔고, 이 근대 산업사회 및 자본주의의 역사적 이해에는 근대국가의 본질적 속성의 하나인 영토성(territoriality)과 이와 연결되어 나타나는 폭력-군사력에 대한 이해가 수반 내지는 선행되어야 한다는 인식이 공통적으로 결여되어 있었다.[7]

편의상 국내적 영역과 국제적 영역을 구분하고 이루어진 분과학들

문들에 의해 잘 대표되고 있다.

7 이렇듯 국제적 맥락에서 단위 국가/사회를 그 환경과 절연시켜 보는 경향에 대해서는 이미 19세기 후반에서 20세기 초반에 활동한 독일의 역사학자 Otto Hintze에 의해 잘 지적된 바 있다. 그에 의하면 바로 이러한 까닭에 역사학자들이 정치이론에 대해 불신감을 갖게 되었다고 지적된다. 이 점에 대해서는 Otto Hintze, "The Formation of States and Constitutional Development: A Study in History and Politics," in Felix Gilbert(ed.), *The Historical Essays of Otto Hintze*(New York: Oxford University Press, 1975), pp. 159-160을 볼 것. 이러한 점에 대한 최근의 문제 제기로서는 Anthony Giddens, *The Nation-State and Violence*(Berkeley: University of California Press, 1985), pp. 22-31; Michael Mann, *States, War and Capitalism: Studies in Political Sociology*(Oxford: Blackwell, 1988), pp. vii-viii, 147-149를 볼 것. 이러한 점에 대한 반성과 교정의 노력은 역사사회학적 조망을 바탕으로 새로운 사회이론의 구성을 시도하는 일부 학자들에 의해 지난 수년간 야심적으로 이루어지고 있다. 대표적인 작업으로는 Giddens의 앞의 책과 Michael Mann, *The Sources of Social Power*, vol. 1: *A History of Power from the Beginning to A.D. 1760*(Cambridge: Cambridge University Press, 1986)을 들 수 있다.

의 발전은 그 양 영역의 유기적 관계가 가시적인 것으로 표면화되지 않았을 때에는 큰 문제 없이 이루어질 수 있었다. 그러나 20세기 후반부터 배타적 주권의 원칙에 입각하는 전통적 국제정치 구조와 그에 대한 관념에는 큰 변동이 없으면서 동시에 생산과정의 세계화에 따라 세계적 차원의 분업구조가 형성되고, 이것은 기왕의 국제적 권력배분 구조에 환원시켜 설명하기 어려운 새로운 질서의 출현을 촉진하고 있는 것처럼 보인다.

이러한 새로운 현상을 설명함에 있어 국가 간의 주권적 교섭만을 문제로 채택하는 현실주의 국제정치이론이 갖는 한계는 자유주의 시각과 마르크스주의 시각에서 동시에 비판되었다. 자유주의 시각에서 제기된 '상호의존이론'(the theory of interdependence)은 경제의 세계화 추세에 따라 나타난 초국가적(transnational) 현상에 주목하여 기왕의 현실주의 이론이 배타적 주권을 주장하는 국가들 사이의(inter-national) 지정학적* 관계(즉 영토국가 간의 대립현상)에만 관심을 집중하는 데 대한 비판과 대안 제시에서 그 발단이 마련되었다.[8] 이 상호의존론이 현실주의 이론을 비판하고 있지만, 그 비판의 초점은 현실주의 이론이 군사력을 중심으로 해서 일원론적으로 국가 간의 권력관계를 설명하고 있을 뿐, 여전히 국가중심의 권력관계를 부인하지는 않고 있다. 따라서 현실주의가 갖고 있는 국가중심적 관점 그 자체는 초국가적 관점에 의해 대체되었다기보다는 보완되고 있는 것으로 그치고 있고, 또한 국내구조와 국제구조 사이의 유기적 관계를 다룰 수 있는 논의의 단서도 그 이론적 틀에서 시사되지

---

* 본 논문에서 '지정학적'이라는 표현은 지정학에 관련된다는 좁은 의미에서가 아니라 영토국가들 사이의 대결에 관련된다는 넓은 의미에서 사용되고 있음을 이 자리를 빌려 밝혀두고자 한다.

8 Robert O. Keohane and Joseph S. Nye(eds.), *Transnational Relations and World Politics*(Cambridge: Harvard University Press, 1972) 참조.

않고 있다.[9]

왈러스타인(Immanuel Wallerstein)에 의해 제시된 세계[자본주의 경제] 체제론(the theory of world system)도 20세기 후반에 가시화된 경제의 세계화 추세를 바탕으로 바로 세계적 차원의 질서형성의 문제를 다루고 있다는 점에서 국제관계를 보는 새로운 시각으로 얘기될 수 있다.[10] 이 세계체제론이 국제관계 연구자들 사이에서 관심을 끌었던 것은 세계적 차원의 경제질서의 수립을 개별 단위 사회 안의 계급관계와 연결시켜 논의하고, 따라서 국제관계와 국내구조와의 유기적 연결관계를 밝힘으로써 개별 국가/사회를 분석단위로 하는 기존 사회이론들의 한계를 벗어나고 있다는 점이다. 이렇게 국제구조-국내구조의 연결에 관한 문제를 논의하는 데 필요한 새로운 이론적 단서를 제공하고 있다는 점에서 세계체제론은 바로 국내구조의 문제를 사상(捨象)하고 있는 기존의 국제관계론의 약점을 극복할 수 있는 계기를 마련해 줄 수 있다는 기대를 자극했다. 그러나 이 세계체제론은 마르크스주의적 관점에서 근대국가의 현상을 유럽 전체 지역에 걸쳐 나타났다고 주장되는 자본주의 세계경제 체

---

9 Robert O. Keohane and Joseph S. Nye, *Power and Interdependence*(Boston: Little, Brown, 1977) 참조. 바로 이러한 점에서 Keohane이나 Nye가 '신현실주의자'라는 범주에 귀속될 수 있는 것으로 보인다. 이에 대해서는 Richard K. Ashley, "The Poverty of Neo-Realism," *International Organization*, 38-2(1984), pp. 225-286 참조.

10 Immanuel Wallerstein, "The Rise and Future Demise of the World Capitalist System: Concepts for Comparative Analysis," in Wallerstein, *The Capitalist World-Economy*(Cambridge: Cambridge University Press, 1979, pp. 1-36; *The Modern World-System*, vol. 1: *Capitalist Agriculture and the Origins of the European World-Economy in the Sixteenth Century*(New York: Academic Press, 1974), Wallerstein의 국가에 대한 이해는 특히 3장을 볼 것.

제의 중심부와 주변부 사이의 잉여수취 관계에 환원시킴으로써 근대세계 형성과정에서 근대국가들을 중심으로 전개된 정치-폭력 과정의 중요성을 과소평가했다.[11] 그 결과 세계체제론에서 그려지는 국제관계는 경제적 측면만이 부각되고 실제 자본주의 경제가 국가들 간의 치열한 경쟁으로 특징지워지는 근대 국제체제에서 그 기본적 추진력을 얻어 발전했다는 사실은 외면 내지는 경시되고 있다.[12] 이렇게 일정한 영토와 그 위에 거주하는 주민들에 대해 배타적 주권을 주장하는 근대국가들 사이에 전개되는 지정학적-전략적인 상호작용이 근대사 형성과정에서 담당

---

11 마르크스주의 시각에서 반드시 왈러스타인과 같은 근대국가의 이해만이 가능한 것이 아님은 같은 마르크스주의 시각에서 근대국가의 역사적 발전을 논의하는 Perry Anderson, *The Lineages of the Absolutist State*(London: New Left Books, 1974)을 통해서도 알 수 있다. 1960년대 말부터 고조된 마르크스주의 이론가들 사이에서의 국가의 자율성에 관한 관심은 근대사 발전과정에서의 국가의 역할에 관한 논의를 자극한 바 있다. 이 점과 고전적 마르크스주의 국가이론의 한계점에 대해서는 박상섭, 『자본주의 국가론』(한울, 1985) 참조. 한편 국제관계이론의 구성이라는 관점에서 이루어진 Wallerstein에 대한 비판으로서는 Zolberg, 1981, 앞의 글을 볼 것.

12 근대세계에 있어서의 자본주의의 발전과 전쟁 및 국가 간 경쟁관계의 상관관계에 대해서는 Michael Mann, "Capitalism and Militarism," in Martin Shaw(ed.), *War, State and Society*(London: Macmillan, 1984), pp. 25-46; M. Shaw, "War, Imperialism and the State System: A Critique of Orthodox Marxism for the 1980s," 1984, pp. 47-70을 볼 것. 한편 Wallerstein의 경제주의적 세계체제론이 갖는 일면성을 비판하고 대안으로서 정치적 관점에서 세계체제론을 제시하고 있는 Modelski의 논의도 Wallerstein의 한계점을 잘 지적하고 있다. 그러나 Modelski의 논의는 국내구조와 국제관계 구조 사이의 관계에 대해서는 별로 언급하고 있지 않고 있다. George Modelski, "The Long Cycle of Global Politics and the Nation–State," *Comparative Studies in Society and History*, 20(1978), pp. 214-235 참조.

해 온 중심적 역할을 사상해 버리고 있기 때문에 왈러스타인의 세계체제이론은 대단히 중요한 이론적 기여에도 불구하고 포괄적 사회이론의 구성이라는 점에서 상당한 취약성을 보인다. 이러한 취약성은 국가 간의 지정학적-전략적 상호작용에 일차적 관심을 두고 있는 국제관계론의 시각에서 볼 때 더욱 결정적인 약점이 된다.

왈러스타인의 이론틀 구성의 밑받침이 되고 있는 브로델(Fernand Braudel)의[13] 논의가 제시하듯이 근대 유럽이 단순히 기독교를 바탕으로 하는 단일 문화권으로 그치는 것이 아니라, 경제생활 면에서 유럽의 전체 지역이 유기적 연결을 갖는 하나의 경제권으로, 즉 하나의 경제질서로 존재해 왔음은 부인할 수 없는 사실이다. 이 경제질서는 군사력을 바탕으로 일정 지역 내에서 배타적 주권을 당연한 권리로서 주장하던 각종 정치단체들을 매개로 구성된 정치-군사 질서와 중첩되는 것이었다. 그리고 하나의 단위로서 상정될 수 있는 근대 유럽의 경제질서는 단순히 지역을 단위로 하는 분업체계로, 즉 순수한 의미에서의 경제질서로 그치는 것은 아니었다. 그 질서의 성격은 각 지역을 배타적으로 지배하는 정치조직들의 상호 권력관계에 의해 규정되는 면이 오히려 컸다.

이러한 점에서 근대국가들 사이에 형성된 지정학적-전략적 상호작용의 틀에 대한 이해는 여전히 근대세계의 이해를 위해서는 필수적인 과제가 된다. 왜냐하면 이미 오래전에 힌체(Otto Hintze), 그리고 최근에 와서 기든스(Anthony Giddens)와 맨(Michael Mann)이 왈러스타인이나 기타 마르크스주의적 이론에 대한 비판의 일환으로서 지적했듯이, 근대 유럽에서 이루어져 온 사회발전은 국가들에 의해 배타적 주권영역으로 주장된

13 Fernand Braudel, *The Mediterranean and the Mediterranean World in the Age of Philip II*. 2 vols., tr., Sian Reynolds(New York: Harper, 1972).

영토 안에서 이루어진 것이기 때문이다.[14]

이러한 의미에서 국가의 대외적 생존은 결정적인 중요성을 갖는 것으로 이해되는 바 힌체가 채택하고 있고 뒤에 현실주의 국제정치이론에서 계승되어 그 이론적 출발점이 되고 있는 '대외정책의 우선'(Primat der Aussenpolitik)이라는 원칙은 의미를 가질 수 있는 것이다. 즉 과거뿐 아니라 현재 존재하고 있는 모든 국가들의 대외적 행동과 상당 부분의 대내적 정책은 국제적 환경에서 야기되는 요구사항과 기회에 대한 반응으로 이루어져 왔기 때문에 개별 국가의 의지를 넘어서서 개별 국가들의 행동 결정 범위를 규정하는 국제 수준의 구조적 조건을 이해해야 할 필요가 생기는 것이다.

그러나 다른 한편에 있어서 유럽 근대사에서 특징적으로 나타났던 독특한 국제질서로서의 근대국가 체제는 고대 제국과는 달리 개별 국가들을 하위 기관으로 하는 별개의 질서로 출현한 것이 아니라, 그 구성인자로서의 국가들에 의해 만들어졌던 것임을 기억해야 할 필요가 있을 것이다. 즉 폿지가 적절히 지적하듯이 "그러한 단위들의 관계 안에 존재했던 질서는 상위의 권력에 대한 공통적인 복속이 아니라, 각 개별 국가들이 자신들의 이익을 추구하는 가운에 상호적 행동에 관한 일정한 규칙을 동시적으로 그리고 자발적으로 준수하는 데에서 비롯되었다."[15] 따라서 우리의 관심이 어떤 주어진 시점에 있어서 특정 국가의 대외적 행

---

14 Giddens 1985과 이 책과 짝을 이루는 *A Contemporary Critique of Historical Materialism*, vol. 1: *Power, Property and the State*(Berkely: University of California Press, 1981), ch. 8: "'The Nation-State, Nationalism and Capitalist Development," 특히 Wallerstein에 대한 비판으로는 pp. 196-198; Mann, 1984 참조.

15 Gianfranco Poggi, *The Development of the Modern State: A ociological Introduction* (Stanford: Stanford University Press, 1978), p. 88.

동을 이해하기 위해서 주어진 국제적 권력구조상의 조건이 무엇인가라는 점에만 국한되지 않고 그 국제체제상의 특성이 어떻게 형성되었고 또한 어떠한 변화과정을 겪어왔으며, 또한 앞으로 어떤 방향으로 변화할 것인가 하는 거시적 문제에까지 주어져 있다면, 또는 졸버그(Aristide Zolberg)의 표현을 빌려 우리들의 관심 대상이 국가 간의 단순한 대외적 상호작용으로 구성되는 국제정치 체계(international political system)가 아니라 각 개별국들이 자신의 능력을 동원해내는 근대국가 체제(modern state system)로까지 확장되어야 한다면[16] 근대국가들의 역사적 성격 변화에 따른 근대국가 체제의 역사적 변화에 대한 이해의 노력이 당연히 수반되어야 할 것이다. 이러한 뜻에서 우리는 우선 그 발생기 근대국가의 역사적 성격을 논의하면서 여기에서 도출되는 근대 국제체제에 있어서 지정학적-전략적 상호작용이 중심적 지위를 차지하게 된 연원을 살펴보고, 다음으로 이러한 국제체제의 강화에 미친 국내적 요인에 대해 살펴보고자 한다.

2. 근대국가의 역사적 성격과 근대 국제체제에 있어서 지정학적·전략적 상호작용의 중심성

근대국가가 갖는 가장 두드러진 역사적 성격은 일정 영역 안에서 물리적 강제력=군사력을 효과적으로 독점하고 이 기반 위에서 대내외적으로 주권을 실질적으로 주장한다는 점에서 찾을 수 있다. 그러나 이러

16 Aristide R. Zolberg, "Origins of the Modern World System: A Missing Link," *World Politics*, 33-2(January 1981), p. 258 참조.

한 근대국가들의 주권적 위치가 확립된 것은 수세기에 걸친 상당히 오랜 기간 동안의 수많은 독립적 정치조직들 사이에 이루어진 무력과정을 통해서 이루어졌던 것이다. 이러한 무력과정 자체는 샤를마뉴 제국이 붕괴된 이후 유럽 사회에 자리 잡게 된 봉건제적 정치질서가 기본적으로는 독립적 군사-정치 세력 사이의 분산적 질서를 바탕으로 했다는 점에서 연유한다.

당시의 전자본주의(前資本主義) 자연경제의 기반 위에서 성립한 봉건제적 분산적 정치질서는 무력수단의 소유가 곧 생산수단 소유의 기반이 되고 또한 무력이 잉여생산 수취의 직접적 수단이 되던 모든 전자본주의 사회와 같은 특성을 드러냈다. 즉 정치과정은 경제과정과 별도로 이루어진 것이 아니라, 정치권력이 경제질서의 편성에 직접 개입함으로써 사회적 부의 생산과 분배에 관한 질서의 성격을 규정하는 힘으로 작용했던 것이다.[17]

이렇게 무력이 잉여수취의 직접적 수단으로 사용되던 전자본주의적 사회질서의 성격은 근세 초 점차로 지배적 정치조직으로 나타나기 시작한 초기의 근대국가, 즉 절대주의 국가들의 전쟁지향적 성격에서 그대로 이어졌다. 이러한 초기 근대국가들의 성격은 근대국가들이 성장한 기반인 봉건제적 사회경제질서에 의해 규정된 것으로 이해된다. 즉 중세 후

17 주어진 경제적 여건에 의해서 특정 정치질서와 특정 경제질서 관계의 구체적 내용이 규정된다는 의미에서 궁극적으로는 경제가 사회구성의 성격 규정 요인이라고 얘기될 수 있지만("the economy determines in the last instance") 역사의 특정 단계에 있어서 정치질서와 경제질서가 맺는 특정 관계양식을 논의함에 있어 특정 역사적 발전단계에 나타나는 사회구성의 성격을 논의하기 이전에 미리 경제를 우선시하는 것은 '경제적 토대와 상부구조'의 명제에 관한 고전 마르크스주의자들의 오류를 반복하는 일이 될 것이다.

기인 15세기까지 유럽 사회에서의 농업생산성과 무역량은, 비록 정체되었던 것은 아니지만 그 성장속도는 새로운 영토정복에 의해 얻어지는 수확에 비교할 때 여전히 대단히 느렸다. 따라서 이러한 상황 하에서 새로운 영토정복을 가져올 수 있는 전쟁은 앤더슨(Perry Anderson)의 말을 빌려 "당시 봉건제 하에서의 지배계급에게 주어진 여러 가지 수단 중에서 아마도 가장 합리적이고 신속한 단일의 잉여수취의 확대 양식이었다." 바로 이러한 뜻에서 앤더슨은 또한 "봉건적 지배계급의 사회적 규정이 군사적이었다는 것은 논리적으로 자연스러운 일이다"라고 지적한다.[18] 키어

18 Anderson, 1974, p. 31. 물론 근대국가는 정치사회학적 유형으로 이해할 때 Poggi가 지적하듯이 봉건제 사회에서 발견되는 정치조직과는 여러 면에서 대조적인 성격을 보인다. Poggi, 1978, 앞의 책, p. 60. 그러나 이러한 '유형의 변화'를 초래한 "역동성은 고립된 개별 국가 내에서라기보다는 국가들의 체계 속에서 작용했다"(p. 60)는 Poggi의 지적이 시사하고 있듯이 그 대조적 성격은 국가들의 사회학적 성격의 변화에서 찾아지기보다는 대외정치적 환경의 변화에 기인한 것으로 보아야 할 것이다. 따라서 초기 근대국가의 봉건제적 성격에 관한 명제에는 아무런 수정의 필요가 없을 것이다. 이 점에 대해서는 앞의 Anderson 및 Kiernan의 글 외에 Joseph R. Strayer, *On the Medieval Origins of the Modern State*(Princeton: Princeton University Press, 1970)와 J. H. Shennan, *The Origins of the Modern European State, 1450–1725*(London Hutchinston University Press, 1974) 등을 참조할 것. 한편 새로운 잉여수취원의 확보라는 전쟁의 기능은 물론 서양 봉건제 사회에만 국한되는 현상은 아니었다. 즉 산업화되기 이전의 모든 사회가 겪었던 바와 같이 제한된 테크놀로지의 발전으로 인해 주어진 지역 안에서 생산력의 내포적(intensive) 발전이 제한될 수밖에 없었던 자연정제의 조건 하에서 인구의 과잉증가, 새로운 사회조직의 발전 등과 같은 사회의 성장에 따라 추가의 잉여생산물 또는 잉여자원의 필요는 불가피하게 외부로의 확장, 즉 외연적(extensive) 발전을 유도했다. 이러한 발전을 가능케 하는 일차적 수단은 집합적 강제력, 즉 군사력이었다. 이 군사력의 사용을 통한 대외적 확장, 즉 정복의 기도는 저항을 야기했고, 이에 따라 전쟁은 자연스러운 현상으로 나타났던 것으로 지적된다. Mann, 1986, 앞의 책, p. 100 참조. 한편 군사적 정복의 결과는 산업화 이전의 시기에서는 대

난(V. G. Kiernan)의 다음과 같은 지적은 바로 이러한 사정을 다시 잘 요약해 준다.

> 이 새로운 왕국은 자신의 성장 기반이었던 봉건제와 마찬가지로 본질적으로 전쟁지향적 성격을 품고 있었고, 이것은 결코 사라질 것이 아니었다. 이 왕국에 있어 전쟁은 선택적 정책이 아니라 유기적 필요였다. 외부의 적을 패퇴시키는 능력은 군왕에게 반항적인 귀족들과 반란을 기도한 농민 등 모든 신하들에게 그들도 동일하게 취급될 수 있다는 힘을 과시하는 것이었다. 전쟁은 조세를 강화하고 정규화하는 구실이 되었다. 지배자들이 부분적으로 만들어 온 전체의 국가기구는 대체로 전쟁의 부산물이었다. 16-17세기, 즉 근세 초에 있어 전투는 거의 지속적이었고, 뒤에 가서 점차로 간헐적이 되었다.[19]

이렇게 무력의 직접적 사용이 잉여수취의 기본적 수단이었다는 사실은 중세 유럽이 폭력이 사회 전반에 분산된 형태로 널리 침투해 있던 사회였다는 일반적으로 지적되는 사항을 잘 설명해 주고 있다.[20] 이러한

체로 제국적 정치질서를 낳았고, 이 질서는 주어진 기술상의 조건 때문에 곧 와해되었다가 다시 제국 주변부의 종족들(marchers)에 의해 새로운 제국을 형성하는 역사가 반복되었다. 이러한 제국 형성과 와해의 변증법적 과정에 대해서는 같은 책, 5장, 특히 pp. 174-175를 볼 것. 사회 대변혁의 동력원으로서 인구의 과잉 증가를 다루는 글로서는 Norbert Elias, *The Civilizing Process*, vol. 2: *State Formation and Civilization*(Oxford: Blackwell, 1982), pp. 32, 35-36을 참조.

19 V. G. Kiernan, "State and Nation in Western Europe," *Past and Present*, 31(July 1965), p. 31.

20 중세 유럽에 있어 폭력이 사회 전반에 분산·침투되어 있던 현상은 대외전쟁과 대내치안이 무력을 독점하는 중앙정부에 의해 담당되고, 따라서 시민들의 사적

폭력의 분산현상은 비적기사(匪賊騎士, robber-baron)들을 제외하고서라도, 위로는 제국에서 아래로는 소(小)성주(castellani)에 이르기까지 무력을 바탕으로 독립성을 주장하던 유럽 내 정치단체의 수가 1500년을 기준으로 500여 개나 이르렀다는 사실에서 잘 엿보인다.[21]

이러한 상황에서 전쟁은 독립적 정치조직들의 '합리적 사업'으로서의 성격을 지녔던 것이고, 따라서 폭력과정으로서의 전쟁은 사회 내의 일상적 양상으로 이해된다. 예컨대 16세기 전체에 걸쳐 유럽에서 전쟁이 없었던 해는 모두 5년, 17세기에는 6년, 그리고 18세기에는 22년에 불과했던 것은 이러한 사정을 말해주는 것이다.[22] 이러한 무력과정에서는 보다 많은 군사적 자원을 동원할 수 있었던 보다 큰 규모의 정치조직이었던 왕국들에게 유리하게 전개되었고, 이들은 작은 조직들을 흡수·통합해 갔는데, 이러한 과정은 대규모 정치조직들이 사실상의 힘의 관계에서 더 이상 무력정복을 통한 흡수통합이 불가능할 때까지 지속되었음은 잘

폭력의 소유 및 사용이 금지되던 pax romana의 질서가 깨진 이래 여러 세기동안 지속된 것으로 설명된다. 이 점에 대해서는 Philippe Contamine, *War in the Middle Ages*, tr., Michael Jones(Oxford: Blackwell, 1984), p. 15를 볼 것. 무력의 잉여수취의 직접적 수단이었다는 말은 물론 폭력을 통한 직접적 강탈을 의미하는 것은 아니다. 이러한 방식의 잉여수취는 한층 더 복잡한 과정을 수반하는데, 근대국가 성립과정에서 나타나는 이러한 현상에 대한 고찰로서는 Charles Tilly, "War Making and State Making as Organized Crime," in P. B. Evans, D. Rueschemeyer and T. Skocpol(eds.), *Bringing the State Back In*(Cambridge: Cambridge University Press, 1985), pp. 169-191 참조.

21 이 숫자는 Charles Tilly의 계산에 근거한 것임. Tilly, "Introduction," in C. Tilly (ed.), *The Formation of National States in Western Europe*(Princeton: Princeton University Press, 1975), p. 24.

22 Jack S. Levy, *War in the Modern Great Power System. 1495-1975*(Lexington: The University Press of Kentucky, 1983), p. 139.

알려진 일이다.

이 대규모의 정치조직들은 바로 우리가 '근대국가'의 초기 전형으로 파악하고 있는 절대주의 왕국들로, 이들의 지리적 규모는 일정한 범위 안에서 규정됨으로써 상대적으로 유사했다. 즉 그 최소치는 인접 정치세력과의 싸움에서 생존하는 데 필요한 자원이 자신의 영역 안에서 동원될 수 있을 만큼은 커야 한다는 점에서 정해졌고, 그 최대치는 당시 주어진 행정기술 및 자원을 바탕으로 대병력 및 군사정복 지역에 대해 효과적인 중앙통제를 할 수 있는 범위 안에서 제한되었다. 더 이상의 확대는 주변의 경쟁세력들에 의해 견제되었던바, 이러한 견제를 다시 극복하려는 노력은 주어진 자신의 능력에 대한 엄청난 부담으로 작용했다.[23] 이렇게 생존에 필요한 최소한의 규모를 갖추었다는 점에서 절대주의 왕국들은 봉건 제후들보다 유리했고, 또한 효과적 중앙통제라는 점에서 합스부르크-스페인 같은 제국보다 유리한 위치에 설 수 있었다.

유럽 근대사에 있어서 절대주의 국가들을 위시한 각종 독립적 정치조직들 사이의 무력과정은 1900년을 기준으로 대부분 근대국가의 틀을 갖는 20여 개의 독립적 정치조직만이 남을 때까지 지속되어 왔는데, 이 과정에서 국가의 모든 정책목표의 설정과 집행은 일단 전쟁에서의 생존 내지는 승리에 초점이 맞추어졌다. 이러한 과정에서 전쟁은 근대국가들의 내부구조에 각인되기에 이르렀던 것이다.

전쟁이 근대국가 내부구조에 각인되었다고 할 때 이것은 어떤 특정 국가에만 적용되는 언명이 아니라 근대국가 일반에 해당되는 지적이

---

23 자신의 재정적·행정적 능력을 넘는 팽창정책에 따라 몰락의 길을 걷게 된 16-17세기 스페인의 문제점에 관해서는 I. A. A. Thompson, *War and Government in Habsburg Spain, 1560-1620*(London: Athlone, 1980) 참조.

다. 그러나 전쟁은 기본적으로 한 특정 국가의 구조 문제가 아니라 국가들 사이의 관계를 말한다. 따라서 이러한 언명은 근대국가들 사이의 상호작용 체계의 본질적 성격을 지적하는 것이기도 하다. 즉 국가의 내부 구조에 각인된 전쟁에 관한 지적은 따라서 국가 간 상호작용 체계에 있어 전쟁이 주조를 이루어 왔다는 점을 지적하는 것이기도 하다.

이 상호작용 체계는 물론 그 구성단위인 국가들의 존재가 없이는 생각할 수 없는 것이지만, 그 구성단위로서의 개별 국가들의 경우 그들이 출현하면서 그들 사이에서 이루어진 독특한 상호작용 체계 속에서 그 역사적 성격이 규정되었다는 점에서 근대국가와 근대 다국체제(modern multi-state system)는 시간적 선후관계를 이루면서 등장한 별개의 과정이라기보다는 동일한 과정의 서로 다른 측면으로 이해되어야 할 것이다. 그리고 발생 시기의 선후관계와 무관하게 그 발생과 관련된 독특한 성격을 갖는 이 근대국가 체제가 모든 개별 국가들의 행동양식을 규정하는 구조적 조건으로 주어졌음은 이미 잘 알려진 일이다. 바로 이러한 점에서 우리는 근대국가들 사이에서 이루어진 지정학적-전략적 상호작용이 국제체제로서의 근대국가 체제의 중심적 양상으로서 지적될 수 있는 것이다.

3. 근대 국제체제 강화의 국내적 제 요인

위에서 논의되었듯이 수세기에 걸쳐 진행된 무력과정을 통해 근대적 절대군주를 중심으로 하는 권력집중화 현상, 즉 절대주의 체제가 확립되게 된 것은 그러한 무력과정, 즉 전쟁에서 승리하거나 아니면 최소한 살아남는 데 필수적으로 수반되는 효과적 자원동원 노력의 결과로서 이루어진 것이었다. 이렇게 전쟁과 관련된 자원동원의 필수성을 매개로 하여 근대 주권국가 체제와 근대 다국체제적 국제관계는 우연적으로 결합된 별개의 과정이 아니라 서로 표리관계(表裏關係)를 이루면서 발전되어 온 하나의 역사적 과정으로 이해·관념되는 것이다. 바로 이 점에서 우리는 국제관계와 국내구조의 불가분한 연결관계를 주장할 수 있는 것이다. 따라서 근대 국제체제의 역사적 성격 및 그 구조변동은 그 구성단위인 국가들을 기본틀로 하면서 이루어져 온 물적 자원 및 인적 자원 그 자체 또는 동원방식의 변화에 맞추어(예측은 아니더라도) 최소한 설명 또는 이해될 수 있다. 왜냐하면 국제체제를 기본적으로 국가들 간 권력질서의 정형(定型)으로 이해할 때, 국제체제의 변동은 그 힘의 관계를 변동시키는 새로운 힘의 자원의 출현과 관련하여 개별 국가들에게 새롭게 주어진 기회와 직결되어 이루어지기 때문이다.[24]

이렇게 개별 국가들에 의해 새롭게 이용될 수 있는 자원을 제공하는 데 결정적인 영향을 미치고 나아가서는 국제체제 자체의 구조를 변동케 만든 개별 국가들의 국내구조 수준에서 이루어진 역사적 변화 가운데에서 우리는 다음과 같은 세 가지를 집중적으로 다루고자 한다. 그것들은 첫째로 국가의 재정능력을 제고시키고 나아가서는 국가에 의해 동원될 수 있는 강제력이 대외적으로 집중될 수 있게 한 자본주의 체제의 확립, 둘째로 산업화에 따른 기술발전과 관련하여 이루어진 전쟁수단 면에서의 혁신, 그리고 셋째로 개별 국가들의 대내적 주권체제를 도덕적

24 이 점은 근대국가의 특성을 물리적 강제력의 효과적 독점이라는 점에서 파악해야 한다는 Max Weber의 논지를 바탕으로 하는 주장인데 Giddens의 앞의 책(1985)에서 그대로 채택되고 있다. 이러한 Giddens의 논지를 분명하게 잡아내고 있는 논의로서는 Rosenberg, 1990, p. 254를 볼 것. 또한 Poggi, 1978, p. 60도 참조.

으로 강화한 새로운 이데올로기, 즉 민족주의의 등장이 국제체제에 미친 영향을 검토함으로써 국제정치와 국제정치의 연결되는 접촉 면을 보다 집중적으로 논의하고자 한다.

3-1. 자본주의 체제의 출현과 근대적 다국체제의 강화

근대 유럽에 있어서 복수 정치체의 병립체제는 이미 자본주의 경제가 출현하여 자리 잡기 이전에 나타났지만, 오늘날 우리가 알고 있는 규모와 내부구조를 갖는 근대국가 간의 지정학적 대결체제, 즉 근대국가 중심의 다국체제가 확립되는 데 있어서 자본주의적 교환경제는 대단히 중요한 역할을 담당했다. 앞서 지적되었듯이 한때 수백 개에 이르던 크고 작은 독립적 정치조직들의 수가 여러 세기에 걸쳐 진행된 무력과정을 통해 일정 규모 이상의 소수 국가들을 중심으로 운영되는 국제체제로 고착될 수 있었던 것은 직접적으로는 중세 기사군 체제를 그 군사적 효용성 면에서 낡게 만든 보병 중심의 근대 군사체계의 출현에서 기인한 것이었다. 역사학자들에 의해 '군사혁명'이라는 주제 하에 기술되는[25] 이 새로운 군사체계의 등장은 직접적으로는 군사기술상의 변화에 따라 출현한 것이지만, 이러한 변화가 구체적으로 절대군주들에 의해 자신들의 새로운 권력기반으로 이용될 수 있기 위해서는 일정한 재정능력의 보유가

25 Michael Roberts, *The Military Revolution 1560–1660*, An Inaugural Lecture delivered before Queen's University of Belfast, 1956. 이 글은 현재는 Roberts의 논문집, *Essays in Swedish History*(London: Weidenfeld and Nicolson, 1967), pp. 195–225에 수정되어 재수록됨. 또한 Geoffrey Parker, *The Military Revolution: Military Innovation and the Rise of the West, 1500–1800*(Cambridge: Cambridge University Press, 1988)도 참조.

전제되어야만 했다. 바로 이 재정능력 신장에 결정적 기여를 한 것은 도시를 중심으로 활성화되었던 상업경제였음은 이미 잘 알려진 사실이다.

16세기 후반부터 17세기 전반까지 한 세기에 걸쳐 이루어진 '군사혁명'에서 중요성이 부각된 새로운 군사자원으로는 대규모 병력으로 구성된 보병군, 대포와 소총 등의 화기, 새로운 축성술 등이었던바, 이러한 데 소요되는 비용은 당시의 일반적 경제 수준과 국가들의 재정규모에 비할 때 대단히 부담스러운 것이었다. 기사군이 중심 병력을 이루던 봉건제 하에서 병력의 동원은 기본적으로 대신들이 영주들에 대해 갖고 있던 일정 기간의 군사복무 의무로 충당되었으나 보병군이 주력을 이룬 새로운 체제 하에서 병력의 유지 및 장비 지급에 소요되는 비용은 군주 자신이 조달하지 않으면 안 되게끔 되었다. 더욱이 새로운 전투양식은 전쟁기간을 장기화시켰기 때문에 전쟁의 승패는 병사들의 전투능력이나 기술보다는 오히려 군주의 재정능력에 의해 좌우되는 경향이 많았다. 이러한 상황에서 '돈은 전쟁의 힘줄이다'(Bellorum nervi sunt pecuniae)라는 말이 유럽 전역에 걸쳐 전쟁수행과 재정과의 관계의 전형적 표현으로 굳어지게 된 것이다.

그러나 17세기에 이르도록 유럽 군주들의 세입은 '자신의 영지 내의 수업에 의해서만 생활을 유지해야 한다'는 중세적 관행에 묶여 상당히 제한되어 있었다. 군주들은 자신의 영지 내의 수입 외에도 국가 내의 최고 영주로서의 각종 특권(채광, 화폐주조, 작위수여, 재판요금 및 기타 특정 물품에 대한 독점판매권 등)으로부터 나오는 별도의 수입원을 갖고 있었으나 전쟁수행에 드는 비용은 고사하고 평시의 군비 충당도 힘에 겨웠다. 이러한 국가의 전쟁비용을 신속히 마련하는 가장 대표적인 방법은 국내외 대금업자들로부터 대부를 받는 것이었다. 그러나 지속적인 대부는 변제능력 및 신용에 달려 있었으므로 궁극적으로 군주 자신의 재정능력의 신장이 중요한 일이었다. 따라서 군주들은 자신의 지배지역 전체에 걸쳐 부과되는 조세방법을 채택할 수밖에 없었다. 그러나 이 조세의 성공 여부는 무엇보다도 조세를 가능하게 하는 경제기반, 특히 조세를 통해 효과적으로 재정상의 소요가 충족될 수 있게 하는 새로운 경제기반이 이미 존재해야 한다는 사실에 달려 있었다.

이러한 상황 하에서 현금화되기 쉬운 형태의 부를 만들어낸 도시 중심 상업경제의 출현과 확대는 군주들에게 새로운 기회를 제공했다. 군주들은 이러한 기회의 이용으로 그치지 않고 그러한 기회의 확대를 위한 적극적인 정책을 실시했던바, 이러한 모든 노력들은 현재 중상주의라는 포괄적 개념을 통해 이해되고 있다.

절대군주들은 초기에는 도시에 대한 자율권의 부여와 해외시장으로 확대를 꾀하던 도시 내 특정 세력의 보호에서 시작하여 뒤에는 관념적으로만 자신에 의해 대표되던 영역 전체에 걸쳐 실질적으로 균일한 법적용이 이루어지는 대규모의 사법공간을 만들어 도시적 상업경제가 도시의 경계를 넘어 안정되게 발전할 수 있는 기회를 마련해 주었다. 특정 도시의 경계를 넘어서는 대규모 사법공간의 창출은 도시들이 기왕에 누리던 자율성에 대한 침해를 결과했다. 그러나 이러한 과정 속에서 오히려 새로운 기술과 사회관계의 도입을 억제함으로써 더 이상의 생산력의 발전을 억제하던 동종조합 중심의 중세적 관행은 깨지게 되었고, 이에 따라 도시 내 상공업 세력이 하나의 신분집단에서 근대적 의미의 (자본) 계급으로 전환될 수 있는 계기가 마련되었다.[26] 자본주의 체제의 확립으로 생산력 발전은 어떠한 경제외적인 질곡에서도 풀려날 수 있게 되었고, 다시 이 생산력은 근대국가의 대내외적 주권 강화를 위한 물적 기반이

26 Poggi, 1978, 앞의 책, pp. 62-65 참조.

되었다. 특히 상업경제의 출현에 따라 국가의 주된 수입이 조세 형식으로 바뀌면서 정치영역과 경제영역은 기능상 분화된 별개의 영역으로 존재하게 되었다. 그러나 이 두 영역을 대표하는 국가와 지배적 경제세력은 실질적으로는 서로의 존재를 떠받드는 공생관계로 변화했고, 이러한 양상은 모든 근대국가에 있어서 구조적 양상으로 발전하게 되었다.[27]

초기 상업자본주의 발전에 대한 국가의 각별한 관심과 정책이 낳은 중대한 결과 중의 하나는 12세기경부터 국가들의 경계를 넘어서서 이루어진 장거리 무역 등의 초기 교환경제가 초국가적 성격에서 벗어나 점차 국가들에 의해 규제되고 속박되는 국가 간에 이루어지는 거래로 바뀌게 되었다는 사실이다. 이와 함께 자본주의는 개별 국가들의 경계 안에 그 기반을 두는 국민경제 체제로 고착하게 됨으로써 근대국가를 근간으로 하는 다국체제는 더욱 강화되기에 이르렀다.[28]

3-2. 산업자본주의의 발전과 강제력 작용방식의 변화

앞에서 지적되었듯이 자본주의적 교환경제 체제가 확립되면서 국가는 더 이상 생산의 주체가 되지 않는 대신에 자신의 유지에 필요한 경제적 자원은 시민사회 영역에서 이루어지는 잉여의 일부분을 조세의 형식으로 수취하게 되었다. 이와 동시에 경제영역에서 이루어지는 잉여의 수취는 '법적으로 평등한' 자본가와 노동자 사이에 체결된 '자유로운' 노동력 매매계약이라는 의제를 통하여 비폭력적인 방식으로 이루어지게끔

27 근대국가에서의 조세제의 도입과 국가/사회의 분리 문제에 대해서는 Giddens, 1985, 앞의 책, pp. 157-160을 볼 것.

28 Mann, 1988, pp. 141-142.

되었다. 그럼으로써 경제영역에서 생산관계 당사자들 사이에서는 원칙적으로 강제력의 사용이 배제되게끔 되었다. 이들 사이에서 있을 수 있는 분쟁은 대부분 마르크스가 말하는 '무딘 경제적 강박'에 의해 처리되고 동시에/또는 국가-정치 영역에 집중된 강제력을 바탕으로 사법적으로 처리하게끔 되었다.[29]

이러한 양상은 일반적으로 자본주의적 사회구성의 특성으로 지적되는 국가(정치영역)와 시민사회(경제영역)의 분리라는 명제의 핵심적 내용을 이루고 있는 것인데, 이러한 양상은 국가권력의 대내적 작용방식과 관련하여 다음과 같은 중요한 변화를 야기했다. 즉 정치영역과 경제영역이 융합되어 있었던 사회에 있어서는 정치권력이 잉여수취 과정에서 직접적 수단으로 사용되었으나 정치권력이 일단 잉여수취 과정에서 분리되었기 때문에 공적 권위로서의 지위를 획득할 수 있게 되었고,[30] 이에 따라 공권력으로서의 국가권력의 작용은 폭력의 직접적 적용을 의미하는 군사적 성격에서 감시와 통제를 기본적 활동내용으로 하는 경찰활동으로 바뀌게 되었다.[31]

이러한 변화는 물론 기든스가 말하듯이 산업자본주의의 발전에 따라(근대국가 내부구조의 대규모적 변화를 수반한) 국가가 자신이 지배하는 사

---

29 물론 현실세계에서 고용주나 노동자가 노사분규에서 폭력을 사용하지 않는다는 사실을 말하는 것은 아니다. 그렇다고 하더라도 생산과정에 있어서 비폭력화가 이루어짐에 있어서 소위 '부르주아적' 권리의 개념이 갖는 보편성의 원칙에 따라 노동력의 자유로운 처분권리가 확보되었다는 사실의 중요성을 감소시키는 것은 아니다. 이 점에 대해서는 Giddens, 1985, p. 191을 볼 것.

30 바로 이 문제는 1970년대에 집중적으로 제출되었던 마르크스주의 정치이론의 핵심적 내용을 이루는 것이었다. 이 점에 대해서는 박상섭, 1985(각주 11) 참조.

31 Giddens, 1985, p. 190.

회 안에서 벌어지는 모든 활동들에 대한 정보를 수집, 저장 및 통제함으로써 궁극적으로는 감시하는 데 필요한 행정자원을 확보할 수 있게 됨으로써 국가가 자신의 지배를 유지하는 데 있어 직접적 폭력보다는 행정력(administrative power)[32]에 더 의존하게끔 된 상황의 출현을 전제로 하는 것이다. 국가 행정력의 강화는 전통사회의 분절적 성격을 깨고 동시에 행정적 단일성을 제고시킴으로써 내부적 '평정'(pacification)을 가능하게 했다.[33]

이렇게 내부적으로 평정을 달성한 상태는 근대 산업자본주의의 성숙의 결과로 얻어진 것이지만, 이것은 동시에 근대 산업자본주의 체제하에서 나타나는 계급투쟁을 관리할 수 있는 주요한 전제이기도 했다.[34] 즉 노동이 작업장에 집중되어 있고 생산과정이 계급 간의 보다 밀접한 접촉을 수반하게 됨으로써 계급투쟁은 더욱 강화될 수 있는 소지를 갖고 있었다. 그러나 이는 내부적으로 평정을 달성한 상황에서 국가의 행정적 조정능력과 새로운 감시·관찰(surveillance/monitoring) 수단에 바탕을 둔 노동관리 기술로 극복할 수 있게 되었다.

이러한 점은 산업자본주의가 주요 국가들에 있어 정착하게 된 19세기 이후의 지배적 양상으로 지적될 수 있는데, 이 결과 사회의 내부문제, 특히 노동계약에서 빠져나오게 된 폭력은 외부적으로, 즉 국민국가 체제에서 다른 국가를 상대로 하여 집중적으로 지향하게 되었다.[35] 근대적 전문주의적 상비군의 출현은 바로 이러한 산업자본주의 단계에 와

32 이 개념의 정의에 대해서는 Giddens, 1985, 앞의 책, p. 47을 볼 것.

33 Giddens, 같은 책, pp. 181-192.

34 산업자본주의 시대에 나타난 새로운 양식의 계급투쟁에 관해서는 Giddens, 같은 책, p. 159를 볼 것.

35 Giddens, p. 192.

서 이루어진 근대국가들의 내부 평화상태의 달성과 직접 관련되는 것으로 이해될 수 있다.[36] 한 국가의 대외적 주권이 궁극적으로는 대외적으로 사용될 수 있는 무력의 상비상태와 직결되는 것으로 이해한다면 국가의 대외적 주권은 대내적 행정의 단일성의 정도, 즉 국가가 행정력을 통하여 주민들을 단일 공동체 안에 흡수·통합하는 정도를 그대로 반영하는 것으로 볼 수 있다.

여기에서 흥미있는 일은 국가의 대외적 주권을 고도로 강화한 산업주의 시기인 19세기에 와서 유럽의 국제관계는 그 이전의 세기에 비해 오히려 안정된 평화 시기를 누리게 되었다는 사실이다.[37] 앞에서 지적된 바와 같이 산업주의와 평화를 연결시키는 자유주의적 및 마르크스주의적 관점의 제출은 바로 이러한 사실에 기반을 두고 이루어진 것이었다. 즉 자본은 기본적으로 초국가적으로 조직되고, 따라서 자본의 이러한 성향이 지정학적 무력대결의 양상을 완화시켰다는 것이 이러한 관점들의 기본 논지이다. 이러한 논지는 국가사회 주도계급의 사회학적 성격과 연결하여 국가의 전쟁/평화 지향적 성격과 국제관계의 안정성 여부를 판단하는 환원주의적 논의의 성격을 짙게 갖고 있는 데 부분적인 설득력밖에 갖지 못하는 것으로 여겨진다.[38] 왜냐하면 개별 국가들에 의한 군

---

36 Giddens, p. 160.

37 19세기 유럽이 맞은 이 상대적 안정기는 Karl Polanyi에 의해 '100년간의 평화'로 불리게 됨으로써 더욱 강조된 바 있는데, 물론 그러한 안정은 단순히 국제관계 그 자체에서만 달성된 것이 아니라 국제 금융질서, 자유무역 체제 및 개별 국가들의 내부 정치체제 등과 맞물려져 이룩되었던 것이었음을 상기해야 할 것이다. 이 점에 대해서는 Karl Polanyi, *The Great Transformation*(London: Reinhart, 1944), ch. 1 참조.

38 이러한 논지는 앞에서 본 Perry Anderson의 절대군주의 봉건적 성격과 이에 관련된 절대주의 체제 하에서의 전쟁의 필연성에 관한 논의의 밑바닥에 깔려 있다.

비는 실제 그 이전의 어떤 시기보다도 훨씬 높아졌다는 점에서 추론할 때, 단순히 전쟁의 빈도가 줄었다는 사실만으로 산업사회에서의 국가들이 더욱 평화지향적이 되고, 이에 따라 국제관계가 안정성을 갖게 되었다고는 말할 수 없기 때문이다. 국가의 대내적 행정력의 증가는 자신의 지배지역 내에 거주하는 모든 주민들에 대한 통제력의 강화를 의미하는 것이고, 이것은 그 영토성에 대한 민감한 의식의 발전을 수반한다.[39] 영토성에 대한 민감성의 증가에 따라 감시와 관찰의 행동은 국내적 상황뿐 아니라 국제관계에서도 증가하게 되었다.

자본주의적 사회구성의 특성으로 지적되는 정치와 경제의 분리현상은 단지 국내사회에만 국한되는 것이 아니고 대외적 차원을 포함하고 있었다.[40] 이러한 점은 산업자본주의 시대가 도래하면서 상설적 국제관계가 개별 국가를 기지로 하면서 성장하고 또한 각국의 내정에서 주도계급의 지위를 확보한 자본계급의 국제적 교역활동을 주된 내용으로 하게 되면서 나타난 양상이었다. 그러나 국제관계에서 무력사용의 가능성이 완전히 배제되었다는 것을 의미하는 것은 아니다. 이러한 양상은 국제관계에서도 국내상황의 경우와 마찬가지로 감시 역할이 더욱 중요하게 되었다는 점을 의미하는데, 이러한 점은 근대국가 체제에서 전쟁의 가능성이 상호 인정되면서 그와 함께 동시에 발전해 온 상설적 외교제도가 중심적 중요성을 띠면서 성장했다는 사실에서 잘 드러난다.[41] 이러한 외

이러한 계급과 전쟁지향성의 관계에 관한 집중적 논의로는 Michael Mann, "War and Social Theory: into Battle with Classes, Nations and States," in Mann, 1988, ch. 5를 볼 것.

39 Giddens, 1985, p. 291.

40 Giddens, 1985, p. 290.

41 Giddens, 1985, pp. 85–86.

교제도의 발전은 국가들 간에 주권적 존재로서의 상대에 대한 공식적 인정을 의미하고, 나아가서는 각국의 대내적 주권이 타국의 대내적 주권 행사에 밀접히 연결되어 있다는 사실을 인정하는 것으로 볼 수 있다.[42]

이러한 상황은 국가 간의 폭력행사 가능성이 배제되었다는 것을 의미하는 것이 아니라, 다만 폭력행사가 잠재적인 형태로 존재하게 되었다는 사실을 의미하는 것이다. 국가 간의 관계를 규율하는 제3의 초월적 기관이 부재하는 상황에서 어떤 국가에 의해 국제적 규범이 깨뜨려짐으로써 자신의 대외적 주권이 손상을 입게 되는 경우 스스로의 노력에 의해 그것을 회복해야 하는데, 그러한 능력은 미리 준비된 무력적 제재 능력, 즉 군사력의 대소에 직결되어 있다. 여기에서 우리는 산업자본주의 하에서의 국제관계에서 군사력이 직접 사용되는 기회는 적어졌지만, 동시에 즉각적으로 동원될 수 있는 군비가 상설적으로 이루어질 수밖에 없게 되는 일종의 필연성을 발견하게 된다.

이러한 상비군사력의 축적은 앞서 지적되었듯이 거의 모든 근대 국민국가들이 취하게 된 자본주의적 사회구성의 성격에 따라 노동계약 과정에서 빠져나올 수 있게 된 폭력적 요소들에 의해 보강될 수 있다. 이로써 그 이전의 시기보다 훨씬 더 착실히 이루어질 수 있는 계기를 맞게 되었고, 동시에 전쟁수행 자체가 산업화됨으로써 일단 전쟁이 발발할 경우 전면전으로 발전할 수 있는 소지가 더욱 커졌다. 또한 그 이전 세기의 상대적 '불안정기'에 비해 전쟁에 의한 피해는 실제로 더 커졌다. 이러한 관점에서 볼 때 산업자본주의 시대에 와서 군사력은 봉건제 시대나 절대주의 초기의 경우와 달리 국내 계급 간과 동시에 국가 간 잉여수취

42 이러한 점은 앞에서 인용된 Rosenberg에 의해 'inter-state constitution of domestic sovereignty'라는 개념으로 설명되고 있다. Rosenberg, 1990, pp. 254-255 참조.

의 직접적 수단으로서의 성격을 벗어나게 됨으로써 그 구조적 역할이 달라지게 되었고, 여기에서 우리는 새로운 양식의 국제체제의 출현을 말할 수 있게 되는 것이다.

3-3. 근대 국제체제의 도덕적 기반으로서 민족주의 이데올로기

지금까지 우리는 근대 자본주의와 산업주의의 발전이 근대국가의 내부구조를 공고히 하고, 이에 수반하여 다국체제적 국제체제가 강화되어 온 과정에 대해서 검토했다. 그러나 이러한 체제가 의문의 여지없는 '사실'로 고착되게 된 것은 국가의 주권을 특정 개인이 아니라 국가 성원 전체에 귀속시킴으로써 도덕적 차원에서 고양시킨 민족주의 이데올로기가 출현한 이후의 사태로 얘기될 수 있다.

하나의 민족이 하나의 독립된 정치적 틀로서 국가의 기반이 되어야 한다는 정치적 주장으로서의 민족주의 이데올로기의 출현은 분명히 다른 민족과 다른 국가의 존재를 전제로 나타난 이데올로기이다. 이러한 점에서 민족주의의 논의는 이미 복수의 민족/국가의 존재, 즉 국제관계의 존재를 전제로 하는 논의로 여겨진다. 예컨대 혁명 직후 유럽의 석권을 꾀하던 프랑스에 의해 자극되었던 유럽 다른 나라에서의 민족주의적 각성이나 아시아-아프리카 지역에서 나타난 반제국주의 또는 반식민주의 운동으로서의 민족주의는 분명 그러한 측면을 짙게 갖는다.

그러나 민족주의 문제를 논의할 수 있는 전제로서 민족(nation)의 개념은 국제적 맥락보다는 국내정치적 맥락에서 먼저 출현했다는 점이 지적되어야 할 필요가 있다. 즉 국가의 대외적 주권 유지 및 확장에 수반하는 자원동원의 문제와 관련하여 근대국가 내부구조의 구성원리, 즉 국가주권을 대변하던 지배층과 반주민 관계의 성격에 대한 재규정의 과정에서, 구체적으로 시민권(citizenship) 개념의 확립 과정에서 이루어졌음을 염두에 둘 때,[43] 민족주의 문제는 일차적으로는 국내구조의 문제로서 취급될 수 있고, 또한 그렇게 취급되어야만 한다는 논지가 성립되는 것이다. 이러한 맥락에서 볼 때 근대 국제체제의 국민국가 체제로의 발전 문제는 국내구조 문제와의 연결선상에서 논의될 때 그 본래의 의미가 제대로 파악될 수 있는 것으로 여겨진다.

근대 서구 정치사에 있어서 nation의 개념이 현재 우리가 민족 또는 국민이라는 번역어를 통해 이해하고 있는 그러한 정치적 개념으로서 고양되어 통용되게 된 것은 당연히 민족주의 운동의 결과로서 나타난 것이었다. 즉 민족주의 운동과 함께 민족은 국가라는 정치단위체의 기초를 이루는 집단으로 확인되었던 것이다. 그러나 이러한 민족집단이 민족주의 운동을 통해 갑자기 창출된 것은 아니었고, 국가의 기저집단으로 기능할 수 있는 객관적 여건은 이미 상당한 기간을 두고 형성되어 있었다.

일반적으로 민족을 민족으로 지칭할 수 있는 '객관적' 징표로는 공통의 언어, 역사, 관습 또는 종족적 유사성 등이 제시되고 있지만, 이러한 징표상의 공통성을 가지면서 '민족'집단이 형성되고 이에 상응하는 정치적 개념으로서의 nation(국민)의 개념이 발전하게끔 한 가장 중요한 요인은 무엇보다도 근세 초 유럽에 있어서 절대주의 국가들의 정책 결과에서 발견된다.[44] 절대주의 군주들에 의해 형성된 단일 행정권의 통제범위 속에 편입됨으로써 점차로 단일 공동체의 구성원으로 삶을 영위하게

---

43 이 점에 대해서는 *Nationalism: A Report by a Study Group of Members of the Royal Institute of International Affairs*(London: Oxford University Press, 1939), ch.3 참조.

44 John Breuilly, *Nationalism and the State*(Manchester: Manchester University Press, 1982). ch. 1 참조. 바로 이러한 측면에서 Giddens는 민족과 민족주의에 대한 정의를 시도하고 있다. Giddens, 1985, p. 116을 볼 것.

된 주민들은 처음에는 지배자에 대한 신민으로서 규정되었다. 그러나 주민들에 대한 국가의 주권작용, 즉 행정력 작용의 범위와 침투도가 커지면서 주권-행정력에 종속되는 주민들이 자신을 국가에 의해 그 외연이 규정되는 단일 정치공동체의 성원으로 보는 시민의식이 성장했고, 이에 따라 시민자격이 부여하는 권리와 의무의 의식도 커지게 되었다.[45]

이러한 시민권 의식의 성장에 있어 가장 큰 기여를 한 정치환경은 근대국가들의 성장 일반에 가장 큰 영향을 미친 국제정치적 환경, 즉 전쟁으로 지적된다. 즉 전쟁 노력에 필요한 인적·물적 자원의 조달에 있어 재래적인 힘에 의한 일방적 동원방식으로서는 불가피했던 한계를 극복하기 위해 국가는 동의를 바탕으로 하는 자발적 자원동원 방식을 채택하지 않을 수 없었고, 이러한 과정 속에서 공동체를 상대로 타협하지 않을 수 없었다. 이러한 과정에서 공동체 운영에의 참여 권리는 국가에 의해 추구된 자원동원에 응한 주민들에 의해 요구되었다. 이러한 정치적 요구가 혁명으로 발전된 프랑스의 경우, 국가의 요구에 응하고 그 반대급부로서 시민권 자격을 요구한 제3계급의 인사들은 자신을 더 이상 수동적인 신민이 아니라 혁명 이전 시기까지는 특권층에 국한하여 지칭되었고,[46] 또한 왕국을 떠받드는 정치공동체의 제도를 지칭하던[47] 국민(nation)으로 규정함으로써 국민의 개념은 역사상 처음으로 왕국과 특권에 저항하는 개념으로 제시되었다. 이 과정 속에서 국민의 개념은 처음으로 정치적 개념으로 등장하기에 이르렀고, 여기에서 뒤에 nationalism이 등장

45 Giddens, 같은 책, p. 210.

46 혁명 전 프랑스에서의 nation의 의미에 대해서는 이용희, 『이용희저작집』(민음사, 1987), pp. 330-331을 볼 것.

47 Breuilly, 1982, 앞의 책, p. 359.

할 수 있는 단서가 발견된다.

정치적 개념으로서 nation의 개념이 왕국과 특권제에 대한 저항의 과정에서 나왔다는 사실은 이 개념의 등장과 함께 국민주의론이 등장했다는 점에서 잘 드러난다. 이때 이 국민주의론은 주권이 nation, 즉 영토적으로 규정되는 특정 단위의 사람들로부터 유래한다는 사실을 말하는 것이다. 바로 그러한 주장이 그 단위체만이 갖는 특정 속성, 특히 문화적 독자성과 동일성 의식과 연결되어 주장될 때 근대적 정치 이데올로기로서의 민족주의가 역사상 처음으로 나타났던 것으로 지적된다.[48]

단위집단의 문화적 동일성을 강조하는 민족주의가 근대국가 및 근대국가 체제의 정당화 논리로서 나타나게 된 것은 이미 절대주의 시기를 통해 그 골격이 완성되었던 근대국가 체제를 모태로 민족주의가 성장했기 때문인 것으로 지적된다. 즉 브뢰이(Breuilly)가 주장하듯이 근대국가 체제 하에서만 [민족의 문화적 동일성을 바탕으로 하는] 정치적 저항은 주권, 즉 영토적 국가권력의 소유를 [그 정치적 저항의] 목적으로 할 수 있었고, 또한 공적 국가에 의해 지배되는 사회의 이름으로 그 목적을 정당화시킬 수 있었으며, 오직 경쟁적 주권국가들의 관계의 맥락 속에서만 그 목적이…국민을 대표하는 기반 위에서는 다른 국가들의 경우와 같이 국가의 소유로서 보여질 수 있었던 것이다.[49] 이러한 맥락에서 민족주의를 매개로 하여 대내적 주권의 원천이 국민이라는 시민권의 관념은 대외적 국가주권과 연결되어 개별 근대국가뿐만 아니라 근대국가 체제 자

48 민족주의 전개에 있어서 문화적 독자성과 동일성의 중요성은 정치사회학적 관점에서는 보다 단일 국가 영토의 보다 효율적인 통합이라는 관점에서 제기된다. 바로 이러한 관점에서 Herder의 사상의 역사적 의미가 발견된다. 이 점에 대해서는 Giddens, 1985, 앞의 책, pp. 216-218 참조.

49 Breuilly, 1982, 앞의 책, p. 360.

체의 도덕적 근거를 제공하기에 이르렀다. 이러한 도덕적 근거가 마련됨으로써 비교적 짧은 역사를 바탕으로, 또한 상당한 역사적 우연성을 띠면서 발전한 근대국가 체제는 쉽게 부정될 수 없는 사실로 고착되었던 것이다.

4. 결어

지금까지 우리는 근대 국제체제 형성기에 있어서 개별 국가 수준에 있어서의 변화가 어떻게 국제체제의 강화에 영향을 미쳤는가를 자본주의, 산업주의 및 민족주의의 세 가지 문제를 중심으로 검토했다. 이러한 작업은 지금까지의 '주류' 국제정치학이 국제정치의 수준을 국내정치의 그것과 엄격히 구별함으로써 근대 국제체제가 갖는 역사적 구조의 문제가 상대적으로 게을리 되어온 데 대한 반성과 국제정치학의 새로운 이론적 가능성을 찾는다는 문제의식에서 시도된 것이었다.

앞에서 검토된 바와 같이 근대 국제체제는 개별 국가들의 행동과는 절연된 채로 국제 수준 그 자체에서의 변화에 의해서만 형성된 것이라기보다는 개별 국가 수준에서의 변화에 직접적인 영향을 받으면서 그 양태가 규정된 것이었다. 물론 그렇다고 국제체제가 단순히 개별 국가들의 부수적 현상으로만 존재해 온 것은 아니었다. 즉 국제체제가 독자적으로 부과하는 논리가 개별 국가들의 행동 선택에 다시 일정한 제약조건을 부과한다는 사실은 이미 잘 알려진 점이고, 또한 기존의 국제정치학에서는 이러한 제약조건을 부과하는 국제 수준에서의 독특한 논리를 추출하고 그것을 중심으로 국제정치학의 이론화 작업에 상당한 노력을

기울여 왔던 것으로 이해된다.[50]

그러나 이미 주어진 것으로 간주되는 그러한 '독자적' 국제정치의 논리도 실제로는 단순히 주어진 것이 아니라 역사적으로 생성된 것이었음을 상기할 필요가 있을 것이다. 이러한 국제정치적 논리의 역사성을 이해하기 위해서 우리가 일차적으로 해야 할 일은 오늘날 당연시되고 있는 국제정치 질서 형성의 역사적 과정을 재검토하고, 이를 통해 근대 국제체제가 오늘날 주어진 모습대로 형성·강화되게끔 한 요인을 찾아내는 작업이 될 것이다.

이러한 변화의 요인은, 앞에서 검토한 바에 따르면, 무엇보다도 정치권력이 직접 발현되는 현장인 개별 정치단위들의 수준에서, 보다 구체적으로는 권력자원의 확보를 둘러싸고 전개되는 그러한 개별 정치단위들의 노력과 관련되는 여러 가지 행동 속에서 발견되는 것이다. 이러한 노력을 매개로 하여 개별 정치단위들의 행동을 규정하는 국내구조, 그리고 그러한 구조적 제약을 극복하려는 개별 단위들의 국내정책은 역시 그들의 행동을 제약하는 대외정치와 유기적으로 연결되는 계기가 마련되는 것으로 이해된다. 이러한 관점에서 본다면 국가들의 국내문제와 대외문제는 별개의 수준으로 떼어놓고 볼 때 어느 하나도 제대로 파악되기 어려운 것으로 여겨진다.

그러나 현재까지 우리에게 주어진 정치학 또는 국제정치학의 어떤 이론도 근대 정치세계에 대한 이러한 종합적이고 거시적인 이해를 가능케 해주지 못하고 있는 것으로 보인다. 이러한 문제의식에서 출발하여 본

50 현재까지 이러한 관점에서 나온 가장 대표적 작업으로서는 Kenneth N. Waltz, *Theory of International Politics*(Reading, Mass: Addison-Wesley, 1979)를 들 수 있을 것이다.

고에서는 비교적 최근에 역사사회학적인 관점에서 근대세계의 거시적 해명을 위해 제시된 몇 가지 논의들을 바탕으로 국내구조와 국제체제의 연결성 문제를 다루면서 새로운 국제관계론의 가능성을 찾아보았다. 이러한 새로운 시각의 도입은 무엇보다도 현재 그 변화의 조짐이 뚜렷하게 나타나는 국제질서가 새롭게 취할 수 있는 방향 및 변화의 범위들을 예지함에 있어 필요한 이론적 틀을 구성하는 데 도움이 될 수 있을 것으로 여겨진다.

2장
전쟁, 국가형성 및 정치발전
영국 입헌주의와 프랑스 절대주의의 역사적 기원

1. 서론

영국과 프랑스는 미국과 소련이 20세기에 들어와서 초강대국으로 등장하기 이전까지 근대 국제정치의 선도국가로서 그 역할을 지속적으로 수행해 왔다. 이것은 근대국가로서의 형성과 성장이 남보다 앞서서 성공적으로 이루어진 점에 기인한다. 그러나 이러한 표면상의 유사점에도 불구하고 그 발전과정의 내부 모습은 전혀 달랐다. 영국의 경우 내란과 시민혁명을 겪기는 했지만, 이러한 격변은 정치변동에서 대중적 폭력의 분출이나 동원이 아직 상상되지 않았던 17세기 중반의 일이었다. 이렇듯 다른 나라들에 비한다면 최소한 한 세기 이전에 혁명을 겪었기 때문에 대중적 폭력현상을 최소한으로 경험했고, 점진적인 변혁과정을 거치면서 일찍이 의회민주주의 체제를 달성할 수 있었다. 반면 프랑스의 경우는 18세기 말, 혁명이라는 급격하고 폭력적인 정치변동을 거치면서 절대주의를 청산하고 비로소 근대적 시민민주주의 체제를 달성할 수 있었다.

이러한 대표적인 두 선발 근대국가의 정치발전 과정이 갖는 차이점에 대한 역사적 해명은 정치사회학이 해명해야 할 가장 흥미로운 작업의 하나이다. 실제로 이 문제는 정치발전이라는 주제 하에서 다루어져야 할 비교정치학의 주요 과제임에도 불구하고 그동안 탈역사적 비교정치학의 경향으로 인해 정당하게 다루어지지 않았다.

전후의 미국 정치학, 특히 비교정치학은 역사적 발전과정의 검토를 생략하고 다양한 국가들에서 발견되는 다양한 정치제도와 과정에 대한 공시적 비교에 초점을 맞추는 점에서 그 특징을 발견할 수 있다. 이러한 접근법은 현상으로 나타나는 특정 정치제도나 과정의 형성과정을 무시하기 때문에 그것들이 발전해 나갈 방향에 대한 전망을 제시하지 못한다는 점에서 기본적인 한계를 지닌다.[1] 이러한 한계점에 대한 지적은 많이 있었으나 그러한 한계를 구체적으로 보여주고 새로운 가능성을 제시하는 구체적인 작업은 드물었다. 이러한 드문 작업의 대표적인 경우로서 배링턴 무어(Barrington Moore, Jr.)의 『독재와 민주주의의 사회적 기원』(*The Social Origins of Democracy and Dictatroship*)[2]을 드는 데 이의를 제기할 사람은 별로 없을 것이다.

---

1 이러한 탈역사적 비교정치론의 문제점에 대한 좋은 지적으로는 Charles Tilly, "Reflections of the History of European State-Making," in C. Tilly(ed.), *The Formation of National States in Western Europe*(Princeton, N.J.: Princeton University Press, 1975), pp. 3-4를 볼 것.

2 Boston: Beacon Press, 1966. 무어의 작업에 관한 안내로는 이 책의 아래 6장을 볼 것.

무어의 작업은 기본적으로 전통적인 농업사회에서 산업사회로 전환되는 과정에서 만들어지는 정치제도가 어떤 곳에서는 민주주의로 발전하고 어떤 곳에서는 권위주의 또는 독재체제로 발전하게 만든 역사적 요인을 찾아내는 데 주안점이 주어져 있다. 그는 이 점을 결정하는 가장 중요한 요인이 농민층의 처리방식에 있는 것으로 보고 구체적으로는 농업사회에서 산업사회로의 전환과정에서 지주계급과 농민이 담당하는 정치적 역할에 초점을 맞추고, 이들 지주와 농민이 근대 의회민주주의, 좌우 독재체제 형성에서 중요한 세력이 되게끔 하는 역사적 조건의 범위를 찾아내고자 한다(p. viii).

무어에 의하면 영국에서 그 전형적인 모습을 나타낸 근대 의회민주주의는 귀족의 이른 상업적 농업세력으로의 전환과 직접적으로 연결된다. 즉 귀족들의 조기 상업화 과정에 수반하여 농민문제가 상대적으로 덜 급격한 방식으로 해결되었기 때문에 농촌이 혁명적 또는 반동적인 목적으로 사용될 수 있는 대규모 폭력의 저수지가 되는 것을 예방했다고 보고 있다(p. 426). 영국의 지주계급은 이렇게 아래로부터의 위협을 벗어났을 뿐만 아니라, 일찍이 상업화됨으로써 경제적 잉여수취를 위해 군주에게 의존할 필요가 없었기 때문에 장미전쟁(1455–1485) 이후로 귀족이 탈군사화된 이래 정치적으로 약화된 입지에 놓여 있었음에도 불구하고 군주와 귀족 사이에는 민주주의 성장에 유리한 조건이 된 정치적 균형이 마련될 수 있었다고 무어는 말하고 있다(p. 417).

한편 프랑스의 경우 궁극적으로는 의회민주주의를 달성했지만 영국과는 약간 대조적인 모습을 보인다. 프랑스는 우선 '전형적'인 절대주의 체제를 경험했다는 점에서 일찍이 의회주의가 발전한 영국과 뚜렷한 차이를 보인다. 또한 시민사회의 구성 면에서도 차이를 드러낸다. 즉 지주계급의 상업세력화는 영국에 비해 늦었을 뿐만 아니라, 농업의 상업화도 농민의 존재에 아무런 영향을 주지 않으면서 이루어졌다. 이렇게 농민층이 잔존함으로써 절대주의에 의해 뒷받침된 구체제를 해소하는 프랑스 혁명 과정에서 혁명적 폭력이 분출할 수 있는 조건이 형성되었다. 이러한 혁명적 폭력의 분출로 인해 전(前)상업적 지주 엘리트들의 권력이 파괴되고, 따라서 민주주의로 발전할 수 있는 계기가 비로소 마련된 것이라고 무어는 말한다(p. 426).

이러한 논의는 정치발전의 요인, 즉 개별 국가의 정치체제가 나름대로의 독특한 성격과 외양을 취하게 되는 요인을 사회의 계급구조 내에서 찾으려는 시도로 볼 수 있다. 그러나 계급구조 외부에 존재하는 다른 중요한 요인, 즉 독특한 정치적 전통이나 국제관계의 역할에 관한 논의가 빠져 있다는 점에서 우리는 한계를 지적할 수 있다. 물론 무어가 이 점에 관해 전혀 언급하지 않은 것은 아니다. 예컨대 지나치게 성숙한 군주절대주의나 전(前)산업적 관료제가 근대에 들어와서도 남아 있었다는 점은 민주주의 발전에 불리한 여건으로 지적되고 있다(p. 417). 그러나 어차피 민주주의의 문제가 지배권력의 문제를 둘러싼 것이기 때문에 지배권력의 특수한 양태를 지적하는 절대주의나 또는 지배권력 수단으로서의 관료제에 대한 지적만으로는 무어가 국가 성격의 문제를 특별한 요인으로 취급하는 증거로 보기는 어려울 것이다.

대부분의 근대화론 또는 정치발전론은 전통사회에서 근대사회로의 전환을 논의할 때 특정 개별 사회의 내생적 요인에만 초점을 맞추고 논의하는 경향이 강하다. 이러한 점은 정치발전론에 대해 강력히 비판적인 입장을 취하는 무어의 경우에도 유사하게 나타난다. 그러나 실제의 근대사 경험을 반추할 때, 근대사회의 성립과정에 대해 국제정치적 환경으로부터 주어진 영향을 우리는 결코 가볍게 다룰 수 없다. 자본주의적 산업사회로 전환하는 과정에서 내생적인 동력에 의해서만 개별적인 독특한 형태의 사회구조나 계급구조가 형성된 것도 아니고, 또한 각국의 국가 성격도 단순히 그러한 계급구조를 기계적으로 '반영'하는 형태로 짜여진 것은 더더욱 아니다. 오히려 각 국가마다 서로 독특하게 달리 드러내는 국가조직의 형태는 각국이 처해 있던 국제정치 환경에 적응하기 위한 노력과 관련하여 구체적으로 결정된 점이 적지 않다. 즉 각 개별 사회들 속에서 각기 독특하게 나타나는 국가-시민사회 관계의 양태는 전쟁(잠재적이든 현재적이든)을 기본적인 특성으로 하는 근대 국제정치적 환경에 대응하는 노력의 구체적 성격에 의해 상당 부분 결정되었다는 점이 기억되어야 할 것이다.[3] 물론 각국에서 서로 다른 모습과 성격을 띠면서 이미 형성되어 있던 독특한 사회구조 또는 국가-시민사회의 관계가 대외환경에 대한 각 국가의 적응 노력의 모습을 결정하는 데 있어 중요한 매개변수적 역할을 했으리라는 점은 충분히 인정해야만 할 것이다.

이런 점을 의식할 때 한 국가의 대외관계 또는 국제정치적 환경과 국내구조 또는 국가-시민사회의 관계는 서로 영향을 주고받는 상호작용 관계에 있는 것이지, 어느 한쪽이 다른 한쪽에 일방적으로 영향을 미치는 일방적 관계가 아님을 잘 인식해야 할 필요가 있는 것이다. 이 글에서는 전통적인 정치이론 또는 사회이론에서 상대적으로 경시되었던 국제관계 또는 국제환경상의 문제를 다시 부각시킨다는 목적에서 특히 전쟁이 개별 근대국가들의 독특한 구조적 특성을 결정짓는 데 끼친 영향을 살펴보고자 한다. 구체적으로는 전쟁이 어떻게 영국과 프랑스의 근대국가 형성과정에 영향을 미쳤고, 이 두 나라가 서로 상반된 모습의 정치발

---

3 이 점에 대해서는 Otto Hintze, "Military Organization and State Organization," in F. Gilbert(ed.), *The Historical Essays of Otto Hintze*(New York: Oxford University Press, 1975)에서의 논의를 참조할 것.

전 과정을 거치게 된 역사적 연원을 검토하고자 한다.

2. 국내정치와 국제관계 매개요인으로서의 자원동원 문제

위에서 제기된 기본 문제는 기본적으로 국내정치와 대외정치의 유기적 관계라는 문제의 핵심을 이루는 것이다. 이 두 가지 측면을 매개하는 가장 중요한 요인은 대외정치 수행에 소요되는 자원이 대부분의 경우 국내적으로 동원되어야 한다는 사실에서 발견된다.[4] 아직 봉건제적 사회경제 질서에 의해 성격이 규정되었던 초기 근대국가들은 부단한 전쟁 노력을 통해서 성장한 점이 적지 않지만, 실제로 이 부단한 전쟁의 노력은 자신을 유지하는 데 소요되는 자원 확보를 위한 가장 '합리적'인 방책으로서 채택된 것이었다. 아직 대단히 느린 성장속도를 보이던 농업 생산성과 무역량으로 인해 새로운 영토 정복을 가져올 수 있는 전쟁은 "당시 봉건제 하에서 지배계급에게 주어진 여러 가지 수단 중에서 아마도 가장 합리적이고 신속한 단일의 잉여수취의 확대 양식"이었던 것이다.[5] 이러한 의미에서 당시의 국가들에게 있어 "전쟁은 선택적 정책이 아니라 유기적 필요였다"는 언명이 가능해지는 것이다.[6]

---

4 박상섭, "근대 국제체제의 사회학을 위한 시론: 근대 국제체제에 있어 국내구조와 국제제제의 유기적 연결성에 관한 연구," 『한국정치학회보』 25-1(1991), pp. 480-81을 볼 것. 이 책의 pp. 23-27.

5 Perry Anderson, *Lineages of the Absolutist State*(London: New Left Books, 1974), p. 31.

6 V. G. Kiernan, "State and Nation in Western Europe," *Past and Present*, 31(July

이렇듯 전쟁수행을 위한 자원동원의 문제가 선택적으로 회피될 수 있는 사항이 아니라 초기 근대국가들에게는 필수적인 사실이었다는 점을 염두에 둘 때 우리는 자원동원의 문제를 논의의 출발점으로 삼을 수 있게 된다. 즉 전쟁목적을 위한 자원동원의 문제는 중세 말 또는 근대 초 이후 모든 나라들에게 일종의 숙명으로 주어졌다는 것이다. 이 작업을 효과적으로 추진하고자 하는 과정에서 우리가 알고 있는 근대국가의 기본 양상이 결정된 것이었다는 점에서 국가의 자원동원과 관련된 각국의 국내정치적 요인과 결과에 대한 비교 논의는 기존의 내생적 요인에 의거한 여러 논의에 대한 보완적 대안으로 제시될 수 있을 것이다.

이러한 비교 연구에서 일차적으로 관심을 갖게 될 사항은 전쟁 노력을 위해 동원되어 할 자원의 규모를 결정하는 요인에 관한 것이다. 이 점은 우선 주어진 일정 시점에서 이미 주어져 있던 전쟁기술 또는 군사기술과 관련된다. 왜냐하면 주어진 특정 시점에서 가장 효과적인 결과를 낳을 수 있는, 또는 성공적 결과를 낳는 데 필수적인 선진적 군사기술(무기체제 및 전술)을 동원하지 않을 경우 패배는 필지의 사실이므로 각국은 이 군사기술의 확보에 필요한 자원을 동원하려고 노력하기 때문이다. 이러한 군사기술은 단순히 기술 그 자체로만 그치지 않고 이와 관련된 무기체제, 전술, 나아가서는 사회관계의 변화를 초래한다.

당연한 일이지만 정책결정자가 의지하는 대로 자원동원이 다 가능한 것은 아니다. 따라서 그 제한적 조건을 검토할 필요가 있다. 이와 관련된 가장 기본적인 조건은 해당 사회가 갖고 있는 동원 가능한 가용자원의 규모에 의해 주어진다. 달리 표현하면 이 점은 곧 해당 사회의 경

1965), p. 31.

제력 수준을 말하는 것이다.[7] 다음으로 전쟁과 같은 긴박한 상황에 바로 동원될 수 있는 형태로 자원을 확보하고 있는지의 여부도 중요한 고려사항이 된다. 일반적으로 전쟁과 같은 급박한 상황에 맞추어 자원이 동원될 수 있는 조건으로서는 화폐경제의 확립이 중요한 것으로 지적된다.[8] 자원동원에 관련하여 유리한 조건이 주어진 경우에는 국내적 자원동원을 위한 국가의 노력, 즉 강제력 적용의 정도는 작게 되고 반대로 그렇지 않은 경우 자원동원에 있어 강제력의 적용은 보다 두드러진 것이 된다.

전쟁과 같은 비상상황을 위해 동원되는 자원은 대부분 일상적인 규모 이상의 것이 된다. 특히 우리의 논의 대상이 되는 영국-프랑스 간의 백년전쟁을 전후한 중세 말, 근대 초에 새롭게 등장한 용병군을 중심으로 하는 군사체제는 군주들이 자신의 개인 영지 수입 및 기타 영토적

7 초기 맹아적 근대국가가 모습을 보이기 시작한 중세 후기의 경우 기술발전의 수준이 국가별로 큰 차이가 있었던 것이 아니기 때문에 이 경제력 수준의 차이는 대체로 영토의 크기에 의해 결정되었다. 따라서 영토의 확장을 위한 투쟁은 바로 동원될 수 있는 자원의 기반을 확장하기 위한 노력이었던 것으로 볼 수 있다.

8 굳이 자신의 영역 안에서 완숙한 상업경제가 자리 잡지 않아도 군주에게 정규적인 조세수입만 확보된다면 유럽의 경우, 국제적인 금융망을 통해 필요한 재원을 미리 빌려다 쓸 수 있었다. 중세 말 유럽 각국에 대한 대부는 주로 이탈리아 상인들에 의해 이루어졌다. 여기에서 흥미로운 사실은 금융부문에 있어서의 초국가적 질서가 군사적인 이유 때문에 무역에 앞서 만들어졌다는 사실이다. 중세 후기 서유럽 국가들의 부채에 관해서는 E. B. Fryde and M. M. Fryde, "Public Credit, with Special Reference to North-Western Europe," in M. M. Postan, E. E. Rich and Edward Miller, *The Cmabridge Economic History of Europe*, vol. III: *Economic Organization and Policies in the Middle Ages*(Cmabridge University Press, 1971), 430-553; 중세 말에서 18세기까지 형성된 국제적 금융질서에 대해서는 Martin Körner, "Public Credit," in Richard Bonney(ed.), *Economic Systems and State Finance*(Oxford: Clarendon, 1995), ch. 14를 볼 것.

지배자로서 누리던 특권에서 연유하는 자원만으로는 감당할 수 없게 만들었다.[9] 따라서 군주들은 자신이 지배자로서 군림하던 공동체 전체로부터 자원을 추출해내지 않으면 안 되게 되었다. 이로써 국가와 시민사회 사이에는 자원동원 문제를 둘러싸고 지속적인 변증법적 상호작용 관계에 접어들게 된다. 국가와 시민사회는 단순히 상호 접촉이 빈번해지는 것으로 그치는 것은 아니라, 그러한 접촉을 통해 각자의 내부구조상의 질적 변화가 이루어지게 됨을 의미하는 것이다. 우선 시민사회에 대한 국가의 추가적 자원동원 요구를 계기로 시민사회 측에서는 국가자원으로 동원될 잉여자원의 제공을 둘러싸고 사회 내 계급 간 관계도 새롭게 전개된다.

다음으로 국가의 경우 자원의 이동을 보다 효과적으로 할 수 있게 하는 제도적 장치를 갖추게 된다. 이 제도적 장치로는 두 가지를 말할 수 있다. 하나는 사회(영역) 내의 자원 부담자 전체를 대표하여 국가의 자원동원 요구에 대한 동의를 끌어낼 수 있는 제도적 장치로서 전국적 수준에서의 대의기구이다.[10] 이들 대의기구는 영토적 지배자가 요구하는 자

---

9 의무복무제를 중심으로 하는 봉건제적 군사체제에 금전관계가 유입되고 용병군제가 정착되는 과정에 대한 논의로는 R. W. Kaeuper, *War, Justice, and Public Order: England and France in the Later Middle Ages*(Oxford: Clarendon, 1988), pp. 20ff.; C. Warren Hollister, *The Military Organization of Norman England*(Oxford: Clarendon, 1965), ch. 6; Philippe Contamine, *War in the Middle Ages*, tr., Michael Jones(Oxford: Blackwell, 1984), pp. 90-101을 볼 것.

10 이러한 대의적 협의체의 기원에 관한 일반적 논의로는 Bernard Guenée, *States and Rulers in Later Medieval Europe*, trans., Juliet Vale(Oxford: Blackwell, 1985), pp. 172-177을 볼 것. 조세부과는 반드시 동의(consent)를 바탕으로 해야 한다는 원칙은 이미 유스티니아누스 법전에서 확립된 "모든 사람들에게 영향을 미치는 바는 모든 사람들에 의해 승인되어야 한다"(quod omnes tangit ab omnibus approb-

원의 추가 부담 당사자들의 협의체로 시작되었지만 실제로 이들이 그러한 요구에 동의할 경우 자원동원은 도덕적으로 정당화되기 때문에, 또한 대부분 일정한 보상이 따르기 때문에 보다 효과적이면서도 강력하게 추진될 수 있었다. 따라서 이러한 대의기구의 활성화는 자원을 필요로 하는 국왕들에 의해 의도적으로 고무된 점이 적지 않았다. 예컨대 13세기 중반부터 parliament로 불리게 된 지방 유력자(귀족, 성직자, 도시 상인 등)의 대의기구의 존재 덕분에 영국에서는 일찍부터 전국적 규모의 조세부과가 가능했고, 스페인(카스티야)에서의 코르테스(신분의회=Cortes)의 역할도 그와 유사했다. 반면에 전국적 규모 협의체의 발전이 늦었던 프랑스의 경우 전국적 규모의 조세부과는 이들 두 나라보다 훨씬 늦었다.[11]

이러한 제도적 장치의 문제는 국가와 시민사회의 관계, 그리고 동원될 자원생산에 필요한 부담의 배분문제를 둘러싸고 형성되는 사회세력들 사이의 관계, 그리고 이러한 세력관계 속에서의 국가의 위치 등에 관련된 실제 상황을 바탕으로 이루어진 제도화의 결과로 이해될 수 있다. 앞서 지적했듯이 전쟁수행에 동원되는 자원은 일상적인 규모를 넘는 것이기 때문에 추가적 부담이 소요된다. 이 추가의 부담문제를 놓고 자

etur)는 민법상의 원리에서 비롯한다. 이 원칙은 12세기 로마법이 재발견된 후 군주로부터의 조세부과에 저항하던 성직자들에 의해 강력히 원용되었고, 뒤에 자연스럽게 성직의 맥락을 벗어나 확대되어 적용하게 되었다. Gueneé, 1985, p. 174. 이러한 동의의 조건 부과는 처음에는 실제 군주의 조세권을 효과적으로 제한했다기보다는 오히려 전쟁과 관련한 포괄적인 조세부과권을 부여하는 데 기여했다. 이러한 법원리 적용상의 문제점과 실제 효과에 관해서는 John B. Henneman, *Royal Taxation in Fourteenth Century France: The Development of War Financing 1322–1356*(Princeton, N.J.: Princeton University Press, 1971), pp. 22–26을 볼 것.

11 이 점에 대해서는 Guenée, 1985, pp. 178–181; W. M. Ormrod, "The West European Monarchies in the Later Middle Ages," in Bonney, 1995, p. 129를 볼 것.

원 요구자로서 국가와 자원 제공자로서 시민사회는 긴장관계에 놓이게 된다. 일반적으로 이러한 긴장관계의 해소는 강제와 동의가 섞인 혼합적 방식으로 이루어지는데, 구체적으로 어떤 방식이 결정·채용되느냐에 따라 전체로서의 국가 기본 권력구조의 성격이 규정된다. 어떤 성격의 국가 권력구조가 어떠한 역사적 배경을 바탕으로 영국과 프랑스에서 결과했는가 하는 문제가 바로 전쟁과 정치발전 사이의 문제를 다루는 이 글의 기본 줄거리를 이룰 것이다.

이 문제는 국가의 자원동원과 관련된 또 다른 제도화의 문제와 관련된다. 즉 사회의 자원을 추출하는 데 사용되는 국가 관료기구의 발전이 그것이다. 이러한 관료기구의 발전은 국가–시민사회의 긴장관계가 높을수록, 즉 자원동원에서 동의의 측면이 작을수록 더 이루어진다. 이 자체는 특정 시점에 있어서 국가의 기본적 권력구조를 규정짓는 일차적 요인이 되지만, 보다 중요한 점은 일단 만들어진 관료기구들은 특정 국가에서의 정치발전에 강력한 영향을 미친다는 사실이다. 특히 이 점은 자원부담을 둘러싸고 전개되는 사회세력 간의 갈등에서 국가 역할의 범위와 규모를 결정하는 중요한 요인으로 작용하게 된다.

다음으로 시민사회의 다양한 세력들 사이에 시민사회에 부과된 추가적 부담을 어떠한 형식으로 배분하느냐 하는 문제도 앞의 문제에 못지않은 중요성을 지닌다. 그러나 실제에 있어 시민사회에 대한 부담의 부과는 시민사회 내의 지배세력에 의해 전유(appropriate)되던 잉여의 공적 영역에로의 이동을, 또는 사회 경제구조의 하층에서 만들어진 자원을 상층으로 이동시켜 상층부 세력 간의 재분배를[12] 의미하므로 국가에 의한 새로운 자원동원은 이 지배세력의 협조 없이는 불가능한 일이었다. 따라

12 이러한 표현은 상게 Ormrod, 1995, p. 158에서 빌려온 것이다.

서 이러한 협조를 유도해내기 위해서는 이들 지배세력에 대하여 국가가 구체적인 이득—예컨대 면세 혜택, 징세청부권의 부여 같은 행정참여 등—을 보장하지 않을 수 없었다. 결국 영토적 지배자로서의 군왕과 사회 내의 기득권 세력 사이에는 일정한 타협이 이루어지는데, 이러한 타협이 가져오는 정치적 결과는 상당 부분 기득권 세력의 사회적 성격에 의해 규정되었다.

지배계급이 잉여를 추출하는 과정에서 사용되는 무력에 의한 직접적 억압의 정도에 따라 계급관계 속에서 국가가 수행하는 역할의 성격과 규모가 결정되는 바 크다. 즉 지배계급이 상업화, 나아가서는 자본주의화되는 정도가 클수록 바로 동원될 수 있는 자원의 규모는 커지고, 또한 잉여생산 과정에서 사용되는 직접적 억압의 정도가 약해지기 때문에 이러한 무력 사용을 위해 국가가 개입하게 되는 정도가 약해진다.

이러한 관점에서 볼 때 중세 말, 근대 초에 그 빈도와 규모 면에서 당시까지의 어떤 시기에 비해서도 전쟁의 역할과 영향이 커졌다는 점과 관련하여 제기된 조세국가(the tax state)[13] 형성의 불가피성은 주요 국가들 사이에서 서로 다른 방향으로 정치발전이 이루어지게끔 한 기본 동인으로 작용하게 되었다고 주장할 수 있다. 바로 이러한 이론적 관점을 기초로 하여 아래에서는 영국과 프랑스의 국가형성과 정치발전의 전개과정을 검토하기로 한다.

---

13 이 조세국가의 개념과 그 짝이 되는 영지국가(領地國家, the domain state)의 개념에 대해서는 Ormrod, 1995, pp. 123, 158-159를 볼 것.

3. 영국의 경험

3-1. 중세 영국 국가의 시작과 성격

노르만족에 의한 군사정복(1066) 이후 영국은 대륙의 다른 봉건국가들에 비해 일찍이 중앙집권 체제를 발전시켰다. 이것은 군사 정복자로서 지배계급이 피정복 주민의 저항에 맞서 이루었던 정치적 단결과 비교적 작은 행정자원을 바탕으로 중앙집권적 통제력을 발휘할 수 있게 한 소규모의 영토라는 두 가지 특성을 반영하는 것이었다. 노르만족에 의해 대륙식 봉건제가 영국에 처음 소개되었지만 영국에서는 대륙에서와 같은 분권체제가 출현하지 않았다. 봉건제의 도입을 말함으로써 영국에서도 대륙에서와 같은 분권주의가 나타날 것이라고 기대하는 것은 영국을 대륙과 같은 별도의 독자적 정치세계로 보고자 하는 자세와 관련되어 있는 것으로 보인다. 그러나 실제에 있어 영국 봉건제는 대륙, 특히 프랑스 봉건제의 일부 지역으로 보아야 할 것이다.[14] 이러한 관점에서 본다면 영국에서 대륙적인 봉건제가 복사된 형태 그대로 나타날 것으로 기대해야 할 아무런 이유가 없다. 즉 영국 자체를 분권적 체제를 특징으로 하는 프랑스 봉건제의 한 부분으로 볼 경우, 영국에서 일찍부터 발전된 중

14 Strayer, "Feudalism in Western Europe," in Rushton Coulborn(ed.), *Feudalism in History*(Princeton, N.J.: Princeton University Press, 1956), p. 23; "England in many ways more like a single French province than the congeries of provinces which made up the Kingdom of France."

앙집권 체제와 봉건사회로서의 영국 사회의 규정 사이에는 아무런 모순이 없다.

노르만 치하의 영국은 중앙집권적 형태로 발전했지만 기본적으로는 봉건국가였다. 영국의 특수한 조건 위에서 성장한 봉건국가는 대륙과 같은 지방분권형으로 발전하는 대신 귀족세력과 군주를 두 축으로 하는 동반적 중앙집권화(concurrent centralization)의 형태를 취했다. 이 점은 중앙집권적 국가조직이 대륙의 경우와 같이 국왕이 봉건귀족들의 정치적 지위를 억압하는 과정에서 발생된 것이 아니었다는 점을 말해주는 것이다. 즉 국가조직 건설에서 국왕과 귀족은 협조적 관계를 맺으면서 국토 전체를 지배하는 단일세력으로 출발했다. 이렇게 대륙과 달리 중앙집권화 과정이 군사적 노력을 수반한 것은 아니었기 때문에 군사화의 정도는 유럽의 다른 국가에 비해 상대적으로 낮았다. 더욱이 도서국가라는 지리적 조건 때문에 영국은 자신의 의지와 무관하게 다른 국가들과의 빈번한 군사경쟁에 개입하지 않아도 되었다. 따라서 상비군의 유지는 선택의 문제였다.

그렇다고 영국이 대외전쟁에 전혀 개입하지 않은 것은 아니었다. 우선 영국 왕은 단순히 영국 왕으로 그치지 않고 프랑스 안(아퀴테느 지역)에 영지를 갖는 프랑스 국왕의 봉신이었다(존 왕 때 대부분의 영지를 상실하고도 가스코뉴는 여전히 영국 국왕의 영지로 남아 있었다). 따라서 이 영지의 유지를 둘러싸고 프랑스와 갈등관계에 놓였었다. 또한 스코틀랜드 및 웨일즈 지역에 대한 영국 왕의 종주권 문제로 인해 잦은 무력충돌이 있었다. 영국에서 군사비의 증가가 재정압박을 낳고 다시 이것이 시민사회에 대한 경제적 긴장으로 연결된 것은 바로 이때인 13세기 말부터였다.

3-2. 중세 후기 영국의 군사조직

봉건제적 군사복무의 계약에 의거한 군사력 동원방식이 이미 1200년대 중반 이후로 사라지고 징집군 또는 계약군제가 도입되면서 군주가 감당해야 할 전쟁비용은 대단히 고가가 되었다. 영국의 경우 대체로 이 당시부터 정부 지출규모가 국왕의 개인 자산규모를 훨씬 상회하기 시작했다. 따라서 대체로 이때부터 국왕의 지출 재원에 관해 중세적 영지국가의 지배적 원칙이었던 "국왕의 사업은 자신의 자산에만 의존해야 한다"(king should live of his own)라는 격률은 더 이상 지켜지기 어려운 것이 되었다.

영국에 있어 용병군의 사용은 이미 노르만 왕에 의한 영국의 군사 정복 직후에도 부분적으로 사용되어 왔다. 그러나 이 용병군의 중요성이 부각된 것은 대륙에 존재한 자신들의 영지를 보호하고자 한 프랑스 왕국과의 전쟁과정에서였다. 이 용병군의 사용이 빈번해진 것은 봉건 의무군의 복무기간이 너무 짧고 또 그 숫자도 부족하여 이들이 추구한 정치 목적에 부합되지 않았기 때문이다.[15] 또한 봉건 의무군의 복무에 소요되는 비용은 13세기에 오면 군주에 의해 제공되었기 때문에 봉건 군대라 하더라도 이미 급료를 바탕으로 한 복무의 성격이 짙었다.[16] 이러한 용병군의 사용이 두드러진 것은 헨리 2세 때의 일이었다. 그는 동시에 봉건 의무군과 앵글로 색슨 시대의 전통인 민병군(fyrd)도 적절히 혼합하여 사용했다. 이러한 용병군의 사용은 헨리 2세 당시의 효율적인 재정기

15 Contamine, 1984, pp. 80, 88–89.

16 Hollister, 1965, p. 168.

구를 배경으로 한 것이다. (이에 비해 이러한 재정적 능력을 갖지 못했던 프랑스의 경우 용병의 사용은 1215년 이후의 뒤의 일이었다.)[17] 13세기에 들어서면서 봉건 의무군의 사용은 지속적으로 감퇴했다. 특히 기사군의 비용이 증가하면서 봉건 기사군의 의무복무 기간이 짧아졌다. 이에 따라 의무복무군을 바탕으로 만들어진 무력의 중요성도 줄어들고, 의무복무군을 사용한다고 해서 국왕에게 두드러진 재정적 이 점을 가져다 준 것도 아니었다.[18] 1300년경 프랑스에서도 전통적인 봉건적 의무복무(servitum debitum) 제도는 완전히 와해되었다.

1294년에 전쟁이 다시 발발했을 때 전투능력은 1215년 이후의 평화 시기에 발전시켰던 일반적 행정조직에 바탕을 두었다. 처음에는 용병 전문부대(제노아의 석궁부대, 가스코뉴의 기마 석궁부대 등)에 많이 의존했으나 14세기로 접어들면서 보병의 경우, 자국민을 바탕으로 유급의 강제적으로 모집한 병사를 사용하는 쪽으로 방향이 바뀌었다.[19] 에드워드 1세의 군대는 15,000명의 보병을 보유하고 있었다. 그리고 1,500명에서 3,000명 규모의 기마군의 경우도 봉건적 의무복무군은 일부만 포함되고 대부분이 유급 병사들로 구성되었다. 1298년의 폴커크(Falkirk) 전투 때 병력규모는 약 3,000명의 기마병과 25,700명의 보병이었는데, 이는 당시까지 최대 규모의 병력이었다. 이 병력의 규모를 넘어선 것은 에드워드 3세에 의한 칼레(Calais) 공성 때(1347) 단 한 번 있었는데, 실제로 이 규모는 17세기 중반에 와서야 능가된다. 1337년 백년전쟁이 시작될 때 에드워드 3세

17 Kaeuper, 1988, p. 21.

18 Michael Prestwich, *War, Politics and Finance under Edward I*(London: Faber and Faber, 1972), pp. 81－82.

19 Kaeuper, 1988, pp. 24－25.

의 군대는 전부 계약군이었다.[20]

3-3. 중세 후기 영국의 재정상태

당시 영국의 구체적인 재정상태는 다음과 같은 수치를 통해 잘 나타난다. 우선 1294–1298년간 치른 전쟁비용의 규모는 대체로 다음과 같다.[21] 1272년에 즉위한 에드워드 1세가 벌인 첫 번째 전쟁인 1차 웨일즈 전쟁(1276–1277) 때의 비용은 대체로 £23,000의 규모였다. 전투기간이 더 길었던 2차 웨일즈 전쟁 때(1282–1283)에는 £150,000 정도가 지출되었다(1270년대 연평균 경상비 지출은 £15,000 정도였다).

이에 비해 1294–1298년간의 대 프랑스 전쟁 때에는 훨씬 많은 비용이 소요되었다. 가스코뉴 주둔 영국 회계관의 1314년 계산에 의하면 1294년 11월에서 1299년 8월 공식 휴전까지 프랑스 내 영국 지역에서 지출된 비용은 £359,288가 되었다. 이 총액 가운데서 병사들에게 지급한 급료만은 £137,595가 되었다. (상실된 전투마에 대한 보상비용도 £100,000이 넘어 최근의 한 계산에 따르면 병사의 급료와 말의 보상비용을 합하면 £249,000이 되었다고 한다.)[22] 그러나 이 액수에는 병사들의 해상 수송비용 등이 포함되어 있지 않아 이것을 포함하면 대략 프랑스 전쟁의 비용은 대체로 £400,000 정도가 되는 것으로 계산된다.

그러나 이것은 단순히 전투비용일 뿐이었고, 전쟁수행과 관련된 외

---

20 Kaeuper, 1988, pp. 26–28.

21 Prestwich, 1972, pp. 170–175.

22 M. G. A. Vale, *The Angevin Legacy and the Hundred Years' War, 1250–1340*(Oxford: Clarendon, 1990), pp. 281–282; W. M. Ormrod, p. 125에서 인용.

교비용은 포함되지 않은 것이었다. 1200년대 초 존 왕의 대륙전쟁 실패는 프랑스 주변국의 협조가 없었던 때문이었다. 이 점을 고려에 넣은 에드워드 1세는 전쟁을 시작하기 전 주변국에게 지원금을 바탕으로 동맹을 체결하거나 중립을 확보했다. 우선 독일 왕인 아돌프(Adolph of Nassau)는 두 차례에 걸쳐 £60,000을 약속받았고, 이 외에도 브라반트(Brabant)의 지배자인 요한, 홀란드의 플로리스(Floris) 5세, 부르고뉴의 귀족들 등에게 모두 £250,000을 약속했으며, 실제 £165,784를 지불했다. 이러한 비용을 지급하는 데 소요된 액수(화폐의 운반)만도 £25,000나 되었다. 이러한 막대한 비용에도 불구하고 실제의 외교적 성과는 별로 크지 않았던 것으로 나타났다. 여하튼 1294–1298년간의 대 프랑스 전쟁에 실제로 소요된 비용은 £615,000이나 되었다. 당시 웨일즈에서는 반란이 일어났고 스코틀랜드와도 전쟁을 치렀다. 이 비용까지를 모두 합하면 에드워드 1세의 대 프랑스 전쟁에 소요된 비용은 총 £750,000가 되었다.

왕실의 전통적인 정규 수입은 지출에 비할 바 아니었다. 왕령지에서의 연수입은 £13,000 내지 £14,000에 지나지 않았다. 토지수입을 전쟁비용을 충당할 만큼 증가시킬 가능성은 거의 없었다. 토지 획득을 위한 노력은 재정적인 이유 때문이 아니었다. 그보다는 토지에서 비롯하는 봉건영주로서 국왕의 서임권(敍任權, power of patronage) 때문이었다. 이 외의 수입원으로 재판비용이 있었으나 1284년의 경우 겨우 £1,200에 불과했다. 후견인 세(稅)는 500마크(mark),[23] 상속인 부재로 인한 토지복귀 수입은 200마크에 지나지 않았다. 대법관(Chancery)직으로부터 연 1,000마크, 유대인으로부터의 수입 £200, 주조 및 금은 교환에서 £500 정도 수입이 생겼다. 성직임명을 통한 수입은 재임기간 총 £60,000 정도가 되었는

23 1파운드(£)는 1.5마크.

데, 이에 따라 연평균 약 £1,700 정도 되었다. 1284년도에 계상된 총수입은 £26,828 3s. 9 1/4 d.였는데, 이 중 £8,000이 전통적인 재원이 아닌 관세수입이었다.[24]

이러한 수입은 전쟁과 같은 비상시 충분치 않았음은 위의 전쟁비용에 관한 수치를 통해 잘 알 수 있다. 이러한 부족한 예산을 보충하기 위해 사용하는 방법에는 왕실 혼사 같은 특별한 경우에 봉건영주로서 요구할 수 있는 특별 헌금(aid)의 징수, 자신의 영지에 대한 조세율 인상, 대부, 주화의 가치절하 등이 있었는데, 가장 효과적인 것은 민간인과 성직자들로부터 동산의 가치에 따라 일정한 비율로 부과하는 특별세(subsidy)를 징수하는 것이었다. 이러한 특별세는 12세기에 그 기원을 두고 있다. 그러나 이것은 정규적인 수입이 아니었다. 즉 예외적으로 전쟁과 같은 특별한 경우에 한정되어 부과할 수 있고, 반드시 의회의 동의를 수반해야 했다.

에드워드는 35년간의 그의 재위기간 동안 모두 9번에 걸쳐 특별세를 부과했는데 그 내역은 다음과 같다.[25]

		£	s.	d.
1275	1/15세	81,054	2	8 1/4
1283	1/30세	42,765	10	1 1/4
1290	1/15세	116,346	12	11 1/2
1294	1/10 및 1/6세	81,383	9	4 3/4
1295	1/11 및 1/7세	52,870	2	6 3/4

24 당시 영국 왕실의 수입에 관한 통계는 Prestwich, 1972, p. 178 참조.

25 Prestwich, 1972, p. 179.

1296	1/12 및 1/8세	38,485	18	0 1/2
1297	1/9세	34,419	2	2 1/2
1301	1/15세	49,755	7	3 1/2
1306	1/30 및 1/20세	34,777	13	8 3/4

이 표에서 볼 수 있듯이 높은 세율의 세금이 반드시 많은 액수의 세금징수로 결과하지는 않았다. (예컨대 1297년의 1/9세보다 1306년의 1/30세 및 1/20세가 더 큰 액수의 수입을 결과했다.) 이러한 점은 세액 사정이 일정한 방식에 의해 이루어진 것이 아니라 매번 다른 방식으로 이루어졌기 때문이다.[26] 그러나 징세에 있어 어려움은 이러한 행정적 약점보다는 국왕의 정치적 취약성으로 인해 야기된 것이었다. 즉 이러한 특별세의 부과는 당시 'community of the realm'[27]이라는 집합적 이름으로 불리던 영역 전체의 대표자로 활동하던 귀족들(magnates)과 기타 납세자들의 집합적인 동의를 바탕으로 해야만 했는데, 의회는 이것을 정치무기화하여 징세를 허용하는 대신에 국왕으로 하여금 다른 양보를 이끌어냈다. 이를 회피하기 위해 에드워드 1세는 의회의 동의과정을 피할 수 있는 봉건영주로서 특권을 발휘하여 각종 보조금을 걷고 왕령지에 대한 조세를 부활시키기도 했으나 그 결과는 그리 만족할 만한 것이 못 되었다.[28]

부족한 재원을 보충하기 위해 에드워드 1세가 의지한 것은 성직자에 대한 소득세의 징수였다. 이 성직자에 대한 세금은 처음에는 두 차례

26 Prestwich, 1972, pp. 182-183.

27 이 개념의 다양한 의미에 관해서는 Michael Prestwich, *English Politics in the Thirteenth Century*(London: Macmillan, 1990), ch. 8을 볼 것.

28 Prestwich, 1972, pp. 184-185.

에 걸친 웨일즈 전쟁의 비용을 충당하기 위해 요구되었으나 부분적으로만 성공했다. 대 프랑스 전쟁과 관련하여 교회의 강력한 저항에도 불구하고 강압적인 방식으로 £100,000이라는 큰 액수를 성직자로부터의 직접세로 징수할 수 있었다. 같은 기간 비성직자들로부터 걷은 특별세 총액이 £150,000이었던 데 비하면 대단히 큰 금액이었다.[29] 이 이후 에드워드 1세는 성직세의 징수를 동의받지 못했으나 1301년 교황청에 납부될 10분의 1세의 절반을 얻음으로써 그의 재임 마지막 5년간 추가의 성직세로 £70,000을 걷을 수 있었다. 그의 전체 재위기간 동안 에드워드 1세가 징수한 민간인으로부터의 직접세 총액은 약 £500,000이었고 성직자로부터는 약 £300,000을 걷었다. 그리고 1294-1297년까지의 위기 시로 국한할 때 그 금액은 각기 약 £150,000과 £130,000이 되었다.[30] 이 액수는 당시까지 최대의 것이었는데, 그 이전의 기록은 1193-1194년 리챠드 1세의 인질석방을 위한 £100,000이었다. 프랑스 내 영국 영지 회복을 위해 징수한 1207년의 13분의 1세도 £60,000에 불과했다.

직접세 외에도 중세 국왕들은 재원 마련을 위해 간접세 징수를 시도했는데, 여기에서 거둔 재원의 규모도 결코 적지 않았다. 간접세의 징수는 물론 농업이 압도적이었던 지역에서는 큰 효과가 없었지만 영국과 같이 대륙에 대해 대규모의 양모 수출이 활발히 이루어졌던 지역에서는 아래에서 보듯이 특히 대부와 관련하여 전시재정의 중심적 역할을 했다.

양모에 대한 수출관세는 이미 1275년에 한 부대(sack=364파운드)당 0.5마크(mark=6실링 8펜스)씩 부과하는 안이 의회의 동의를 얻은 바 있었다. 그 결과 1292년까지 연간 £8,100-12,900까지의 수입이 이루어졌

29 Prestwich, 1972, p. 189. 교회의 저항에 관해서는 pp. 186-188을 볼 것.

30 Prestwich, 1972 p. 191.

다.[31] 1294년 프랑스와의 전쟁이 시작되면서 국왕은 양모 수출업자들로부터 양모를 외상으로 전부 구입하여 대신 수출을 장악함으로써 통상 수출업자들에게 돌아갈 이익을 챙기려는 시도를 벌였다. 수출업자들의 강력한 반대에 봉착하여 국왕은 부대당 3마크라는 고액의 관세(maltolt)를 부과하는 조건으로 왕실의 독점정책을 철회했다. 이렇게 수출관세율을 6배나 높인 결과 1294–1297년간의 총관세수입은 £116,000으로 같은 기간의 비성직자로부터 거둔 특별세보다 많은 금액이었다.[32] 그러나 이 금액은 증가된 수출관세율에 비례하는 것은 아니었다. 이유는 전쟁으로 인한 수출감소와 강력한 조세저항 때문이었다.

이 고액의 관세는 지속적인 저항을 받았는데, 1294년 이래 매년 지속된 특별세와 관련된 헌정위기와 중첩됨으로써 1297년에는 이 세금을 철회하지 않을 수 없었다. 대신 국왕은 양모의 강제 구매와 직접수출 정책을 다시 추진하기 시작했는데, 실제로 이에서 생긴 소득은 고액 수출관세수입의 4분의 1에 불과한 £25,000 정도였다.[33]

이렇듯 전쟁을 위한 재원조달의 노력이 국내 헌정위기로 결과함으로써 1297년에 치러졌던 플랑드르 전투는 완전히 실패로 돌아가고, 따라서 그의 외교정책의 기반은 와해되었다. 이 이후로 에드워드 1세가 의회의 동의를 받아낸 조세부과는 1301년과 1306년 두 번밖에 없었다. 1294–1296년의 3년간 그의 직접세 수입이 총 £250,000였던 데 비해 1297년에서 그가 사망한 1307년까지 10년간의 조세수입은 £120,000가

31 Prestwich, 1972, p. 196.

32 Prestwich, 1972, p. 197.

33 이 관세가 특히 인기 없었던 것은 양모 수출업자들이 관세부분을 수출가에 반영시키지 않고 가격인하를 통해 양모 생산업자들에게 전가했기 때문에 그 영향이 보다 넓게 확산되었던 이유도 있었다. Prestwich, 1972, p. 198.

채 못 되었다.[34] 따라서 그가 취할 수 있었던 재정정책의 선택 폭은 현저히 줄어들어 그는 조세부과 대신에 외국 대금업자들로부터의 대부에 더 의존하는 경향을 보였다.[35]

3-4. 특별세 부과를 둘러싼 헌정위기: 1294-1297

1294-1297년간 새로운 조세징수와 관련하여 전개된 헌정위기는 봉건영주로서 국왕의 전통적 수입을 넘는 시민사회로부터의 새로운 자원의 이동에 대한 귀족들의 저항과 관련하여 발생한 것이었다. 영국에서 전국적 규모의 조세, 즉 국왕이 봉건영주로서 자신의 수봉자(受封者)에 대해서가 아니라(12세기 말부터 로마법의 영향 하에 이론화되기 시작한) 공적 권위로서 자신이 지배자로 군림하는 영역 전체에 걸쳐 신민들에게 일정한 비율로 부과하는 세금이 부과된 것은 물론 이때가 처음은 아니었다.[36] 이

34 Prestwich, 1972, p. 189.

35 에드워드 1세 때 새롭게 확립된 관행의 하나는 전쟁 및 기타 긴박한 정부 업무 수행을 위해 외국, 특히 플로렌스의 은행가들로부터의 정규적인 부채에 의존하게 되었다는 점이다. 이러한 부채는 관세 및 직접세의 수입으로 변제했는데, 이러한 관행은 백년전쟁 초기인 1340년대까지 지속되었다. 이 점에 대한 자세한 논의로는 Prestwich, 1972, ch. 9; Fryde and Fryde, 1971, pp. 454-459(앞의 주 8); Kaeuper, 1988, pp. 42-52를 보라. 그러나 에드워드 1세가 사망할 당시 아직 변제되지 않은 부채는 £200,000가 되어(Prestwich, 221) 결국 에드워드에 대한 대출업자들도 쇠망의 길을 걷게 되었다.

36 이러한 전국적인 규모의 조세(national tax)에 대한 여러 측면에 걸친 연구로는 G. L. Harriss, *King, Parliament, and Public Finance in Medieval England to 1369*(Oxford: Clarendon, 1975), p. 3의 주 1)을 볼 것. Harriss의 저서는 바로 영국에서의 전국적 조세제도 도입과정에서 이루어진 공공 토론과 이와 관련하여 발전된 정치이론에 관한 연구이다.

러한 조세는 기존의 봉건제 정치원리에 위배되는 것이었기 때문에 납세자들의 특별한 동의를 필요로 했고, 이러한 동의는 '공공의 필요(긴급상황)'(public necessity)라는 명분의 뒷받침을 필요로 했다. 이러한 요건이 채워진 영국에서의 첫 번째 전국적 조세의 시작은 1207년 존 왕 때 동산에 대해 부과된 13분의 1세(稅)가 그 시초였다고 지적된다.[37]

이 이후, 특히 1215년의 대헌장(Magna Carta) 이후 1290년까지 동산에 대한 전국적 규모의 조세는 당연한 것으로 수락되었다. 그러나 봉건적 세금과는 구별되는 이러한 조세는 예외적인 조치로서 반드시 귀족들의 협의체를 통해 표시되는 왕국 전체의 공동 협의를 수반해야 한다는 원칙도 확정되기에 이르렀다.[38] 이와 함께 국왕이 봉건영주로서 자신의 영지에 대해 임의로 부과할 수 있는 세금(tallage)과 귀족들의 동의를 필요로 하는 특별세(auxilium)의 구분도 명백해지게 되었다. 기왕에 공인되던 봉건영주로서의 국왕의 특권을 넘어서는 일체의 조세는 전부 특별세로서, 즉 동의를 필요로 하는 세금으로 취급되기에 이르렀다. 13세기 초 국왕의 특별세 징수에 대해 동의를 부여한 유력자들은 오래전부터 국왕의 법정 심의 토론과정에 때때로 참여해 오던 귀족 및 고위 성직자들이었다. 이들은 magnum concilium, commune consilium, colloquium, 또는 parlamentum 등의 일반적 이름으로 불리게 되었고, 1230년대 중반부터 점차 parliament라는 이름으로 불리는 고정된 협의체로 발전했다.

존 왕에 이어 1216년에 즉위한 헨리 3세의 55년간 재위기간에는

---

37 Harriss, 1975 p. 3. 존 왕 이전에도 세 번에 걸쳐 이러한 종류의 특별세가 부과되었으나 모두 십자군 출정과 관련되어 있었고, 특히 1193-1194년의 경우는 리챠드 1세의 석방을 위한 인질금 마련을 위한 것이었기 때문에 큰 논쟁이 없었다.

38 Harriss, 1975, p. 27.

그 이전 시기와 그 이후 시기에 경험한 군사적·경제적 긴장이 드물었던 관계로 4차에 걸친 특별세만이 제안되어 의회의 동의를 얻었다. 이때의 동의 요청과 그에 대한 승인은 대부분 긴박한 상황에서 이루어지지 않았기 때문에 국왕과 귀족들 간 정치적 대화의 형식을 띠고 있었다. 이러한 상황은 장기적인 시각에서 볼 때 예외적인 것이기는 했으나 이때 확립된 특별세 징수에 대한 동의 요청과 그에 대한 심의 관행이 그 이후 사태 전개의 전례로서 확립되기에 이르렀다.[39] 특히 새로운 조세부과와 관련한 의회의 절대적 권위는 이 시기를 전후하여 확립되기에 이르렀고, 이러한 배경 하에서 1294−1297년간의 헌정위기가 이해될 수 있는 것이다.

이때의 위기는 거의 정례화되는 추세를 보이던 특별세의 징수, 군사복무의 장기화 및 일반화 추세, 국가의 독점 수출을 위한 양모의 강제징발, 주둔군을 위한 식량의 강제징발 등 국왕의 실정에 항의하는 비정간쟁서(秕政諫爭書, Remonstrance)를 두 사람의 귀족이 1297년 공동체 전체를 대표하는 형식으로 제출하면서 시작되었고, 처음부터 하나의 조직체로서 의회가 개입되지는 않았다. 그러나 귀족들이 그 저항운동을 후원함으로써 의회는 공동체 전체를 위하여 공공 이익을 위해 발언하는 기관으로 그 역할을 강화하게 되었다.[40] 이러한 저항은 단순히 조세를 거부하는 형식을 취한 것은 아니고, 특별세 징수를 위한 명분으로 제시된 '공공적 필요(긴급상황)'가 과연 성립되는 것인지의 여부를 확인하는 작업의 형태를 띠었다. 왜냐하면 공공적 필요를 구성하는 국가적 위기의 경우 의회가 특별세 징수에 동의하는 것은 지금까지 확립된 이론에 따르면 의

39 Harriss, 1975, p. 39.

40 Harriss, 1975, p. 59.

무사항이었기 때문이다. 귀족들은 플랑드르 전쟁이 영국의 국가적 필요성이 아니라 에드워드 1세 자신의 봉건영주로서의 이익을 위한 것이므로 특별세의 징수요건이 되지 않는다고 주장했다.

상기 간쟁서를 둘러싸고 귀족들과의 논쟁이 진행되는 동안 에드워드는 이들의 항의를 무시하고 양모의 징발과 새로운 8분의 1세의 징수를 강행했고, 이는 다시 거센 항의의 요인이 되었다. 특히 8분의 1세가 의회의 동의를 받았는지의 여부에 대해 논쟁이 벌어졌는데, 에드워드는 자신의 영향력 하의 일부 귀족들로부터 동의를 받았음을 강변했고, 이에 귀족들은 반론을 제기했으나 동의 자체의 필요성에 대해서는 아무런 이의가 제기되지 않았다. 1297년 9월 소집된 의회에서 국왕의 주장이 패배하고 1215년 대헌장의 준수를 약속하는 문서(Confirmatio Cartarum)의 작성을 통해 상기 비정간쟁서에서 천명된 장기적인 문제들과 최근의 8분의 1세 징수와 관련된 문제들을 해결할 것을 다짐했다. 이 문서에서 주로 문제점으로 부각된 것은 특별세, 강제징발 및 강제군역(軍役)이었는데, 특히 주의할 점은 간접세도 다른 불만점들과 같은 맥락에서 다루어지게 되었다는 점이다.[41]

이 대헌장 확인 문서에서는 공공적 필요성이라는 정당한 이유가 있는 한 반복적인 조세부과는 정당한 것으로 인정했다. 신민의 입장에서는 그러한 필요성이 국왕의 실정(misrule)의 결과로 이루어진 한에서만 납세를 거부할 수 있고, 그렇지 않는 한 납세의 거부는 정당치 않은 것이 되었다. 따라서 국가적 필요성의 논거 자체는 더욱 강한 것이 되었다. 결국 전국적 규모의 조세는 국가적 필요성의 요건을 갖추면 부과할 수 있게 됨으로써 영국 왕국은 국가적 자원 전체를 동원할 수 있는 제도를

41 Harriss, 1975, p. 69.

마련하게 되었다. 1297년 이후 특별세의 부과는 전쟁기간 동안보다 그 빈도가 훨씬 줄어들었지만 전쟁 이전의 기간에 비하면 거의 정규적인 형태로 발전했다. 에드워드 1세가 사망한 후에도 영불 간의 긴장은 1337년 백년전쟁이 시작될 때까지 지속되었는데, 이러한 사정이 반영되어 1327년까지 20년간 재위한 에드워드 2세의 경우 모두 7번의 특별세를 허락받아 £260,000를 징수하고 성직자들로부터도 추가로 £200,000의 세금을 징수했다. 1327년에 즉위한 에드워드 3세의 경우도 백년전쟁 시작 전 10년간 에드워드 2세와 비슷한 규모의 세수입을 올렸다(£130,000의 특별세 및 £100,000의 성직세).[42] 그리고 백년전쟁이 본격적으로 시작되면서 이 조세수입은 중세 기준으로는 천문학적인 규모로 증가하게 되었다.

14–15세기 두 세기에 걸쳐 강하게 표출된 영국의 대외적 공격성은 특정 군주 개인이 아닌 국가 전체 자원의 동원을 가능케 하는 제도적 장치를 바탕으로 하는 국력을 반영하는 것이기도 했다. 동시에 이러한 전국적 조세의 부과는 신민들의 권리를 회복·강화하는 계기로 작용했음을 기억할 필요가 있다. 특히 1297년 이후 에드워드 1세는 의회세력에 대해 보다 협조적인 자세를 취했는데, 이 점은 전쟁수행에 필요한 재원 확보에 의회의 동의가 필수적인 것이 되었기 때문이다. 예컨대 1298년 그는 그동안 식량 및 기타 자원의 강제징발과 관련된 지방 행정관들의 권력남용 등에 대해 조사를 실시하고 잘못된 점을 고치는 데 적극적 자세를 취했다. 이렇듯 특별세에 대한 의회가 확보한 동의권은 시민사회가 정치적 수준에서 일정한 목소리를 갖게 하고 또한 정치권의

42 Edward Miller, "War, Taxation, and the English Economy in the Late Thirteenth and Early Fourteenth Centuries," in J. M. Winter(ed.), *War and Economic Development*(Cmabridge: Cambridge University Press, 1975), p. 22.

개혁을 촉진하는 정치적 무기로서 사용되었다는 점 또한 기억할 필요가 있다.

영국의 경우 1294–1297년의 위기상황을 전환점으로 하여 정규적인 조세제도가 확립되기 시작했는데, 이 점은 물론 지속적인 전쟁상황에서만 가능했음은 반복할 필요 없는 일이다. 이러한 전쟁상황을 계기로 영지국가에서 근대적 조세국가로의 점진적 전환이 시작되었음을 알 수 있다. 그러나 이보다 더욱 중요한 사실은 전쟁이라는 긴박한 사태로 인해 야기된 영국에서의 근대국가의 시작이 의회의 지위와 역할에 대한 헌법적 확인을 동시에 수반했다는 점이다. 그리고 조세를 중심으로 하는 국가의 중대한 문제의 결정에 있어 의회의 동의가 필수적이라는 점이 헌법적 원리로서 고착되었다는 점도 부연되어야 할 것이다. 이러한 점들은 바로 1294–1297년간의 위기 시에 문제로 처음 제기되어 1337–1340년 백년전쟁 발발과 관련하여 벌어진 조세를 둘러싸고 전개된 또 한 차례의 위기 시 사이에 이루어진 사태였다.

3-5. 의회 중심의 헌정질서 확립: 1339–1340

조세문제를 둘러싼 1294–1297년간의 위기를 넘긴 후 에드워드 1세는 의회의 동의를 필요로 하지 않는 봉건영주로서의 특권에 기초하는 재원 확보에 많은 노력을 기울였으나 큰 효과는 없었고, 그보다는 주로 이탈리아 상인들로부터의 대부에 크게 의존했다. 의회로부터 변제에 대한 압력이 강했지만 그래도 "대부가 억압적인 조세나 사유재산의 징발보다는 정치적으로 훨씬 안전했기 때문이다."[43] 실제 에드워드 1세가

43 Prestwich, 1975, p. 270.

1294–1297년에 세금문제를 둘러싸고 귀족들과 큰 마찰을 일으키고 나아가서는 헌정위기를 초래할 수밖에 없었던 이유 중 하나는 그 결정적 시기에 의회의 동의를 피할 수 있는 대부(貸付)를 이용하지 못했던 점에 있었다.

에드워드 1세는 즉위 후 1294년까지 20여 년 간 이탈리아 루카(Lucca) 시 출신의 리카르디(Riccardi) 회사로부터 지속적으로 돈을 빌려 썼다. 그 총액은 이자를 합하여 총 £392,000에 달했다.[44] 이 금액 가운데 절반은 관세수입으로 변제되었는데, 실제로 1275–1294년까지 관세 징수 업무는 리카르디 회사의 수중에 놓여 있었다. 나머지의 대부분은 직접세에서 변제되었다. 그러나 영국과 프랑스 사이에 전쟁이 발발하면서 프랑스 국왕 필립 4세는 리카르디 회사가 적국을 돕는다는 이유로 이 회사의 프랑스 내 자산을 몰수했다. 이에 따라 이 회사에 돈을 맡겼던 예금주들의 인출 사태가 발생하여 리카르디 회사가 영국 왕을 도울 수 있는 처지가 되지 못하면서 에드워드 1세는 리카르디 사의 관세징수권을 박탈하는 한편 영국 내 동 회사의 자산을 몰수했다.

에드워드 1세가 리카르디에 대신할 금융업자로 역시 이탈리아의 프레스코발디(Frescobaldi) 사를 선정한 것은 전쟁이 이미 끝난 1299년이었다. 프랑스뿐만 아니라 스코틀랜드와 웨일즈에서도 전투를 치러야 했고, 또한 대륙 내 동맹국에 지원금을 지급해야 함으로써 돈이 결정적으로 필요한 시기에 그는 누구로부터도 돈을 빌릴 수 없었다. 바로 이러한 연유 때문에 그는 무리한 조세정책을 추진했고, 이것이 귀족들의 강력한 반발을 자극하는 결과를 초래했던 것이다.

이러한 금융업자들로부터의 대부에 의존하는 재원조달 방법은

44 Fryde and Fryde, 1971, p. 456.

1337년 프랑스와 또 다른 전쟁을 치르기 시작한 그의 손자 에드워드 3세에 의해 계승되었다. 대규모의 대부에 의존하는 정책은 물론 그 대부금을 갚을 수 있는 재정능력의 신장과 직결되는 일이었다. 그리고 이 재정능력은 다시 영국 상업경제의 성장과 이 경제능력을 재정능력으로 전환할 수 있는 성숙된 정치력 및 행정력의 존재를 바탕으로 하는 것이었다. 우리의 주제와 관련하여 특히 관심의 대상이 되는 것은 국가적 자원의 잠재능력을 동원하는 데 있어 중요한 역할을 한 의회의 역할이다. 즉 1339－1340년간의 정치·재정 위기는 거의 대부분이 의회 내에서의 토론과 조정을 통해서 전개되었고 동시에 해결되었던바, 이러한 문제해결 방식은 영국사 전개에 있어, 특히 대외전쟁과 관련한 자원동원 방식과 관련하여 대단히 중요한 선례를 남기게 되었다. 즉 영국의 독특한 의회중심적 헌정질서의 기본 꼴은 바로 전쟁에서 야기된 긴급한 자원동원 노력의 와중에서 결정되었던 것이다.

에드워드 3세의 프랑스 왕권 주장으로 1337년부터 시작된 영불간의 새로운 (백년)전쟁은 1294－1297년간의 전쟁에 비해 훨씬 큰 규모로 치러졌다. 이 점은 40여 년 간 영국 양모산업 발전에 따른 조세기반의 확대, 공공 대부기술의 발전 및 재정기구의 개혁 등을 바탕으로 이루어진 것이었다.[45] 군대조직도 봉건 군대와 계약군의 혼합형태에서 거의 완전히 계약군 형태로 바뀌었고, 국왕을 중심으로 하는 '민족주의적' 선전도 왕실의 조직적인 노력에 의해 전쟁을 위한 자원동원의 규모를 전국적인 수준으로 높이는 데 상당한 기여를 했다. 또한 에드워드 3세의 주장이 프랑스 왕위 그 자체였기 때문에 전쟁 노력은 독일 내 영주들과 플랑드르 내 여러 도시들과의 긴밀한 동맹관계를 필요로 했다. 이

45 Harriss, 1975 p. 232.

에 따라 전쟁비용은 과거 그 어느 때보다도 높아졌다. E. B. 프라이드의 계산에 따르면 1337년 말까지 이미 에드워드 3세는 9개의 동맹국에 대해 £124,000의 지원금을 약속했고, 1338년 봄까지 이 금액은 모두 £276,000이 되었다.[46]

재정적인 이유에서, 또한 재정과 수반되는 정치적 이유에서 신속한 승리는 대단히 중요한 일이었다. 이를 위한 에드워드 3세 전쟁전략의 기반은 제한된 기간 동안 대규모의 전국적 재정자원을 동원하는 능력이었다.[47] 물론 이를 위해서는 새로운 조세부과가 필요했는데, 이 점은 '국가적 필요성(긴급상황)'이라는 명분을 바탕으로 요청되었다. 이 요청은 1337년 9월의 회의에서 토론되어 의회는 10분의 1세와 15분의 1세를 3년간 징수할 것에 동의했다. 이때 징수한 세금은 1294-1297년 이래 최대의 것이었는데, 이것을 담보로 하여 에드워드 3세는 금융업자들로부터 대부를 받을 수 있었다. 이때 의회의 특징은 하층귀족 및 지방 왕령지의 평민 대표들의 참여가 적극적으로 이루어졌다는 점인데, 이들은 이미 에드워드 1세 시대의 의회에도 참여한 기록이 있다. [총 50회 가까운 의회 모임 가운데 하층귀족 대표인 knight는 총 14회, 왕령지의 대표인 대의사(代議士, burgess)는 11회 참석했다].[48] 이때 참여한 평민 대표들은 1377년의 조세가 마지막이 되기를 희망했으나 사태는 희망대로 전개되지 않았다.

에드워드 3세는 세금 외에도 자신이 선정한 소수의 회사들에게 양모 수출 독점권을 부여하고 이들 회사로부터 £200,000의 대부와 이익

---

46 E. B. Freyde, "Financial Resources of Edward III in the Netherlands 1337-1440," *Revue Belge de Philologie et d'Histoire*, 14(1967), pp. 1146-47; Harriss, 1975, p. 232에서 인용.

47 Harriss, 1975 p. 233.

48 George O. Sayles, *The King's Parliament of England*(New York: Norton, 1974), p. 91.

금의 절반을 약속받았다. 그러나 이러한 독점계획은 대단히 큰 불만의 대상이 됨으로써 전투를 위해 대륙에 머물고 있던 에드워드 3세에게 보낼 양모 수집이 계획대로 되지 않았다. 따라서 전투 자체가 지연되어 신속하게 치르기로 했던 전쟁계획이 대단한 어려움에 빠지게 되었다. 이에 1339년 10월 에드워드 3세는 의회에 대해 긴급히 £300,000의 지원을 요청했다. 이에 의회는 이 요청에 대한 심의에 들어갔다.

1339년의 의회는 전례와 달리 귀족들과 평민들이 별도로 회의를 개최했다. 귀족들은 협조적 자세에서 국왕의 요청을 승인하고 주로 조세 방법을 토론한 반면, 평민들은 국왕의 요청이 '국가적 필요성'의 명분에 합당한다는 것을 인정하면서도 조세동의를 자동적으로 하지 않고 국정개혁과 관련된 몇 가지 조건을 첨부했다.[49] 이러한 일은 전례가 없던 것으로 에드워드 3세의 의회의 동의를 필요로 하는 긴급한 상황을 정치적으로 잘 활용한 것이었다. 그러나 이것이 가능할 수 있었던 것은 이들의 경제적 지위상승에 상응하는 정치적 힘의 신장에 대한 자신감을 반영하는 일이었다. 지금까지 국왕 또는 보좌인들의 실정에 대한 교정의 요구는 귀족들만이 할 수 있는 일이었으나 1339–1340년간의 위기를 계기로 평민 대표들도 이러한 요구를 제출할 수 있게 되었다. 또한 지금까지 실정의 교정에 대한 귀족들의 요구는 대부분 1215년의 대헌장 정신의 준수였으나 1339–1340년의 사태를 계기로 대헌장 정신에의 준수는 더 이상 강조되지 않았다. 또한 국왕의 실정으로 인한 백성(community of the realm ; universitas regni)의 이익 침해에 대한 교정을 위한 장소로서, 또한 전체 백성의 동의를 필요로 하는 모든 결정을 논의할 최고 기관으로 의회의 위

49 자세한 요구내용에 대해서는 Harriss, pp. 256–257을 볼 것. 또한 이들이 제출한 청원서의 자세한 내용은 pp. 260–263.

치가 명백하게 되었다.

4. 프랑스의 경험

샤를마뉴에 의해 통일제국으로 성장한 프랑크 왕국이 그의 사후 그의 아들들 사이에 벌어진 내분으로 인해 3분되어 오늘날의 프랑스, 이탈리아 및 독일의 지리적 기초를 마련했음은 잘 알려진 일이다. 이 분할이 공식적으로 인정된 843년 서부 프랑크 지역에서 성립된 프랑스 왕국은 다른 지역에서와 마찬가지로 수년 동안 지속되던 내란과 중앙권위의 약화 때문에 지방분권화가 상당한 정도 뿌리를 내렸고, 이 경향은 다시 주변 종족의 군사적 침공으로 인해 돌이킬 수 없는 것이 되었다. 예컨대 900년을 전후한 시기에 있어 루아르(Loire) 강 이남의 프랑스는 10여 개의 가문들에 의해 분할 지배되었는데, 975년에 이르면 150여 개의 독립적 정치단위가 출현하게 되었고, 10세기 말에 이르면 전통적인 행정단위인 pagus조차 더 작은 단위로 분할되었다.

이러한 공공 권위의 점진적 쇠퇴와 분권적 경향으로 인해 지방할거 소영주 및 기타 군사계층의 비무장 민간인들에 대한 약탈행위가 범람했고, 이것이 10세기 말에서 11세기 초에 이르는 평화운동의 기초를 제공했다. 처음에는 교회를 중심으로 '신의 평화'(Peace of God, pax dei)의 기치하에 시작된 이 운동은 곧 대영주들을 중심으로 하는 세속권력에 의해 채택되었다(public peace, pax ducis). 즉 이들은 소영주들에 의해 자행된 불법적 폭력행위를 억제함으로써 자신이 자신의 영토 안에서 평화의 구심점이 되고자 노력하고, 나아가서는 이 평화운동을 자신의 권력의 정당화를 위해 원용하기에 이르렀다. 이러한 정치적 원용은 영주의 수준에 머무르지 않고 곧 프랑스 왕국에 의해 채택되었다.[50]

이러한 평화운동과 공공질서의 확립과정에서 카페(Capet) 왕가는 자신의 지배영역을 확장하고 동시에 행정조직과 사법조직의 기본 틀을 마련했다.[51] 이러한 과정에서 프랑스 내에 존재하는 영국 국왕의 봉토를 둘러싼 양국 간의 군사적 충돌은 지속되었다. 1214년의 전쟁 결과 프랑스는 루아르 강 이북에 존재하는 영국 왕의 봉토(브레타뉴, 노르망디, 메인, 앙주)를 회복하는 데 성공했다.

4-1. 13세기 프랑스 왕국의 재정

영국에 비해 프랑스 왕가는 상당히 큰 왕령지를 보유한 까닭에 1294년부터 본격적으로 시작된 영국과의 전쟁 이전에는 왕가의 봉건적 수입만으로 큰 문제 없이 자체의 정치적 야심을 충족시킬 수 있었다. 1226년에서 1270년까지 재위한 루이 9세(Saint Louis)의 연간 수입은 약 250,000투르 리브르(livres tournois, 아래에서는 l.t.로 약칭)였던 것으로 계산된다.[52] 13세기 말에 이르러서 이 수입은 400,000–600,000l.

50 이 평화운동에 관해서는 H. E. J. Cowdrey, "The Peace and the Truce of God in the Eleventh Century," *Past and Present*, 46(1970), pp. 42–67; George Duby, "Laity and the Peace of God," in G. Duby, *The Chivalrous Society*, tr., C. Postan(Berkeley: University of California Press, 1977), pp. 123–133; Kaeuper, 1988, pp. 143–151을 볼 것.

51 Kaeuper, 1988, pp. 150–170.

52 W. C. Jordan, *Louis IX and the Challenge of the Crusade*(Princeton, N.J.: Princeton University Press, 1979), pp. 78–79.

t.(66,000–100,000mark) 범위로 증가했고,[53] 백년전쟁이 시작될 무렵에는 130,000–145,000mark로 증가했다. 13세기 말부터 정규적으로 징수하기 시작한 성직자의 10분의 1세가 연평균 45,000mark가 되었는데 이것을 추가하면 그 규모는 더욱 커진다.[54] 이에 비해 같은 시기 영국 왕실의 수입은 연평균 £30,000(45,000mark)에 불과하여 프랑스 왕실 수입이 영국에 비해 3–5배가 되었음을 알 수 있다.

앞서 지적했듯이 1294년의 전쟁은 영국으로서는 그 이전까지 없었던 대규모의 비용이 소요되는 전쟁이었는데, 이 점은 프랑스에 있어서도 마찬가지였다. 예컨대 1294–1303년간의 전쟁비용은 최소한 1,440,000l.t.였던 것으로 추산된다.[55] 비록 프랑스의 통상 재정규모가 영국보다 크기는 했으나 전쟁으로 인해 야기된 새로운 부담은 영국에 비해 더 어려운 문제를 야기했다. 즉 영국의 경우, 비록 잦은 것은 아니었지만 동산 가치에 대한 퍼센티지로 부과되는 전시 특별세에 대한 경험이 거의 한 세기 가량 축적되었고, 또한 양모산업을 바탕으로 하는 화폐경제가 자리잡

53 Kaeuper, 1988 p. 62. 이 수치는 Joseph Strayer, *The Reign of Philip the Fair*(Princeton, N.J.: Princeton University Press, 1980), pp. 142–191을 바탕으로 한 것임.

54 Henneman(1971), pp. 348 및 350의 Table 2와 4 참조. Henneman의 계산에 따르면 1320년대 왕령지로부터의 왕실 수입은 442,000l.t.–647,000l.t.가 된다.

55 Joseph Strayer는 당시 프랑스 정부가 이론상 사용할 수 있었던 정부의 추산액을 1,735,000l.t.로 보고 당시 영국 정부가 남긴 기록에서 추산한 최소액수를 1,440,000l.t.로 계산하고 있다. Joseph Strayer, "The Cost and Profits of War," in H. A. Miskiman, D. Herlihy and A.L. Udovich(eds.), *The Medieval City*(New Haven, Conn.: Yale University Press, 1977), p. 272. 영국의 경우 앞에서 본 바와 같이 1294–1297년간 전쟁 때 소요된 비용은 동맹비를 포함하여 £400,000 정도였는데, 중세 후기의 파운드와 리브르의 일반적 환율 1 : 6을 적용하면 약 2,400,000l.t.가 되어 대체로 유사한 수준임을 알 수 있다.

고 있었으며, 이 화폐경제를 바탕으로 하는 국가 대부의 메커니즘이 마련되어 있었다. 이에 비해 프랑스는 이러한 기반이 마련되어 있지 않았다.[56] 13세기 프랑스에서 징수된 전시 특별세는 루이 9세 때의 십자군 출병을 위한 1,500,000l.t.가 있었으나 이 가운데 3분의 2는 성직자로부터 걷은 특별세였다. 따라서 조세국가로의 전환을 알리는 일반적인 전국적 조세의 전통은 시작되지 않았다.

1294년의 전쟁을 맞아 필립 4세는 1295년부터 1300년까지 영국에서와 같은 퍼센티지 세를 거의 정규적으로 전시 특별세 명목으로 징수했으나 그 세율은 영국에 비해 훨씬 작은 1%(1295), 2%(1296, 1297)에 지나지 않았다. 그래도 이에 대한 반발이 강했기 때문에 전국에 걸쳐 일률적으로 징수를 시도하기보다는 지방별로 지원을 얻어냈다. 이때의 특별

---

56 부족한 재정을 보충하기 위해 프랑스 왕국은 대부와 주조화폐의 가치감손 방법을 사용했다. 그러나 대부는 아직 상업경제가 자리 잡지 않은 까닭에 영국만큼 효과적으로 사용할 수 없었다. 대부가 성공적으로 사용되기 위해서는 변제가 제대로 이루어져야 하는데, 이것이 되기 위해서는 정규적인 조세제도의 확립이 선행되어야 했다. 그러나 우리가 검토하는 이 시기는 바로 정규적인 조세제도의 확립을 둘러싼 진통기였음을 감안할 때 대부는 아직 초기 단계에도 머물지 못했음을 짐작할 수 있다. 이 시기 프랑스의 대부에 관해서는 Kaeuper, pp. 69-75; Strayer, 1980, pp. 147-157; Fryde and Fryde, 1971, pp. 472-491을 볼 것. 한편 화폐의 가치감손 방법은 프랑스에서는 거의 조세적인 성격을 띠었다. 예컨대 1328년에 징수한 전시 특별세는 57,000mark였고, 1339년과 1340년에는 이보다 약간 상회한 금액이었다. Strayer의 계산에 따르면 1304년의 특별세 규모는 110,000mark였는 데 비해 1349년 후반부 화폐주조에서 생긴 수입은 100,000mark 전후가 되었다. Henneman, 1971, p. 309. 이 정책에서 비롯되는 인플레이션은 고정된 지대를 주 수입원으로 하던 귀족들에게 가장 큰 타격을 주었기 때문에 이 점은 주로 국왕과 귀족들 간의 갈등의 소지가 되어왔다. 1300년대 초반 당시 이 가치감손의 실황에 대해서는 Hennemann, 1971의 Appendix 1(pp. 331-353) 및 Henneman, 1976, pp. 7-9를 볼 것.

세 부과 명분은 과거와 같은 봉건적 헌금이 아니라 "국왕은 위기를 맞이할 경우 영역의 방위를 위해 전국적 조세를 부과할 수 있다"는 로마법적 이론에 근거한 것이었다.[57]

그러나 영국과 휴전 이후 1302년 플랑드르 지역의 반란과 함께 닥친 재정위기를 다시 겪으면서 군주의 전시 조세권에 관한 로마법적 관념에 대한 반발이 대단히 컸기 때문에 필립 4세는 다시 중세적 개념으로 복귀하여 배신소집령(陪臣召集令, arrière-ban)에 입각한 군사복무 의무를 발동하여 특별세 징수를 시도했다. 이로써 1304년 그가 징수한 액수는 735,000l.t.가 되었는데, 이 액수는 14세기 전반부에 징수한 세금으로는 최고의 것이었다.[58]

이 이후 1313년까지의 평화 시 필립 4세는 전국적 규모의 세금을 징수하지 못했다. 단지 1309년 장녀의 결혼과 1313년 장자의 기사서품식 때의 지원금만 징수할 수 있었는데, 이것은 봉건적 의무에 입각한 것이다. 1314년 플랑드르와의 전쟁이 협상을 통해 종식되면서 국왕은 다시 전시 특별세의 징수를 시도했으나 귀족들의 연합된 행동으로 좌절되었다. 이 충돌과정에서 사망한 필립의 뒤를 이은 루이 10세는 이미 징수한 특별세의 반환을 명하고 평시에는 전시 특별세의 징수가 불가하다는 약속을 귀족들에게 문서로 약속했다.

---

57 이 두 가지 조세의 명분론에 대해서는 Hennemann, 1971, pp. 17-27을 볼 것. 특히 로마법적 주권론에 입각한 조세론에 대해서는 pp. 22-24를 볼 것.

58 Joseph Strayer and Charles H. Taylor, *Studies in Early French Taxation*(Cambridge, Mass.: Harvard University Press, 1939), pp. 59-75.

4-2. 근대적 조세제도 도입의 난점

1316년 재발된 플랑드르 전쟁과 관련한 특별세의 부과를 위해 루이 10세는 귀족들과 도시민 대표들로 구성되는 협의체를 준비했다. 그러나 새로운 세금에 대한 결정이 이루어지기 전에 사망하고 그의 뒤를 이은(동생) 필립 5세는 이 정책을 계승하여 지원을 얻어낼 수 있었다. 원래 이 협의체는 왕국 정책 전반에 걸친 지원을 얻을 목적으로 필립 4세에 의해 처음 고안된 것인데 필립 5세에 와서 조세와 관련되어 처음으로 발전되기 시작했다.

필립 5세는 1320년의 전쟁종식과 함께 정부조직 전반을 정비하는 작업을 시도했는데, 이 중에서 가장 두드러진 업적이 바로 성직자, 귀족 및 도시 대표들로 구성되는 대의제 기구의 구성과 활성화였다. 이 기구의 적극적인 활용이 처음 시도된 것은 1321년의 삼부회로, 이때의 회의 목적은 당시 왕실이 계획하던 몇 가지 개혁—매도된 왕령지의 회복 및 영주 화폐주조권의 매입, 화폐의 가치 회복, 도량형의 표준화 등—을 위한 재원의 마련이었다. 이러한 재원의 요구는 상기 개혁작업이 로마법 및 교회법 전통에 근거하는 '공동의 이익'에 봉사한다는 명분에 입각한 것이었다. 이러한 작업의 필요성을 절감한 왕실은 삼부회의 지지를 받기 위해 여러 가지 노력을 전개했으나 그 결과는 부정적이었다.[59] 이에 국왕은 장기간 전국적 규모의 대의제 기구의 활용을 포기했다. 이러한 사실에서 우리는 프랑스에서의 사정이 영국에서의 의회와 상당한 차이를 드러내기 시작한 점을 발견할 수 있다. 결국 이러한 협의체는 지방별로 부분적

---

59 Henneman, 1971, pp.34-35.

으로 운용되다가 전국적인 규모에서 다시 소집된 것은 백년전쟁의 발발 이후인 1343년이었다.

1343년의 삼부회 소집은 국민 대표자 회의체의 새로운 시대를 여는 의미를 가지는 것이었다. 즉 이때부터 16년 동안 전국 수준에서 이러한 회의가 정규적으로 개최되었고, 또한 지방별로도 이러한 협의체는 번성하기 시작했다. 1343년의 회의에서 국왕은 주조화폐의 가치절하 정책과 불만의 대상이 되었던 염세(鹽稅) 행정의 개선을 조건으로 1년간 1 2/3%의 소비세를 요구하여 동의를 받았다. 이 1343년의 삼부회가 갖는 두드러진 특징의 하나는 국왕이 이 회의를 소집하기 전에 미리 의제를 알렸다는 점인데, 이 시기를 전후하여 이러한 예는 따로 없었다.[60]

국왕은 전국적 대표 기구로부터 세금을 약속받았으나 전쟁 피해를 겪지 않은 지역의 비협조와 주조화폐 정책의 개선에서 야기된 수입의 감소 등으로 인해 재정위기를 근본적으로 벗어날 수는 없었다. 1343년부터의 2년간 휴전 뒤 1345년부터 다시 시작된 전쟁과 특히 크레시(Crécy) 전투에서의 참패(1346)와 칼레의 함락(1347)을 계기로 새로이 소집된 삼부회의는 이전과 달리 신속히 협의를 진행하여 특별세의 징수에 합의했다. 이때 세금액수의 결정은 조세징수 자체가 봉건적 배신소집령과 연결되어 결정되었기 때문에 필요한 기마병의 일당을 바탕으로 했다. 전국에 걸쳐 일률적으로 특별세를 징수하는 원칙에 합의하는 대신 조세의 형식에 대해서는 지방별로 선택이 가능하도록 하고, 징세도 국왕의 관리가 아니라 지역별로 임명하는 관리(élus)에 의해 이루어지도록 했다. 이 점은 전국적인 단일 조세제도를 만들고 그 관리는 국왕이 직접 관장하고, 한 중앙정부의 원래 의도로부터의 후퇴 내지는 타협의 의미를 지니는 것이

60 Henneman, 1971, pp. 167–176.

었다. 이때 조세징수를 우선적으로 합의한 지역은 왕국 전체 가구의 3분의 1을 포함하는 지역으로, 합의된 금액은 1백만 l.t.에 육박했다. 따라서 중앙정부는 왕국 전체에 걸쳐 총 3백만 l.t.의 조세수입을 기대할 수 있게 되었다.[61] 그러나 1348년 봄부터 전국적으로 만연하기 시작한 흑사병으로 인해 이 조세수입은 수포로 돌아갔다. 이에 따라 재정적 안정, 국왕과 대의기관 사이의 협조, 새로운 군사적 공세계획 등도 완전히 무산되었다.

1351년이 되어서야 비로소 프랑스는 흑사병의 혼란에서 정상을 되찾기 시작했고, 전쟁이 소강상태에 접어들고 몇몇 지역의 삼부회의 협조를 바탕으로 왕국의 재정상태는 불안한 대로 균형을 유지했다. 그러나 1354년 노르망디 지역에서 지배적인 지위를 누리던 왕실의 인척 가문인 에브뢰(Evreux) 가문이 발로와 왕가를 버리고 영국과 합류하게 되면서 이 균형은 곧 깨졌다. 왜냐하면 노르망디는 오랫동안 주요한 재정원이었고 또한 재정관리의 모범을 보이던 지역이었기 때문이다.

이러한 상황에서 왕국의 조세 신설 노력은 다시 지역주의에 입각한 광범위한 저항에 부딪혀 재정은 지극히 어려운 상태에 빠지게 되었다. 또한 영국은 1355년 가을부터 프랑스 남부지방에 재침공하여 이 지역을 황폐화시켰다. 그러나 악화된 재정상태로 전투를 제대로 수행할 수 없게 되자 국왕 장 2세는 1355년 10월 삼부회를 소집했다. 1356년 초까지 계속된 이 회의에서는 3만 명 규모의 군대를 유지할 특별세가 약속되었는데, 이 규모의 군대를 1년간 유지하는 비용은 약 5백만 l.t. 정도 되어 1348년에 기대되었던 금액의 거의 두 배나 되는 것이었다. 이러한 의미에서 1355-1356년의 삼부회는 1347-1348년의 회의 확대판으로 얘

61 Henneman, 1971, pp. 232-233.

기될 수 있다. 그러나 이때의 결정은 1356년 9월 포와티에(Poitiers) 전투에서의 참패와 국왕의 포로 및 구금이라는 엄청난 사태를 계기로 했기 때문에 비교적 신속하게 내려질 수 있었던 것으로 판단된다. 그 충격 면에서 흑사병의 사태와 비견될 수 있는[62] 이 사태를 계기로 비로소 전쟁의 수행뿐만 아니라 준비를 위해 전국적 정규 조세제를 도입하려던 정책이 국민적으로 수락되기에 이른 것이다. 적국의 포로가 된 국왕의 인질금을 위해 특별세를 납부해야 한다는 봉건적 의무의 관념과 조세 명분으로서의 '명백한 필요(긴급상황)'라는 근대적 개념은 국왕의 나포를 계기로 하나로 합쳐져 새로운 전국적 조세징수를 위한 이론적 근거가 되었던 것이다.

그러나 이때의 새로운 조세도 '명백한 필요'에 대한 좁은 해석, 즉 당면한 위기상황에 한해 조세징수가 가능하다는 기존의 입장과 큰 거리를 두는 것은 아니었다. '명백한 필요'가 전시에 국한되지 않고 평시에도 있을 수 있다는 점을 일반 백성들에게 인식시킨 사건은 장 2세의 나포와 그에 따른 휴전 및 석방을 위한 회담이 진행되는 동안 10여 년간 새롭게 제기된 실직 병사들의 조직적인 약탈활동이었다.

흔히 당시 병사들의 조직 단위인 route에서 비롯하여 routiers라는 이름으로 불리게 된 비적화(匪賊化)한 이들 실직 병사들의 위협은 전쟁에 못지않은 위협으로 나타났다. 이 문제는 단순히 전쟁종식으로 인한 실직 병사들의 문제로 그치지 않고 14세기에 발생된 전사계층으로서의 귀족의 경제적 지위 하락과 관련된 것이었다.[63] 여하튼 실직 병사들의 조직적

---

62 Henneman, 1971, p. 302.

63 Henneman, 1976, pp. 6–7; J. B. Henneman, "The Military Class and the French Monarchy in the Late Middle Ages," *American Historical Review*, 83(1978), pp. 946–965.

약탈행위는 전국적으로 만연되었고, 이에 따라 '명백한 필요'와 '공동의 이익'의 개념은 대외적 방어를 넘어서서 국내 치안에 확대 적용할 가능성을 보여주었다. 구체적으로 각 지역은 자신의 치안유지와 방어를 위한 조세의 정규화의 전통을 이 시기부터 쌓아나가기 시작했다. 이러한 넓은 의미에서의 포와티에 사태는 프랑스가 영지국가에서 벗어나 조세국가로 발전하는 데 결정적인 계기를 마련했다고 할 수 있다. 그러나 프랑스에서의 이러한 사태는 조세문제와 관련하여 대의기구의 견제를 받지 않는 국왕 중심의 절대주의 체제의 성립을 가능하게 하는 계기를 마련했다. 그러나 이러한 독특한 발전은 단순히 위기상황의 도래라는 관점에서만 설명될 수 있는 것은 아니고, 후일에 그러한 체제를 견제할 수 있는 대의기구의 발전과 관련된 독특한 전통을 고려할 때 보다 정확히 이해될 수 있는 것이다.

4-3. 전국적 대의기구 설립의 난점과 지방분권주의

지금까지 살펴보았듯이 1294년부터 영국과의 지속적인 전쟁을 치르면서 60년간 프랑스에서는 영국과 달리 전시 특별세를 징수하는 데 대단히 큰 어려움을 겪었다. 중앙정부는 "국왕은 국가(status regni)를 보존하고 공동의 이익을 위해 행동할 의무를 지니는 한편 공동의 안녕을 해치는 위기를 판정할 권리를 가진다"는 로마법 및 교회법의 이론을 바탕으로 그러한 '분명한 필요성'이 발생될 경우 국왕은 공동의 안녕을 위해 전통적인 영주권을 넘어서는 보편적인 조세권을 행사할 수 있음을 내세웠다. 그러나 필요성에 입각한 조세와 같은 사적 권리의 유예는 당사자의 동의를 바탕으로 해야 한다(quod omnes tangit ab omnibus approbetur)라는 또 다른 원리와 항상 붙어다니는 기본 법원칙이었다. 따라서 근대적 국왕권의 확립과정에는 그러한 동의기구의 발전이 동시에 발견된다.[64] 실제 서양 중세 말의 상황에서 이러한 동의기구의 발전은 근대적 주권을 확립하고자 한 군주들을 중심으로 촉진되었는데, 그 대표적인 경우로 영국을 들 수 있다. 즉 중세적 상황에서 동의기구는 실제로 왕권을 제한하기보다는 중앙적 왕권의 확립과 행사를 보증해 주는 역할을 담당했다.

그러나 프랑스의 경우에서 우리는 상이한 상황을 발견하게 된다. 프랑스의 경우, 예컨대 낮은 수준의 담세율에서 잘 드러나고 있는 전통적으로 강력했던 봉건귀족들의 특권적 지위는 지방분권주의와 결합하여 이러한 동의기구의 발전을 방해하고, 따라서 근대적 성격의 중앙적 권위가 성장하는 것을 억제했다. 1356년까지 근대적 주권의 성립을 가능하게 했던 "필요는 최고의 법"(necessity knows no law)이라는 기본 원리는 부분적으로만 수락되고 있었다. 예컨대 국가운영 전반에 걸친 중요한 개혁을 위한 재정적 지원 문제와 관련하여 소집된 1321년의 삼부회에서는 이러한 '필요(긴급상황)'의 개념을 전쟁을 넘어서는 보다 포괄적인 '공동의 이익'과 연결시켜 조세부과가 요청되었던 것인데 각 지역들은 전쟁이 아니라는 이유로, 전례가 없다는 이유로, 또는 주민들의 빈곤 같은 지방적 특수 사정을 이유로 거부했고, 이러한 사정은 1340년대까지 지속되었다.[65] 조세요청에 대한 동의는 현재 진행 중인 전쟁에 국한되어서만 이루어졌고, 그것도 전쟁에 직접적인 피해를 입고 있는 지역에 국한되어 이루어졌으며, 휴전이 되는 즉시 조세부담의 약속은 취소되었다.[66] 이러한 자세는

---

64 이 점에 관해서는 Guenée, 1985, pp. 173–174. 국가 조세권에 관한 중세적 관념 전반에 관해서는 Eberhard Isenmann, "Medieval and Renaissance Theories of State Finance," in Bonney, 1995, pp. 22–52를 볼 것.

65 Henneman, 1971, pp. 322–323.

66 이러한 자세는 특별법에 관한 중세의 지배적 관념과도 관련되는 것이다. 즉 특별

국가적 위기상황 규정에 대한 국왕의 남용과 군사방위에 대한 중앙정부의 무능과도 연결되는 것이지만 강한 지방분권주의 전통과의 상승작용 없이는 충분히 이해되기 어려운 것들이었다.

한편 이러한 강력한 지방분권주의는 전국적 수준의 회의체에서 이루어지는 동의라는 법적 절차의 신성성과 구속력에 대한 프랑스인들의 낮은 신념과 연결지어 설명된다. 우선 삼부회 같은 전국적 대의기구에서 조세에 대한 동의가 이루어진 경우에도 개별 지방 수준에서는 여전히 조세부과에 대한 저항이 강했고, 그렇다고 동의의 절차가 제대로 지켜지지 않고 조세가 부과될 경우의 저항이 동의 부재 때문에 더욱 커지는 것도 아니었다. 또한 중앙정부의 조세 신설 노력도 이 동의 필요의 원칙에 크게 구애를 받았다는 증거도 없었다.[67] 납세자들이 실제로 관심을 쏟은 부분은 위기 또는 '명백한 필요'가 실제로 존재하느냐의 여부였고, 이 점을 인정하게 되면 동의의 절차에 무관하게 세금을 납부했다. 그리고 그러한 위험을 인정하지 않을 경우 동의 여부는 따지지 않고 선례와 특권을 이유로 납세에 저항했다. 바로 이러한 태도 때문에 전국적인 수준의 대의기구의 발전은 대단히 느렸다.

동의의 절차를 가볍게 보는 태도는 반드시 납세자들에게만 국한된 것은 아니었고 국왕들에게도 공통된 것이었다. 즉 삼부회를 소집할 경우 국왕들은 동의의 획득을 목표로 한 것도 아니었고, 또한 백성들도 삼부회를 동의부여 기관으로 보지 않았다. 1321년의 경우 한 번을 제외할 경우 삼부회를 소집할 때 회의 참석 대표들이 자신들이 대표하는 지역주

법에 관련해서는 "'필요(긴급상황)'가 그치면 그 필요에 의해 요청된 바도 그친다"(cessante causa, cessat effectus)라는 격률이 존재했다.

67 Henneman, 1971, pp. 324–325.

민들로부터 전권을 부여받을 것을 요구하지 않았다. 즉 삼부회는 동의가 아닌 협의(counsel)를 위한 기구로 여겨졌기 때문에 대표들은 전권을 가질 필요가 없었다. 그들은 단지 사태 전반에 관해 광범위한 지식과 정보를 갖고 있고, 따라서 자신의 지역에서 존경받음으로써 무게를 갖는 인사라면 충분했다. 로마법 이론에 따르면 긴급상황의 판별은 주권자인 국왕의 권한이며, 단지 조세만은 관련 당사자의 동의를 필요로 하는 것이나 프랑스에서는 위기가 존재하는 것이 분명하면 조세는 동의를 필요치 않고도 부과될 수 있었다. 단지 위기의 여부를 결정하는 과정에 관련 당사자들이 직접 참여해야 한다는 태도를 보여왔다. 실제 삼부회 같은 대의기구는 위기의 존재를 증명하고 이에 대처하는 국왕의 조치를 지지해주기 위한 협의가 이루어지던 장소였다. 일단 위기의 존재가 확인되면 매번 새로운 대의기구의 동의절차 없이도 새로운 조세부과가 가능했다. 바로 여기에서 국가가 동의절차를 거치지 않고 세금을 징수할 수 있는 관례가 만들어졌고, 이것이 뒤에 왕조 중심의 절대주의로 발전할 수 있는 근거가 되었다.

5. 토의와 결론

영국과 프랑스는 전형적인 봉건왕국의 성격을 지니고 있었지만 이 두 왕국은 출발단계에서 내부적으로 중요한 차이를 갖고 있었다. 프랑스는 '전형적'인 봉건제가 발전했던 지역답게 분권주의 경향이 상당히 오래 지속되었던 반면 영국은 국왕과 봉신들 사이에 강한 응집력을 갖고 출발했다. 영국의 경우 귀족들은 국왕에 대항하기보다는 국왕과 긴밀한 협조하에 전국 수준의 통치과정에 참여했다. 귀족들의 통치과정에의 참여는 13세기 중반부터 parliament로 불리기 시작한 대의제적 협의체를 중심으로 이루어졌다. 이러한 의미에서 영국에서의 이 대의제적 협의체는 국왕에 맞서는 것이 아니라 국왕의 편의에 따라 언제든지 소집될 수도 안 될 수도 있는, 말하자면 국왕의 통치 일부를 이루는 King's parliament로 출발했다.[68] 그 출발이 어떻든 간에 영국의 경우 프랑스에 비해 전국적 수준의 대의기구의 성장이 빨랐던 점을 기억해둘 필요가 있다. 이러한 대의기구의 이른 성장은 앞에서 지적되었듯이 시민사회의 자원이 국가적 목적의 사용을 위해 이동되는 것을 훨씬 수월하게 하는 데 큰 기여를 했다.

영국에서 대의제 기구의 이른 발전이 있었던 것은 영국의 중세 왕국의 출발 시 주어졌던 조건과도 관련되는 점이지만, 동시에 이 점은 영국의 왕실이 프랑스에 비해 재정적으로 더 궁핍했다는 사실과도 관련되는 일이다. 즉 프랑스의 경우 왕실 수입이 영국에 비해 3–5배 정도 컸던 관계로 1290년까지 시민사회의 자원에 기대지 않고 자체의 수입만으로 정치적 야심을 충족시킬 수 있었다. 이에 비해 영국은 이미 12세기부터 전국적인 수준에서 일률적으로 징수하는 특별세 징수 경험을 갖고 있었고, 이 작업과 관련하여 대의제 기구를 활용했던 전통도 보유하고 있었다.

시민사회의 자원동원과 관련한 대의제 기구의 활용 경험 여부는 1290년대부터 향후 1세기 반 동안 지속된 영불 간의 전쟁에서 매우 다른 정치적 결과를 만들었다. 13세기에 들어서면 영국이나 프랑스에 있어

68 이러한 점은 특히 Sayles에 의해 강조되는 점이다. "Strictly speaking, we should not use the term English parliament but the king's parliament of England." Sayles, 1974, p. 79.

서 이미 봉건적 의무군대는 퇴조하고 용병 또는 기타 유급 병사들의 사용이 보편화되어 있었다. 이러한 까닭에 전쟁의 승패는 국가 재원의 규모에 의존하게 되었는데, 1290년대부터 본격적으로 시작된 영불 간의 전쟁은 양국 모두에 있어 봉건영주로서의 국왕의 개인적 수입으로는 감당할 수 없는 막대한 자원이 소요되는 작업이었다. 이러한 대규모 자원의 소요와 함께 영국과 프랑스 양국에서는 모두 시민사회의 자원을 동원하는 작업을 시작했는데, 이 작업은 구체적으로는 근대적 의미의 조세제도의 확립을 위한 노력의 형태를 띠고 나타났다. 달리 표현하여 영지국가에서 조세국가로의 전환작업이 시작되었던 것이다. 이와 함께 국가와 시민사회 간의 지속적인 상호작용 과정이 시작되었다.

이러한 과정은 영국에서 보다 원활하게 진행되었는데, 그것은 무엇보다도 그러한 과정을 원활하게 하는 제도적 장치, 즉 대의제적 협의기구를 일찍부터 발전시키고 있었기 때문이다. 이 기구를 통한 국가와 시민사회의 관계를 상호작용으로 표현하는 것은 이 관계가 시민사회 자원의 국가로의 이동으로 그치지 않고 그 이동에 대한 대가로서 국가의 지배권력 행사에 대한 시민사회의 참여, 지배권력의 자의성 배제 등의 개혁작업이 동시적으로 추진되었다.[69] 물론 이러한 과정이 영국의 '보다 원

---

69 이러한 접촉으로 인하여 지속적인 상호 변모가 진행된다는 의미에서 '변증법적'(dialectical)이라는 표현이 사용된다. 예컨대 Bertrand de Jouvenel은 이 점을 일컬어 '명령의 변증법'(dialectic of command)으로, Giddens는 '통제의 변증법'(dialectic of control)이라고 부르고 있다. Jouvenel, *On Power: Its Nature and the History of Its Growth*, tr., J. F. Huntington(Boston: Beacon, 1962), ch. 6; A. Giddens, *The Nation State and Violence*(Berekely: University of California Press, 1985), pp. 10–11, 201–202. 이러한 의미에서 국가적 차원에서 이루어지는 자원동원은 일방적이기보다는 대부분 협상을 통하는 것으로 말할 수 있을 것이다. 따라서 이 점은 Tilly를 따라서 '협상을 통한 자원추출'(bargained extraction)이라고 말할 수 있을

활히 진행되었다'는 표현은 프랑스와의 비교에서 이루진 것일 뿐, 아무런 긴장 없이 이루어진 것은 아니었음은 이미 앞에서 지적된 바와 같다.

영지국가에서 조세국가로의 전환에서 필수조건인 '긴장'은 대부분 전쟁과 같은 긴박한 상황의 형태를 띠고 나타났다. 실제로 이러한 긴박 상황은 바로 국가의 보편적 조세징수를 정당화해 주는 거의 유일한 이론적 근거였다. 이 이론적 근거는 로마법·교회법 전통에서 만들어진 것이었는데, 이 정당화는 동시에 납세자의 동의를 부수적 조건으로 했다. 이러한 이론적 전통을 바탕으로 하여 초기 근대국가에서는 대부분 대의제적 협의기구가 출현했다.

이미 여러 번 지적했듯이 이러한 대의기구는 시민사회에서 국가로의 자원 이동을 막기보다는 더욱 원활히 하는 역할을 했다. 따라서 동의의 제도가 원래의 뜻대로 확립된 영국의 경우 이 제도는 두 가지 기능을 동시에 수행했다. 우선 대외적으로 국가의 능력을 강화시켜 주었고, 내부적으로는 강력한 의회주의의 전통이 수립되었다. 이 점이 영국 국가의 독특한 발전방향의 성격을 말해주는 점이다.

프랑스의 경우도 영불전쟁을 계기로 영지국가 능력의 범위를 벗어나는 자원의 필요가 발생하기는 영국과 사정이 같았다. 그러나 영국과 달리 시민사회의 주도세력인 귀족들은 강력한 지방분권주의 경향을 갖고 국왕에 대립적인 자세를 취하고 있었기 때문에 전국적 수준의 통치와 관련하여 국왕과 협력하는, 특히 자원의 이동을 정당화함으로써 원활하게 하는 대의기구의 발전은 상대적으로 느렸다.

1321년 삼부회를 영국의 의회와 같은 대의제 기구로 활용하여 전

것이다. Charles Tilly, *Coercion, Capital and European States, A.D. 990–1990*(Oxford: Blackwell, 1990), pp. 99–103.

국적인 조세징수를 시도하던 왕실의 작업은 실패로 돌아갔다. 전쟁과 같은 긴박한 사항이 아니고서는 전국 수준의 근대적 조세징수가 불가능하다는 것이 프랑스 시민사회 주도 세력의 일관된 입장이었다. 또한 전쟁상황이 발생해도 구체적인 전투행위가 없고 구체적인 위협이 없는 한에서는 삼부회 같은 대의기구의 동의를 얻을 수가 없었다. 실제 이 기구가 동의하는 경우에도 조세징수를 집행하는 과정에서 여러 가지 저항이 야기되었다.

흥미로운 점은 군주의 조세권과 관련된 로마법적 관념과 이론이 프랑스에서는 원래 뜻대로 적용되지 않았다는 사실이다. 우선 조세를 불가피하게 만드는 긴박한 상황의 판별과 관련하여 프랑스에서는 납세자들이 직접 그 판별작업에 관여하려고 하는 한편 위기상황이라고 판단될 경우 대의제적 협의체에 의한 공식적인 동의절차에 개의치 않은 채 조세가 가능했었다. 구체적으로 이러한 자명한 위기상황은 1356년의 국왕의 적국에 의한 나포, 그리고 그 해결과 함께 도래한 휴전에서 야기된 실직 병사들의 약탈행위 등을 통해서 주어졌다. 이렇게 동의절차 없이도 조세부과가 될 수 있는 위기상황이 몇 번(예컨대 15세기 중반의 실직 병사들의 약탈행위, 16세기의 종교 내분, 17세기의 30년전쟁 및 루이 14세의 정치적 야심, 18세기의 빈번한 전쟁 등) 반복되는 동안 군주를 중심으로 하는 절대주의는 되돌릴 수 없는 추세가 되었다.

이상에서 논의된 바와 같이 1290년대부터 시작된 영불전쟁은 이들 두 나라를 모두 봉건적 영지국가에서 근대적 조세국가로 전환하게 한 계기가 되었다. 그러나 그 전환과정에서 나타난 정치적 결과, 즉 국가와 시민사회의 관계를 말하는 정치권력 구조의 모습은 의회 중심의 입헌주의와 절대주의라는 매우 대조적인 모습으로 나타났다. 물론 이러한 차이를 만든 것은 전쟁 그 자체가 아니라 전쟁과 같은 긴박한 상황을 맞아 각 사회 내의 세력들이 보인 반응의 양식, 기존의 국왕(국가)과 귀족 및 도시 부르주아지(시민사회) 사이의 관계, 독특한 정치문화 등 다양한 요인이지만, 이러한 요인들이 상호작용하여 일정한 정치적 결과를 낳게 만든 근본적인 추동력은 전쟁이라는 긴박한 상황에 의해 주어졌다는 점을 잊어서는 안 될 것이다.

지금까지 우리의 논의에 있어 가장 중요하게 취급되어 집중적으로 다루어진 요인은 영지국가에서 조세국가로 전환하는 과정의 초기 단계에서 주어졌던 정치적 조건, 구체적으로는 왕실과 자원 제공자로서의 시민사회 내 주도세력과의 관계를 드러내는, 또한 자원동원을 원활하게 해주는 대의제적 협의기구의 발전 정도 또는 여부였다. 그러나 이것은 정치발전의 독특한 양상과 관련하여 생각될 수 있는 여러 가지 요인 중 하나일 뿐 전부는 아니다.

여기에서 우선 지적되어야 할 중요한 다른 사항으로서 우리는 국가의 긴박한 재정적 상황을 일시적으로 완화해 줄 수 있는 신용제도의 존재 여부, 또한 그러한 제도의 사용을 가능하게 하는 개별 사회마다 서로 다른 경제체제의 성격, 국가에 제공하는 자원의 부담 배분을 둘러싼 시민사회 내 다양한 세력 간의 관계, 이 관계의 유지 또는 변화에 대한 국가권력의 영향관계 등 실로 다양한 문제를 생각할 수 있고, 이 문제들은 또한 별도의 논의를 필요로 한다. 그러나 중요하게 기억되어야 할 점은 자원동원과 관련된 동의제도의 발전 여부 또는 정도의 문제는 이제 지적된 다양한 요인들과 무관한 별개의 요인이 아니라 그것들과 서로 원인과 결과가 되면서 전혀 다른 성격과 내용의 정치발전을 만들어냈다는 점이다.[70] 이런 점에서 이 문제는 다른 어떤 요인에 앞서 반드시 검토해야 될 사항이다.

70 동의와 강제의 두 가지 (이상형적) 조세방식이 갖는 각종 연쇄작용을 영국과 프랑스 두 나라의 중세 후기에서 산업시대까지의 정치발전 과정과 관련시켜 포괄적으로 논의하고 있는 Gabriel Ardant, "Financial Policy and Economic Infrastructure of Modern States and Nations," in Tilly, 1975, pp. 164–242는 이러한 다양한 요인들을 종합적으로 다루고 있는 대표적인 글로 추천될 수 있을 것이다.

국가_The State,

전쟁_War,

한국_Korea

3장
서양 근대국가 형성과 화폐, 800-1800

1. 서론 : 이 글의 목적

서양의 근대국가가 상업경제의 기반 없이는 성장할 수 없었다는 것은 이제는 너무나 잘 알려진 사실이다. 이 점은 국가건설 작업의 핵심이라고 여겨지는 전쟁-군사의 노력이 엄청난 규모의 재정적 기반을 필요로 했다는 점에서 연유하는 것이다. 특히 근대 초기 '군사혁명'의 주요 내용을 이루는 무기 및 병력 규모의 혁명적 변화로 인하여 전쟁 노력에 동원되는 재정규모는 급증했는데, 그 대부분이 병사에 지급되는 급료와 기타 보급품 비용이었기 때문에 현금의 필요성이 그만큼 커졌고, 따라서 화폐가 전쟁수행에 있어 중심적 위치를 차지하게끔 되었다.[1]

이러한 상황은 르네상스기 유럽 전쟁사의 대가인 헤일(J. R. Hale) 교수가 추산한 16세기의 주요 전쟁비용을 통해 엿볼 수 있다.[2] 이 표를 보면 각국 정부의 연간 세입과 전쟁수행에 사용한 비용이 나와 있기 때문에 전쟁수행 비용의 규모를 대충 짐작할 수 있다. 그런데 아홉 개의 전쟁이 언급되면서 인용되는 화폐단위는 모두 다섯 개로[3] 서로 다른 전쟁들 사이의 비교가 대단히 어렵다. 따라서 당시 유럽 내 전쟁들의 규모에 대한 전반적인 이해를 위해서는 이들 화폐 사이의 환율에 대한 정확한 지식이 대단히 중요하다.

바로 이러한 점을 염두에 두면서 이 글은 근대국가 형성과 관련하여 자주 등장하는 다양한 화폐들의 주조 시기, 가치의 변동, 화폐들의 환율 등에 관한 기초 지식을 제공할 목적으로 작성된 것이다. 물론 여기에 논의된 사항들은 전부가 기존의 문헌을 통해 알 수 있는 것들이지만, 종합적으로 이 문제를 다룬 글이 드물고 부분적으로 논의한 문헌의 경우도 쉽게 구할 수 없다는 점을 염두에 두고 근대국가 형성 역사에 관한 연구자들의 편익을 위해 이 글을 쓰게 되었다는 점을 강조하고자 한다.

---

1 근대 유럽의 '군사혁명'에 관해서는 박상섭, 『근대국가와 전쟁』(나남, 1996), 제2장을 볼 것. 전쟁수행과 관련하여 금전이 절실히 필요했다는 점은 다음의 일화에서 잘 전달된다. 즉 1499년 밀라노에 대한 침공을 준비하던 프랑스의 루이 12세는 자신의 부하 한 사람에게 이 침공을 위해 가장 필요한 것이 무엇이냐고 물었다. 그 부하는 세 가지가 필요한데 그 한 가지는 돈이고, 다음은 더 많은 돈이고, 세 번째는 더욱 더 많은 돈이라고 대답했다고 전해진다. Gabriel Ardant, "Financial Policy and Economic Infrastructure of Modern States and Nations," in Charles Tilly(ed.), *The Formation of National States in Western Europe*(Princeton: Princeton University Press, 1975), p. 164에서 재인용.

2 J. R. Hale, *War and Society in Renaissance Europe, 1450–1620*(New York: St. Martin's, 1985), p. 223; 박상섭, 1996, p. 89에서 인용되고 있다.

3 maravedi, livre tournois, florin(fiorino), pound, ducat.

2. 카롤링거 왕조와 근대 서유럽 화폐제도의 기초 확립

1파운드=20실링, 1실링=12펜스라는 비교적 복잡하면서 십진단위를 채택하는 다른 모든 나라들에 비할 때 가장 구식이었던(1971년 2월 14일까지의) 영국의 화폐제도는 실은 1천 년 이상 유럽 전체에 걸쳐 표준으로 채택되었던 시스템이었다. 이 제도가 처음 채택된 것은 샤를마뉴의 아버지로 카롤링거 왕조의 시조인 단신왕(短身王) 찰스 페핀(Charles Pepin the Short) 때의 일이었다. 그는 755년경 당시까지의 복잡하던 화폐를 혁파하고 새로운 제도를 도입했다. 즉 순은 1파운드[libra pondus(羅), livre(佛), libbra(伊), pound(英)]를 240데나리우스[4](denarius=英美화의 페니)로 정했다. 당시 통용되던 비잔틴 제국의 금화인 솔리두스(solidus)는[5] 약 12데나

---

4 이 denarius라는 단위는 로마 공화정 때부터의 화폐단위였다. 제2차 포에니 전쟁(218-201 BC)을 치르면서 로마 공화국은 주화체제를 새롭게 정비했는데, 당시까지 주로 사용되던 청동 화폐인 아스(as)의 10배 가치인 은화 denarius를 처음 도입했다. 이 denarius라는 말은 "10배의" 또는 "10개를 포함하는"이라는 라틴어 형용사를 바탕으로 붙여진 이름이다. 이 단어의 이탈리아어에 해당되는 denaro(또는 danaro)는 이탈리아어에서는 돈이라는 일반 명사로 사용되었음도 일러둘 필요가 있을 것이다. 1 denarius의 가치는 성경에 따르면(마태복음 20장 1절) 예수 그리스도 생전의 경우, 포도밭 노동자의 일당에 해당하는 액수로 서민들에게는 적지 않은 금액이었다.

5 로마가 제국으로 출발한 이후로 통화체제는 인플레이션과 정치위기로 점점 약화되어 갔기 때문에 여러 차례 개혁작업이 시도되었다. 그 중에서 가장 중요한 것은 콘스탄티누스 황제(307-337) 때의 개혁이다(309년). 이때 처음 도입된 것이 aureus solidus nummus(순정금화)인데, 약해서 solidus라고 불렸고 그리스어로 nomisma(복수는 nomismata)라고도 불렸다. 이 금화는 로마 파운드(327.4그램)의

리우스 정도의 가치를 지니고 있었기 때문에 12데나리우스를 1솔리두스[soldo(伊), sol, sou(佛), s(c)hilling(英, 奧)]라고 부르게 되었고, 자연히 1파운드는 20솔리두스로 계산되었다. 이때 솔리두스는 실제의 화폐가 아니라 계산단위에 불과했고, 이에 해당하는 화폐가 처음 주조된 것은 1508년 영국에서였다. 샤를마뉴도 통화개혁을 실시하여 순도 950/1000짜리 은 1파운드로 240개의 데나리우스 주화를 만들었는데, 이때 이 주화의 무게는 1.76그램(순은은 1.64그램)이 되었다.[6]

이러한 카롤링거식 화폐제도는 샤를마뉴 때 전 유럽으로 전파되었는데, 이 전파과정에서 (은의) 무게단위로서의 파운드와 화폐단위로서의 파운드 사이의 관계는 곧 갈라지게 되었다. 영국의 경우 앵글로-색슨 시기 잉글랜드에서 페니의 무게는 18-27그레인 사이에서 변동했는데 윌리엄 1세의 노르만 정복 이후로는 22.5그레인(약 1.46그램)으로 정착되었다. 화폐의 가치는 그 이후로 서서히 감소하여 1696년에는 은 1파운드로 20개가 아닌 66개의 실링 은화가 주조되었는데 이것이 새로운 표준으로 되었다. 이 가치는 1817년 영국이 공식적으로 금본위제를 채택할 때까지

72분의 1 무게로 주조되었다. 이론적으로는 개당 4.55그램이 되어야 했으나 실제로는 4.4그램이었다. 또한 1/2 가치의 semis와 1/3 가치의 tremis도 주조되었는데 후자가 훨씬 많이 유통되었다. 그리고 일상생활용의 기초 화폐로는 solidus의 1/24 가치의 은화인 siliqua가 발행되었다. 콘스탄티누스 당시 tremis는 금 1.51그램을 함유했는데 샤를마뉴 때에 이르면 0.39그램으로 떨어졌다. 이것은 금 부족 현상으로 일어난 것으로 샤를마뉴의 개혁 이후 금화의 주조는 중단되었다. Pierre Vilar, *A History of Gold and Money, 1450 to 1920*, trans., Judith White(London: New Left Books, 1976), p. 30. 비잔틴 제국에서는 11세기 초반까지 가치를 유지했다.

6 Carlo Cipolla, *Before Industrial Revolution: European Society and Economy, 1000-1700*, 3rd ed.(London: Routledge, 1993), p. 165.

유지되었다.

3. 이탈리아

3-1. 피렌체

샤를마뉴 이후 유럽에서 금화의 주조는 중단되었는데, 금화의 수요는 비잔틴 제국 때 주조된 솔리두스와 스페인을 점령했던 무슬림인들이 주조한 디나르(dinar, 유럽 명으로는 mancus)에 의해 충당되었다. 1175년 무슬림인들이 스페인 내에서 금화 주조를 중단한 이후 카스티야의 알폰소 6세가 자신의 이름으로 주조하기도 했으나 널리 통용된 것은 아니었다. 시칠리아의 국왕을 겸하고 있던 신성로마제국 황제 프리드리히 2세가 1231년 아우구스탈레(Augustale)로 지칭된 금화를 주조하기도 했으나 무게와 순도에 있어 일관성이 부족했기 때문에 널리 유통되지는 않았다.

서유럽에서 샤를마뉴 이후 금화가 본격적으로 다시 주조되기 시작한 것은 1252년의 일로 이탈리아의 도시국가인 피렌체와 제노바가 자신들의 상업경제력을 바탕으로 금화를 만들기 시작하면서부터였다. 이러한 일은 무역수지의 흑자로 유입된 금이 금화제조에 사용될 만큼 충분했다는 점을 의미하는 것이다. 당시의 경제부흥은 반드시 이 두 도시국가에 국한된 것은 아니고 11세기가 시작되면서 서유럽 전체에 걸쳐 일어난 일이었다. 피렌체와 제노바는 각기 피오리노(fiorino, florin)와 제노비노(genovino)로 명명된 금화를 주조했는데, 둘 다 순금 함유량은 약 3.5그램 정도였다.[7]

당시 다른 지역 또는 국가들과 마찬가지로 피렌체도 일상 화폐로는 은화를 사용했는데, 이 은화의 단위는 중세식 시스템이 그대로 채택되었다. 즉 1리라(파운드)=20솔도[디]=240데나리였다. 이때 리라와 솔도는 주조화폐가 아니라 계산화폐였는데, 피오리노 금화가 처음 주조되던 1252년에 1리라는 1피오리노로 정해졌고 은화 1피오리노는 1솔도로 정해졌다. 이때 은 피오리노의 은 함유량은 1.59그램이었다. 즉 1리라는 1금 피오리노 또는 20은 피오리노로 정해졌는데, 이때의 금과 은의 가치비율은 약 9 대 1이었다. 그러나 금의 가격이 갑자기 오름에 따라 피렌체의 전통적 리라화는 베네치아의 경우와 마찬가지로 몇 개의 계산화폐로 갈라지게 되었다.

1272년에서 1296년 사이의 경우 세 가지 계산화폐가 사용되었는데, 이에 따라서 솔도의 경우도 세 가지나 되었다. 우선 하나는 금 피오리노의 1/20을 말하는 것으로 금 솔도(soldo a oro)라고 불린 것이 있었다. 다음의 것은 은 솔도(soldo a fiorino)로서 이것은 피오리노라고 불리던 은화(은 피오리노) 또는 그 유사품의 가치를 지칭하는 것이었고, 세 번째 것은 당시 피촐로(picciolo)라고 부르던 은동 합금의 페니화 12개에 해당되는 가치로 피촐로 솔도(soldo di piccioli)라고 불렀다.[8] 이 가운데에서 전자

---

7 해상 무역국이었던 제노바나 피렌체는 모두 시실리 왕국으로부터 곡식을 수입해야 했다. 금화는 이 곡식무역을 위해 필요했는데, 따라서 이들 두 도시국가는 모두 시실리의 금화 크기에 맞게 자신들의 금화를 제조했다. 이에 필요한 금은 무역상대국이었던 스페인과 북아프리카에서 공급받았다. Frederick C. Lane and Reinhold C. Mueller, *Money and Banking in Medieval and Renaissance Venice*, vol. 1: *Coins and Moneys of Account*(Baltimore: Johns Hopkins University Press, 1985), p. 276.

8 Lane and Mueller, 1985, p. 277.

의 금 피오리노에 바탕을 둔 계산화폐는 대기업 간의 거래에서 주로 사용되었고 나머지 것은 지역이나 도시 내 거래에서 많이 사용되었으나 14세기 피렌체를 기반으로 활동한 바르디(Bardi) 또는 페루치(Peruzzi) 같은 국제적 은행가문은 회계에 있어 은 피오리노에 기반한 계산화폐를 사용했다.

금값이 오름에 따라 금 피오리노의 상대적 가치도 상승하게 되었다. 이미 1260년에는 금 피오리노는 20이 아닌 25은 피오리노로 계산되었고, 1279년에서 1296까지는 29은 피오리노가 되었다. 피촐로화의 가치는 더욱 변동이 심해서 매년 바뀌었다. 1금 피오리노의 경우 1279년에는 33피촐로 솔디, 1302년에는 51솔디가 되었다.[9] 한편 1300년대 중반에 이르게 되면 금 피오리노의 가치는 60솔디(3리라)가 되었고 1400년에는 75솔디(3.75리라)가 되었다. 이것은 다시 1500년대가 되면 6–7리라가 되었다.[10] 이렇게 금과 은의 가격이 각각 다른 비율로 변동하게 되면서 피렌체

---

9 Lane and Mueller, 1985, pp. 277–279.

10 당시 비숙련 노동자와 장인의 일당은 약 7soldi 정도였고 마스터 급은 20soldi가 되었다. 하급관리의 월급은 약 6fiorino 정도였고 상급관리나 저명한 대학교수의 연봉은 약 300fiorino가 되었다. Gene Brucker *Renaissance Florence*(Berkeley: University of California Press, 1983), p. 22. 금 피오리노(fiorino d'oro)는 큰(largo) 피오리노라고도 불렸는데, 이에 비해 작은(piccolo) 피오리노라고도 불린 fiorino di suggello는 금속가격이 상승한 데 따라 함량을 줄여 제작한 화폐였다. 당국이 무게를 재고 시험한 후에 봉인한 상자에 담겨 나왔기 때문에 봉인(封印, suggello)이라는 이름이 붙게 되었다. 1500년 당시의 가치는 4lira 전후였는데, 이에 비해 금 피오리노의 가치는 7lira를 약간 웃돌았다. 1505년의 기록을 보면 ducato와 이 봉인(封印) 피오리노의 가치비율은 3 대 2였다. James B. Atkinson and David Sices(eds. & trs.), *Machiavelli and His Friends: Their Personal Correspondence*(DeKalb, Ill.: Northern Illinois University Press, 1996), pp. 439–440. 1498년 처음으로 피렌체 행정청의 관리로 임명된 마키아벨리는 관리

는 이 두 화폐를 하나의 표준에 묶고자 하는 시도를 영원히 포기했다.

일례로 1345년 금은의 가치비율은 시장에서는 12.6 정도였는 데 비해 당국이 정한 비율은 13.62로 은이 저평가되었다. 이렇게 되자 은화는 모두 녹여져 보다 비싸게 팔리는 다른 곳으로 이동하게 되어 결국 시중에는 은화를 볼 수 없는 현상이 벌어졌던 것이다. 이것을 막기 위해 피렌체는 베네치아와는 달리 이 두 화폐 사이의 비율을 당국이 정한 표준에 묶으려는 시도를 포기하기에 이르렀던 것이다.[11]

3-2. 베네치아

베네치아도 페루자(Perugia, 1259)와 루카(Lucca, 1273) 다음으로 1284년에는 자신의 금화인 두카토(ducato)를[12] 주조하기 시작했다. 이 베네치아의 두카토 금화는 피렌체의 피오리노와 동일한 무게로 제조할 것이 법으로 제정되어 1마크(mark=238.5그램)의 순금에서 67개의 두카토를 만들 것

들 가운데 두 번째로 높은 직책이었는데 그의 연봉은 192fiorini di suggello였다. 이 액수는 금 피오리노로 표시하면 128피오리노에 해당하는 것이었다. Roberto Ridolfi, *The Life of Niccolo Machiavelli*, trans., Cecil Grayson(Chicago: University of Chicago Press, 1963), p. 20.

11 1345년의 피렌체 문제에 관해서는 W. A. Shaw, *The History of Currency, 1252 to 1896*(New York: Kelley, 1967 [1896]), pp. 19-23을 볼 것.

12 ducato라는 단어는 도시국가의 지배자를 의미하는 duca(duke)의 파생어이다. 굳이 의미를 찾고자 한다면 공국(公國, dukedom)의 화폐라고 할 수 있을 것이다. 이 이름은 직접적으로는 금화에 각인된 라틴어 문구 "Sit tibi Christe, datus quam tu regis, iste ducatus"(그리스도여 당신께서 지배하시는 이 공국이 당신께 헌정되도록 하소서)에서 유래한다. Frank J. Swetz, *Capitalism and Arithmetic: The New Math of the 15th Century*(La Salle, Ill.: Open Court, 1987), p. 271.

이 결정되었는데, 이에 따라 두카토 금화는 3.559그램의 순금을 함유하게 되었다. 그 안정된 가치 때문에 경제사학자들에 의해 '중세의 달러'라고 불릴 만큼 수세기 동안 국제적인 결제수단으로 선호되었다. 이에 비견될 화폐로는 피렌체의 피오리노밖에 없었다. 피오리노가 두카토보다 30여 년 먼저 만들어졌기 때문에 프랑스, 영국, 네덜란드 등 유럽 지역뿐만 아니라 소아시아 지역에서도 광범위하게 사용되었다. 그러나 1340년을 전후하여 금과 은이 대량 유입되면서 베네치아가 대량의 금화를 발행할 수 있었다는 점과 같은 시기에 피렌체가 정치적 불안정을 겪게 되는 점이 겹치면서 두카토의 명성이 피오리노의 그것을 앞지르게 되었다.

베네치아도 금화 외에 은화도 사용했는데 실제로 은화가 더 전통적인 화폐였다. 베네치아의 경우 처음에는 소형의 데나리화를[13] 사용했으나 12세기 말 상업거래의 규모가 커지고 특히 군사활동의 상업화(용병군)가 활발히 진행되면서 새로운 대형의 데나리화(96.5% 순도의 은 2.18그램, 순은 함량=2.1그램)를 도입했다.[14] 처음에는 두카토로 불리다가 뒤에 크다는 의

---

13 Sebastiano Ziani가 지배자(doge)로 있었던 1172-1178년 사이에 처음으로 주조되었던 denari 주화는 순도 0.270의 0.362g의 은합금화였다. 은의 함유량은 0.098g으로, 이 주화로 10리라(파운드)의 은의 양은 235.2g(2400×0.098)으로 후일 베네치아의 마르크(238.5g)에 접근하는 것이었다. 이 주화는 뒤에 만든 대(大)데나리, 즉 grosso에 비해 작다는 뜻의 piccolo(i), parvus(parvi)로도 불렸다.

14 그로쏘화의 도입배경에 관해서는 Lane and Mueller, 1985, pp. 117-18을 볼 것. 이때의 화폐개혁과 새로운 은화의 주조는 당시 4차 십자군 원정군에 의해 지급된 4만 mark 무게의 은을 바탕으로 한 것으로 모두 4백만 grossi 이상의 주화가 발행되었다. 같은 책, p. 114. 이 대(大)데나리는 grosso(복수 grossi)로 불렸는데 12grossi=1soldi, 20soldi=1lira di grossi라는 전형적 중세식 화폐단위가 채택되었다. 금화 1ducato=24grossi였고 lira di grossi는 10ducato에 해당되었다. 한편 대(大)데나리보다 일찍 사용되던 소(小)데나리도 통용되었는데, 이 두 화폐 사이의 비율은 26.1 대 1(504.72그램 대 19.33그램)이었다.

미의 그로쏘(grosso)로 바뀌어 불리게 된 이 은화는 상당히 오랜 기간 베네치아뿐만 아니라 타지역에서도 널리 통용되었다(두카토는 금화에 한정되어 불림).

이 그로쏘 은화의 순은 함유량 2.1g은 24데나리화의 순은 양인 2.35그램(24 ×0.098)과 비슷하여 24데나리가 될 것으로 예상했으나 정부는 발행 즉시 26데나리로 선언했다. 이렇게 계산하면 240데나리 가치의 그로쏘 화폐로 살 수 있는 순은은 19.38그램밖에 안 되어(2.1g ×240/26) 240데나리에 포함된 은의 양인 23그램보다 약 10% 정도 적은 것이었다.[15] 이에 따라 데나리 화폐는 저장되거나 수출되고 그로쏘화만 통용됨에 따라 정부는 데나리의 주조를 중단하고 다른 대체 소액 주화(1/2, 1/4denarius)를 발행했다.[16]

두카토 금화가 처음 주조될 때의 가치는 40soldi a grossi(480denari a grossi=18.38)로 정해졌었다. 이 교환율은 금과 은의 가치비율 10.9 대 1을 바탕으로 하는 것인데, 1296년부터 이 비율은 14.2 대 1로 급상승하여 1310년에는 24그로씨로 평가되었다. 이렇게 금과 은의 가치가 서로 다르게 변동했기 때문에 이 가치는 그대로 유지될 수 없었다. 특히 1300년을 전후로 하여 중부 및 동부 유럽에서 새로운 은광의 개발로 은의 공급이 증가함에 따라 금의 상대적 가치는 올라갔다. 이에 따라(금은) 복본위제(bimetallic standard)의 유지가 어렵게 됨에 따라 1300년대부터 베네치아는 은화 그로쏘에 기초한 전통적 은본위제로 복귀했다.

오랫동안 대기업과 정부 등에서 계산화폐로 사용되었던 lira a gros-

15 Lane and Mueller, 1985, p. 113.

16 Lane and Mueller, 1985, p. 114.

si는 여전히 은화 그로쏘에 기초했다.[17] 그런데 24그로씨는 전통적으로 52soldi a grossi였기 때문에 1두카토는 52soldi a grossi로 가치가 정해졌었다. 1285년 금화 주조와 관련하여 제정된 법에 의하면 40soldi a grossi를 지불함에 있어 두카토 금화를 받는 것을 거부할 수 없다고 규정했는데, 이로써 두카토는 사실상 법정화폐가 되었다. 그러나 이러한 조항이 두카토를 40soldi a grossi 이상으로 평가하는 것을 금지한 것은 아니었기 때문에 40soldi a grossi는 두카토의 최저 가치가 되었다.

13세기 이래 베네치아에서는 실제 발행된 주화로는 금화인 두카토, 은화 그로쏘 및 은동합금화(billon)인 피콜로가 있었고, 계산화폐(money of account)로는 lira di piccoli, lira di grossi 및 lira a grossi 세 가지가 사용되었는데(금은의 가치비율이 14.2이었을 경우), 이들 사이의 교환비율을 보면 다음과 같다(1282년 이후).

1ducato=24grossi=2soldi di grossi=1/10 lira di grossi

---

17 lira di grossi와 lira a grossi는 언뜻 보면 비슷한 것 같으나 의미나 실제 가치는 상당히 차이가 나기 때문에 특별한 주의가 필요하다. 전자의 것은 그로씨 화폐의 파운드 크기를 말하는 것으로, 즉 240그로씨를 말하는 것이다. 후자는 '그로씨화로 지불하는 리라'를 의미하는 것으로 이때의 리라는 전통 리라, 즉 240개의 피콜로화를 그로씨로 환산한 수치를 말한다. 위에서 보았듯이 그로씨화가 처음 주조되었을 때 당국은 이 주화가 26피콜리에 상응하는 것으로 선포했다. 따라서 240 피콜리의 빚을 지고 있는 사람이 이 빚을 그로씨화로 갚으려고 한다면 9그로씨 6피콜리를 내면 되었다(240/26=9...6). 그러나 1254년의 이자(利子) 관련법에 따라 1parvus를 뺀 9grossi+5parvi만이 지급되었다. 따라서 이러한 계산법에 따른 그로씨화의 가치를 piccoli a grossi화로 환산하면(240−5)/9, 즉 26 1/9가 된다. lira di grossi와 lira a grossi는 같이 사용되었으나 시간이 갈수록 전자가 후자보다 주화의 수량으로 표시하기가 쉬웠던 관계로 전자가 더 많이 사용되었다. 그러나 후자가 완전히 사라진 것은 아니었다.

=768piccoli[18]=64soldi di piccoli(768/12)

=624denari a grossi=52soldi a grossi

그로씨화는 12세기 말 엔리코 단돌로에 의해 주조된 이래 한 번도 바뀌지 않은 채 계속 사용되어 옴으로써 마모 및 손상 때문에 원래의 순은 함량을 유지하지 못했다. 1321년 당국은 원래 함량의 90% 이상을 유지하는 주화만 사용하고 나머지의 유통은 금지시켰다. 대신 1317–1320년 사이 매월 20만 피콜리씩 발행한 주화로 그로씨화의 역할을 대행하도록 했다.[19] 그러나 국제거래 또는 도매거래 같은 대규모 상업활동의 경우에는 과거 그로씨화가 했던 기능을 전부 맡아 할 수 없었다.

이에 따라 베네치아 정부는 1331–1332년 사이 그로쏘화를 대신할 새로운 은화, 즉 메짜니노(mezzanino)와 솔디노(soldino)의 주조를 결정했다. 그로쏘 은화의 주조는 공식적으로는 1356년 이후 중단되었지만 실제로 유통이 중단된 것은 1335년경이었다. 오랜 사용 때문에 퇴락한 주화는 법적으로 사용이 금지되었고, 원래의 함량을 갖춘 주화는 저장되거나 수출됨으로써 더 이상 지불수단의 기능을 하지 않았다. 이 그로쏘화는 오랫동안 여러 개의 계산화폐를 단일한 기준으로 표시해 주

18 이 피콜로화는 12세기 말 처음 주조되었을 때에는 0.098g의 순은을 함유했으나 위에서 지적된 바와 같이 유통되지 않고 저장되거나 수출되어 당국이 주조를 중단했다. 그 이후로 은의 함량이 줄어든 채 다시 주조되었다. 따라서 그로씨와의 비율도 변동했다. 가장 큰 변화는 은의 함유량을 0.091g으로 줄여 주조했던 1275년, 다시 0.058g으로 줄여 제조한 1282년의 경우를 들 수 있다. 전자의 경우 그로씨와의 비율은 1 대 28, 후자는 1 대 32였다. 따라서 이 표는 1282년 이후의 가치를 기준으로 하는 것이다. 베네치아 은화의 순은 함유량 및 가치변화에 대해서는 Lane and Mueller, 1985, p. 125의 표 4를 볼 것.

19 Lane and Mueller, 1985, pp. 316–318.

는 기초화폐의 역할을 해왔으나 이제는 다른 기초화폐들을 바탕으로 하는 계산화폐로 바뀌게 되었다. 그 기초화폐가 두카토 금화인가 아니면 솔디노 은화인가에 따라 그로쏘화는 각각 "lira(soldi, denari) a oro"와 "lira(soldi, denari) a moneta"로 갈라지게 되었다.

이러한 과정에서 두카토도 금화로서의 성격보다 계산화폐로서의 성격이 더 강해지게 되었다. 따라서 두카토도 그로쏘와 마찬가지로 ducato a oro(d'oro)와 ducato a monete 두 가지로 갈라지게 되었다. 전자는 두카토가 금화와 동일시될 경우의 이름이었고 후자는 은화로 표시할 때의 이름이었는데, 피콜리 주화로 64솔디(soldi di piccoli=64×12=768피콜리)의 가치를 표시하는 것이었다. 그로씨와 달리 두카토의 경우 그에 해당하는 실제 금화가 있었다. 다만 계산화폐로서의 두카토와 금화로서의 두카토를 구별하기 위해 16세기 금화에 대해서는 제키노(zecchino)라는 새로운 이름이 주어졌다.

1450년대 후반 독일 작센 지방의 쉬네베르크(Schneeberg)와 오스트리아 티롤 지역의 쉬바츠(Schwaz)에서는 새로운 은광이 발견되어 은의 생산량이 3배(쉬바츠)에서 10배(작센)까지 늘었다.[20] 이 은의 상당량은 베네치아와 밀라노의 시장으로 흘러들어가 이 지역에서의 은화에 큰 변화를 초래했다. 당시까지 사용되던 그로쏘 은화가 2그램 전후의 작은 주화였던 데 비해 1472년 당시 베네치아의 지배자(doge)였던 니콜로 트론(Nicolo Tron)은 순도 0.948, 무게 6.52그램(1마크당 36개 제조)의 대형 은화를 발행했다. 이 은화의 디자인으로 발행 당시 도제의 흉상(胸像)을 넣었기 때문에 큰 머리라는 뜻의 "테스토네"(testone)라는 이름으로 불린 이 주화의 공식 이름은 지금까지 계산화폐의 단위로만 불리던 리라(lira)였는데,

20 Cipolla, 1993, p. 175.

20솔디의 가치가 있는 것으로 선포되었다. 이로써 리라는 사상 최초로 주화로 등장하게 되었다.[21] 한편 1500년대 중반에 가면 주조 속도가 느려 주화의 수요를 맞추기 어려웠기 때문에 고액 은화의 발행을 시작했는데, 은 1마크당 7 1/4을 만들어 124솔디로 정해진 두카토 은화(ducato d'argento)가 발행되었다. 1578년에 이 은화는 스쿠도(scudo d'argento)로 바뀌어 7리라와 동등한 가치가 있는 것으로 취급되었다.[22]

베네치아에서의 화폐가치는 지속해서 감소했으나 화폐의 액면가는 그대로 둔 채 귀금속의 함유량만을 줄여나가는 좁은 의미의 가치절하(debasement)는 없었던 것으로 평가된다. 더욱이 영국에서와 같은 급격한 가치절하는 없었다. 그럼에도 새로운 주화를 발행하면서 귀금속의 양을 조금씩 줄이고 법률로 유통을 뒷받침함으로써 넓은 의미의 가치절하가 진행되어 온 것으로 여겨진다. 레인과 뮬러에 따르면 이러한 가치절하의 이유로 단일 기준에 기초한 복본위제의 유지, 금은시장의 유지, 재정적 필요 등 세 가지가 제시된다.[23]

---

21 피렌체에서도 리라는 오랫동안 계산화폐의 단위로 사용되었는데 1534년 처음으로 이 이름을 갖는 은화가 발행되었다.

22 Shaw, 1967, pp. 312–313. scudo는 프랑스어의 ecu(왕관, 방패)와 같은 단어로 scudo화는 프랑스의 ecu화에 상응하는 금화 또는 은화로 만들어진 것이다.

23 Lane and Mueller, 1985, pp. 391, 495. 가치절하(debasement)의 정확한 의미와 그 유사 개념(예컨대 devaluation)과의 차이에 관해서는 같은 책, p. 34를 볼 것.

4. 영국

영국에서 카롤링거식 주화체제를 처음 도입한 것은 찰스 페핀의 개혁이 있었던 755년에서 20년도 채 안 된 770년대 초의 일이었다. 이러한 작업을 한 것은 당시 잉글랜드 지역에서 최대의 왕국이었던 머샤의 군주 오파(King Offa of Mercia)였다. 다만 영국의 경우 데나리우스라는 이름 대신 페니(penny)라는 이름을 붙였다.[24] 머샤 왕국 이후로 여러 왕국들이 영국 내에 존재했으나 주화만은 일정한 무게와 순도를 유지했다.

959년부터 잉글랜드 전체에 걸쳐 지배권을 확보했던 에드가(Edgar)는 그의 재위 말년인 973년에 주화 발행을 중앙집권화했다. 즉 주화에 국왕인 자신의 초상을 넣었고, 주화 생산자와 생산지를 명기했으며, 주화의 모양을 단일화했다.[25] 이러한 주화 발행체제는 뒤에 덴마크인들이 지배권을 잡았을 때나 1066년 노르만 왕 윌리암이 정복했을 때나 아무런 변화가 없었다. 특히 페니당 22.5그레인(약 1.46g)의 중량은 약 300년 뒤인 1346년 에드워드 3세에 의해 20그레인으로 축소될 때까지 그대로 유지되었다.

주화의 빈번한 사용에 따른 마모 때문에 일정한 기간마다 화폐는 새로 주조되었다. 이러한 재주조(recoinage)는 노르만족에 의한 정복이 있은 후로는 비교적 큰 간격을 두고 이루어졌는데, 그것은 영국뿐 아니라 상업경제의 후퇴라는 당시 유럽의 일반적 양상과 일치하는 것이었

24 Charles Oman, *The Coinage of England*(Oxford: Clarendon, 1931), pp. 18–19.

25 Oman, 1931, p. 62.

다. 구체적으로는 1100년에 신화폐의 주조가 있은 이후로 1180년(헨리 2세), 1247년(헨리 3세), 1279년(에드워드 1세)에 신화폐들이 새로운 디자인으로 주조 발행되었다. 1279년의 신주화 발행 때에는 무게가 약간(0.3그레인) 줄어들었고 또한 1/2(halfpenny) 및 1/4(farthing)짜리 소액권도 발행되었다.

헨리 3세 때인 1257년에는 국제거래를 담당하는 거상(巨商)들의 요청도 있었고 부분적으로는 1252년 피렌체에서의 금화 발행에 자극을 받아 영국에서도 독자적인 금화가 발행되었다. 페니 은화 2개의 무게를 한 이 금화의 가치는 20펜스로 정해졌다. 따라서 금은의 가치비율은 10 대 1로 정해졌는데, 당시 금의 가치가 이보다 높은 까닭에 상인들은 금을 유통하지 않고 녹여 금괴로 더 비싼 값에 거래했다. 따라서 금화는 실패로 돌아갔다. 이러한 실패는 당시 영국의 상업경제가 아직도 금화의 사용을 절실히 요구할 만큼 커지지 않았던 탓도 있는 것으로 설명되기도 한다.

그 이후로 금화의 주조는 전혀 시도되지 않다가 1344년 프랑스와의 전쟁이 시작된 이후 에드워드 3세에 의해 다시 추진되었다. 이때 발행된 금화는 모두 세 가지로 플로린(florin), 그 절반짜리 레퍼드(leopard), 다시 그 절반짜리 헬름(helm)으로 그 무게는 각기 108, 54 및 27그레인이 되었다. 플로린의 경우 그 가치는 6실링(72펜스)으로 정해져서 정확히 은 1600그레인과 동일한 가치를 갖도록 되었다. 이때의 금은의 가치비율은 14.8 대 1로 1257년의 경우와는 정반대로 금의 가치가 너무 높게 잡혔다. 이에 따라 상인들은 금화의 수령을 거부했고, 정부는 이들에게 양보할 수밖에 없었다.

같은 해 가을 새로운 금화인 노블(noble)을 발행했는데, 이 금화의 무게는 138.9그레인이었고 가치는 6실링 8펜스로 정해졌다. 이때의 금은의 가치비율은 11.90 대 1인데 1346년에는 금화의 무게를 128.6그레인으로 낮추고 은화도 20그레인으로 줄임으로써 금은의 가치비율이 12.44 대 1이 되도록 했다. 1351년에는 추가 조정을 통해 금화는 120그레인으로 줄이고 은화는 18그레인으로 줄임으로써 양 금속의 가치비율은 12.0 대 1이 되었다.[26] 에드워드 3세는 이와 함께 에드워드 1세 때 도입되었다가 실패한 4펜스짜리 그로트(groat)와 반 그로트(2펜스)짜리 은화의 도입을 성공적으로 재도입했다.

페니화의 중량은 그 이후 계속 감소했다. 헨리 4세 때인 1412년에는 15그레인으로, 에드워드 4세 때인 1464년에는 12그레인으로 줄었다. 따라서 973년(에드가의 화폐개혁)부터 1696년(찰스 2세의 신주화 발매)까지 700년간에 걸쳐 페니화의 무게는 약 절반이 되었다. 이러한 가치절감은 뒤로 갈수록 빨라졌는데, 100년간 평균 감소율은 약 33%이고 연간 평균 감소율은 0.4%가 안 되는 수치이다. 그럼에도 영국 은화를 지칭하는 스털링(sterling)이라는 말은 건전한 통화정책의 대명사가 되어 여러 나라, 특히 네덜란드와 벨지움에서 그대로 추종되었다. 상기 12그레인은 헨리 8세 때까지는 유지되었는데, 그의 치하에서 급격한 가치절하가 이루어진 것은 유명한 일이다.

헨리 8세에 의한 주화의 급격한 가치절하 정책은 그의 대외정책(대륙간섭 정책)과 관련한 재정부족과 함께 16세기의 물가상승과 관련된 것으로 지적된다. 1506년 즉위한 헨리 8세는 처음 17년간은 물려받은 주화체계에 아무런 변동을 가하지 않았다. 그러나 무리한 대륙개입 정책으로 인해 군사비 지출이 늘면서 1526년에 있은 2차 신주화 발행 때에는 디자인뿐만 아니라 무게도 대폭 바꾸었다. 1464년(에드워드 4세) 처음 발행된 에인절(angel) 금화와 1489년(헨리 7세) 처음 발행된 금화 소버린(sover-

---

26 Oman, 1931, pp. 173–175.

eign)은 원래 6실링 8펜스 및 20실링(1파운드)의 가치를 갖는 것이었는데 헨리 8세에 의해 각기 7실링 6펜스 및 22실링으로 바뀌었다. 한편 페니 은화의 경우 12그레인에서 10그레인으로 줄었다.

이러한 제2차 주조는 그 자체로만 본다면 마모에 따른 시기별 조정으로 볼 수 있는 면이 있으나 1542년에서 1551년 사이에 진행된 정책은 그와는 다른 의도적인 가치절하 정책으로 흔히 'The Great Debasement' 라는 이름으로 부른다. 이 기간 동안 은화 페니의 무게는 1/3 줄었는데 이것으로 그치지 않았다. 즉 순은이었던 페니화는 한때는(1551) 1/4만이 은이고 나머지는 구리로 된 때도 있었다. 실제 은의 함유량은 이전의 1/6로 떨어졌다. 이러한 가치저하율은 연평균 22%에 달했다.[27]

일반적으로 화폐주조는 금 또는 은을 소비자가 정부(주조관리)에 제출하면 조폐청은 이를 주화로 바꾸어 준다. 이때 주조에 소요되는 경비와 일정 부분의 이익을 챙기게 되는데, 이것이 화폐주조세 또는 화폐주조 이차(利差, seigniorage)라고 불리는 것이다. 이것은 화폐 수요자가 조폐청으로부터 되돌려 받는 화폐의 총액면가(mint price)와 수요자가 조폐청에 주조를 위해 제출하는 금속의 양으로 찍어내는 화폐의 총액면가(mint equivalent)의 차이를 말하는 것이다. 전통적으로 이 화폐주조세는 2-3%가 정상적으로 여겨졌다. 1526년 2차 주조 때의 화폐주조세는(은화의 경우) 2.2%로 지극히 정상적이었다.[28]

---

27 John Chown, *A History of Money From AD 800* (London: Routledge, 1994), p. 43.

28 1526년 2차 주조 때 페니화의 무게는 순도 0.925에 무게는 10.67그레인이었다. 따라서 순은 1파운드로 찍어낼 수 있는 액수는, 즉 mint equivalent는 584펜스(2파운드 8실링 8펜스)였다. 그런데 수요자가 실제로 돌려받은 금액, 즉 mint price는 573펜스(2파운드 7실링 7펜스)로 화폐주조세는 약 11펜스로 통상적인 2%에 머물렀음을 알 수 있다. Chown, 1994, p. 44.

그러나 1542년 3차 주조 때는 되돌려 준 주화의 무게는 같게 했지만 순금과 순은의 함량을 줄임으로써 화폐주조세는 16.6%(은화)에 이르렀고, 1544년 4차 주조 때에는 22%(은화)의 이익을 남겼다. 1545년 5차 주조 때에는 화폐에 함유된 은의 양을 더욱 줄임으로써 주조세는 41.7%에 달했다. 구체적으로는 액면가액 440,213파운드의 은화를 발행했는데 정부가 남긴 이익은 183,000파운드에 달했다. 1546년 6차 주조 때에는 약 45만 파운드의 은화를 발행했는데, 이때에는 순도를 5차 때의 0.5에서 0.33으로 다시 낮추었다. 이때 정부가 챙긴 이익은 27만 파운드가 넘어 주조세율은 60%가 넘은 것으로 추산된다.[29]

이러한 화폐의 가치절하와 화폐공급량의 증가는 물가상승으로 이어졌다. 물론 16세기 영국의 물가상승이 반드시 이 화폐의 가치절하에 기인한 것만은 아닌 것으로 지적되지만 일정한 영향이 있는 것은 사실이다. 1510년의 물가를 100으로 잡을 때 1521년에는 167까지 올라갔다가 1540년 초엽에는 150으로 떨어진 채 안정을 유지했다. 이러한 상승은 화폐의 가치절하와는 무관한 것이다. 그러나 1540년대 말엽에 가면 물가지수는 200으로, 1557년에는 409까지 도달하는데, 이것은 바로 가치절하의 영향을 보이는 것이다.[30]

1547년 즉위한 에드워드 6세도 1551년 4월까지 5차에 걸친 주조를 통해 평균 55%의 화폐주조세를 받았다가 1551년 10월의 6차 주조 때부터 정상적인 화폐주조 정책으로 돌아갔다. 특히 엘리자베스 여왕 때

---

29 Chown, 1994, p. 45. 헨리 8세와 그의 아들 에드워드 6세 때 있었던 주화발행과 그 주조세에 관련된 상세한 통계는 같은 책 pp. 56-59에 실린 표 5(1-4)를 볼 것. 한편 금화의 경우는 주조세가 훨씬 작았던 것으로 추정된다. 이 표에 따르면 5차 주조 때 금화의 주조세율은 8.3%, 6차 때에는 15%였다.

30 Chown, 1994, p. 53.

'그레샴의 법칙'으로 유명한 토마스 그레샴(Thomas Gresham)은 건전한 주조정책을 고집하여 1696년 새로운 주화의 도입 때까지(이때의 조폐국장은 바로 아이작 뉴턴이었다) 큰 사건 없이 안정된 통화질서를 유지할 수 있었다. 이 덕분에 물가는 상당히 안정되었는데, 1557년 409였던 지수가 다음 해인 1558년에는 230으로 떨어졌다. 1600년의 물가지수는 459로 뛰었지만 이것은 물론 화폐질서와 관련된 것은 아니었다.

5. 프랑스

카롤링거 왕조가 무너진 후 봉건제가 자리 잡으면서 서유럽에서는 중앙집권적인 화폐정책이나 권위가 부재하게 되었다. 일례로 프랑스 내에만 136개의 화폐 주조권자가 있었다.[31] 중앙으로부터의 통제가 없게 되면서 주화들의 가치는 급속히 하락하기 시작하여 프랑스 왕실에서 발행하는 은화의 경우도 약 한 세기 동안 그 가치의 2/3가 감소했다.

이러한 와중에서도 표준주화가 나타나기 시작했는데, 투르(Tours)의 성(聖) 마틴 대성당에서 발행하던 주화를 그 대표적인 예로 볼 수 있다. 이곳의 조폐청에서는 카롤링거 왕조의 개혁 이전부터 주화를 만들고 있었는데, 영국 왕의 봉토였던 이 지역은 1203년 영국 왕 존으로부터 프랑스의 국왕 필립 아우구스투스(Philip Augustus, 1180–1223)에 의해 탈환되면서 프랑스의 영토가 되었다. 이때 함께 탈환된 조폐청에서 발행된 투르 데니에[데나리우스(denier tournois)]는 프랑스의 서부 지역에서만 유통할 것으

31 Chown, 1994, p. 24.

로 의도되었으나 그 이전부터 발행된 파리 데니에(denier parisis)보다 더 인기가 있었다. 투르 데니에는 파리 데니에보다 25% 더 가치가 나갔는데, 이 5 대 4의 비율은 상당히 오랜 기간 유지되었다. 필립 아우구스투스는 지방영주들의 주조권을 인정했기 때문에 이 외에도 샹파뉴나 포와투 같은 상업도시에서 발행된 화폐도 널리 사용되었다. 그러나 왕국 전체에 걸쳐 통용될 수 있는 화폐로는 파리 데니에(동부)와 투르 데니에(서부)만을 인정하여 왕실 수입 같은 중요한 계산에서는 앞의 두 개만이 계산화폐(money of account)로 사용되었다.[32]

루이 9세(Louis IX)는 투르 데니에의 전국적 지위를 보장함으로써 이 화폐의 지위를 강화했다. 1266년 그는 12데니에 가치의 새로운 은화인 투르 그로(gros tournois)를 주조하기 시작했는데, 발행 즉시 인기를 얻어 북부 유럽에서는 바로 모방화폐를 주조했다. 이에 힘입어 투르 리브르는 파리 리브르를 밀어내고 프랑스 전체의 표준 계산단위로 정착되었다. 파리 리브르는 1667년에 공식으로 폐지되었다. 또한 그는 프랑스에서 처음으로 금화를 주조한 것으로도 기억된다.[33]

새로운 데니에 은화는 순도 0.299의 1.13그램(은 함유량 0.338g) 무게의 주화였고 그로 은화는 순도 0.958로 무게는 4.22그램(은 함유량 4.04g)이 되었다. 따라서 그로는 12데니에에 해당되는 은화였다. 한편 금화인 에퀴(ecu)는 순금 4.2그램 무게였는데 120데니에에 해당한다고 선포되었

---

32 Cipolla, 1993, p. 170.

33 프랑스에서의 금화는 기록상 1180년 필립 아우구스투스 때 처음 주조되었다는 기록이 있고, 또한 루이 9세 때인 1226년에도 주조된 적이 있었지만 상업적으로 의미 있을 만큼 충분히 만들어졌던 아닌 것으로 평가된다. Shaw, 1967, pp. 10-11. 이 특별한 경우를 빼면 1265년의 루이 9세에 의한 금화(agnel d'or=12 sols. 6deniers)가 첫 번째 일로 지적될 수 있다.

다.[34]

영국과 전쟁이 시작된 1290년대부터 프랑스의 통화는 불안정해지기 시작했는데, 백년전쟁에 접어들면서 그러한 불안정은 지속되었다. 1266년의 투르 파운드(livre tournois)의 평가(平價)는 은 80그램이었는데 1450년에는 30그램, 1500년에는 20그램으로까지 하락했다. 1350년에서 1360년 사이 투르 리브르는 71번의 등락을 1422년에서 1438년 사이에는 52번의 등락이 있었다.[35] 이러한 빈번한 가치절하는 영국과 벌이고 있던 전쟁비용의 염출과 관련되는 것이다. 일례로 보통 때 1마크당 41리브르로 평가되던 금이 1342년에는 117리브르가 되었고, 통상적으로 마크당 5리브르가 되던 은은 1360년 102리브르가 되었다.[36]

루이 9세의 금화발행도 영국의 헨리 3세의 경우와 마찬가지로 금은의 가치비율을 시장가격을 무시한 채 자의적으로 10 대 1로 잡음으로써 실패로 돌아갔다. 즉 금화는 통용되지 않고 녹인 채 금괴로 외국에 수출했기 때문에 통화로서 아무런 역할도 할 수 없었다. 따라서 프랑스 화폐사에서 성공적인 첫 번째 금화는 1295년 필립 4세(Philip le Bel)가 주조한 금화인 petits royaux d'or가 될 것인데, 이 금화의 가치는 11파리 솔(sols parisis)로 정해졌다.

이 이후로 금화는 무게와 순도에서 지속적으로 조금씩 변해가면서 새로운 이름으로 주조되었는데, mouton, parisis d'or, pavillion, couronne, ange, fleur de lis 등이 그것들이다. 이 중에서 가장 유명한 것은 1475년

---

34 Lane and Mueller, 1985, p. 55.

35 Cipolla, 1993, p. 172. 1309년에서 1475년 사이의 금화 및 은화의 가치변화의 추세에 관해서는 Shaw, 1967, p, 33의 표에 잘 나타나고 있다.

36 Shaw, 1967, p. 32.

에 주조되기 시작한 ecu d'or au soleil, 1640년에 주조된 louis d'or 등이 있다. 전자의 것은 1400년대 말에 와서 기존의 금화를 완전히 대체한 것으로 유명하며, 후자의 루이 금화는 1709년까지 70년에 걸쳐 무게와 순도에 아무런 변화가 없었다. 그 이후에도 22카라트의 순도는 계속 지켜지면서 1795년 혁명정부에 의해 프랑(franc)이 프랑스 화폐제도의 기초로서 정해지기까지 루이 금화는 프랑스 내에서 가장 중심적인 화폐의 역할을 했다. 예컨대 1785년의 경우 총주화 액수의 약 절반인 6억 5천만 투르 리브르가 이 루이 금화 형태로 유통되었다.[37]

6. 독일

독일이라는 이름은 비스마르크에 의한 통일 전에는 단순히 지리상의 이름에 불과했다는 것은 잘 알려진 일이다. 제국이라는 큰 틀 밑에 사실상의 독립을 누리던 정치단위는 거의 모두 독자적 주조권을 보유했었다. 카롤링거 왕조가 해체될 당시 독일 지역(오스트리아 및 벨지움, 네덜란드 포함)에서 독자적 주조권을 보유한 정치단체의 수는 247개나 되었다고 전해진다.[38] 이 지역에서 사용되던 화폐체제는 기본적으로 카롤링거 방식으로 기본 화폐는 데나리우스였다. 그러나 제조의 질도 열악했고 동시

---

37 Shaw, 1967, p. 172. 당시의 금 1마크의 가격은 828리브르 12솔이었고 1마크에서 루이 금화는 32개 주조되었다. 프랑스 금화 및 은화의 일람 및 그 가치변동은 Shaw, 1967, pp. 408-414(금화), 414-423(은화)에 표로 일목요연하게 정리되고 있다.

38 Chown, 1994, p. 24.

에 가치절하가 지속되었다.

독일 지역에서 금화가 처음 주조된 것은 1328년 신성로마제국 황제 루드비히 4세에 의해서였다. 이 금화는 피렌체의 피오리노 금화를 그대로 본떠 만든 것으로 무게도 53그레인(3.43g)으로 사실상 같았다. 그러나 통화체제를 유지할 중앙집권적 권위의 부재로 인해 디자인, 무게, 순도 등과 관련하여 대단히 다양한 화폐들이 남발되어 혼란된 상태를 면할 수 없었다. 이에 1386년 서부 독일 지역의 4명의 선제후들이 모여 금화 굴덴(Gulden)의 공동 주조에 관한 조약을 맺었다. 이때의 굴덴 금화는 1쾰른 마르크(약 248g)에서 66개가 되는 무게(약 3.75g)로 정해졌다. 물론 이러한 규정은 시간이 지나면서 조금씩 바뀌었고 지역적으로도 조금씩 차이가 났다.[39]

은화는 프랑스의 투르 그로 은화를 모델로 만들었는데 그로센(Groschen)이라는 이름도 그로에서 유래한 것이다. 프랑스에서 그로 은화가 처음 주조될 때는 1마르크당 55 1/10개씩 만들었는 데 비해 독일에서 1296년 처음 그로센 은화가 주조될 때에는 1마르크당 63 1/2가 만들어졌다.[40]

독일 은화의 역사에서 흥밋거리의 하나로 굴덴그로센 은화의 얘기가 있다. 1470년대 작센 지역에서 대규모 은광이 발견되면서 이 지역의 지배자였던 지기스문트(Sigismund) 대공은 이탈리아에서 처음 제조된 테스토네 은화의 모양을 바탕으로 1484년 굴덴 금화와 동일한 가치의 은

---

39 Shaw, 1967, pp. 26–28. 굴덴 금화의 금 함량의 시기별 변화에 관해서는 p. 31의 표를 볼 것.

40 은화의 변화(18세기까지) 추세는 Shaw, 1967, pp. 394–395의 표에 자세히 나와 있다.

화를 처음 주조하기 시작했는데, 이것이 바로 굴덴그로센(Guldengroschen, Guldiner라고도 불림) 은화이다. 굴덴 금화와 같은 가치의 은화의 무게는 약 1온스(30g)가 되었다. 1512년 보헤미아 지역의 요아힘스탈(Joachimsthal, 체코 명으로는 Jachymov)에서 발견된 은광에서는 독일 내 다른 지역의 총생산량보다 더 많은 양이 생산되었다. 따라서 굴덴그로센 은화의 생산은 이 지역의 조폐국이 압도했고, 여기에서 생산되는 은화의 공식 이름은 요아힘스탈의 굴덴그로센(Joachims*thaler* Guldengroschen)이었는데, 여기에서 어미에 해당하는 thaler가 떨어져 나와 굴덴그로센을 대신하는 화폐의 이름이 되었다.[41] 미국 화폐의 달러라는 이름이 여기에서 유래한 것은 잘 알려진 일이다.

처음 주조할 당시에는 굴덴 금화와 동일한 가치로 주조되었지만 금과 은 가격의 서로 다른 변동 때문에 시간이 가면서 그 차이는 계속 벌어졌다. 또한 다양한 지역별로 금화와 은화의 비율이 상당히 다르게 변화했고 또한 외국의 금화가 같이 유통되었기 때문에 통일 이전의 독일의 화폐체제를 간단히 요약한다는 것은 거의 불가능한 일로 보인다.[42]

---

41 예컨대 1653년 브란덴부르크의 군주 프리드리히 빌헬름은 귀족들과 사회적·정치적 특권을 공유하는 데 동의함으로써 향후 6년간 53만 탈러의 지원금을 얻어내는 데 성공했다. 그리고 1655년 스웨덴과의 전쟁이 발발하면서 다시 추가로 51만 탈러(1557년까지)를 징수했다. 이 점에 대해서는 박상섭, 1996, pp. 165-166를 볼 것.

42 Shaw, 앞의 책 pp. 389-395에는 이러한 시간별·지역별 변화가 도표로 잘 요약되어 있다.

7. 기타 국가

7-1. 스페인

스페인 화폐제도의 기초는 이탈리아, 독일, 프랑스와는 달리 카롤링거 왕조 체제의 영향을 매개로 하지 않고 바로 로마제국의 체제를 이어받은 고트 왕국의 체제였다. 즉 로마식 리브라(파운드)와 온스의 중량제를 바탕으로 하는 금화와 은화를 갖고 있었다. 처음 기독교를 받아들인 750년경 처음 주조된 기초화폐로는 금의 경우 순도 23 3/4카라트(0.989)에 무게 1/6온스짜리 수엘도 데 오로(sueldo de oro)가 있었고, 은화의 경우는(순도 0.875) 1/6온스짜리 수엘도 은화와 1/8온스짜리(또는 lochava)의 두 가지가 있었는데 후자가 더 많이 사용되었다.

아라곤의 페르난도 왕과 카스티야의 이사벨라 여왕이 혼인을 통해 통일왕국으로서 스페인을 수립한 1475년까지 여러 종류의 화폐들이 주조되었지만 지속된 가치절하 때문에 통화체제는 대단히 피폐했었다.[43] 이때까지의 화폐체제는 페르난도-이사벨라의 개혁을 통해 완전히 뒤집어지게 되었다. 특히 신대륙의 발견과 함께 이곳의 금은을 받아다가 유럽 전역에 배분하는 역할을 담당한 스페인 화폐사의 출발점을 이루는 새로

43 이때까지의 상황에 대해서는 Shaw, 1967, pp. 319-327을 볼 것. 이때까지 중심화폐가 된 것은 과거 스페인 지역에 있던 무어족의 왕국에서 사용하던 금화의 이름을 딴 마라베디(maravedi) 금화였는데, 처음에는 수엘도 금화의 다른 이름이었다. 이 마라베디 금화는 계속 절하되어 뒤에 은화로 바뀌었고, 다시 동전이 되었으며, 뒤에는 돈이라는 말의 동의어가 되었다.

운 제도가 수립되었다.

1497년의 법령을 통해 금의 표준 순도는 23 3/4카라트로 정해졌고, 기본 주화로는 마르크당 65 1/3개가 주조된 "엑셀렌테 데 라 그라나다"(excellente de la Granada)와 레알(real) 은화가 있었다. 이 은화는 34마라베디로 정해졌다. 이 이후로 부분적으로 계속 가치가 조정 및 절하되어 갔다.

스페인의 화폐체제는 유럽의 다른 나라와 같은 동요를 겪지 않았다. 왜냐하면 신대륙으로부터 금은이 계속 유입되었기 때문이다. 즉 유럽의 다른 나라들이 겪던 금은 가격변동에 따른 동요로부터 거의 아무런 영향을 받지 않았다. 1523년 발라돌리드(Valladolid)의 의회는 국왕에게 금화의 순도를 프랑스의 에퀴 금화처럼 22카라트로 낮추어 금화의 유출을 막아달라는 청원이 단 한번 있었던 조정의 요구였고, 그나마도 14년 후에야 비로소 받아들여졌다. 1500년에서 1660년 사이 스페인에서 주화의 변동은 유럽 전체에 있어 물가의 일반적 변동에 대한 수동적 반응에 불과했다.

이때 스페인은 자체의 산업기반을 만들려는 노력이나 유입된 화폐를 국내에 보존하려는 노력 대신에 신대륙으로부터의 금은 유입에 더 신경을 씀으로써 제국의 유지 및 확장에 보다 큰 노력을 기울였다. 이러한 노력은 자연히 유럽 대륙 내에서의 지속적인 전쟁을 수반했는데, 여기에 소요되는 현금 비용은 아메리카로부터 유입되는 금은을 담보로 남부 독일 또는 제노바의 은행으로부터 대부금으로 충당되었다. 따라서 아메리카로부터의 수입은 군사비로 직접 지출된 것이 아니라 군사비 지출을 위한 대부금의 변제에 충당되었다. 그러나 스페인 왕가는 수차에 걸쳐 파산을 선포하지 않을 수 없을 만큼 심한 재정난을 겪기도 했다.[44] 아메리

44 이러한 사정에 대해서는 박상섭, 1996, pp. 92–96을 볼 것.

카 대륙으로부터의 금은에 대한 독점상태가 끝나는 17세기 중엽에 이르게 되면서 스페인의 국제적 지위는 급속히 쇠락하기 시작했는데, 이것은 대체로 30년전쟁의 종막, 프랑스 프롱드 반란사건의 종식과 때를 같이하는 것이었다. 그리고 이와 함께 지금까지 스페인이 누리고 있던 유럽에서의 패권 지위는 이제 네덜란드, 영국 및 프랑스의 각축전 속에 던져지게 되었다.

7-2. 네덜란드

네덜란드의 중요성은 15세기까지 베네치아와 피렌체가 담당했던 서유럽의 국제무역 및 금융 중심지로서의 역할을 16-17 양 세기에 걸쳐 수행했다는 점에서 발견된다. 특히 스페인을 통해 유럽으로 유입된 귀금속, 특히 은을 아시아 쪽으로 수출하는 관문 역할을 함으로써 유럽 내에 은의 과잉공급 상태를 막는 대단히 중요한 역할을 담당했다. 특히 (금은) 복본위제가 갖고 있는 내재적 불안정성으로 인해 야기되는 여러 가지 혼란상태는 네덜란드 시장에 의해 조절될 수 있었다. 이러한 역할을 수행함으로써 네덜란드 지역에서 유통되는 모든 통화 및 귀금속 가격의 변동은 안트워프 증권거래소에 매일매일 보고되고 또한 정부관리는 이것을 기록해 두었다. 이를 바탕으로 정부는 일정 기간마다 통화 사이의 가치비율을 발표했는데, 이것은 화폐 관련 포고문(plakkaat)을 통해서 이루어졌다. 이런 점에서 네덜란드 통화의 변화는 네덜란드 경제 자체보다는 주변 관련 국가에서의 변화를 반영했다고 이해된다.[45]

---

45 Shaw, 1967, pp. 79-83에는 상기 포고문을 바탕으로 당시 네덜란드에서 조사한 각국 통화의 자국 내 시장가치에 대한 1499년에서 1600년대 초까지의 변화표가

원래 신성로마제국의 일부로 출발한 네덜란드 각 주의 통화는 카롤링거 체제를 그대로 따르고 있었다. 즉 파운드=20셸링(schellingen)=240그로트(grooten)의 체제였다. 실제로 발행된 주화는 1그로트짜리 데나리우스 은화뿐이었고, 나머지는 계산화폐로만 존재했다. 한편 화폐의 주조권은 제국 황제가 아니라 이 지역의 실질적 지배자들이 확보하고 있었다.

북부의 주들이 연합공화국을 형성하여 독립한 후로 이 체제는 남부 지역에서만 통용되고 네덜란드에서는 파운드가 굴덴과 스티베르(stiver)로 나뉘는 체제를 사용했다. 이때 굴덴은 1/6파운드로 셸링의 3 1/3배의 가치를 지녔고 스티베르는 그로트의 2배였다. 네덜란드 지역의 화폐주조에 관해서는 1489년 황제령이 처음 발표되었는데, 성(聖) 안드레스 플로린(St. Andries florin)과 그 2배짜리 더블 플로린, 그리고 반쪽짜리의 세 가지가 만들어졌다.[46] 더블 플로린의 경우 순도는 23 7/8카라트로 1마르크(약 248.8g)당 44 3/4개를 만들도록, 그리고 가치는 80그로로 규정되었다. 은화는 그로(Gros)를 기본으로 2배, 4배, 8배짜리 등 네 개가 주조되었다. 이 이후로도 리데르(Rijder) 금화, 두카트 금화, 굴덴 금화 같은 명칭의 은화들이 이어서 주조되었다. 그러나 18세기에 들어서면서 네덜란드는 유럽의 경제질서에서 그 중심적 지위를 상실하게 되었다. 따라서 그

정리되어 있다. 여기에 인용된 외국 화폐는 독일의 굴덴 금화, 스페인의 두카트 금화, 스페인의 피스톨레스 금화, 프랑스 에퀴 금화, 영국의 로즈 노블 금화, 영국의 소버린 금화, 네덜란드에 발행된 필리푸스 리데르 및 굴덴 금화, 독일 탈러 은화, 네덜란드 릭스달더 은화 등인데 모두 네덜란드 폴로린 금화의 가치로 환산되고 있다.

46 네덜란드에서 피렌체의 피오리노 금화를 본떠 플로린 금화가 처음 만들어진 것은 1330년을 전후한 시기였다.

이후의 주화체제는 상대적으로 덜 중요한 문제로 되었다.

8. 결어

위에서 우리는 유럽에서의 근대국가 형성 제1단계, 즉 국민국가 단계에까지는 아직 이르지 않은 왕조국가 단계에서의 주요 각국의 통화에 대해 검토했다. 여기에서 우리는 몇 가지 사실이 분명히 또는 간접적으로 드러나고 있음을 알 수 있었다.

우선 이 단계에 있어서는 모든 국가가 아직 신용화폐 체제로는 가지 못하고 금속화폐 체제에 매어 있다는 사실이 가장 두드러진다. 금속화폐는 상품화폐(commodity money)로서 현대적인 신용화폐와 귀금속을 그 중량으로 계산해서 화폐 대용으로 사용하는 원시화폐의 중간 형태이다. 이 화폐가 지불수단 및 교환수단으로서 제대로 기능하는 데 필요한 일반화된 신뢰를 확보하기 위해서는 그 화폐 자체가 갖고 있는 일정한 가치의 귀금속의 양과 밀접히 연결되어 있어야 하며, 동시에 그 화폐가 유통과정 속에서 태환될 수 있는 귀금속으로서의 가치와 분리되는 것으로 가능케 해주는 데 필요조건인 중앙집권화된 국가권력이 존재해야 한다.[47]

지금까지 검토한 과정에서 간접적으로 시사된 바의 하나는 안정된 화폐체제는 반드시 안정된 국가권력을 바탕으로 한다는 점이다. 예컨대

---

47 이 점에 관해서는 Anthony Giddens, *The Nation-State and Violence*(Berkeley: University of California Press, 1985), pp. 150-159 참조.

피렌체의 피오리노 금화가 베네치아의 두카토보다 먼저 만들어졌고 또 국제적으로 활용되었음에도 내정의 불안은 국제적으로 두카토가 더 선호되게끔 만드는 데 큰 역할을 했던 것이다.

검토된 시기에 기본적 화폐형태였던 상품(귀금속)화폐는 내장 귀금속의 가치에 기반을 두었기 때문에 국제적으로 통용될 수 있었다. 따라서 자본주의적 상업경제가 개별 국가의 경계를 넘어 세계적으로 확산되는 데 결정적인 역할을 수행했다. 일부 이슬람권을 포함하여 유럽은 정치적으로는 주권국가로 분리되어 전쟁상태를 지속했지만 그 밑바닥에는 유기적으로 연결된 단일 경제관계의 망을 이루고 있었는데, 이러한 두 가지 질서가 반드시 모순되는 것은 아니었다. 여하튼 귀금속화폐 체제는 경제적으로 유럽을 단일 질서로 만드는 데 필요한 전제조건을 충족시켰다.

유럽에서 이러한 귀금속 화폐의 번성은 12세기 이래 활발해진 상업경제에 자극받아 이루어진 것이지만, 동시에 안정된 화폐체제의 존재는 상업관계를 더욱 활성화시키는 촉매작용을 했다. 그런데 이러한 점은 반드시 좁은 의미의 경제에 국한된 것만은 아니고 전쟁에서도 대규모 병력의 조달을 가능하게 하는 데 큰 역할을 했다. 실제로 특정 주화의 주조는 병사들에 대한 "임금" 지급의 목적을 위해 이루어졌음은 앞의 베네치아의 경우에서 보았는데, 반드시 이 경우에만 국한되는 것은 아니다. 병사에 해당되는 유럽어인 *soldi*er, *sold*at(o) 등의 단어의 어간은 바로 soldo라는 단어에서 나왔음을 다시 한 번 상기할 필요가 있을 것이다. 따라서 우리가 검토한 시기에 있어서 국가의 권력은 군사자원 동원에 필요한 재정능력, 따라서 자신이 지배하는 사회의 경제능력에 대단히 민감하게 반응하기 시작했던 시기로 말할 수 있다.

그러나 이러한 귀금속 화폐 중심의 경제는 근대국가 발전에 있어 한계가 되기도 했다. 이 점은 경제가 이미 귀금속 화폐 중심의 체제를 벗어나기 시작했던 영국과 네덜란드의 역사적 역할의 배경을 검토할 때 잘 드러나는 점이다. 동원되는 사회적 자원이 귀금속 형태의 실물로서만 주어지는 것이 아니라, 한 사회가 장래에 마련할 수 있을 것으로 예상하는 소득을 바탕으로 미리 당겨 사용할 수 있게 된다면 자원의 동원은 훨씬 커질 수 있고, 이것은 국제관계에서 엄청나게 다른 결과를 낳을 수 있는 것이다.

17세기 말 Bank of England의 설립과 관련하여 영국 정책의 변화 및 영국의 국제적 위상 변화를 분석하고 있는 브루어(David Brewer)의 분석에서 잘 보이고 있듯이 그것이 가능하기 위해서는 몇 가지 조건이 필요하다. 하나는 신용을 조직할 수 있는 제도(영국은행과 같은)와 그러한 제도가 작동할 수 있는 성숙한 사회경제적 및 사회문화적 기반이 있어야 한다. 다음으로는 그러한 능력이 국가에 의해 활용되고 뒤에 국가가 되갚을 수 있기 위해서는 정규적인 조세수입이 확보되어야 하는데, 이것은 상당히 발전된 관료기구의 존재를 전제로 하는 일이다.[48]

이러한 모든 일은 안정된 화폐체제와 동시에 신용화폐 체제로의 이동을 필요조건으로 한다. 우리가 검토한 시기에 있어서 이러한 조건을 완전히 갖춘 국가는 없었고, 다만 영국과 네덜란드가 그러한 단계로 이동·접근하는 과도기에 있었던 것으로 지적된다. 여하튼 루이 14세의 패배, 특히 영국과 네덜란드에 의한 제국건설 야망의 좌절은 단순히 군사

48 이것은 17세기 말 영국에 있어서의 '금융혁명'(financial revolution)에 관련된 제반 변화를 지적하는 것이다. 이 점에 대한 체계적인 분석으로는 John Brewer, *Sinews of Power: War, Money and the English State, 1688–1783*(Cambridge, Mass.: Harvard University Press 1988)을 볼 것. 이러한 논의는 박상섭, 1996, 제4장에서 요약되고 있다. 이 문제에 대해서는 Giddens, 1985, pp. 155–157에서 대단히 선명하게 이론적으로 요약되고 있다.

작전상의 이유가 아니라 대규모 군대를 장기적으로 동원할 수 있는 재정적 능력과 관련되는 것으로 이해된다. 이는 우리의 중심 논의와 관련시켜 말한다면 신용화폐 체제가 상품화폐 체제에 대해 갖는 우월성으로서도 말할 수 있을 것이다. 물론 이러한 것들이 의사에 따라 선택될 수 있는 것이 아님은 두말할 나위가 없을 것이다. 강조되어야 할 사실은 이 두 체제는 모두 일정한 사회적·경제적·정치적 하부구조를 갖고 나타나는 표면적인 현상이라는 점이다.

즉 신용화폐 체제든 금속화폐 체제든 간에 결과로 나타나는 제도의 겉모습보다는 그러한 제도를 뒷받침하는 정치·경제·사회 의식의 여러 부문에서 이루어진 변화의 모습과 성격에 대한 이해가 선행되어야 할 것이다. 예를 들어 신용화폐 체제가 정착되기 위해서는 사회에서의 모든 변화를 모니터할 수 있는 국가의 능력이 신장되어야 하며, 동시에 국가의 능력에 과부하가 걸리지 않을 수 있게끔 사회 차원에서 자율적으로 이루어지는 신용제도 파괴에 대한 규율능력이 있어야 한다. 즉 실질적 또는 효과적으로 작용하는 규범이 마련되어 있어야 한다. 이러한 것들이 가능하기 위해서는 국가 내의 주민들이 근대적·주체적 시민으로서 자신을 볼 수 있게끔 하는 각종 시민적 권리가 부여되어야 한다. 이러한 의미에서 국민국가 단계로 가지 않고 왕조국가 단계에 머물러 있는 한에서는 신용화폐는 제대로 기능할 수 없는 것으로 보인다.

위에서의 검토과정에서 우리는 국가가 성장하는 과정에서 귀금속화폐 기반의 하나인 귀금속의 내재적 가치로부터 국가가 지정하고 싶은 액면가를 자유롭게 하고자 하는 시도를 보았는데, 이것은 단순히 개별 국가의 의지로는 전혀 불가능한 것으로 국제적 인정을 반드시 필요로 하는 것임을 보았다(물론 그러한 자의적 시도가 국제적으로 인정된 예는 한 번도 없었다). 이런 면에서 볼 때 근대 국제관계는 단순히 국가들 간의 전쟁과 평화만으로 이루어지는 표피적 관계로 그치는 것이 아니라, 경제적으로도 연결되어 있고 또한 개별 국가 구성원의 정체감과도 연결되어 있는 대단히 복잡한 관계임을 이해할 필요가 있다.

4장
정치적 현실주의
막스 베버에서 신현실주의까지

1. 유럽 국제정치의 종언과 막스 베버

정치현실주의가 무엇인가를 하나의 정연한 문장으로 정의하기는 어렵다. 왜냐하면 그 속에는 다양한 요소가 포함되어 있기 때문이다. 또한 정치적 현실주의자라고 지칭되는 사람들도 대단히 다양한데, 이들은 기본적인 시각에서는 상당히 공통된 면을 보이면서도 동시에 구체적인 현실분석이나 이론구성 면에서는 서로 다른 견해를 보이고 있다. 이들 사이에서 발견되는 공통된 특징이 바로 그들을 현실주의자라는 범주 속에 동시에 포함될 수 있는 근거가 되고 있다. 그 공통성을 지적한다면 정치문제를 설명함에 있어 권력과 관련되는 제반 현상(특히 권력투쟁)이 모든 정치현실, 특히 국제정치의 설명에 있어 중심적 위치를 차지한다는 주장에서 발견된다.

이러한 권력중심적 주장은 두 가지 복합적인 의미를 지니고 있다. 하나는 국제정치 또는 일반적 정치문제를 설명함에 있어 도덕중심적 논의가 회피되어야 한다는 점이고, 다른 하나는 국제정치의 분석에 있어서는 효과적 권력의 조직 및 사용의 유일한 주체인 국가가 중심적인 탐구대상이 되어야 한다는 점이다.

현실주의라는 말 자체는, 이러한 이론틀의 중심 인물들인 카(E. H. Carr), 허츠(J. H. Herz), 모겐소(H. J. Morgenthau) 같은 학자들이 자신들의 견해를 주장하면서 자신들이 비판하는 이상주의(utopianism, idealism)로부터 자신들을 구별짓기 위해 처음 만들어진 것이다. 그러나 이들이 제시하는 권력중심적 정치이론은 이들로부터 유래하는 것은 아니고 다원적 정치체계를 갖고 있던 고대 국가들에서도 이미 제시된 바 있었다. 예컨대 춘추전국(春秋戰國) 시대 중국에서 나타난 종횡가(縱橫家)들, 고대 인도의 카우틸리아(Kautilya), 고대 그리스 시대의 역사가인 투키디데스(Thucydides) 같은 사람들을 들 수 있을 것이다. 특히 정치현실주의의 개념을 명시적으로 제시하고 있는 20세기 정치학자들의 경우 자신들의 사상적 비조로서 투키디데스의 중요성을 강조하고 있다.

뿐만 아니라 오늘날 우리가 경험하고 있는 근대국제 체제가 성립되면서 권력 중심의 정치사상은 상당히 많은 사람들에 의해 주장·발전되어 왔다. 그 대표적인 사람들을 들자면 마키아벨리(N. Machiavelli), 토마스 홉스(Thomas Hobbes), 리슐리외(Cardinal de Richelieu), 헤겔(G. W. F. Hegel) 등을 들 수 있는데, 이들에 의해 만들어진 정치사상의 맥은 국가이성(raison d'état) 또는 Realpolitik의 사상이라는 이름 하에 독일의 사학자 프리드리히 마이네케(Friedrich Meinecke)에 의해 일목요연하게 정리된 바 있다.[1]

이러한 사상의 흐름이 갖고 있는 두드러진 특징 가운데 하나는 국가의 대외적 행동원칙을 어떤 기준에 맞추어 설정할 것인가 하는 외교 문제 정책결정자 또는 정책결정자에 대한 의논상대자의 시각에서 그러한 사상 또는 논의가 제출되었다는 점이다. 이러한 점은 국가의 대외정책이 주권자의 배타적인 고유영역으로 인정되어 온 전통을 그대로 반영하는 것이다. 따라서 이러한 Realpolitik의 사상을 전개하는 주요한 독립적 논고들은 정책결정자 자신 또는 이들의 시각에서 대외정책을 평가하는 학자들에 의해서 논의된 경우가 많았다.

이러한 국가이성 또는 Realpolitik 문제의 논의는 16세기에서 19세기 초반까지 유럽 대륙에서 활발하게 이루어졌고, 또한 이 시기에 그 사상의 기본 내용이 정해졌던 것은 이때의 유럽 정치상황, 즉 국가 간의 치열한 무력경쟁이 평화보다 오히려 더 일상적으로 느껴졌던 상황을 그대로 반영하는 것이다. 이러한 점에서 이 국가이성의 사상은 유럽 대륙의 전형적 정치사상으로 지적될 수 있을 것이다.

Realpolitik의 정치관행 또는 사상이 학문적 탐구대상으로 정식으로 제시된 것은 그 자체가 국제정치적 사건과 밀접히 연결되어 이루어진 일이었다. 즉 제1차 세계대전 이후 패전국 독일에 대한 영미의 도덕적 비난과 그것을 바탕으로 하는 정치적 보복에 대한 항변으로서 전쟁선포와 같은 정치적 행위는 초월적 규범에 입각한 도덕적 판단의 적합한 대상이 될 수 없다는 논지가 독일 측 학자들에 의해 강력히 제기되었다. 그 가장 대표적인 경우로 우리는 앞서 언급한 마이네케의 경우를 들 수 있다. 같은 독일 역사학파계 학자로서의 막스 베버(Max Weber)의 정치철학도 기본적으로 같은 맥락에서 이해될 수 있다.

---

1 Friedrich Meinecke, *Machiavellism: The Doctrine of Raison d'Etat and Its Place in Modern History*, tr., Douglas Scott(London: Routledge & Kegan Paul, 1957).

베버가 관심을 갖고 자신의 논의대상으로 삼고 있는 문제영역이 워낙 방대하기 때문에 그의 이론과 사상은 후세의 학자들이 자신들의 관심과 직접 해당되는 특정 전문분야의 테두리에서만 논의된 경우가 많았다. 따라서 전체적인 맥락이 무시된 채 논의됨으로써 그의 논의는 곡해된 부분이 많았다. 베버의 논의 중에서(특히 미국학계의 영향이 강했던 우리 학계에서) 상대적으로 더 많이 경시된 부분이 있다면 그것은 독일 민족주의자로서의 그의 Realpolitik적 정치사상일 것이다.[2] 이러한 그의 면모가 우리의 관심을 끄는 까닭은 뒤에 정치현실주의를 분명한 개념으로 제시한 모겐소를 통하여 베버의 정치철학적 입장이 상당 부분 되살아나고 있기 때문이다.

물론 베버가 갖고 있던 현실주의적 정치철학은 유럽의 전통적 사상을 바탕으로 하고 있지만 그의 사상을 이해하는 데 특히 중요한 것은 그러한 사상 전통을 바탕으로 자신의 목소리로 다시 주창하게 만든 현실상황적 배경에 대한 이해이다. 이러한 배경으로서는 우선 무력을 바탕으로 독일을 정치적으로 통일한 비스마르크(Otto von Bismarck)의 정치적 지도력에 대한 베버의 긍정적 평가를 들 수 있다. 다음으로는 통일 후 지역국가에서 세계국가로 발돋움하려는 독일 제국주의 정책에 대한 그의 양가적 태도, 제1차 세계대전에서 독일이 패전할 수밖에 없었던 점에 대한 반성, 독일이 영미를 상대로 전쟁을 치를 수밖에 없었던 점에 대한 정

---

2 이러한 점을 잘 드러내는 Weber의 글들은 현재 그의 「정치론집」 *Gesammelte Politische Schriften*, Johannes Winckelmann, ed.(3rd ed., Tübingen: J.C.B. Mohr, 1971)에 모아져 있다. Weber의 이 측면에 대한 집중적 연구로는 Wolfgang J. Mommsen, *Max Weber and the German Politics, 1890–1920*, tr., M. S. Steinberg(Chicago: University of Chicago Press, 1984); David Beetham, *Max Weber and the Theory of Modern Politics*(London: Allen & Unwin, 1974)를 볼 것.

당화와 패전 독일에 대한 영미국의 도덕적 비난에 대한 반발 등을 지적할 필요가 있다.

이러한 점들은 단순한 주장으로 제시되었다기보다는 사회와 정치 현상에 대한 '객관적' 이해를 꾀하는 그의 '가치중립적' 사회이론 개념의 형성 단계에서 잘 반영되고 있다. 예컨대 폭력(Gewalt=violence)의 개념을 바탕으로 하는 정치와 국가에 대한 그의 정의를 그 대표적인 경우로 들 수 있을 것이다. 이러한 관점에서 국제정치는 국가 간의 지속적 투쟁과정 외의 다른 어떠한 것으로도 이해되기 어렵게 된다. 또 다른 예로 정치지도력의 중요성에 대한 그의 강조는 '카리스마'(Charisma)의 개념을 통해서 반영되기도 한다. 이러한 지도력의 필수조건으로 제시되는 정치 고유의 윤리로서의 책임윤리에 대한 그의 강조는 그의 생애 전체를 관통해 이루어진 현실정치에 대한 예리한 통찰의 결과로 제시된 것이었다.

국제정치에 대한 철학적 고찰이 반드시 국가의 시각을 전제로 해서만 이루어지는 것은 아니다. 예컨대 루소(J.-J. Rousseau) 및 칸트(I. Kant)의 평화사상 등은 특정 국가의 틀을 벗어나 세계시민적 입장에서 제시된 일급의 국제정치 사상으로 지적될 수 있을 것이다. 그러나 현실주의적 논의는 정책결정자의 시각에서 이루어지기 때문에 반드시 어떤 특정 국가는 아니더라도 최소한 일반화된 (근대)국가의 개념을 전제로 이루어진다. 이러한 일반화된 국가 개념은 근대 국제질서의 역사적 경험을 바탕으로 전형적으로 나타나는 것이었던바, 현실주의적 정치관념은 그러한 역사적 경험을 구체적으로 체험하는 현장에서 현실감을 갖고 나타난다. 이러한 점에서 베버의 현실주의 정치철학은 독일의 국제정치적 경험을 바탕으로 해서만 출현할 수 있었다고 하겠다. 이러한 현실적 맥락을 굳이 강조하는 까닭은 베버 이후의, 즉 영국과 특히 미국을 중심으로 하는 20세기 현실주의 국제정치이론의 전개도 현실 국제정치 그 자체의 추이와 밀접한 관련을 맺으면서 이루어졌다는 점을 강조하기 위해서이다.

모든 정치철학이나 사상 및 이론이 다 그렇듯이 현실주의 정치이론의 등장도 그것을 자극한 현실적 여건과 밀접히 관련되면서 이루어졌다고 하는 점은 너무나 당연한 일이다. 따라서 현실주의 정치이론의 출현을 자극한 현실적 여건은 어떤 것이었는가 하는 점이 여기에서 특히 우리의 흥미를 끌고 있다. 이 점은 한마디로 말한다면 앞서 여러 번 강조되었듯이 대외관계에서 각국이 취할 행동 결정의 필요성이라고 할 수 있다. 사회적 의미를 띠는 모든 행동이 다 그렇듯이 대외관계상의 모든 행동도 기본적으로 결정을 수반하는 것이다. 그러나 실제로 많은 경우 결정은 관행에 의존함으로써 대부분의 결정은 아무런 긴장을 수반하지 않는다. 그러나 기존의 관행에서 상정되지 않은 새로운 문제에 관한 또는 기존의 관행에 배반되는 어떤 중요한 결정이 필요할 때, 그러한 결정을 정당화할 수 있고 나아가서는 앞으로의 새로운 정책방향을 제시할 수 있는 새로운 논의가 수반되어야 한다.

대체로 이러한 새로운 결정과 그것을 정당화하는 새로운 논의의 필요성이 야기되는 것은 열국 간에 합의되던 기존 질서가 붕괴되고 새로운 질서의 창출이 이루어지는 과도기적 상황이라고 말할 수 있다. 베버나 마이네케를 그 중심 인물로 하는 19세기 말, 20세기 초 독일의 정치현실주의는 19세기까지의 영국을 중심으로 하는 세계질서에 대한 독일의 도전이라는 상황과 맞물려 발생했는데, 주지하다시피 그러한 작업은 실패로 돌아가고 이들에 의해 제기된 현실주의 정치철학은 단순히 아카데믹한 관심으로 그치고 말았다. 더욱 불행한 일은 뒤에 독일에서 발생한 나치즘의 허무주의적 권력철학과 베버 정치사상의 연계성이 문제로 제기됨에 따라 현실주의 정치철학은 마치 권력지상주의의 철학으로 오해되었던 점이다.

2. E. H. 카와 현실주의 국제정치이론의 태동

모든 정치관계는 기본적으로 권력을 중심으로 형성되고, 따라서 권력의 개념을 중심으로 정치문제를 논의하고 다루어야 한다는 현실주의의 입장에 대한 비판적 태도는 대부분의 경우 표면상으로는 권력현상이 드러내는 악마적 요소를 비판하는 도덕적 입장을 딛고 제출된다. 역으로 현실주의 입장에서 볼 때 이러한 도덕주의적 태도는 기존의 세력배분 관계에서 상대적으로 유리한 위치에 있는 국가들이 권력작용을 수반해서 이루어지는 변화에 대한 반대 입장을 반영하는 것으로 여겨질 수도 있다. 즉 폭력의 적용을 통한 강제적인 현상변화의 시도는 그것이 폭력의 사용이라는 관점에서 비판되지만 실상에 있어 그 비판의 진정한 동기는 현상변화에 대한 반대에서 야기될 수 있다는 것이다. 바로 이 점이 카가 그의 대표적 국제정치 논고인 『20년의 위기』(*The Twenty Years' Crisis*, 1939, 2판, 1946)에서 제기하고 있는 핵심적인 논지 중의 하나가 되고 있다.

대내적으로는 자유주의 정치철학에 입각한 정치질서를 확립하고 대외적으로는 전통적 세력균형 정책에 입각한 세계질서 관리에 성공해 온 영국은 제1차 세계대전이라는 사상 처음 있은 세계전쟁의 뒷마무리를 하는 과정에서 자유주의적 이익의 예정조화설에 입각한 낙관적인 국제정치관을 바탕으로 세계문제의 해결에 임했었다. 즉 인간의 이성적 역할을 지나치게 강조함으로써 권력에 의거한 해결책보다는 국제도덕, 여론 등으로 국제 갈등의 해결이 가능할 것이라고 믿었던 것이 당시의 지배적인 분위기였다. 이러한 분위기는 카에 의해 유토피아니즘이라는 이름이 붙여졌고, 이러한 경향은 짐먼(Alfred Zimmern), 토인비(Arnold Toynbee) 등의 학자들 그리고 윌슨(Woodrow Wilson)과 같은 정치가들에 의해 대변되었다.[3]

카는 이러한 낙관주의적 태도 때문에 정치가 갖고 있는 어두운 측면, 즉 권력관계의 측면이 소홀히 취급되었다고 지적했다. 그는 당시의 지도자들이 단순히 천진했기 때문에만 국제도덕의 힘을 믿었던 것은 아니라고 한다. 그는 칼 만하임(Karl Mannheim)의 지식사회학적 논지를[4] 국제관계에 적용하여 그러한 국제 도덕에의 호소는 실제로는 영국과 미국 같은 현상유지 국가들의 이익을 반영하는 것이라고 주장했다.

> 사회적 도덕의 이론들은 항상 공동체 전체와 자신과를 동일시하는 지배적 집단의 산물인데, 이러한 집단은 자신의 생활관을 전체 공동체에 부과함에 있어 다른 종속적 집단이나 개인들이 갖지 못하는 수단을 보유하고 있다. 같은 이유에서 또한 같은 과정을 거쳐 국제적 도덕이론은 지배적인 민족이나 민족집단의 산물로 된 것이다. 지난 100년간에 있어 특히 1918년 이후 영어 사용국들은 세계에서 지배적 집단을 형성해 왔다. 국제도덕에 관한 현재의 이론들은 그들에의 우월성을 영속화하도록 고안되었고, 또한 그들에게 특유한 관용어를 통해 표시되어 왔다.[5]

---

3 이들의 주요한 면모와 사상들에 대해서는 Michael Joseph Smith, *Realist Thought from Weber to Kissinger*(Baton Rouge: Louisiana State University Press, 1986), 3장에서 간략히 요약·소개되고 있다.

4 Karl Mannheim, *Ideology and Utopia*(London: Routledge & Kegan Paul, 1972). 독일어판의 첫 출간 연도는 1929.

5 E. H. Carr, *The Twenty Years' Crisis, 1919–1939*(2nd ed., London: Macmillan, 1946), pp. 79–80.

카에 의한 비판의 표적은 윤리 또는 도덕을 앞세운 권력보유자의 위선이었다. 그러한 위선의 폭로를 위해 카는 권력이 모든 정치관계의 기본 개념이 되어야 할 것임을 강조했다. 카는 유토피아와 현실의 이분법을 도덕과 권력의 이분법으로 병렬시키는 데 불가피한 정치현실로서의 권력현상에 대한 이러한 강조는 미국의 현실주의 신학자인 니버(Reinhold Niebuhr)의 논의를[6] 디딤돌로 하면서 이루어진다. 그는 "권력과 정치는 서로 분리시킬 수 없다"고[7] 지적하고 도덕과 정치는 서로 다른 차원에 있는 것이기 때문에 "정치를 도덕화할 수도 없고 또한 정치로부터 권력을 추방할 수도 없는 것"임을 강조한다. 이러한 의미에서 정치는 곧 권력정치라고 그는 말한다.[8]

물론 카는 정치가 권력 개념으로 전부 설명되는 것은 아니라고 말하지만 권력 개념에 대한 그의 강조는 거의 결정론적 성격을 띠고 있다고 지적된다. 그러나 이러한 권력 개념에 대한 강조에도 불구하고 왜 권력이 그러한 엄청난 중요성을 갖는가 하는 원초적인 질문을 스스로 제기하지 않고 니버와 같은 다른 사람들의 논의를 디딤돌로 논의를 전개하고 있기 때문에 그의 권력론은 분석적 측면과 철학적 깊이라는 점에서 상대적으로 취약한 것으로 비판되기도 한다.

정치현상에 있어서의 권력의 중심성과 불가피성에 대한 카의 강조는 앞서 논의한 막스 베버의 논지와 상당한 점에서 공명하고 있는 것으로 보인다. 그러나 막스 베버나 뒤에 미국에서 발전한 정치현실주의 이론

---

6 Reinhold Niebuhr, *Moral Man and Immoral Society: A Study in Ethics and Politics* (New York: Charles Scribner's Sons, 1932).

7 Carr, 1946, p. 97.

8 Carr, 1946, pp. 100, 102.

가들이 대체로 보수적인 성격을 띠는 데 비해 카의 경우는 사회문제 처리에 있어 소극적 국가의 역할을 선호하는 자유방임적 자본주의에 비판적인 입장을 취하고 있다. 이러한 입장이 마르크스주의 이론에 뿌리를 두는 만하임의 지식사회학적 논지를 국제권력 관계에 쉽게 적용할 수 있는 지적 바탕이 되었으리라고 여겨진다. 만하임의 지식사회학의 관점에서 연유하는 상대주의적 입장과 정치에서의 권력중심성 이론의 연결은 카의 현실주의 이론을 다른 현실주의자들과 구별시켜 주는 단서가 되는데, 동시에 그러한 연결은 국제정치 현상에 대한 도덕적 판단기준을 상대적으로 경시하는 천박한 상대주의로 전락할 위험이 다분히 있는 것으로 지적된다.

이러한 위험은 히틀러를 상대로 이루어진 1930년대 네빌 챔벌린(Neville Chamberlain) 정권의 유화정책과 그 결정으로 지적되는 1938년의 뮌헨 조약에 대한 카의 긍정적 평가에서 잘 드러난다. 이러한 평가는 1939년에 발간된 상기의 『20년의 위기』 초판에서의 몇몇 구절에서(이 구절들은 1946년의 2판에서는 삭제 또는 수정되고 있음) 잘 드러나고 있는데, 일예로 다음과 같은 구절을 들 수 있다.

> 1938년 유럽에서의 권력관계가 체코슬로바키아의 일부 영토 상실, 그리고 나아가서는 독립의 상실을 불가피하게 만드는 것이었다면 이러한 결과는(정의 또는 부정의의 문제를 떠나) 대국 간의 전쟁 또는 독일과 체코슬로바키아 사이의 국지전쟁을 통해서 낳기보다는 뮌헨에서의 토론 결과로서 이루어지는 것이 바람직하다.[9]

---

9 Carr, *Twenty Years' Crisis*(1st ed., London: Macmillan, 1939), p. 278. 이 부분은 2판(1946)의 p. 219에 해당된다.

이렇게 모든 권력관계를 상대화하는 그의 입장은 역사과정 바깥에서 어떤 초월적 도덕기준을 찾기보다는 역사과정 그 자체 안에서 찾으려는 헤겔주의적 입장의 논리적 결과로서 판단되는데, 이러한 입장에 대해 같은 현실주의 이론가이면서 다른 철학적 입장을 택하는 모겐소는 "권력 편재성(immanence of power)에의 굴복"을 의미할 뿐이라고 비판하며 "마키아벨리가 되는 것은 위험한 일이지만 비르투(virtù)를 갖추지 못한 마키아벨리가 되는 것은 파국적인 일이다"라고 카의 상대주의적 권력철학을 꼬집고 있다.[10]

3. 전후 미국에서 정치현실주의의 발전과 모겐소

카는 흥미롭게도 제2차 세계대전 이후에는 국제문제에 관해 대전 전의 관심에 비견되는 논의를 전개하지 않았다. 이러한 점은 그의 관심이 주로 국내정치 문제, 특히 자본주의 체제의 개혁과 소련사의 전개과정에 집중되었기 때문으로 여겨진다. 예컨대 전후 미소 냉전의 전개가 그의 관심을 충분히 자극했음직 함에도 불구하고 이에 대해 거의 아무런 언급도 하지 않음으로써 오히려 많은 사람들의 흥미를 자극했다. 이에 대한 충분한 설명이 되지는 않겠지만 국제문제에 대한 그의 감소된 관심은 세계정치상에서의 영국의 지위하락과 전혀 무관하지 않은 것으로 생각된다. 이러한 점을 지적하는 것은 영국을 대신하여 세계국가의 지위를

10 Hans J. Morgenthau, "The Political Science of E.H. Carr," *World Politics*, 1(1948), p. 134.

명실상부하게 차지한 미국에서 국제문제에 대한 체계적인 논의가 이루어지게 되었다는 사실을 강조하기 위한 것이다.[11]

미국 대외정책상의 오랜 전통이었던 고립주의의 탈피 시도는 제1차 세계대전 이후 윌슨 대통령에 의해 처음 이루어졌으나 이러한 탈피가 여론의 지지를 받을 수 있었던 것은 제2차 세계대전 이후였다. 이러한 적극적인 대외정책의 추진을 위해서는 국가 간의 정치관계를 도덕적 편견 없이 사실 그대로 받아들일 수 있는 지적 준비가 있어야 했는데, 고립주의를 고수해 오던 미국인들로서는 이러한 사고전환이 그리 쉬운 일은 아니었다.

미국 자체의 토양에서 현실주의가 전혀 발생될 수 없었던 것은 아니었다. 예컨대 앞서 카에게 심대한 영향을 주었던 라인홀드 니버와 같은 사람을 들 수 있을 것이다.[12] 그러나 미국의 자유주의 풍토에서는 인간과 정치의 어두운 측면을 강조하는 현실주의보다는 낙관적 이상주의가 지배적이었다고 할 수 있다. 여하튼 정치적 현실주의의 문제가 본격적으로 토론되고 많은 국제정치학자들의 기본적 인식틀로 자리 잡게 된

---

11 유럽 대륙에서 국제문제에 대한 논의가 없었던 것은 물론 아니다. 그러나 독자적 분과학으로서 '국제정치학'이 발전된 것은 미국이었다. 이러한 의미에서 '국제정치학'은 미국적 사회과학이라고 지적될 수 있을 것이다. 바로 이러한 점과 여기에서 파생된 문제점을 지적하고자 Stanley Hoffmann은 기존 국제정치학의 반성을 위한 논문을 아래에서 보는 것과 같이 붙이고 있음에 주목할 필요가 있을 것이다. Stanley Hoffmann, "An American Social Science: International Relations," in *Janus and Minerva: Essays in the Theory and Practice of International Politics*(Boulder: Westview Press, 1987), pp. 3–24.

12 니버 사상의 다양한 측면에 대한 안내서로는 Charles W. Kegley(ed.), *Reinhold Niebuhr: His Religious, Social and Political Thought*(2nd ed., New York: Pilgrim Press, 1984)를 볼 것.

것은 전후에 전개된 학계 논쟁을 통해서였다. 이러한 논쟁의 중심 인물로는 누구보다도 한스 모겐소를 들 수 있다. 이렇게 보면 미국에서의 정치적 현실주의는 유럽 대륙으로부터의 지적 이동과 함께 미국의 전통적 사고방식에 접목된 사상으로 이해될 수 있다. 즉 유럽 국제정치사를 바탕으로 성장한 Realpolitik 사상이 주된 지적 연원이 되었다고 하는 점에 대해서는 큰 수정이 필요 없을 것으로 여겨진다.[13]

모겐소에 있어서 정치적 현실주의는 서로 밀접히 연결되는 두 가지 측면을 동시에 포함한다. 그 하나는 정치권력의 철학으로서 나타나고 있고, 다른 하나는 정치에 관한 일반이론이다. 정치권력의 철학은 다시 두 가지로 나누어 볼 수 있다. 하나는 모든 정치과정에 있어서 권력의 우위성(primacy of power)에 관한 역사철학적 입장이고, 다른 하나는 마이네케

13 물론 Morgenthau 이외에도 그로부터 직접적 영향을 받지 않으면서 현실주의적 논지를 체계적으로 발전시켰다. 예컨대 앞서 언급한 Niebuhr 외에도 정치학자로서 John Herz, George Kennan 등을 그 대표적 인물로 들 수 있을 것이다. 그러나 다음 세대의 학자들에게 미친 영향 면에서는 Morgenthau를 가장 중심적 인물로 꼽는 점에 대해서는 큰 이의가 없을 것이다. 미국 국제정치학계의 1세대 학자들 가운데에서 가장 영향력이 큰 학자는 Morgenthau였다라는 논지를 경험적으로 입증한다는 것은 약간 어폐가 있는 표현이지만, 여하튼 우리는 이제 소개될 미국 국제정치학자들 간의 상호 평가를 통해 Morgenthau의 위치를 간접으로 확인할 수 있을 것이다. R. B. Finnegan, "The Field of International Relations: The View from Within," *Towson State Journal of International Affairs*, 7(1972), pp. 1-24. 특히 pp. 8-9에 있는 학자 및 저서에 대한 중요도 통계에서 Morgenthau와 그의 저서 *Politics Among Nations*가 각각 응답자의 46.7%와 35.5%의 인지를 받고 있음을 볼 것. 이러한 점에서 제한된 지면을 활용하는 본 논의에서 Morgenthau만을 다루는 것이 용서될 수 있을 것이다. 다른 현실주의 이론가들에 관해서는 Smith 1986, 앞의 책과 Kenneth W. Thompson, *Masters of International Thought*(Baton Rouge: Louisiana State University, 1980), 정진위 역, 『현대국제정치사상』(박영사, 1987)을 참고할 것.

나 베버의 유산으로 보이는 권력수단의 악마성과 그 한계에 대한 명확한 인식과 관련된 것이다.

일반이론의 측면은 권력의 우위성 개념에서 바로 도출된다. 모겐소에 있어서 나타나는 정치과정에서의 권력의 우위성에 대한 관념은 그의 홉스적인 인간관에 기반을 두고 있다. 그에 의하면 인간성은 본래 이기적이고 또한 인간은 그 본성상 권력을 추구하게끔 되어 있다. 인간이 갖고 있는 권력욕구는 보편적 현상이므로 "정치는 끝없는 권력투쟁인 것이고", 정치윤리는 결국 "악을 행하는 것에 관한 윤리"인 것이다.[14]

이러한 권력 중심의 철학은 그의 국제정치이론의 출발점이 된다. 그의 국제정치관은 우선 권력의 효과적 조직체인 국가를 중심으로 이루어지고 있고 국가 간의 정치는 국가 간의 권력투쟁인 것이다. 그리고 이 권력은 각 국가가 추구하는 이익 개념의 다른 표현이다. 이익의 개념이 중심적 지위를 차지하고 있다는 점에서 우리는 그의 사상에서 Realpolitik 사상의 대표적 인물 가운데 하나인 리슐리외와 또한 막스 베버와의 유사성 내지는 영향의 흔적을 발견할 수 있다.

권력의 측면에 대한 이러한 강조는 단순한 강조가 아니라 앞서 본 카의 경우와 마찬가지로 모겐소의 입장에서 국제정치를 '바르게' 인식하는 데 장애가 되고 있었던 20세기 전반까지의 미국 내 지배적 사고방식에 대한 비판의 맥락에서 이루어진 것이었음을 염두에 둘 필요가 있다. 그가 시도한 이러한 비판은 일차적으로 근대적 합리주의와 자유주의에 기반을 두는 '교조적 과학주의'를 향한 것이었다. 이 비판은 "모든 문제들, 특히 정치적 문제들이 과학의 힘으로 해결될 수 있다는 신념"에서 드

14 Hans J. Morgenthau, *Scientific Man versus Power Politics*(Chicago: University of Chicago Press, 1946), pp. 201–202.

러나는 정치적 사유의 쇠퇴를 경고하기 위한 것이었다.[15] 이때 모겐소가 의도하는 정치적 사유의 부활은 모든 정치현상의 중심을 이루는 권력현상의 중요성에 대한 인식을 의미하는 것으로 이해될 수 있을 것이다.

권력현상의 중심성에 관한 그의 탐구는 위에서 지적한 바와 같이 원래부터 이기적이고 권력을 추구하려는 홉스적인 인간본성론으로 이어지고, 이것을 바탕으로 국제정치에 관한 그의 분석틀이 구성된다. 이러한 분석틀은 1948년에 초판이 발간된 그의 대표작으로 지적되는 『국제관계론』(*Politics Among Nations*)을 통해 처음 발표되었다.[16]

그의 국제정치이론이 권력이라는 중심 개념을 바탕으로 이루어지는 만큼 이 책은 전체가 권력문제에 관련된 여러 가지 문제에 대한 논의로 구성되고 있다. 우선 권력에 대한 정의를 내린(3장) 다음 권력투쟁 양상의 실제로서 국가정책의 유형론을 시도하는데, 이것은 기본적으로 현상유지와 현상타파('제국주의')의 두 가지 유형으로 나뉜다[그가 제시하는 세 번째의 위신의 정치는 위의 두 가지에 포함될 수 있다(4-7장)]. 다음으로 그는 국력의 개념을 논의하고(8-10장), 이어서 국가권력의 작용을 제한하는 요소로서 세력균형, 국제 도덕, 여론 및 국제법에 관해 논의하고 있다(11-19장). 나머지 부분에서는 20세기 국제정치의 발전과정을 자신의 이론틀에 맞추어 설명하고 있으며, 동시에 20세기 중반에서의 평화 달성을 위한 제반 노력들을 평가하고 있다.

그의 이러한 이론은 분명 하나의 객관적 설명틀을 지향하고 있으

15 Morgenthau, 1946, p. vi.

16 Alfred A. Knopf(New York) 사에서 현재 6판(1985)까지 개정판이 나오고 있는데, 이 글에서의 인용은 1973년의 5판을 이호재 교수가 우리말로 번역한 텍스트 『현대국제정치론』(법문사, 1987)을 사용한다.

나 그것은 동시에 현실 국가정책에 대한 권고 또는 비판이라는 실천적 또는 규범적 성격을 갖고 있다. 이 점은 Realpolitik의 사상전통이 통치자 또는 통치자에 대한 자문자 입장에서의 논의로 시작되었다는 역사적 뿌리를 그대로 반영하고 있다. 즉 모겐소에 있어서 현실주의는 국제정치에 관한 일반이론을 지향하면서 동시에 그 궁극적 관심이 고도의 실천성과 규범성을 갖고 있다는 점에서 그 특징을 보인다.

이러한 실천성은 권력과 윤리의 관계에 관한 그의 입장과 관련된다. 그는 앞서 본 바와 같이 카에서 짙게 나타나는 개인 도덕과 국가 도덕의 이원성론과 상대주의적 경향에 대해 비판함으로써 단일의 초월적 도덕기준에 대한 그의 신념을 간접적으로 인정했다. 그러나 현실 국제정치의 세계에서 공통적인 도덕기준이 존재하지 않고 있는 점을 인정하지 않을 수 없음으로써(16장 2절) 그 자신도 상당한 정도로 상대주의와 이원적 도덕론에 접근한다. 그러나 원칙적으로 이원적 도덕론 그 자체에 반대하는 모겐소는 권력과 도덕의 갈등문제 해결방안을 제시하려고 노력하는데, 그가 주는 해소방안은 지도자의 자질에 대한 기대에서 멈춘다. 즉 국제정치에서의 도덕적 행위의 가능성은, 모겐소에 의하면, 설정된 정치적 목표를 달성하는 데 있어 현실적 수단들 중에서 가장 덜 사악한 방법을 택하는 지도자의 자질에 달려 있다.

모겐소도 권력관계에 개인적 도덕을 그대로 적용할 수는 없다는 점을 인정한다. 대신 권력행위를 판단하는 도덕적 기준으로는 권력행위의 의미는 그 작용의 결과에 의해 판단되어야 한다는 베버적 책임윤리론이 제시된다. 그 정치 도덕성 판단기준으로서의 결과는 '권력이라는 말로 정의되는 국가이익'의 관점에서 평가되는데, 이것을 정치가들이 제대로 추구한다면 '도덕적 무절제와 정치적 우행'을 동시에 회피할 수 있다고 말함으로써 그는 그의 정치윤리가 갖는 도덕적 딜레마 문제에 대한 극복을 시도하고 있다. 이러한 근거 위에서 그는 미국의 외교정책의 전통에서 나타나는 네 가지 지적 오류들, 즉 유토피아니즘, 법적 사고(legalism), 감상주의, 신고립주의를 비판하는데,[17] 이러한 비판은 그의 이론이 갖는 실천적 성격을 잘 나타내는 것이다.

모겐소의 이론을 둘러싸고 이루어진 미국 학계에서의 논쟁에서는 그의 논의에서 나타나는 철학적 측면보다는 '객관적' 설명틀로서의 그의 이론이 갖고 있는 문제점에 대한 비판이 주로 제기되었다.[18] 이러한 비판점들을 통해서 우리는 국제정치이론으로서의 현실주의 성격과 문제점을 간접적으로 잘 파악할 수 있다.

우선 그의 인간성론에 기초하는 권력투쟁으로서 정의되는 정치 개념이 갖는 설명력의 한계성,[19] 권력 및 국가이익 개념의 애매성,[20] 국가와 군사력에 대한 압도적인 중요성 부여,[21] 역사성의 결핍(역사적 변동에 관한 개념의 결여),[22] 체계성 개념의 부재 등이 주로 문제점으로 제기되었다.

---

17 이 점은 그의 *In Defense of National Interest*(New York: Alfred Konpf, 1951)에서 개진되고 있다.

18 이러한 비판들을 종합적이고 체계적으로 시도하는 글로서는 John A. Vasquez, *The Power of Power Politics: A Critique*(New Brunswick, N.J.: Rutgers University Press, 1983)을 볼 것.

19 이 점에 대해서는 Kenneth N. Waltz, *Man, the State and War : A Theoretical Analysis*(New York: Columbia University, 1959), 2장을 볼 것.

20 Stanley Hoffmann, *Contemporary Theory in International Relations*(Englewood Cliffs, N.J.: Prentice-Hall, 1960), pp. 30-37.

21 Robert O. Keohane and Joseph S. Nye, *Power and Interndependence: World Politics in Transition*(Boston: Little, Brown, 1977), 2장.

22 Stanley Hoffmann, "International Relations: The Long Road to Theory," *World Politics*, 11(1959), pp. 346-378.

4. 신현실주의 국제정치이론: 왈츠

한스 모겐소에 의해 대표되는 전후 제1세대의 정치현실주의는 높은 설명력을 갖춘 이론틀을 지향했지만 지나치게 일반화되고 포괄적인 개념의 사용과 과도한 실천적 관심으로 인해 과학적 연구를 위한 이론틀의 구성보다는 그러한 이론구성 이전 단계에 오고 또 그러한 작업에 필요한 일정한 지적 통찰력을 제공하는 데 성공했을 뿐이라고 지적된다.

1970년대부터 새로운 세대의 학자들에 의한 새로운 국제정치이론 구성의 시도는 어떤 의미에서는 모겐소의 정치현실주의가 갖고 있는 여러 가지 한계점들을 극복하려는 시도로 볼 수 있다. 예컨대 분석보다는 서술에 더 치중하는 전통주의적 방식에 대한 반발은 분석을 주안점으로 하는 여러 가지 과학적 연구기법(methodology) 개발을 자극했고, 또한 국가 중심 가정에 대한 반발은 초국가적 행동단위에 대한 강조를 자극했으며, 국제구조의 변동을 설명할 수 있는 새로운 개념 정립의 노력을 자극하기도 했다.

이러한 여러 가지 시도들 중에서 현실주의의 이론적 전제사항, 즉 국가중심성에 대한 입장에는 기본적으로 공명하면서 현실주의가 그것에 그치지 않고 어떤 주어진 조건 하에서 국가들의 행동을 예측·설명할 수 있는 엄밀한 이론으로 만들려는 노력도 있었다. 이러한 노력을 기울여 온 대표적인 학자로서 우리는 왈츠(Kenneth N. Waltz)를 들 수 있다. 모겐소가 국제정치 현실에서의 권력중심성의 기원을 인간본성에서 찾고 있는 데 비해 왈츠는 국제체계의 무정부적 구조의 특성에서 발견하고 국가의 행동을 이들의 속성이 아닌 체계의 수준에서 설명하려 한다. 이러한 점에서 왈츠의 현실주의는 모겐소의 '고전적' 현실주의와 구별되는데, 따라서 왈츠의 이론적 입장은 '구조적' 현실주의 또는 '신현실주의'[23]라고 불리게 되었다.

왈츠의 기본 관심사는 환원주의적 방법에 의거하지 않는 국제정치 고유의 이론화 작업이다. 왈츠는 그의 저서『인간, 국가 그리고 전쟁』(*Man, the State and War*)을 통해 국제정치 분석을 위한 세 가지 분석 수준

---

23 신현실주의라는 이름은 원래 Robert Cox가 그의 1981년 논문 "Social Forces, States and World Orders: Beyond International Relations Theory," *Millennium* 10, pp. 126-155에서 Morgenthau와 Kenneth Waltz로 대표되는 미국의 현실주의 이론가들을 묶어 비판적으로 부르면서 처음 사용되었다. 즉 그에 따르면 미국으로 건너오기 이전의 Meinecke, E. H. Carr, Ludwig Dehio 같은 사람들에 의해 대표되는 현실주의적 인식틀은 각기 다른 시기에 다른 형태로 나타나는 국제적 행위의 틀을 규정하는 힘의 특정 형세(a particular configurations of forces)를 그려내고 특정의 제도, 이론 및 사건들을 역사적 맥락 속에서 '비판적으로' 이해하려고 노력한 데 비해 신현실주의는 탈력사적 인식틀 속에서 단순히 주어진 문제해결만을 위한 기술적 이론으로 후퇴했다는 것이다. 이 '신현실주의'라는 이름이 국제정치학 연구자들 사이에 더욱 널리 통용하게 된 것은 1984년 Richard Ashley가 "신현실주의의 빈약성"(The Poverty of Neorealism)이라는 논문을 *International Organization*(pp. 225-281)에 게재한 이후부터였다. 이 논문에서 Ashley는 Morgenthau 이후의 미국 내 '주류' 국제정치학자들을 총망라하여(Kenneth Waltz, Robert Keohane, Stephen Krasner, Robert W. Tucker, George Modelski, Charles Kindleberger, Robert Gilpin) '신현실주의'라는 이름을 붙이고, 이들이 드러내는 서로 다른 경향에도 불구하고 이들이 갖고 있는 국가중심주의, 공리주의, 실증주의, 구조주의적 경향이 역사와 인간을 배제하고 있다고 비판했다. 그의 결론적 주장은 이 이론들이 Morgenthau와 Herz에 의해 대표되는 '고전적' 현실주의를 부분적으로만 받아들이고 여기에서 나타나는 비판적 성찰의 측면을 사상시킴으로써 현실의 영속화에 기여하는 보수적 기능을 수행하고 있다는 것이었다. 그러나 이 '신현실주의'의 논쟁은 주로 Waltz의 구조적 현실주의 이론에 대한 공방으로 이해되고 있으므로 이 점에 우리의 논의를 집중시킬 필요가 있다.

(인간성, 국가의 속성, 국제체계)을 이미 제시한 바 있는데, 이것을 바탕으로 1979년의 『국제정치이론』(*Theory of International Politics*)[24]에서 국제정치 고유의 이론은 인간성이나 국가들의 속성에 환원시키지 않는 국제체계 자체의 구조적 성격에서 만들어져야 한다는 점을 역설한다. 즉 국제체계의 구조적 성격을 찾아내고 이것이 어떻게 개별 단위인 국가들의 행동에 대한 독립변수적 역할을 하는가를 찾아내야 한다는 것이다.

왈츠에 따르면 구조는 세 가지 측면에 따라 서로 달리 나타난다.[25] 첫째는 단위들 간의 관계를 규정하는 질서구성의 원리(ordering principles)인데, 우리가 경험하고 있는 현 국제체제는 위계적이라기보다는 무정부적이다. 둘째는 분화된 단위들이 담당하는 기능의 면인데, 현 국제체제에서의 단위인 국가들은 유사한 기능을 수행한다. 셋째로 문제되는 측면은 단위(국가)들이 보유하는 능력(권력)인데, 이 점은 시간에 따라 그리고 체계에 따라 달리 나타난다. 첫째의 질서의 구성원리 면에서 우리가 경험하는 국제체계는 기본적으로 무정부적 성격을 띠고 있고, 또 각 단위들이 수행하는 기능들도 대체로 유사하기 때문에 관찰자들의 일은 세 번째 측면, 즉 개별 단위들의 능력 면에서의 변화만 관찰하면 된다. 즉 이론화 작업에서의 관심은 국가들 간 힘의 배분관계의 변화에 대한 측정으로 집중된다. 그럼으로써 그의 국제정치이론은 세력균형이론으로 단순화된다. 다만 그는 이론의 임무는 모겐소의 경우처럼 국제정치에서의 권력이나 세력균형의 중요성을 강조하는 것으로 그쳐서는 안 되고, 세계정치 속에서 반복적으로 이루어지는 세력균형을 설명할 수 있고 변화하는 권력의 형세가 어떻게 동맹과 갈등의 패턴에 영향을 미치는지 설명할 수

24 Reading, Mass.: Addison-Wesley, 1979.

25 Waltz, 1979, pp. 88-101.

있어야 한다고 주장한다.

왈츠의 국제정치이론의 핵심은 결국 현 국제체계의 무정부적 구조와 자신의 보존 내지는 범세계적 지배의 충동이라는 국가행동에 관한 기본 가정을 바탕으로 연역된 세력균형론으로 구성된다고 할 수 있다.[26] 이러한 왈츠 이론의 기여점은 그가 어떤 전혀 새로운 사고의 틀을 제시했다기보다는 기왕에 제시된 바 있는 국제문제에 관련된 중요하지만 단편적 형태로 존재하던 여러 가지 통찰들을 보다 간결하지만 동시에 엄격하고 연역적인 체계의 이론으로 만들었다는 점에서 발견된다. 그러나 그 간결성과 엄격성으로 인해 그 이론에서 간과되는 점도 많이 있고, 이에 따라 비판론도 상당히 제기되고 있다.[27]

이러한 왈츠의 논의에 대한 비판들은 대체로 세 가지로 분류될 수 있다. 그 하나는 러기(John G. Ruggie)에 의해 제시된 것으로, 그에 의하면 왈츠의 논의가 국제정치이론 발전에 대단히 중요한 공헌을 했지만, 그가 제시한 구조 개념의 잠재성을 충분히 개발하지 못함으로써 국제정치상의 주요한 변화를 설명하지 못하고 있다고 지적했다. 러기는 또한 왈츠가 뒤르켐(Emile Durkheim)에 의해 제시된 '동태적 밀도'(dynamic density), 상호작용의 양, 속도, 다양성 등이 세계정치 변화의 결정인자가 된다는 점을 무시함으로써 체계구조의 변화 없이 이루어지는 변화들을 포착하는 데 실패했다고 지적한다.[28]

---

26 Waltz, 1979, 6장.

27 이러한 비판에 대한 Waltz의 반응은 "Reflections on *Theory of International Politics*: A Response to My Critics," in Robert O. Keohane(ed.), *Neorealism and Its Critics*(New York: Columbia University Press, 1986), pp. 322–346에 실려 있다.

28 John G. Ruggie, "Continuity and Transformation in the World Polity: Toward a Neorealist Synthesis," *World Politics*, 35(1983), pp. 261–285. 이 논문은 Keohane,

두 번째로 코헤인(Robert Keohane)은 왈츠가 강조하는 체계이론의 중요성에 대해 동감하면서 왈츠의 세력균형이론은 국가가 권력의 극대화를 위해 노력한다는 왈츠의 기본 가정과 모순된다는 점을 지적한다. 또한 왈츠의 권력 개념은 여전히 모호하고 변화에 대한 설명이 부족하면서도 국가들의 국내적 속성과 국제체계의 연관성에 대한 논의가 추가되어야 한다는 점을 지적하고 있다. 여기에 한 가지 더 덧붙여 그는 국제정치과정에 있어서의 경제적 상호작용 관계의 측면이 왈츠에 있어서 완전히 사상되고 있는 면에 대해서도 비판을 가한다.[29]

세 번째 비판은 콕스와 애쉴리의 비판인데, 콕스의 비판은 그가 모겐소를 향해 가한 비판은 기본적으로 왈츠에 있어서도 그대로 적용된다. 즉 왈츠의 '실증주의적' 논의는 이데올로기적으로 국제체계에 있어서 강대국 중심의 관리체제를 정당화해 주는 역할을 할 뿐이라고 지적한다. 애쉴리도 신현실주의가 기술적 합리성에만 치중함으로써 콕스가 지적한 바의 이데올로기적 기능을 수행한다는 점을 지적하고 있다.

애쉴리가 왈츠뿐만 아니라 다른 많은 사람들도 신현실주의라는 범주에 넣는 점에는 무리가 있으나 이러한 애쉴리의 지적이 갖는 원래의 뜻은 미국 국제정치학에서의 '주류' 이론들이 갖는 공통된 문제점을 지적하기 위한 것이라 하겠다. 미국의 '주류' 국제정치이론이 갖는 문제점은 이미 호프만에 의해 잘 지적된 바 있다. 즉 지나치게 현재의 문제에 집착하며, 강대국의 시각에서 문제를 보고 있고, 또한 지나치게 정책과학을

1986, 6장에 재수록되고 있다.

29 Robert O. Kohane, "Theory of World Politics: Structural Realism and Beyond," in Ada Finifter(ed.), *Political Science: The State of Discipline*(Washington: The American Political Science Association, 1984), pp. 503–540. 이 논문은 현재 Keohane, 1986, 7장에 재수록되고 있음.

지향한다는 점을 말한다.[30]

5. 결어

엄격한 이론구성이라는 관점에서 볼 때 왈츠에 의해 시도된 신현실주의의 논의는 고전적 현실주의보다 한걸음 앞서고 있으나 왈츠의 논의도 현실주의 저변에 깔려 있는 몇 가지 기본 전제들, 즉 권력중심성의 논지, 국가중심적 논의, 행동단위들의 합리성에 대한 가정들을 공유한다는 점에서 국제정치의 현실을 설명하는 데 있어 고전적 현실주의의 한계를 크게 벗어나고 있는 것으로는 보이지 않는다.

모겐소에 의해 대표되는 고전적 현실주의가 상당한 생명력을 갖고 있는 것은 그것이 국제정치 현상을 설명하는 정교한 이론틀로 제시되었다기보다는 어느 시대에나 나타나는 정치권력과 관련된 행동철학의 문제를 크게 부각시키고 있기 때문인 것으로 여겨진다. 왈츠의 논의에 있어서 이러한 측면은 완전히 사상되고 있는데, 이러한 점에서 왈츠의 논의는 고전적 현실주의의 장점은 버리면서 약점만 강조한 것이 되었다는 애쉴리의 비판에 대해 우리는 경청해 볼 필요가 있다.

필자가 보기에 고전적 현실주의나 왈츠의 신현실주의가 국제관계의 이론화라는 작업에서 드러내는 취약성은 우선 '국제'의 범주를 정하면서 국내적 요소를 의식적으로 배제하려는 점에서 비롯하는 것으로 생각된다. 많은 국제적 변화가 국내적 기원을 갖는데 이 점을 애써 배제할

30 Hoffmann, 1987, 앞의 논문을 볼 것.

경우 많은 설명이 충분치 않게 된다. 국내구조와 국제구조 사이의 유기적 연결 문제는 주어진 (신)현실주의의 인식틀 안에서는 아예 문제로 제기될 여지가 없는 듯이 보인다.[31] 따라서 이러한 제한된 인식틀로는 국제구조 자체의 변동문제가 제대로 문제로서 채택될 전망이 보이질 않는다.

다른 문제점으로 현실주의 이론에서 나타나는 '정치' 범주에 대한 배타적 강조를 들 수 있다. 이 점은 국제정치에서의 권력을 압도적으로 군사력 중심으로만 보는 경향과 관련이 된다. 이러한 경향은 국제정치 과정의 내용이 역사 시기에 따라 변동할 수 있다는 가능성이 현실주의 시각에서는 고려되지 않는다는 점을 말하는 것이다.

이러한 한계점들은 반드시 현실주의 이론들이 드러내는 국가중심적 또는 권력중심적 논지로 인해 야기되는 것으로는 보이지 않는다. 오히려 그것들은 특정 국가(특히 강대국)의 정책방향 설정과 연결시켜 국제문제를 논의하고자 하는 데에서 연유하는 것으로 보인다. 이러한 점을 지양한다면 위에서 제기한 '국제', '정치' 및 '권력'의 개념을 현실주의 이론들에서 보이는 것처럼 제한할 필요가 없어지게 되고, 이러할 경우 우리는 논의의 대상을 상당히 폭넓게 잡을 수 있을 것이다. 어쩌면 이러한 작업들은 '국제정치학'이 전후 미국에서 태동하게 될 때의 맥락을 완전히 벗어나게 되는 결과를 낳을지도 모른다. 아마도 그리하지 않으면 '국제정치학'이 갖는 '지방적 편견'을 극복하기 어려울지도 모른다.

이렇게 '국제정치학'이 갖는 '지방성'의 극복 작업은 오히려 다른 사회과학 분과에서 적극적으로 시도되고 있는 것으로 보인다. 예컨대 최근

31 이 점에 대해서는 박상섭, "근대 국제체제의 사회학을 위한 시론: 근대 국제체제에 있어 국내구조와 국제체제의 유기적 연결성에 관한 연구," 『한국정치학회보』 25-1(1991), pp. 467-493(이 책의 1장) 참조.

에 크게 주목받기 시작한 역사사회학에서의 논의를 그 대표적인 작업으로 지적할 수 있을 것이다.[32] 이러한 작업들 속에서 현실주의에서 강조되는 국가 중심의 논의는 현실주의가 갖고 있는 철학적 함의나 정치의 독자성, 국제의 독자성에 대한 집착 없이도 충분히 이루어질 가능성이 제시되고 있다. 만일 역사의 연구를 좀 더 원용한다면 (신)현실주의에 대해 가해지고 있는 몇 가지 중요한 비판들이 상당히 극복될 수 있으리라 여겨진다. 물론 이렇게 될 경우 현실주의 이론들은 자신의 고유성들을 지키는 점에 대해 상당히 너그러운 자세를 보여야만 할 것이다.

32 이 점에 대해서는 다음의 두 논문을 참조할 것. Anthony Jarvis, "Societies, States and Geopolitics: Challenges from Historical Sociology," *Review of International Studies* 15(1989), pp. 281–293; Justin Rosenberg, "A Non-Realist Theory of Sovereignty?: Giddens' *The Nation-State and Violence*," *Millennium* 19(1990), pp. 249–259.

국가_The State,

전쟁_War,

한국_Korea

5장
마르크스의 '국가이론' 소고

1. 서론

근대 자본주의가 낳은 양대 정치 이데올로기로서의 자유주의와 사회주의는 그 모체인 자본주의 자체에 대한 대립적인 견해임에도 불구하고 부정적 또는 소극적 정치·국가이론을 제시한다는 점에서 공통된 특성을 드러내고 있다.

자유주의 전통에서의 부정적 국가·정치이론은 어떤 의미에서 서구 자본주의 발전의 주도세력인 중산계급의 세계관을 반영하고, 이 세계관은 다시 중산계급이 세계사 발전의 주도세력으로서 자신의 위치를 확립하는 과정에서 역사적 투쟁의 경험을 반영하는 것이기도 했다. 중산계급의 세계관으로서의 자유주의는 공권력의 주체인 국가의 영역—정치영역과는 별도로 존재한다고 여겨지는 시민사회의 영역—의 위치를 확인하고,[1] 나아가서 정치에 대한 시민사회의 우월성을 강조했고, 이러한 점은 정치철학적 논의의 쇠퇴로서 반영되었다.[2] 이러한 점은 시민혁명 후 중산계급을 대변하는 사회이론으로서 영국에서는 고전경제학, 프랑스에서는 사회학이 나타났다는 사실에서 잘 드러나고 있다.

영·불과는 달리 중산계급의 세력이 미약했고, 시민혁명도 거치지 못한 독일의 경우 시민혁명에의 열망은 오히려 내면적 자유를 강조하는 관념철학으로 발전했음은 이미 잘 알려진 사실이다.[3] 그러나 비록 관념철학의 형태를 띠기는 했으나 독일의 사회이론은 국가에 대립되는 시민사회의 일방적 강조가 아니라 국가영역과 시민사회의 상호관계에 대한 균형된 관찰의 기회를 가질 수 있었다. 즉 국가와 시민사회의 분열이라는 대명제에서 근대사의 특성을 발견한 헤겔의 논의가 그 전형적인 예라 할 수 있겠다.

자유주의 이데올로기 정신을 그대로 계승하고 있는 현대 영미의 사회이론에서 비교적 국가의 개념이 경시되고 있는 것은 위와 같은 역사적 맥락을 고려할 때 오히려 자연스러운 듯이 보인다.[4] 그러나 이들 사회

---

1 이러한 관점에서 Hobbes와 Locke의 정치사상을 재검토하는 대표적인 논의로서는 C. B. Macpherson, *The Political Theory of Possessive Individualism*(London: Oxford University Press, 1962)를 들 수 있다.

2 Sheldon S. Wolin, *Politics and Vision*(Boston: Little, Brown, 1960), ch. 9 참조.

3 Herbert Marcuse, *Reason and Revolution*, 2nd ed.(New York: Humanities, 1954), p. 3. 이러한 논지는 독일에서 관념철학의 발흥이란 결여된 실질적 역사발전의 대치물에 불과하다고 한 마르크스의 주장과 일맥상통한다고 볼 수 있다. Marx/Engels, *The German Ideology*, 3rd revised ed.(Moscow: Progress, 1976), p. 44.

4 국가 개념이 논의되는 정도를 각국의 독특한 사회발전 방식 및 정치문화와 연결함으로써 국가의 개념을 비교정치학 연구에 이용할 수 있는 가능성을 보여

에 있어서도 이론적인 인식과는 별도로 국가의 영역은 계속 확장되었고 제도상의 정비는 날로 강화되었음은 잘 알려진 사실이다. 다만 그 운용면에서 절대주의적 성격은 차츰 제거되었고 중산계급의 정치목적에 맞도록 개편되었을 뿐이었다.[5]

국가의 직접적 개입 없이 시민사회의 자율적 발전이 가능한 한에서 국가는 하나의 문제로서 사회이론에 강력히 반영될 수 없었으나 자본주의 발전의 부정적인 측면인 불평등·빈곤이 문제로 제기되면서 이에 대한 구제책으로 국가의 문제는 다시 등장하지 않을 수 없었다. 이러한 점은 이미 헤겔에게서 나타난 바 있으며,[6] 영국에서도 사회자유주의(social liberalism)의 형태로 그러한 문제의식이 싹텄었다.[7] 예컨대 그린(Thomas Hill Green), 보잔켓(Bernard Bosanquet) 등이 주도하던 옥스퍼드의 신헤겔파 철학자들이 공동선을 담당할 사회기관으로서의 국가의 역할을 재강조했다는 사실이 그러한 분위기를 대표하는 것이었다. 그러나 이들의 이론은 국가에 대한 사회학적 분석을 결여했고, 결국에는 관념론으로 머물 수밖에 없었다. 자유주의 전통이 압도적인 영국의 지적 분위기 속에서 국가는 꾸준히 불신의 대상이었으며, 사회적 실체로서의 인정도 어려웠다.[8]

주는 것으로서 J. P. Nettl, "The State as a Conceptual Variable," *World Politics,* 20-4(July 1968), pp. 559-592 및 Kenneth H. F. Dyson, *The State Tradition in Western Europe*(Oxford: Martin Robertson, 1980) 참조.

5 예컨대 Keynes적 국가개입주의는 이러한 맥락에서 이해될 수 있을 것이다.

6 이 점에 대해서는 김홍명, "헤겔 사상에 구현된 빈부의 표상," 『한국정치학회보』 16(1982), pp. 61-76 참조.

7 Cf. Stefan Collini, *Liberalism and Sociology*(London: Cambridge University Press, 1979) 참조.

8 영국에 있어서의 반국가적 사상 풍토의 정치사적·사상사적 배경에 관해서는 Ernest Barker, *Church, State and Education*(Ann Arbor: University of Michigan

국가문제에 관한 한 이러한 영국적 자유주의의 경험을 화석화한 미국의 분위기에서 부정적 국가관은 더욱 극단적으로 되었다. 독일의 국가학 전통에 강한 영향을 받았으면서도 미국적 다원주의 이론의 선구적 이론가 중의 한 사람이 된 벤틀리(Arthur Bentley)의 경우도 국가에 관한 논의 자체를 '과거의 지적 유희'라고 몰아붙였으며,[9] 국가의 개념 대신 체계의 개념을 제안한 이스튼(David Easton)도 '국가 개념의 영원한 추방'을 제창했었다.[10]

옥스포드 신헤겔파 철학자들의 경우에서 드러나듯이 시민사회의 자율적 활동이 붕괴될 때 국가의 문제가 다시 제기되는 것은 시민사회의 문제를 시민사회 스스로가 해결할 수 없다는 점을 방증하는 것이며, '케인즈 혁명' 이래로 이 점이 오히려 당연시된 것도 사실이다. 그러나 국가가 시민사회의 문제를 처리하는 데 있어 반드시 전능한 것은 아니라는 점은 '케인즈 혁명'에도 불구하고 그 이후로 계속되어 온 자본주의 경제의 만성적 제반 '위기상황'으로서 증명되기도 했다. 따라서 문제의 초점은 국가가 할 수 있는 바와 할 수 없는 바의 경계를 명백히 하는 것에 두어졌으나 자유주의적 사회이론으로서는 그 발생적 성격으로 인하여 국가문제를 다룰 능력이 한계지어질 수밖에 없었던 것으로 여겨진다.

자본주의 하에서의 국가와 (시민)사회의 의미는 오히려 자본주의적

Press, 1957[1930]), ch. 6, "The Discredited State" 참조. Barker 교수의 "국가에 대한 불신은 국가가 그동안 일을 잘 해왔고 또 지금도 잘 해나가고 있다는 징표이다"(p. 170)라고 하는 논평은 실제 존재하는 국가와 인지되는 국가 간의 변증법적 관계를 날카롭게 지적하는 흥미로운 구절이다.

9 Arthur Bentley, *The Process of Government*(Cambridge, Ma.: Harvard University Press, 1967[1908]), p. 263.

10 David Easton, *The Political System*(New York: Knopf, 1953), p. 108.

발전을 산 역사로서 경험하지 못하고 있던 19세기 초의 독일에서, 구체적으로는 헤겔에 의하여 보다 선명하게 개념화되었음은 앞에서 지적한 바와 같다. 즉 국가와 시민사회의 분열에서 자본주의 체제의 역사적 성격을 개념적으로 파악한 헤겔의 관념철학은 자본주의 체제 하에서의 국가의 의미를 밝혀줄 수 있는 이론적 단서를 마련해 주었다고 할 수 있다. 그리고 비록 비판적으로 수용하고 있으나 헤겔의 국가 사회이론을 계승한 마르크스의 사회이론은 오히려 헤겔의 관념론적 요소를 벗겨냄으로써 헤겔이 지적하고 있는 국가－시민사회 분열의 역사적 의미를 보다 선명히 했다는 점에서 사회이론의 발전에서 한 걸음 더 나아갔다고 말할 수 있을 것이다.

따라서 마르크스에게서 국가의 성격에 관한 이론적 규명을 기대하는 것이 당연한 일일지도 모른다. 그러나 마르크스와 그 후의 마르크스주의 전통에서 국가에 관한 논의는 오히려 자유주의 전통에 못지않게 황폐화되어 있음은 잘 알려져 있다. 이것은 마르크스 자신에게도 상당한 책임이 있는 일로 여겨진다. 그러나 마르크스 이론의 의미를 헤겔, 특히 헤겔이 국가의 중요성을 일방적으로 강조한 것에 대한 반발이라는 점에서 찾는다면 시민사회 속에서 국가와 시민사회의 이중성을 극복하고자 한 마르크스의 논의 방향은 오히려 당연한 논리적 귀결로 볼 수도 있을 것이다. 이것이 아마도 마르크스주의 전통에 있어 상대적으로 국가문제를 경시한 요인이 될 수 있는 것이다.

경제영역에서 정부의 적극적 역할이 자본주의의 내재적 제 문제를 해결할 수 있을 것이라는 케인즈적 가정에도 불구하고 경제적 '위기상황'의 만성적 지속으로 인하여 국가 역할의 한계에 관한 사회학적 논의가 활발해진 것은 1960년대 후반의 일임은 주지의 사실이다. 따라서 국가문제의 중요성을 재인식하는 데 있어 주도적 역할을 한 것은 일단의 네오

마르크스주의 이론가들이었다는 점도 잘 알려져 있다.[11]

이들 네오 마르크스주의자들을 중심으로 국가의 사회학적 성격에 관한 논의가 활발히 전개되었다는 점은 두 가지 사실을 의미한다. 하나는 사회 전체 속에서의 국가의 의미를 논의함에 있어 자유주의적 사회이론으로서는 중요한 이론적 단서를 제공하기 어렵다는 점이다. 다른 하나는 전통적 마르크스주의도 국가의 사회학적 논의에 큰 도움이 되지 않았다는 점이다.

후자의 문제와 관련하여 네오 마르크스주의 이론가들의 견해에 따른다면, 전통적 마르크스주의에서 국가이론이 쇠퇴한 것은 마르크스에 대한 잘못된 이해에서 비롯된 것으로 여겨진다. 따라서 이들은 마르크스 자신의 이론에 대한 새로운 이해 내지 해석을 촉구하고 있다. 주지되고 있듯이 전통적 마르크스주의에 근거할 때 국가는 경제적 하부구조를 반영하는 부대현상에 불과한 것으로 그 자체는 더 깊은 이론적 토론의 대상이 될 수 없게 된다. 이러한 해석도 마르크스 자신의 발언 중 일부에 근거하고 있지만, 마르크스의 다른 저작들을 검토할 때 이것은 마르크스의 국가이론의 충실한 재현(representation)이라고는 볼 수 없다는 것을 알 수 있다. 이러한 뜻에서 마르크스의 국가론을 논의하는 데 관련되는 그의 저술 전체를 재음미하고 이 바탕 위에서 보다 충실한 재현이 필요할 것이다.

실상에 있어 마르크스 관련 저술은 산재되어 있고 또 맹아적 형태

11 네오 마르크스주의 이론가들에 대한 평가는 부분적으로는 여러 곳에서 논의되고 있지만 전반적인 평가를 시도하는 것은 아직 많지 않다. 전반적 평가를 시도하는 글로서는 Bob Jessop, *The Capitalist State*(New York: New York University Press, 1982); 박상섭, 『현대 자본주의와 국가』(서울: 한울, 1984) 등 참조.

로 남아 있는 경우가 많아 국가에 관한 마르크스의 이론을 재구성하는 방법은 하나만이 있을 수는 없을 것이다. 그러나 본고에서 취하는 방법은 기존의 몇 가지 방식에 대한 하나의 대안형식으로 이루어진다고 할 수 있을 것이다.

우선 마르크스의 모든 소설(所說)을 경전화하는 전통적 마르크시즘과 20세기 공산주의의 이론적 실행을 비판하는 뜻이 본고에 담겨 있다. 그러나 동시에 현대 공산주의의 실제와 마르크스를 구별짓지 않고 그러한 실제에서 나오는 여러 가지 폐단과 과오를 대체로 마르크스로부터 도출하려는 시도와도 구별지어야 할 것이다. 그러한 태도는 오히려 마르크스를 경전화하는 현대 공산주의의 노력을 본의 아니게 인정하는 결과를 낳을 우려가 있기 때문이다.

본고에서 취하는 접근방식은 마르크스가 직접 행한 논의를 바탕으로 그가 실제로 계획했던 국가론의 기본 주제를 찾아내려는 것이며, 이와 연결된 몇 가지 구체적 논의를 살펴보고자 하는 것이다. 따라서 마르크스는 과거에 존재했던 무수한 사회이론가 중의 한 사람으로 취급될 뿐이다. 한편 마르크스에서 발견되는 여러 가지 맹아적 형태의 이론적 단서를 근거로 하여 새로운 이론의 도출을 꾀하는 여러 갈래의 네오 마르크스주의 이론가들의 노력과도 분명히 구분될 것이다.

2. 마르크스 국가론 연구의 일반적 문제점

학술적 차원에서의 마르크스의 국가관 내지 국가이론에 대한 관심의 부활은 그리 오래되지 않은 일로서, 국가문제에 대한 네오 마르크스주의 이론가들의 급증된 관심과 시기적으로 거의 일치한다고 하겠다. 어떤 점에 있어서 이러한 시기적 일치는 전통적 마르크스주의가 마르크스 해석에 있어서 차지하는 독점적 지위를 깨뜨리고 마르크스를 서구 정신사적 유산으로 복원시키려는 여러 갈래의 시도에서 비롯된 결과라고도 볼 수 있다.

본고에서 의도하는 것과 유사하게 마르크스의 국가이론을 정리하고자 한 첫 번째 시도로는 아마도 1931년에 출판된 재미(在美) 중국인 학자인 셔만 챵(Sherman Chang)의 선구적 업적인 『마르크스주의 국가이론』(*The Marxian Theory of the State*)[12]을 들 수 있다. 챵은 이 책 앞머리에서 마르크스 또는 마르크스주의 국가이론의 부재를 개탄하고 있으나 본인 자신도 마르크스 자신의 국가이론을 정리하는 데는 큰 기여를 하지 못하고 있다. 이에 관한 본격적인 연구를 위해서는 30-40년의 세월을 더 필요로 했던 것으로 보인다.

마르크스의 국가이론 연구가 뒤늦을 수밖에 없었던 데에는 몇 가지 이유가 있었다. 우선 국가 그 자체를 중점적으로 논의하는 마르크스 자신의 저작의 공간(公刊)이 뒤늦었던 점을 들 수 있을 것이다. 예컨대 국가문제에 관한 한 가장 중요한 저술 중의 하나인 『헤겔 법철학 비판』(*Kritik der Hegelschen "Rechtsphilosophie"*)이 처음 공간된 것은 1927년의 일로,[13] 영어로 완역되어 보다 많은 독자들이 접할 수 있게 된 것은 1970년의 일이

---

12 Sherman H. M. Chang, *The Marxian Theory of the State*, 2nd ed.(New York: Russell and Russell, 1966).

13 David Rjazanov의 주관 하에 1927년부터 편찬되기 시작하여 1932년에 중단되었던 *Karl Marx/Friedrich Engles/Historisch-kritische Gesamtausgabe*(Frankfurt a/M and Berlin: Marx-Engels-Verlag, 1927, MEGA로 약칭)의 Abteilung 1, Band 1, 1. Halbband, pp. 401-553에 소재.

었다.[14] 이에 못지않은 중요성을 지닌 『독일 이데올로기』(*Die deutsche Ideologie*)도 공저자인 마르크스와 엥겔스가 출판을 포기했으므로 버려져 있다가 1932년에야 처음으로 출판되었다.[15] 국가문제와 직접적 관련성을 갖지는 않지만 헤겔과 마르크스의 연결관계를 이해하는 데 불가결한 『경제철학수고(手稿)』(*Philosophische-Ökonomische Manuskripte*)[16]도 1932년에야 원고가 처음으로 발견되었고, 『자본론』의 저술을 준비하던 과정에서 남겨놓은 마르크스 자신의 노트로 알려진 1857-1858년간의 *Grundrisse*(*der Kritik der poilischen Ökonomie*)도 1939년에 모스크바에서 처음 공간되었으나 전쟁 중 거의 망실되었다가 1953판[17]으로 널리 유포되었으며, 영어를 통한 보급은 1973년에 비로소 이루어졌다.[18]

마르크스의 정치·사회사상이 객관적인 형태로 연구되지 못했던 또 다른 이유로는 러시아의 볼셰비키 혁명 후 벌어진 국제정치적 상황을 들 수 있을 것이다. 이러한 분위기 속에서 마르크스 사상이 갖는 여러 가지

---

14 Karl Marx, *Critique of Hegel's 'Philosophy of Right,'* ed. with an Introduction by Joseph O'Malley(London: Cambridge University Press, 1970). 부분적인 영역 Loyd Easton and Kurt Guddat(eds.), *Writings of the Young Marx on Philosophy and Society*(Garden City, N.Y.: Doubleday, 1967), pp. 152-202 참조.

15 MEGA Abteilung 1, Band 5로 처음 공간되었다.

16 MEGA Abteilung 1, Band 3의 일부로 처음 공간됨.

17 Berlin: Dietz Verlag.

18 Martin Nicolaus(trans.), *Grundrisse: Foundations of the Critique of Political Economy*(Hammondsworth: Penguin, 1973). 이 책에 포함되는 비자본주의 생산양식에 관한 부분은(pp. 471-514) 이 주제에 관한 마르크스의 서간문들과 그리고 편저인 E. J. Hobsbawm의 소개문과 함께 아래의 제명으로 출판된 바 있다. K. Marx, *Pre-Capitalist Economic Formation*, ed. by E. J. Hobsbawm(New York: International Publishers, 1964).

국면 중 어느 하나 또는 몇 가지 부분만이 불균형적으로 강조되거나 과장되었다. 예컨대 인류가 경험한 것 중 최악의 전체주의를 낳게 한 정신적 비조(鼻祖)로서,[19] 아니면 인간의 자유를 파괴하고자 한 편협한 유물론자로서의 마르크스가 강조되는가[20] 하면 정반대로 마치 근대 실존주의 철학의 선구자로서 소개되기도 했다. 때에 따라 달리 이해되는 마르크스의 연구에 대하여 아비네리(Shlomo Avineri)는 다음과 같이 적절하게 지적하고 있다. "40여 년 전만 해도 마르크스의 문구 중 가장 인기 있는 것은 잉여가치였는 데 비하여 이제는 소외가 가장 인기 있는 주제가 되고 있다."[21]

'정통성'을 강조하는 마르크스-레닌주의 이론가들이 마르크스의 국가이론을 깊이 연구하지 않은 이유는 그들이 사회이론을 전개할 때 근거하는 마르크스 자신의 소설(所說)이 무엇인가를 살펴볼 때 보다 쉽게 이해될 수 있을 것이다. 일반적으로 전통적 마르크스주의 사회이론의 전개는 마르크스가 1859년에 출판한 『정치경제학 비판론』(*Zur Kritik der politischen Ökonomie*)의 서문에 근거하는 것으로 이해되고 있다. 소위 '사적 유물론'의 내용을 공식화하고 있는 이 「1859년의 서문」에서 마르크스는 국가란 경제적 하부구조, 즉 자본과 임금노동의 관계를 반영하는 표면

---

19 Karl R. Popper, *The Open Society and Its Enemies*, Vol. 2(Princeton, N.J.: Princeton University Press, 1950).

20 Robert C. Tucker, *Philosophy and Myth in Karl Marx*(Cambridge: Cambridge University Press, 1961).

21 Shlomo Avineri, *The Social and Political Thought of Karl Marx*(Cambridge: Cambridge University Press, 1968) p. 2. 이러한 마르크스 사상의 해석에 대한 변천에 대해서는 George Lichtheim, "On the Interpretation of Marx's Thought," in N. Lobkowicz(ed.), *Marx and the Western World*(Notre Dame: Notre Dame University Press, 1967), pp. 3-17도 참조할 것.

적 현상에 불과한 듯이 언급하고 있다. 따라서 국가 그 자체뿐만 아니라 국가에 관한 마르크스의 견해를 다룬 특별한 연구는 더 이상 필요 없는 것처럼 취급되었던 것이다.

그러나 아래에서 보다 자세히 논의되듯이 마르크스의 국가이론은 '상부구조와 하부구조'에 관한 '사적 유물론'의 공식에 입각한다는 언명 그 자체만으로는 마르크스의 국가론을 이해하는 데 별로 큰 의미가 없는 것이다. 왜냐하면 그의 국가이론을 이해하기 위해서는 그의 저작 전체에 대한 검토를 필요로 하기 때문이다.

마르크스의 국가관 또는 국가이론을 연구하는 데 있어 부딪치는 가장 큰 문제점은 그의 『자본론』에서 보이는 이론적 천착(穿鑿)에 비견될 만한 국가문제에 관한 포괄적인 단일 논고를 남겨놓지 않고 있다는 점이다. 국가문제에 관한 그의 논급은 거의가 단편적이고 비체계적인 성찰과 당시 정치문제에 관한 시사적 논평들로서, 여기에 왕성한 수사력을 바탕으로 한 비유가 자주 첨가되어 연구자의 초점을 흐리게 하는 일이 잦다. 말을 바꾸어 국가의 제 기관, 국가권력, 자본축적, 자본축적의 사회적 조건 등의 복잡한 관계에 직접적으로 초점을 맞추는 체계적 이론화 작업을 마르크스 저작 속에서 발견할 수 없는 것이다. 그러나 지난 십수년간에 이루어진 여러 가지 학술적인 작업을 통하여 국가 및 정치일반에 대한 마르크스의 사상이 비교적 체계적인 형태로 정리될 수 있음이 지적되고 있다.[22]

---

22 관계되는 대표적인 연구저서들로는 다음과 같은 저술들을 들 수 있다. Avineri, 1968; Richard N. Hunt, *The Political Ideas of Marx and Engels*, I: *Marxism and Totalitarian Democracy*, 1818–1850(Pittsburgh: University of Pittsburgh Press, 1974); Henri Lefebvre, *The Sociology of Marx*, Trans. by N. Guterman(New York: Vintage, 1969); John M. Maguire, *Marx's Theory of Politics*(Cambridge:

마르크스의 국가이론을 살펴봄에 있어 제기되는 또 다른 하나의 장애물은 마르크스의 사상이 뒤에 엥겔스와 레닌의 저술을 통하여 발전된 '정통' 마르크스주의 또는 공산주의 이론과 근본적으로 다를 바 없다는 전통적 관념이다. 본 논고의 주제, 즉 국가와 관련해서도 그러한 견해가 지배적이었다. 예컨대 앞서 언급된 서만 창도 근본적으로 이러한 입장에서 "자세한 검토 끝에 우리는 [마르크스의 사상과 후일의 마르크스주의 사이에 놓여 있는] 차이가 결국 … 피상적인 것임을 발견했다"[23]라고 단정짓고 있다. 그러나 오늘날의 보다 유리한 위치에서 볼 때 마르크스 자신의 견해는 뒷날 '정통' 마르크스주의뿐만 아니라 엥겔스의 견해와 분명히 구분된다고 지적되고 있다. 이러한 견해는 루카치(Lukács)나 코르쉬(Karl Korsch) 같은 학자들에 의하여 처음 주장되었고, 이러한 주장은 아직 발견되지 않았던 마르크스 저작들의 공간과 이들에 대한 연구들에 의해 옹호되었다.

이러한 비판적 연구에 의하면 "엥겔스는 마르크스의 비판적 방법을 공론적(scholastic) 형이상학으로 대체시켰다"[24]고 지적되기도 한다. 이

Cambridge University Press, 1978); Victor Perez-Diaz, *State, Bureaucracy and Civil Society: A Critical Discussion of the Political Theory of Karl Marx*(London: Macmillan, 1978); John Sanderson, *An Interpretation of Political Ideas of Marx and Engels*(London: Longmans, 1969).

23 Chang, 1966[1927], p. 12.

24 Donald C. Hodges, "Engels' Contribution to Marxism," *Socialist Register*, 1965 p. 297. 일반적으로 '정통 마르크시즘' 형성에 있어서의 엥겔스의 역할에 대해서는 별 논쟁점이 없는 것처럼 보인다. 그러나 마르크스와 엥겔스 사상의 합일성 여부에 관해서는 정통 마르크스주의자와 구미의 마르크스 연구가(Marxologists) 사이에는 분명한 이견차가 드러나고 있다. 정통 마르크스주의 입장에서 볼 때 Lichtheim이 지적하듯이 "엥겔스는, 비록 마르크스와 동급의 사상가는 아닐지

두 사람의 차이는 위와 같은 주장에 따르면 변증법의 해석과 사용에서 가장 두드러진다. 즉 마르크스는 변증법을 인본주의적 입장에서 철저한 비판방법으로 사용한 반면 엥겔스는 자연과학적 시각에서 변증법을 추상적 사유과정, 역사과정 및 자연현상에까지 적용시켰다는 것이다. 그 결과로 엥겔스를 최초의 '수정주의자'라고까지 부르는 리바인(Levine)에 의하면 마르크스의 인본주의 사상은 "기계론적 유물론, 사회적 실증주의, 도구적 합리성과 사회주의적 생산성이라는 가면 하에 강요되는 청교도적 노동 논리 및 자기 부정의 철학으로 왜곡되었다고 비판되고 있다."[25]

이러한 견해들은 결국 마르크스주의가 기계론적 유물론으로 발전하게 만든 책임이 주로 엥겔스에게 있다는 논지를 전개한다. 그러나 한편으로는 그러한 기계론적 규정론의 기초를 제시한 사람은 마르크스 자신으로, 유명한 「1859년의 서문」에서 제시되고 있는 모호한 '사적 유물론'의 공식이 결정론의 원류가 되고 있다고도 지적된다.[26]

라도, 사회주의 운동의 이론과 실제를 형성하는 데 있어 마르크스의 충실한 협조자인바, 이 점에서는 거의 그와 같은 급의 인물인 것'으로 여겨진다. 더욱이 '마르크스-레닌주의 입장에서는 그러한 차이마저 흐려지고 소위 유물변증법이라는 분명한 세계관의 원천으로서는 마르크스보다는 엥겔스의 저술이 더 중요시된다." G. Lichtheim, *Marxism: An Historical and Critical Study*(New York: Praeger, 1961), p. 234. 현대적인 서구 마르크스 연구가의 입장으로서는 Avineri를 들 수 있는데, 그의 경우 마르크스와 엥겔스를 동일시하는 입장은 특정 당파적 프로파간다에 의해 만들어진 상에 불과하다고 말한다. Avineri, 1968, pp. 2-3. 마르크스와 엥겔스 두 사람의 사상의 차이 여부를 다루고 있는 글로서는 상게(上揭) Hodges의 논문 외에 Norman Levine, *The Tragic Deception: Marx Contra Engels*(Santa Barbara: Clio Books, 1975) 참조. 마르크스와 엥겔스의 서로 다른 정치적 교육 배경에 관해서는 Hunt, 1974 참조.

25 Levine, 1975, p. xiv.

26 이러한 논지를 설득력 있게 펴고 있는 논의로는 Anthony Giddens, *The Class*

3. 마르크스에 있어서 국가의 중요성

이제까지 지적된 바와 같이 마르크스는 국가에 관한 종합적 이론을 남겨놓고 있지 않지만 국가에 관한 체계적 연구를 마르크스 자신이 의도했다는 점은 몇 가지 사실로 강력히 증명될 수 있다. 마르크스의 경제학 공부는 1844년경부터 시작되었음은 잘 알려져 있다. 그러나 여러 가지 개인사정으로 중단되었다가 1857년의 경제위기가 그의 집중적 경제이론 연구를 자극했고, 이 결과로 그는 전체 6부로 구성된 부르주아 경제학 비판서의 저술 및 출판을 계획했다.[27] 이러한 계획은 여러 곳에서 드러나고 있다. 즉 1858년 2월과 4월에 각각 라살레(Ferdinand Lassalle)와 엥겔스에게 보낸 편지에서 이 계획이 표명되었고, 이 시기의 연구결과의 일부로 출판된 『정치경제학 비판론』의 「서문」이나 또 이 『비판론』의 바탕

Structure of the Advanced Societies(London: Hutchinson, 1973), p. 86; Jürgen Habermas, *Theory and Practice*(Boston: Beacon, 1973), pp. 168-169 등을 참조. 한편 이 「서문」(Preface)에서 마르크스는 다음과 같이 말한다. "인간은 자신의 삶을 재생산하는 속에서 어떤 불가결하면서 또는 자신의 의지와 독립된 특정한 관계, 즉 어떤 특정한 물질적 생산력의 발전단계에 상응하는 생산관계에 접어들게 된다. 이러한 생산관계의 총화는 사회의 경제적 구조를 이루게 된다. 이러한 진정한 기초 위에 법적·정치적 상부구조가 서게 되며, 이에 상응하여 인간의 존재를 규정하는 인간의 사회의식의 특정한 형태들이 나타난다. 그러나 [실상에 있어] 정반대로 그들의 사회적 존재가 그들의 의식을 규정하는 것이다."

27 Roman Rosdolsky, *The Making of Marx's 'Capital'*(London: Pluto Press, 1977), pp. 10ff; Martin Nicolaus, "Translator's Introduction," K. Marx, *Grundrisse* (English translation)(Hammondsworth: Penguin, 1973), pp. 53ff.

이 되는 *Grundrisse*의 「서론」(Einleitung)에서도 언급되고 있다.[28] 상기 「1859년의 서문」에서는 다음과 같이 분명히 말하고 있다 :

> 나는 아래와 같은 순서에 따라 부르주아 경제학의 체계를 검토하려 한다: 자본, 토지재산, 임금노동; 국가, 해외무역, 세계시장.[29]

그러나 마르크스 자신이 실제로 남겨놓은 저술은 이 계획을 충실하게 반영하지 못하고 있다.[30] 따라서 국가에 관한 그의 사상은 단편적으로 남아 있는 그의 언급과 초기 저작들을 바탕으로 추론하는 수밖에 없다. 비록 때로는 단편적이기는 하지만 국가문제는 그의 저작 전체에 걸쳐 계속 언급되고 있다. 밀리반드(Ralph Miliband)가 국가의 문제는 "청년 마르크스의 중심적 관심사가 되고 있다"[31]고 지적하듯이 초기 저작들에 있어서 기본 문제로 논의되고 있다. 저작별로 볼 때 앞서 언급된 『헤겔 법철학 비판』, 『유대인 문제』(*Judenfrage*, 1843). 『신성가족』(*Die heilige Familie*, 1845), 『독일 이데올로기』 등이 그 대표적인 것들이다. 한편 1844년에서 1847년 사이에 쓰여진 것으로 추정되는 비망록에서 우리는 근대국가에 관한 (예정) 논고의 초록을 발견할 수 있다.[32] 또한 계급이론에 의거한 근대국가에 대한 마르크스 자신의 전형적 정의는 프루동(Proudhon) 비판서

---

28 *Grundrisse*, pp. 108-109, 264.

29 K. Marx and F. Engels, *Selected Works*(Moscow: Foreign Language Publishing House, 1950), Vol. 1, p. 327.

30 이러한 계획 변경의 경위에 대해서는 Rosdolsky, 1977, pp. 10-23 참조.

31 R. Miliband, "Marx and the State," *The Socialist Register*, 1956 참조.

32 K. Marx and F. Engels, *The German Ideology*(Moscow: Progress, 1968), p. 669 참조(아래에서 인용되는 이 책은 1968년판의 페이지를 나타낸다.)

인 『철학의 빈곤』(1847)과 『공산당선언』(1848)에 이미 나타나고 있음을 주의할 필요가 있겠다.

초기에 있어서 마르크스의 국가관은 근대국가를 인간 소외의 징표로서 파악한다는 점으로 특징지을 수 있다. 이미 많은 연구들에 의해 잘 소개되고 있듯이 마르크스의 초기 국가이론은 헤겔의 국가철학을 비판적으로 수용하면서 형성되었다. 즉 마르크스에 있어서도 근대국가의 역사적 특성은 시민사회와 분리되어 있는 존재양식에서 이해되고 있다.[33] 마르크스는 이러한 분화를 인간의 공동체적 존재(Gemeinwesen)와 사인(私人, Privatmensch), 즉 citoyen과 bourgeois의 분화로서도 이해하고 있는데, 그리스의 폴리스적 전통에 인간 공동체의 이상을 두고 그러한 분화를 인간 소외의 단면으로 파악하는 헤겔에 따라 마르크스도 역시 인간 소외의 일면으로 파악하고 있다. 이러한 점까지는 마르크스도 헤겔에 동의하고 있고, 근대성의 문제를 국가-시민사회의 분열이라는 개념을 통해 파악하고자 한 헤겔의 통찰력을 높이 평가하고 있다. 그러나 그러한 근대사회의 문제를 국가영역, 특히 관료 및 신분의회(Stände)에서 찾고자 한 헤겔의 노력에 대해서는 정면으로 비판한다.[34]

오히려 마르크스에 있어서 신분의회로 대표되는 헤겔의 국가관념은 환상 또는 법적 허구에 불과하다. 왜냐하면 신분의회란 시민사회의 이기성을 대표하는 사적 이익집단(Privatstand)이며, 따라서 공공영역을 대표할 수 없기 때문이다. 이러한 뜻에서 그는 "국가라는 관념주의의 완성

---

33 이 점은 특히 Avineri, 1968(주 21)과 Perez-Diaz, 1978(주 22) 등에서 강력히 부각된다. 마르크스의 시민사회의 개념에 대해서는 노재봉, "마르크스의 시민사회론," 이홍구 편, 『마르크시즘 100년』(문학과 지성사, 1984), pp. 113-127 참조.

34 Marx, *Critique of Hegel's*… pp. 44-54, 61-72.

은 시민사회의 물질주의의 완성이었다"고 말하고 있다.

헤겔과는 반대로 마르크스는 근대생활의 이중성 문제는 국가가 아니라 오히려 시민사회에서 찾아야 한다고 주장한다. 국가영역이 인간생활의 실체에서 분리되어 독립성을 갖는 것은 시민사회의 모순을 가리기 위한 것임에 불과하다고 보는 마르크스로서는 시민사회 내의 여러 가지 모순이 제거될 때 비로소 인간의 정치적 소외의 표상인 국가라는 관념주의의 문제는 자동적으로 해소될 것이라고 보았다.

인간 소외라는 마르크스의 중심사상은 그의 후기 저작, 예컨대 *Grundrisse* 속에서도 다시 나타나고 있지만,[35] 그의 국가관은 이미 『독일 이데올로기』에 이르면 헤겔적인 철학적 요소나 포이에르바하적인 인간학적 요소를 대체로 배제시키고 있다.[36] 즉 이 책에서 마르크스는 국가의 문제를 생산양식으로서 자본주의와의 연결 속에서 다루기 시작한다. 따라서 이 시기를 지나면서부터 저술된 글들에서는 단순히 왕성한 수사력을 바탕으로 하는 국가에 대한 인상적 성격규정을 넘어서는 이론적 논의를 발견할 수 있게 된다. 비록 중심주제로서 논의되고 있는 것은 아니지만 후기에 주로 집필된 경제저작 속에서도 국가는 주요 관심사의 하나가 되고 있다. 예컨대 『자본론』 속에서도 국가에 관하여 여러 가지로 성격규정을 하고 있음을 볼 수 있다. 제1권에서 국가를 '집중되어 있고 조직되

35 *Grundrisse*, pp. 831–3.

36 이러한 논지는 Marx의 저작에 대한 Althusser의 시기 구분과 다소간 일치한다. 즉 Althusser는 마르크스의 1845년도 저작, 예컨대 『포이에르바하에 관한 테제』, 『독일 이데올로기』 등을 '인식론적 단절을 획하는' 저술로서 보고 있다(Althusser, 1969, pp. 31–9). Poulantzas도 1845년 이전의 Marx의 저술에 대해서는 일체 언급하지 않음으로써 간접적으로 Althusser의 견해를 지지한다. 그러나 본장에서의 다른 논의가 반드시 이들과 일치하는 것은 아님을 주의할 필요가 있겠다.

어 있는 사회력'[37]으로 서술하고 있는 그는 사후 출판된 제3권의 끝부분에서(동양사회의 논의에 연하여서) 간단하나마 비교적 체계적으로 국가의 문제를 언급하고 있다. 이 구절이 특히 흥미를 끌고 있는 것은 이것이 아마도 그가 국가론을 저술했을 경우 그 사회학적 국가론의 이론적 골간이 되었을 것이라는 추측이 가능하기 때문이다.[38]

> 지배·복종의 관계가 생산 그 자체에서 발전되어 나오고 또 그것이 다시 [그 생산양식 규정에 있어] 규정인자로 반작용하게 된다는 점에서 [대가가] 지불되지 않은 잉여노동이 직접생산자로부터 추출되는 그러한 특정 생산양식은 지배와 복종의 관계를 결정한다. 실제의 생산관계로부터 발전되는 경제 공동체의 전체 형상과 따라서 이 형상이 갖는 특정한 정치형태도 이 특정 경제양식의 기반 위에 놓이게 된다. 제생산조건의 소유자와 실제 생산자의 직접적 관계 속에서—이 관계의 특정 형태는 항상 자연적으로 노동유형 및 양식의 일정한 발전단계 그리고 그 단계에서의 사회적 생산력의 수준과 상응하는 것인데—우리는 전체 사회구조의, 따라서 또한 주관과 종속의 관계라는 정치적 형태의 가장 깊은 비밀, 즉 감추어져 있는 기반을 발견하게 된다. [그럼에도 불구하고] 동일한 경제적 기반 또는 동일한 경제적 여건들은 구체적으로 무한한 다양성을 갖고 외부에 표출된다. 이러한 것은 서로 다른 무수한 경험적 상황, 자연환경, 인종적 특성, 외부로부터 미치는 역사적 영향력 등등의 결과로서 [실제적 상황이] 나타나기 때문이다. 이러한 것들은 오로지 주어진 조건들을 경험적으로 분석해야만 이

37 Marx, *Captal*, Vol. 1, translated by Ben Fowkes(Hammondsworth: Penguin, 1977), p. 915.

38 이러한 해석은 Maguire, 1978(주 22), p. 204에서 보이는 논지에 근거하고 있다.

해될 수 있는 것이다.[39]

4. 마르크스에 있어서 국가의 독립성

통상적으로 마르크스의 국가관은 '부수현상'(epiphenomenon), 즉 국가는 생산관계와 이에서 결과하는 경제적 계급투쟁의 단순한 표면적 반영이라는 말로 요약된다. 이러한 관념은 「1859년의 서문」 중 마르크스 자신의 정치와 법에 대한 논의에서 특히 분명히 드러나고 있다. 즉 이 글에서 그는 정치와 법이 경제적 하부구조를 반영하는 상부구조에 불과한 것이라고 지적한다. 이 말을 사회학적으로 풀이하면 국가란 본질적으로 지배적 사회계급의 이익에 봉사하는 기구라는 말이 된다. 이러한 국가의 계급이론적 개념규정은 『공산당선언』에서 보이는 유명한 구절, 즉 "근대 국가의 행정부는 전체 부르주아 계급의 공동사를 처리하기 위한 위원회에 불과하다"[40]라는 말에서 가장 잘 드러나고 있다. 따라서 시민사회의 계급들이 사라지게 되면 한 계급이 다른 계급을 억압하기 위하여 조직된 권력으로서의 국가는 자동적으로 소멸될 것이라는 뜻이 내포되어 있다.

그러나 국가에 관한 마르크스의 생각 속에는 또 다른 요소, 즉 국가는 특정 사회계급들에 대하여 어느 정도 자율성을 갖는다는 사고의 단편을 찾을 수 있다. 이러한 국가의 자율성에 관한 사고는 주로 루이

39 Marx, *Capital*, Vol. 3, translated by D. Fernbach(Hammondsworth: Penguin, 1981), pp. 927–928.

40 Marx and Engels, *Selected Works*, Vol. 1, p. 35.

나폴레옹의 국가에 대한 그의 묘사, 즉 국가는 경제적 재생산 과정에서 아무런 주요한 역할도 하지 못하면서 시민사회에 기생하는 기구에 불과하다는 표현에서 드러나고 있다.

잘 알려져 있듯이 루이 나폴레옹의 국가를 묘사하기 위한 용어로 '기생적'이라는 말을 사용하는 것은 1851년 12월에서 1852년 3월 사이에 저술된 『루이 보나파르트의 브뤼메르 18일』에서이다. 여기에서 그는 루이 나폴레옹의 국가를 '프랑스 사회의 전신을 그물처럼 둘러싸 모든 숨구멍을 막아버리는 무시무시한 기생적 존재'[41]로 묘사하면서 국가의 독립적 역할의 극단적 표현이 권위주의적 1인 통치에서 발견될 수 있다고 주장하고 있다. 여기에서 관심의 대상이 되는 것은 '기생적'이라는 표현 그 자체에 있는 것이 아니다. 보다 중요한 부분은 국가가 어떠한 경우에는 단순히 계급 지배의 도구를 넘어설 수 있다는 자율성의 가능성을 마르크스 자신도 보고 있었다는 점이다. 프랑스가 사회혁명의 전통뿐만 아니라 강력통치의 극적인 예까지 보여주었다는 점을 고려할 때 마르크스 자신으로서도 국가 자율성의 가능성을 외면하기가 어려웠을 것으로 보인다.

여하튼 간에 '자율적 국가'에 관한 사고는 그의 후기 저술에서도 이미 두 번 분명히 나타나고 있음을 알 수 있다. 그 하나는 1842년에 저술한 「프러시아 검열훈령에 관한 논평」 중 프러시아 관료기구의 횡포에 대한 비판에서 살펴볼 수 있다.[42] 또 이러한 비판은 그의 『헤겔 법철학 비판』에서 헤겔이 관료기구를 '보편적 계급'으로 보는 견해에 대한 비판

41 Marx and Engels, *Selected Works*, Vol. 1, p. 301.

42 Marx, *Writings of Young Marx*(주 14), pp. 69–72.

에서 반복되고 있다.[43] 관료기구의 이해가 시민사회 전체의 이해와 일치한다는 헤겔의 견해에 맞서 마르크스는 관료기구를 폐쇄적 직능집단으로서, 즉 국가영역 내에 존재하는 일종의 '시민사회'로서 비난한다. 그에 따르면 관료기구는 시민사회 전체의 이해를 대변하기는커녕 국가의 보편적 목표를 개인적 이익에 맞게 변화시켰다는 것이다. 직능집단이 부르주아지와 장인들의 이익을 대변했던 것과 같이 국가는 관료기구가 자기 발전을 추구하는 수단으로서 이들 관료의 사유재산화되었다고 그의 비난은 이어진다.

> 관료기구 안에서의 국가의 이익과 특정 [관료들의] 사적 목적의 동일화는 국가이익 자체가 다른 사적 목적과 대립되는 하나의 사적 목적으로 바뀌면서 이룩된 것이다.[44]

루이 나폴레옹 치하의 프랑스 정부에 대한 마르크스의 비판은 비록 군부가 관료기구에 포함되어 있고 또 관료기구가 때로는 계급 지배의 도구로 이해되고는 있지만 기본적으로 그의 초기 사상과 같은 주제를 제시하고 있다. 따라서 한편으로 그는 관료기구가 '부르주아지의 계급 지배를 마련하는 수단'이라고 주장하면서도 다른 식으로도 볼 수 있음을 지적한다.

> 왕정복고 시에도, 루이 필립 치하에서도, 또 의회공화정 하에서도 [관료기구는] 지배계급의 도구였다. 그러나 [관료기구는] 자신의 권력을 위해

43 Marx, *Critique of Hegel's*…, pp. 44–54.

44 Marx, *Critique of Hegel's*…, p. 48.

서도 노력했다.[45]

여기에서 우리는 그의 초기 저술과 프랑스 정치에 대한 논평 사이에 관료기구에 대한 그의 견해에 상당한 변화가 있음을 인지할 수 있다. 즉 독립된 실체로서의 국가 관료기구가 점차로 계급이론적으로 설명되어 가고 있는 것이다. 말을 바꾸어 국가의 자율적 요소가 그의 계속되는 논의에서 점차로 사라진다는 것이다. 비록 마르크스가 실제로 가능한 국가의 독립성이 '시민사회' 전체의 일반 이익을 도모하는 수단이 될 수 있다고 주장한 바는 전혀 없다. 그러나 이러한 자율성의 인식은 아래와 같은 이유에서 마르크스 국가이론 전반에 걸쳐 논리적으로 불가결한 이론적 요소로 여겨진다. 즉 이러한 자율성의 인식이 밑바탕에 없다고 한다면 후일에 그가 주장했듯이 국가에 있어 오직 억압적인 요소만 폐지될 것이라는 언명은 논리적으로 불가능한 것이다. 즉 마르크스의 계급이론적 설명에 있어서 국가의 억압적인 부분만이 '시민사회'의 갈등적인 사태를 반영하는 것이고 그 나머지는 '부수적 현상'이 아닌, 다시 말하면 '시민사회'와는 독립적인 것이라는 점이 마르크스의 근본 취지로 여겨진다. 비록 마르크스는 국가의 독립적인 요소를 '기생적'이라고 묘사하기도 했지만, 뒤에서 다시 논의되듯이 국가에는 정당한 기능을 수행하는 요소가 있음을 분명히 인식했다. 이 점을 근거로 아마도 그는 뒷날(1871) 국가의 독립적 요소를 사회의 공동이익의 기능에서 찾으려 했을 것이라는 추측이 가능한 것으로 보인다.

마르크스에서 발견되고 있는 국가의 독립성에 관한 또 다른 논의는 그의 계급이론과 보다 밀접하게 연결되어 전개되고 있다. 즉 마르크

45 Marx and Engels, *Selected Works,* Vol. 1, p. 302.

스는 시민사회 내의 주요 계급 사이에 어느 정도 비슷한 힘의 배분이 이루어질 경우 국가는 지배적 사회계급에 대하여 상당한 정도의 독립성을 보지할 수 있다고 말한다. 이러한 점은 『독일 이데올로기』에서 아래와 같이 말할 때 두드러진다.

> 국가의 독립성은 … 오늘날 사회의 어떤 한 부분이 다른 부분에 대하여 지배적 지위를 확보하지 못할 때에만 발견된다. 이것은 특히 독일에서의 경우이다 ….[46]

'독립성' 또는 '자율적' 국가의 관념은 소위 '아시아적 생산양식'에 관한 그의 논의에서도 발견된다. 이 '아시아적 생산양식'에 기반하는 국가형태로서의 '동양 전제국가'(oriental despotic state)의 역사적 성격에 관하여 마르크스는 양립하기 어려운 두 가지 이론적 경향을 보이고 있는데, 이는 다음과 같이 요약될 수 있다.[47]

---

46 Marx and Engels, *The German Ideology*, p. 46.

47 '동양적 전제국가'에 관한 두 가지의 양립되기 어려운 견해에 관한 문제는 다음과 같은 이유에서 대단히 중요하다. 즉 독립적 국가라는 관념은 *Grundrisse*가 아닌 1852년 시사논평과 『자본론』에서 전개하고 있는 견해를 Marx의 진정한 견해로서 채택할 때에 한해서만 그의 계급이론적 국가이론과 화합될 수 있다. 최근에 들어와서 제3세계 지역의 국가문제를 다루는 논의 중에서 이 지역의 국가의 자율성 문제를 마르크스의 '아시아적 생산양식'에 있어서의 전제국가 형태와 연결시켜 논의하는 것들이 나타나고 있다. Anupam Sen, *The State, Industrialization and Class Formations in India*(London: Routledge and Kegan Paul, 1983); John Taylor, *From Modernization to Mode of Production*(London: Macmillan, 1979) 참조. 그러나 이들의 논의는 사실상 마르크스에서 나타나는 논지에서 한 걸음도 진전하는 못하고 있다. 아마도 이것은 '아시아적 생산양식'이라는 개념 자체가 갖고 있는 모호성에서 연유하는 것처럼 보인다.

첫 번째 입장은 국가독점이라는 유럽의 전통적 논의와 그 궤적을 같이하고 있다. 이러한 견해는 이미 해링턴(Harrington), 베르니에(Bernier), 몽테스키외, 리챠드 죤스(Richard Jones), 아담 스미스 및 헤겔 등에 의해 전개된 바 있다.[48] 마르크스는 처음으로 이들과 같은 견해를 1852년 뉴욕 데일리 트리뷴(*Daily Tribune*)에 기고한 인도에 관한 일련의 기사에서 펴고 있다. 이 견해에 따르면 분산된 인구, 중앙정부에 의한 관개, 토지사유제의 부재 등이 동양사회의 특징이 된다. 그는 또한 아시아적 상황에서는 국가가 실제의 지주였다고 말함으로써 동양사회의 여러 특징과 중앙정부의 중심적 역할을 관련짓고 있다.[49]

이러한 견해는 『자본론』 제1권[50]에서의 인도 사회에 대한 간단한 논의와 제3권[51]에서의 아시아 사회에 관한 보다 일반론적인 논의에서 반복되고 있다. 제3권에서 그는 다음과 같이 말하고 있다.

> 아시아에서와 같이 사적 지주가 없고 국가가 바로 지주와 주권자를 동시에 겸하고 있는 경우 지대와 세금은 일치한다. 오히려 이러한 지대의 형태와 구별되는 세금이 존재하지 않는다고 해야 할 것이다. 이러한 여건 하에서 종속관계는 정치적이든 경제적이든 보다 더 강력한 형태를 띨 필요가 없다. 모두가 국가에 대하여 공통적으로 복속되어 있다. 여기에서 국가는

---

48 이에 대한 보다 자세한 논의는 Lawrence Krader, *The Asiatic Mode of Production: Sources, Development and Critique in the Writings of Karl Marx*(Assen, The Netherlands: Van Gorcum, 1975), ch. 1 참조.

49 K. Marx, *Karl Marx on Colonialism and Modernization*, ed. by Shlomo Avineri (Garden City: Doubleday, 1968), pp. 121-124.

50 Marx, *Capital*, Vol. 1, pp. 357-358.

51 Marx, *Capital*, Vol. 3, pp. 927-928.

최고의 지주이다. 이러한 상황에서 주권은 국가적 규모로 집중되어 있는 토지재산을 의미한다. 그러나 바로 이러한 이유 때문에 비록 토지의 사적·공동체적 소유와 사용권이 모두 존재함에도 토지사유제는 없는 것이다.[52]

결국 그의 견해로는 '동양'을 규정하는 것은 곧 국가의 최고성이다. 그러나 *Grundrisse*에서 마르크스는 이와 전혀 다른 두 번째 견해를 보이고 있다.[53] 즉 국가재산이라는 공식적 장막에 가려 있기는 하지만 그 뒤에는 자급자족적 촌락에 의한 토지의 공동적 소유권이 확립되어 있었다고 그는 말하고 있다. 이런 식의 논의는 『자본론』 속에서는 전혀 언급되고 있지 않지만, *Grundrisse*에서 나타나고 있는 주제는 『자본론』이 저술된 이후에 이루어진 러시아 사회주의자들과의 서신 교환 속에서 다시 반복되기도 했다.

여기서 본 바와 같이 '아시아적 생산양식'에 관한 그의 논의들 속에서 수미일관된 결론을 추출하기는 어렵다. 그러나 그 중에서 공통된 요소로서는 전제적 국가기구로서의 동양국가에 대한 그의 서술을 들 수 있다. 바로 이 점에서, 즉 동양적 전제국가에 대한 그의 논의에서 특정 사회계급(들)에 대한 국가의 독립성이라는 관념을 또 다시 발견할 수 있는 것이다.

---

52 Marx, *Capital*, Vol. 3, p. 927.

53 Marx, *Grundrisse*, pp. 471–514.

5. 국가의 계급이론적 이해

앞에서 본 바와 같이 마르크스는『브뤼메르 18일』에서 '자율적' 국가의 개념을 생생하게 그려내고 있지만 그는 곧 다음과 같이 말함으로써 그러한 표현에 한정을 시도한다. "그러나 국가권력은 공중에 떠다니는 것은 아니다. 보나파르트는 한 계급, 즉 프랑스 사회 내에서 최대수의 계급인 소규모 자작농을 대표하는 것이다."[54] 이에 덧붙여 마르크스는 다음과 같이 말하고 있다. "농민들은 그들의 독특한 '생산양식'으로 인하여 서로 결속하지 못하기 때문에 '그들은 결국 그들 자신의 이름으로 그들의 계급이익을 밀고 나갈 수 없다."[55] 비록 그들 자신이 스스로의 이익을 대변할 수 없어도 그들의 이익은 반드시 대변되어야 한다. 따라서

> 그들의 대변자는 동시에 그들의 주인, 즉 다른 계급에 맞서서 그들을 보호하고 그들 위에서 비와 해를 내려줄 무제한적 정부권력으로서 나타나는 것이다. 따라서 소규모 농민들의 정치적 영향력은 사회를 자신에게 복속시키는 행정권력 속에서 발견하게 되는 것이다.[56]

국가의 독립성에 대한 마르크스의 계급이론적 설명은『브뤼메르 18일』보다 이전에 저술된 글 속에서도 찾아볼 수 있다. 예컨대 초기 사회

---

54 Marx and Engels, *Selected Works*, Vol. 1, p. 302.

55 Marx and Engels, *Selected Works*, Vol. 1, p. 303.

56 Marx and Engels, *Selected Works*, Vol. 1, p. 303.

주의자의 한 사람인 칼 하인첸(Karl Heinzen)에 대한 비판의 한 구절에서 다음과 같이 말하고 있다.

"폭력이 또한 재산을 지배한다"라는 말은 재산[계급]이 아직 자신의 수중에 정치권력을 장악하지 못하고 반대로 정치권력에 의하여, 예컨대 자의적인 조세, 재산몰수, 특권, 관료기구에 의한 산업과 상업에 대한 간섭 등에 의하여 괴롭힘을 당한다는 뜻이다. 말을 바꾸어 부르주아지가 아직 정치적인 면에서 계급으로 형성되지 않았다는 뜻이다. 즉 국가권력이 아직 그들의 수중에 있지 않은 것이다.[57] … 근대 역사연구는 다음과 같은 점을 밝힌 바 있다. 즉 근대 절대주의 군주국가는 구봉건계급들이 붕괴되어 가고 중세 시민계급이 근대 부르주아지로서 발전하면서 서로 갈등하던 이들 두 당사자들이 분규를 스스로 해결하지 못하던 전환기에 성립되었던 것이다.[58]

이와 유사한 견해는 위의 글보다 앞서 쓰여진 『독일 이데올로기』에서도 나타난다.

국가의 독립성은 오늘날 신분적 계층(Stände)이 아직 계급으로 발전하지 못한 나라, 즉 선진국에서는 이미 사라진 신분계층이 아직 주요한 역할을 하는 나라, 또는 신분계층과 계급이 혼합적으로 존재하는 나라, 또는 사회의 한 부분이 다른 부분에 대하여 지배적 지위를 확보하지 못하는 곳

57 Karl Marx, *Selected Essays*, ed. by H. J. Stenning(Freeport, N.Y.: Books of Libraries Press 1968[1926]), pp. 134–135.

58 Marx 1968[1926], pp. 148–149.

에서 발견된다.[59]

후일 마르크스 사후 국가의 계급도구이론을 기계론적으로 발전시킨 바 있는 엥겔스조차도 독립적 국가의 관념을 결코 부인할 수 없었다. 이 점은 『독일 이데올로기』의 인류학적 요소를 더욱 발전시킨다는 의도에서 1884년에 저술한 『가족, 사유재산 및 국가의 기원』에서 자신이 전개한 도구적 국가이론에 한정을 가하는 자리에서 잘 나타나고 있다.

> 그러나 예외로서 갈등 중인 두 계급이 서로 균형됨으로써 국가권력이 외양상의 중재자로서 일시적으로 그 두 계급에 대하여 어느 정도의 독립성을 획득하는 시기가 발생한다. 귀족과 시민계급 사이에서 균형점을 취하고 있던 17, 18세기의 절대군주 국가가 그러했고 프롤레타리아트와 부르주아지를 서로 대항시켰던 프랑스의 제1제정과 특히 제2제정이 그러했다. 이러한 종류에 해당하는 최근의 예로서는… 비스마르크의 신독일제국이 있다. 여기에서 자본가와 노동자는 서로 균형이 취해지도록 되었고, 또 이들은 모두 몰락 중인 융커 계급의 이익을 위하여 똑같이 속임수에 넘어갔다.[60]

이제까지 본 바와 같이 시민사회에 대한 '기생적 존재'로서의 마르크스의 국가이론은 이에 대해 지나치게 단순화되어 있는 그 자신의 언명들과는 별도로 사회계급에 관한 그의 이론의 전체적 틀과 조화될 수 있는 것으로 보인다. 이러한 점은 거의 20년 후인 1871년 『프랑스의 내

---

59 Marx and Engels, *The German Ideology*, p. 79.

60 Marx and Engels, *Selected Works*, Vol. 2, pp. 290–291.

란』에서 파리 콤뮨 사건의 결과를 논의하는 과정 중에 다시 강조된다.

> 쿠데타를 그의 출생증명으로, 보편선거를 그 출생보증으로 그리고 칼을 그 왕홀(王笏)로 삼아 태어난 제국은 자본과 노동 사이의 투쟁에 직접적으로 개입하지 않았던 대다수의 생산자인 농민을 기반으로 한다고 선언했다…[그러나] 실제에 있어서 그것은 부르주아지가 이미 국가통치의 능력을 상실했고 노동계급이 그 능력을 아직 얻지 못했던 당시에 가능했던 유일한 정부형태였던 것이다.[61]

이러한 계급이론적 국가론에 대하여 헌트(Hunt)는 마르크스는 원래, 즉 『독일 이데올로기』에서 엥겔스와 공동 저술을 시도하기 이전에는 계급지배에 대한 아무런 관념도 없었다고 말한다.[62] 따라서 그에 의하면 국가에 대한 계급이론적 관념은 원래 마르크스가 아닌 엥겔스에게서 유래된다고 주장된다. 한편 플라메나츠(Plamenatz)도, 명백하게 말하고 있는 것은 아니지만, 계급적 국가이론을 마르크스가 아닌 엥겔스에게로 귀속시킴으로써 헌트와 비슷한 의견을 갖고 있는 것으로 보인다. 그는 단지 국가의 '기생적 존재'설만을 마르크스에게로 돌리고 있다.[63]

헌트 주장의 기반은 다음과 같다. 『독일 이데올로기』 이전에 나온 마르크스 저작 속에서는 사회세력에 종속되는 국가에 관한 일반적 개념이 발견되지 않을 뿐만 아니라 부르주아지에 종속한다는 근대국가에 관

---

61 Marx and Engels. *Selected Works*, Vol. 1, pp. 469－470.

62 Hunt, 1974(주 22), pp. 66, 125－127.

63 John Plamenatz, *German Marxism and Russian Communism*(New York: Praeger, 1954), pp. 135－151.

한 특정한 논의도 초기 저작에서는 찾을 수 없다는 것이다. 이제 비하여 최근의 연구 속에서 머과이어(Maguire)는 초기 저술, 예컨대 「도벌법에 관한 논쟁」(1842) 등에서 마르크스는 종속적 국가 개념을 분명히 갖고 있었다고 주장한다.[64]

마르크스가 헤겔의 법철학을 비판하는 과정에서 국가 그 자체가 재산관계를 반영한다고 말하는 것이 아니라는 헌트의 주장은 옳은 것으로 보인다. 그러나 신분의회(Stände) 및 장자상속제에 대한 마르크스의 헤겔 비판을 고려해 볼 때, 아비네리가 지적하듯이 "그의 견해는 국가가 일반적 이익을 위한 것처럼 내세울 수 있지만 실제로는 계급이익을 위한 가면인 것으로 증명할 수 있다"라는 것이다.[65] 실제로 이를 증명할 만한 여러 문구를 우리는 그의 헤겔 비판문 속에서 발견할 수 있다.[66]

헤겔에 대한 그의 비판문 속에서 국가에 관한 계급이론의 단서를 발견할 수 있다는 점은 사실상 소위 그의 '사적 유물론'의 공식이라 할 수 있는 '상하부구조론'이 그 스스로 밝히고 있듯이 헤겔 비판 중에 헤겔로부터 받아들이고 있는 '국가와 시민사회의 분리'라는 점에 근거한다는 사실에서 더욱 강력히 증빙될 수 있다. 그는 바로 이러한 사실을 「1859년의 서문」에서 명백히 하고 있다.

> 부딪힌 의문을 풀기 위해 내가 시도한 첫 번째 작품은 헤겔의 법철학에 대한 비판적 검토였는데, 이 [미간작품]에 부친 서문은 [별도로] 1844년 파리에서 출판된 『독불연보』에 발표한 바 있다. 위의 글에서 검토한 결과

64 Maguire, 1978, pp. 11-12.

65 Avineri, 1968, p. 25.

66 Marx, *Critique of Hegel's* ⋯, pp. 72, 83, 99, 107-109.

국가의 형태뿐만 아니라 법적 관계도 그 자체만을 통해서나 또는 소위 인간정신의 일반적 발전을 통하여서 포착될 수 있는 것이 아님을 알았다. 오히려 그러한 것들의 뿌리는 인간생활의 물질적 여건, 즉 헤겔이 18세기의 영국인, 프랑스인들의 예를 따라 '시민사회'라는 이름으로 묶은 인간생활의 물질적 여건의 총체 속에 놓여 있다. 따라서 시민사회의 해부는 정치경제 속에서 찾아져야 할 것이다.[67]

이미 앞에서 지적한 바 있듯이 마르크스는 신분의회(Stände)에 관한 헤겔의 이론 전체를 비판하고 또 무효화시키려 했음에도 불구하고 근대사의 요체를 국가와 시민사회의 이중성에서 파악한 헤겔의 통찰을 높이 평가하지 않을 수 없었다. 실제로 『독일 이데올로기』의 제1부 포이에르바하 편에서 처음으로 논의하고 있는 유물사관의 기본 개념은 헤겔 법철학에 대한 그의 비판적 수용, 특히 국가와 시민사회의 분리 개념을 바탕으로 형성된 것이었다. 이 점은 '시민사회'의 역사적 성격에 관한 논의에서 분명히 드러나고 있다.

이전의 모든 역사단계에 있어서는 기존 생산력에 의해 규정되는 모든 형태의 교섭이 시민사회이다…. 시민사회는 생산력 발전의 특정 역사단계 내에서 개인들의 물질적 교섭 전체를 포괄하는 것이다. 시민사회는 어떤 주어진 단계에서의 상업 및 산업관계 전체를 포괄하는 것으로, 비록 대외적으로는 민족으로서 자신을 주장하고 대내적으로는 국가로 조직되어야 하지만 국가나 민족을 초월하는 것이다. '시민사회'라는 용어는 재산관계가 이미 고대 및 중세의 공동체 사회로부터 분리되었던 18세기에 출현했

---

67 Marx and Engels, *Selected Works*, Vol. 1, p. 327.

다. 시민사회 그 자체는 오로지 부르주아지와 함께 발전한 것이다. 그러나 모든 시대에 걸쳐 국가 및 그 밖의 모든 관념적 상부구조의 기반을 이루는 생산과 상업활동으로부터 발전되는 사회조직 전부는 같은 이름으로 불리워 왔었다.[68]

즉 국가라고 하는 독립된 형태의 실체는 개인들 또는 개별적 가문과 전체 개인으로 구성되는 공동체의 이익 사이에 발생되는 모순으로부터 발전된 것이었다. 그에 따르면 이러한 모순은 각 가족과 부족적 집합체, 그리고 뒤에는 계급들 사이에 존재하는 유대를 규정하는 노동분화의 결과인 것이다.[69] 따라서 그는 근대국가는 근대 사유재산, 즉 '대규모 산업과 보편적 경쟁에 의하여 규정되는 자본[70]에 상응하는 것이라고 주장한다. 결국 국가는 "사유재산의 공동체로부터의 해방을 통하여 시민사회의 옆에 그리고 밖에(neben und außer) 놓여 있는 별개의 실체"[71]로 된 것이라고 그는 말한다.

이제 우리는 국가에 관한 전형적 견해가 그의 사적 유물론의 도식을 바탕으로 비교적 초기에서부터 상당히 일관되게 그리고 분명하게 형성되어 왔음을 알 수 있게 되었다. 즉 국가는 재산관계 및 이에서 결과하는 경제적 계급투쟁을 반영하는 일시적 현상으로서 개념화되어 있음을 알 수 있다. 그러나 국가는 순전히 계급착취를 위한 도구라는 단순화된 주장을 사회학적 일반이론과 혼동해서는 안 될 것이다. 비록 마르크

---

68 Marx and Engels, *The German Ideology*, pp. 48–49.

69 Marx and Engels, *The German Ideology*, pp. 44–45.

70 Marx and Engels, *The German Ideology*, p. 79.

71 Marx and Engels, *The German Ideology*, p. 79.

스 자신은 그러한 주장에 내포된 혁명선전을 위한 시사적 가치를 부인하지는 않았겠지만 어느 정도 이론적 논의까지로 발전된 수준에서의 그러한 주장은 오로지 엥겔스의 논의에서만 발견할 수 있다. 이러한 가장 전형적인 구절은 앞서 언급된 『가족, 사유재산 및 국가의 기원』에서 발견된다.

> 계급 간의 적대행위를 진압할 필요에서 국가가 발생했고 또한 국가가 이러한 계급들 사이의 갈등 속에서 발생했기 때문에 일반적으로 국가는 가장 강력하고 경제적으로 지배적인 계급의 국가가 된다. 또 이들은 국가라는 수단을 통하여 정치적으로 지배적인 계급이 되며, 따라서 피압박계급을 억누르고 착취하는 새로운 수단을 얻게 되는 것이다. 이렇게 하여 고대의 국가는 노예들을 억누르기 위한 노예 소유주들의 국가였고, 봉건국가는 농민과 농노들을 억압하기 위한 귀족들의 기관이었으며, 근대 대의제적 국가는 자본에 의한 임금노동의 착취를 위한 수단이었다.[72]

본 논고에서 마르크스의 국가이론에서 계급이론이 중심이 된다는 것을 주장하고자 하는 것은 아니다. 본 논고에서 주장되는 바는 국가에 관한 마르크스 논의의 전체는 보다 일반론적인 수준에서 하나의 이론 도식에 의하여 요약될 수 있다는 것이다. 이렇게 될 경우 지배적 사회계급에 대한 국가의 도구성과 독립성이라는 두 가지 경우 모두가 다 정상적인 경우로서 취급될 수 있을 것이다. 즉 본 논고의 중심적 주장은 국가에 관한 마르크스의 여러 가지 논의는 결국 상이한 사회·경제구조와 상이한 국가형태 사이의 관계에 대한 일반론적인 사회학적 공식을 발견하

---

72 Marx and Engels, *Selected Works*, Vol. 2, p. 290.

고자 하는 기본적인 노력의 일환으로서 볼 수 있을 것이라는 점이다. 또한 그의 저술 속에 산재되어 있되 서로 관계되는 논의들을 재구성함으로써 국가에 관한 일반론이 가능하다는 점이다. 실제 이러한 논지, 즉 마르크스 자신이 국가에 관한 사회학적 일반론을 추구했다는 점을 뒷받침할 만한 근거를 발견할 수 있다. 그가 『자본론』의 출간을 앞두고 한창 바쁠 즈음에 그의 친우인 쿠겔만(Kugelmann)에게 보낸 한 서한 속에서(1862년 12월 28일) 그는 "여러 가지 국가형태와 사회·경제구조 사이의 관계에 대한 연구는 아직 한참 멀었다"[73]고 고민을 토론하고 있다. 바로 이 점, 즉 상이한 국가형태와 사회·경제구조 사이에 존재하는 일정한 관계가 바로 그가 의도하던 국가사회학의 이론적 골간이 되었을 것이라고 충분히 추측할 수 있다.

앞에서 인용된 『자본론』 제3권 속의 1절은[74] 바로 그가 의도했던, 그러나 우리로서는 아직 알 수 없는 일반론적 도식을 적용한 일례로 볼 수 있을 것이다. 특히 더욱 흥미로운 사실은 그가 항상 중심적 문제로 삼던 서구 근대국가와는 대척적 위치에 있다 할 '동양 전제국가'를 그 이론적 도식에 적용했을 것이라고 추측할 수 있다는 점이다. 즉 단순히 자본주의 체제 하의 국가 비판을 넘어서 비교 연구를 위한 이론적 원리의 추출을 의도했을지도 모른다는 점이다.

---

73 Karl Marx, *The Letters of Karl Marx*, ed. by Saul K. Padover(Englewood Cliffs, N.J.: Prentice-Hall, 1979), p. 161.

74 Marx, *Capital*, Vol. 3, p. 927.

6. '부르주아' 국가의 역사적 기원과 기능

일반론의 수준에서 마르크스는 시민사회 내의 지배적 사회계급에 대하여 국가가 자율적일 수 있는 가능성을 분명히 인지했다. 앞에서 본 바와 같이 그러한 가능성은, 마르크스에 따르면, 문제가 되는 사회의 특정 시점에 있어서 계급 간의 세력분포 상황에 달려 있는 것으로 여겨진다. 그러나 이러한 자율성이라는 말이 국가가 지배적 계급의 기본적 이익에 어긋나게 행동할 수 있음을 의미하는 것은 아니었다. 이러한 점은 1871년의 파리 콤뮨 사건의 의미를 논의하고 있는 『프랑스의 내란』에서 분명히 제시되고 있다. 마르크스는 루이 나폴레옹의 프랑스를 예로 들어 표면상 자율적으로 보이는 국가도 결국에는 지배적 사회계급, 즉 부르주아지의 이익에 봉사하게 된다고 주장한다.

> [루이 나폴레옹의 제국]은 의회정치를 파괴함으로써 노동계급을 보호한다고 언명했으나 그것으로써 유산계급에 대한 정부의 비굴성을 드러냈다. 제국은 노동계급에 대한 유산계급의 경제적 우월성을 떠받침으로써 유산계급을 구제한다고 선언했다. 그리고 끝으로 민족적 영광이라는 모든 기괴한 환상을 부활시킴으로써 모든 계급들을 통합한다고 선언했다. 실제에 있어 그러한 제국에서 부르주아지는 국가통치의 능력을 이미 상실했고 노동계급이 아직 그 능력을 얻지 못했던 당시에 가능했던 유일한 정부형태였던 것이다 … 그 제국의 세력 하에서 부르주아 사회는 모든 정치적 걱정으로부터 해방되어 그 자신조차도 기대하지 못한 발전을 이룩했다. 산업과 상업은 굉장한 규모로 확대되었고, 금융상의 협잡(挾雜)은 전 세계적 규모

로 축연을 벌였다.[75]

이러한 의미에서 마르크스의 견해로서 국가의 자율성은 표면적 현상이며, 따라서 상대적인 것에 불과한 것이다. 부르주아지의 이해 문제를 바탕으로 하는 근대국가의 종속성에 관한 마르크스의 설명은 국가가 자신의 물질적 기반을 마련하기 위해서 부르주아지에 의존해야만 한다는 주장을 기반으로 하고 있다. 이 점에 관하여 그는 다음과 같이 말하고 있다.

> 나폴레옹[1세]은 그 자체로 혁명에 의해 출현이 공포된 부르주아 사회에 대항하여 이루어진 혁명적 공포정치의 투쟁의 최후를 의미하는 것이다. 그렇다고 해도 나폴레옹은 이미 근대국가의 본질을 파악했다. 즉 근대국가가 부르주아 사회의 자유로운 발전, 개인적 이해의 자유로운 움직임 등등을 기반으로 하고 있었음을 이해했다. 따라서 이러한 기반을 인정하고 보호할 것을 결정했다.[76]

즉 마르크스에 의하면 근대국가는 조세와 부채에 과대하게 의존하고 있으므로 근대국가는 부르주아지의 생산능력을 의도적으로 배양해야만 한다는 것이다. 그러나 그 결과 부르주아지가 부를 장악하게 되면서 "국가는 부르주아지에게 구걸할 수밖에 없다"[77]고 그는 말한다. 『독일

75 Marx and Engels, *Selected Works*, Vol. 1, p. 470.

76 Marx and Engels, *The Holy Family*(Moscow: Foreign Language Publishing House, 1956), p. 166.

77 Marx and Engels, *The German Ideology*, p 404.

이데올로기』의 앞부분에서 다음과 같이 주장함으로써 이 점을 더욱 분명히 하고 있다.

> …조세라는 수단을 통하여 재산소득자들에 의하여 점차로 매입된 근대국가는 국채를 통하여 완전히 그들 수중에 떨어지게 되었다. 국가의 존재는 재산소유자, 즉 부르주아지가 국가에 베푸는 신용에 전적으로 의존하게 되었다.[78]

마르크스에 따르면 이러한 사태는 근대사회의 중심적인 자본주의적 생산양식에서 부르주아지가 지배적이 됨으로써 불가피한 것으로 여겨진다. 이러한 마르크스의 설명은 국가와 시민사회가 지배적 귀족계층에 의해 연결되어 있던 중세적 국가에서 시민사회가 분리되어 나온 역사적 과정에 대한 논의를 바탕으로 하고 있다.[79] 즉 그에 따르면 부르주아지의 상승은 18세기 이후 각종 정치적 제약으로부터 시민사회가 해방된 것을 의미하는 것이다. 그 결과 부르주아지는 국가를 매입하여 완전히 인수했던 것이라고 마르크스는 주장한다.[80]

근대 정치사에 있어서 부르주아지의 상승을 '매입'으로서 특징짓는 것은 프랑스사에 대한 그의 관찰을 바탕으로 하고 있다. 즉 1789년 이후 부르주아지가 갖고 있던 희망은 1830년에 이르러 비로소 구체화되었다고 그는 말하고 있다. 그 사이의 40년간 부르주아지는 나폴레옹의 혁명

---

78 Marx and Engels, *The German Ideology*, p. 79.

79 이 점에 대해서는 Karl Marx, "Jewish Question," in Marx, *Writings of Young Marx*, pp. 216–248 참조.

80 Marx and Engels, *The German Ideology*, p. 404.

적 폭력에 의해서도, 부르봉 왕가로 대표되는 반혁명에 의해서도 배척을 받았다고 그는 말한다. 그러나 일단 지배적 지위에 오른 부르주아지는

> 더 이상 입헌주의적 대의제 국가를 국가의 이상으로 보지 않고 세계의 구제와 보편적 인간적 목표를 위하여 싸울 의사를 갖지 않게 되었다. 반대로 대의제 국가는 자기 자신의 행정권력의 공식적 표현으로, 또한 자신의 특수 이해에 관한 정치적 표현으로 여겼다.[81]

근대국가의 계급적 성격이 이제 마르크스에게 명백해진 만큼 마르크스는 국가의 일차적 정치기능을 국가의 계급적 성격의 부인에서 찾으려 한다. 다른 말로 바꾸어, 그에 따르면 국가는 스스로를 '일반적·사회적 수준에서 해결되어야만 할 문제들을 해결하고 개인적 및 사회적인 이익을 조화시킬 수 있는 시장 메커니즘을 위한 조건들을 유지시킴으로써 공동선에 봉사하는'[82] 수단으로 제시할 수 있어야 한다는 것이다.

마르크스의 계급 모델에 있어서 생산수단의 장악을 통한 경제적 지배는 정치적 지배를 낳는다.[83] 마르크스 자신은 분명하게 논의하고 있

---

81 Marx and Engels, *The Holy Family*, p. 167.

82 Maguire, 1978, p. 19.

83 Max Weber가 Marx와 다른 점은 이 점을 부인하는 것이 아니라 이 점이 정치적 지배가 발생되는 몇 가지 상황 중 하나임을 강조하는 데 있다. Marx의 경우는 개념적으로 순수한, 즉 추상화된 자본주의 사회를 문제 삼는 것으로 볼 수 있는 데 반해 Weber는 고찰 대상을 자본주의 사회에 국한시키지 않고 전 역사를 통한 논의를 바탕으로 한다는 점에서 차이를 발견할 수 있는데, 혹자에 따라서는 이들 두 사람은 따라서 근본적으로 같은 견해를 보이고 있는 것이라고 볼 수도 있을 것이다. 이 점에 대해서는 Weber, *Economy and Society*, ed. by G. Roth and C. Wittich(New York: Bedminster, 1968), pp. 945ff. 참조.

지 않지만 이 점은 시장에 있어서 계급관계의 정당화 문제와 분명히 연관되어 있다. 이때 시장에서의 계급관계는 이것이 '재화 및 용역에 대한 실질적 통제력의 배분관계'[84]에, 또는 마르크스식으로 생산수단의 배분관계에 바탕을 둔다는 점에서 사실상의 권력배분을 말하는 것이다. 말을 바꾸어 계급관계는 마르크스에 의하면 본질적으로 불안정하기 때문에 지배적 사회계급은 공동 권위, 즉 국가 개념을 통하여 정당화의 이데올로기를 창출해냄으로써 자신의 지위를 안정화하고자 한다는 것이다.[85] 이러한 뜻에서 마르크스는 다음과 같이 말하고 있다.

> 지배적 위치를 차지하게 되는 모든 새로운 계급은 단순히 자신의 목적을 달성하기 위하여 자신의 이익이 모든 사회구성원의 공동 이익인 것처럼, 따라서 이상적인 형태로 나타내도록 강요당한다. 즉 자신의 사상에 보편성의 형태를 부여하고 이것을 유일하게 합리적이고 또한 보편타당한 것처럼 내세운다.[86]

보편화된 권위로서 국가의 관념 그 자체는 정당화의 이데올로기라고 하는 마르크스의 주장은 고립된 논의가 아니라 그의 '사적 유물론'의 원리를 처음으로 일반론적 수준에서 논의하는 『독일 이데올로기』 1부에서도 제기되고 있다는 점에 주의를 기울일 필요가 있다. 그리고 이러한 주장은 뒤에 「1859년의 서문」에서 '상부구조와 하부구조론'으로 요약되고 있음은 이미 잘 알려진 일이다 :

---

84 Weber, 1968, p. 312.

85 Giddens, 1973, pp. 28–29 참조.

86 Marx and Engels, *The German Ideology*, p. 63.

모든 시대에 있어서 지배계급의 사상이 지배적 사상이다. 즉 한 사회에 있어서 물질적으로 지배적인 세력은 동시에 지식과 이론 면에서도 지배적 세력이 된다. 물질적 생산수단을 장악하는 계급은 동시에 정신적 생산수단도 갖게 되며, 따라서 일반적으로 말한다면 정신적 생산수단을 갖지 못하는 계급의 사상은 지배적 사상에 종속하게 된다.[87]

따라서 이데올로기의 문제는 마르크스에 있어서는 결국 정당화의 한 유형으로 이해되고 있고, 어떤 의미로서는 그의 전체 정치이론의 중심부를 차지한다고 말할 수도 있을 것이다. 계급관계의 정당화 수단으로서의 국가에 대한 마르크스의 주장은 법이 국가에 대한 부르주아지의 관계를 반영하는 것이라고 하는 그의 논지와 일맥상통하는 것이다. 이와 같은 논지는 실제로 마르크스에게만 고유하게 주장되는 것은 아니다. 예컨대 법질서는 사회계급 간의 권력관계를 규범적으로 용인하는 것이라는 막스 베버의 논지와 크게 어긋나지 않는다.[88] 마르크스에 의하면, 법이 국가의 일반의지라고 표현되지만 실제로는 국가의 의지는 생산수단의 소유로 말미암아 규정되는 사실상의 권력을 바탕으로 하는 지배적 사회계급에 속하게 되는 개인들의 의지의 표현에 불과하므로 법은 결국 계급관계의 표현이라는 것이다. 이러한 뜻에서 그는 다음과 같이 말한다.

홉스 등등의 사람들이 말하듯이 권력을 권리의 기반으로 여긴다면 권리, 법 등은 단순히 국가권력을 떠받치는 다른 관계의 징후 또는 표현에

87 Marx and Engels, *The German Ideology*, p. 61.

88 Weber, 1968, p. 311 참조.

> 불과하다…. 이러한 실질적 관계는 국가권력에 의하여 창출되는 것이 결코 아니다. 반대로 그 관계가 바로 국가를 만들어내는 힘이다. 이러한 여건 하에서 통치하는 개인들은—이들의 권력이 국가의 형태를 갖추어야 한다는 사실을 잠시 옆으로 미루어 놓고서—그러한 특정 여건에 의하여 규정되는 그들의 의지에 법, 즉 국가의지로서 보편적 표현을 부여해야만 한다. [그러나] 이 표현의 내용은 항상 계급관계에 의해 규정된다.[89]

따라서 국가가 일반적 이익의 보호자로서 스스로를 내세운다는 것은 결국 자신의 본질을 은폐하는 것을 말한다고 마르크스는 주장하는 것이다. 비록 그 자신은 분명히 하고 있지 않지만 이러한 주장은 곧 최근의 네오 마르크스주의 이론가들의 '자본주의 국가'(the capitalist state)의 정당화 기능에 대한 논의와 일맥상통하는 것이라 볼 수 있는 것이다.

마르크스의 실제 논의에서 국가가 지배계급을 위한 폭력적 억압수단으로서의 역할을 한다는 점은 비교적 드물게 발견된다. 즉 물리적 억압의 기능은 그에 따르면 피지배계급이 지배적 이데올로기를 거부할 때, 즉 계급 간의 투쟁이 시장 메커니즘을 통한 경쟁의 양상에서 벗어날 때 비로소 표면화된다고 여겨진다. 이렇게 될 경우, 즉 '사람들이 서로 멱살을 잡게 되면' 국가는 "'정신'으로서가 아니라 총검으로서 간섭하게 된다"고 그는 말한다.[90]

위와 같은 이데올로기 및 물리적 억압기능 외에도 마르크스는 이론적으로 흥미 있는 또 다른 근대국가의 기능을 언급하고 있다. 즉 '부르주아 계급이 자체의 개별 구성원이나 피압박계급을 상대로 하여 자신들

---

89 Marx and Engels, *The German Ideology*, p. 366.

90 *The German Ideology*, p. 403.

사이에 맺은 상호 보험'[91]이라는 표현에 나타나고 있는 기능인데, 이 점은 『독일 이데올로기』에서도 언급되고 있다. 즉 국가란 "부르주아 계급이 내외적 목적을 위하여, 즉 자신의 재산과 이익의 상호 보증을 위하여 불가피하게 채택한 조직에 불과하다"[92]고 그는 주장하고 있다.

이러한 논지는 근대국가의 계급적 성격에 관한 그의 일반론과 바로 연결되지 않는 것처럼 보인다. 그 이유는 마르크스 자신이 이러한 기능에 대하여 직접적으로 논의한 경우가 드물었던 때문으로 보인다. 그러나 비록 간접적이기는 하나 이러한 기능의 발생요인에 관하여 논의하는 부분을 발견할 수는 있다. 국가의 기원을 노동분화 과정에서 논의하는 곳에서[93] 마르크스는 그러한 분화에 있어서 역사적 과정의 우연적인 성격을 다음과 같이 말하고 있다.

> …이러한 사회적 활동이 고착화되고 우리 스스로가 우리를 넘어서는 객관적 힘으로 만들어낸 것이 공고화되어 우리의 통제를 벗어나서 우리의 기대를 깨고 모든 계획을 망쳐놓는다는 것은 지금까지의 역사적 발전에 있어서 가장 주요한 요인 중의 하나였다.[94]

이 구절들은 머과이어가 지적하듯이[95] 부르주아지를 포함하는 사회구성원 전부가 '사회활동의 고착화'에 따라서 국가라는 독립적 형태가

91 Marx and Engels, *Werke*, Vol. 7, p. 288.

92 Marx and Engels, *The German Ideology*, p. 79.

93 *The German Ideology*, pp. 44–49.

94 *The German Ideology*, p. 45.

95 Maguire, 1978, p. 26.

생겨남으로써 소외되었다는 것을 뜻하는 것처럼 보인다.

마르크스는 그의 초기 저술인 『신성가족』에서 부르주아지와 프롤레타리아트 모두가 사유재산의 출현으로부터 결과하는 모순의 적극적(긍정적=positive)이며 소극적인(부정적=negative) 양면을 대표하는 것이라고 주장한 바 있다.

> 유산계급과 프롤레타리아 계급은 동일한 인간 소외를 나타내는 것이다. 그러나 전자는 이러한 자기 소외 속에서 자신의 확인, 선 그리고 자신의 힘을 발견한다. 즉 인간적 실존과 비슷한 점을 그러한 소외 속에서 보유하고 있는 것이다.[96]

이러한 의미에서 머과이어는 국가의 '지배계급의 결집'기능을 부르주아지의 소외된 성격의 징후로서 해석하고 있다. 또한 이러한 이유에서 머과이어는 마르크스가 부르주아지가 자신과 별개로 존재하는 국가라는 도구를 필요로 한다고 주장했다고 보고 있다.

그러나 결집의 기능은 풀란차스(Poulantzas)에 따른다면 궁극적으로는 노동계급에 대한 지배계급의 헤게모니를 유지·확보하고자 하는 데에서 도출된다고 여겨진다.[97] 바로 이러한 뜻에서 보험회사로서의 국가에 대한 마르크스의 논평이 이해될 수 있을 것이다. 즉 그에 의하면 보험회사로서의 국가는 '피착취계급의 억압이 갈수록 어려워지는 까닭에 [억압의 비용이] 갈수록 더욱 비싸지고 부르주아 사회로부터 더욱 독립적'이

96 Marx and Engels, *The Holy Family*, p. 51.

97 Nicos Poulantzas, *Political Power and Social Classes*(London: New Left Books, 1973) 참조.

되었던 것이다.

7. 국가의 소멸

앞에서 논의된 마르크스의 두 가지 국가관, 즉 계급지배 도구 및 '기생적' 존재로서의 국가관은 모두가 무정부주의적 경향, 말하자면 반국가주의의 요소를 포함하고 있다. 반국가주의 또는 국가폐지론은 일반적으로 사회적 이단론의 역사 중에서도 가장 오래된 것 중의 하나로 여겨지고 있다.[98] 이러한 반국가 사상은 이데올로기 또는 운동으로서의 사회주의 또는 무정부주의보다도 그 역사가 훨씬 오랜 것이었다. 따라서 근대국가를 부르주아 계급의 지배수단으로 보고 있는 마르크스 사상의 발단은 이러한 배경을 염두에 두고 이해되어야 할 것이다.

마르크스가 국가폐지론을 명백히 제시하고 있는 최초의 저작은 『헤겔 법철학 비판』이었다. 이 『법철학 비판』의 끝부분에서 그는 선거권의 개혁이 '정치적 국가' 그리고 '시민사회'의 해소(Auflösung)를 진척시킬 것이라고 말하고 있다.[99] 같은 책의 다른 부분에서 다른 맥락에서이기는 하나 프루동을 빗대어 언급하면서 "국가는 진정한 민주주의 속으로 사라지게(untergehen) 될 것"이라고 말하고 있다.[100] 이와 같은 견해는 공간(公刊)

98 Hal Draper, "The Death of the State in Marx and Engels," *The Socialist Register*, 1970, p. 281; Plamenatz, 1954, pp. 151ff.

99 Marx, *Critique of Hegel's*…, p. 121.

100 Marx, *Critique of Hegel's*…, p. 31.

되지 않았던 근대국가론을 위한 초안(1844-1847)에서도 반복되고 있는데 여기에서 그는 보편선거권을 국가와 '시민사회'의 분리를 극복(Aufhebung)하기 위한 투쟁과 동일시하고 있다.[101]

물론 이러한 견해들은 뒷날의 마르크스를 특징짓는 혁명적 이론과는 거리가 멀다. 그러나 아래에서 논의되듯이 만년에 이르기까지 마르크스는 국가폐지론을 주장하면서 헤겔적 용어인 지양(aufheben)이라는 말을 일관되게 사용하고 있다. 헤겔적인 문맥에서 볼 때 'aufheben'이라는 용어는 폐지, 초월 및 보존이라는 복합적인 의미를 내포하고 있다. 따라서 마르크스가 보편선거권을 주장할 때 우리는 그가 있는 상태 그대로의 국가와 '시민사회'를 폐지하고 초월함으로써 보다 높은 단계에서 보존할 것을 주장했다고 추론할 수 있다.[102] 마르크스는 뒤에 보다 과격해졌지만 그가 헤겔적 용어로 파악하고 있는 국가폐지론을 버리지는 않았다는 점이 위와 같은 주장을 지지해 주는 것으로 볼 수 있다. 이 점에서 우리는 그와 엥겔스의 현격한 차이를 발견할 수 있다. 주지하듯이 엥겔스는 그의 유명한 『반듀링론』에서 국가는 폐지되는 것이 아니라 사멸(absterben)할 것이라고 주장했는데,[103] 이러한 논조는 마르크스보다 오히려 무정부주의 쪽에 가까운 발언이라 할 수 있다.[104]

국가 폐지에 관하여 마르크스가 평생토록 무정부주의자들과 대립했다는 점은 널리 알려져 있다. 이미 『독일 이데올로기』에서 그는 '[국가

---

101 Marx and Engels, *The German Ideology*, p. 669.

102 Avineri, 1968, p. 37.

103 Marx and Engels, *Selected Works* in one volume(New York: International Publishers, 1968) pp. 429-430.

104 Avineri, 1968, pp. 202-204.

의] 구성원들이 국가를 버리고 떠난다면 국가는 곧 붕괴할 것'이라는 생각은 환상이며 무기력한 희망이라고 비웃은 바 있다.[105] 그 대신 그는 '공산주의 혁명은 노동분화를 제거함으로써 궁극적으로는 정치제도를 폐지할 것'[106]이라고 내다보았다.

이러한 '정치제도를 폐지할 공산주의 혁명'에 대하여 그는 1847년 출간된 『철학의 빈곤』 맨 마지막 페이지에서 다음과 같이 분명히 말하고 있다.

> 노동계급은 자신의 발전과정을 통하여 구시민사회를 계급과 계급갈등이 배제된 결사로 대체하게 될 것이다. 그렇게 되면 원래 의미의 소위 정치권력은 더 이상 존재하지 않게 될 것이다. 왜냐하면 정치권력이란 엄격히 말해 시민사회 내의 제 갈등의 공식적 표명이기 때문이다.[107]

이 인용문에서 우리는 마르크스와 무정부주의적 관념의 차이를 분명히 읽을 수 있다. 즉 국가의 폐지는 즉각적인 목표가 아니라 노동계급, 즉 프롤레타리아의 혁명활동에 의하여 점차적으로 획득될 궁극적 목표로서 제기되는 것이다. 이러한 사상은 『공산당선언』에서도 다시 반복되고 있다.

> …계급분화가 사라지고 모든 생산이 전체 국민이라는 커다란 연합체

105 Marx and Engels, *The German Ideology*, pp. 424–425.

106 Marx and Engels, *The German Ideology*, p. 425.

107 K. Marx, *The Poverty of Philosophy*(New York: International Publishers, 1963), p. 174.

의 수중에 집중될 때 공권력은 그 정치적 성격을 잃게 될 것이다. 원래 의미의 소위 정치권력은 한 계급이 다른 계급을 억압하기 위하여 조직된 힘에 불과한 것이다.[108]

프랑스의 2월혁명 과정을 요약하는 『프랑스의 계급투쟁, 1848-1850』에서 마르크스는 국가의 폐지에 관해서는 특별히 언급하고 있지는 않다. 그 대신 그는 이곳에서 '프롤레타리아 독재'[109]를 통한 계급의 폐지

108 Marx and Engels, *Selected Works*, Vol. 1, p. 51.

109 '프롤레타리아 독재'라는 말은 Marx가 직접 그의 저작 속에서 언급한 경우는 놀랍게도 두세 번에 지나지 않는다. 아마도 첫 번째 언급이라고 여겨지는 것은 1852년도 저술인 『프랑스의 계급투쟁, 1848-1850』(*The Class Struggle in France, 1848-1850*)에서이다. 두 번째 언급은 당시 미국에 이주하여 미국 내에서 Marx 저작의 출판을 맡았던 그의 친구인 J. Weydemeyer에게 보낸 편지에서 보인다. 세 번째는 『고타강령 비판』의 것이다. 첫 번째 경우를 언급하지 않고 있는 Avineri는 1871년 9월 25일 마르크스가 행한 대중연설 속에서 직접적인 표현을 피한 채 이와 유사한 내용을 언급했다고(*MEW*, 17: 433) 덧붙인다. 자주 언급하지도 않았지만 언급했던 경우에 있어서도 '프롤레타리아 독재'의 성격에 대해서 Marx는 밝히고 있지 않고 있다. 그가 밝히고 있는 전부는 그것이 자본주의와 공산주의 사이의 과도기 단계에서 나타난다는 것이다. '프롤레타리아 독재'와 관련하여 Marx 저작 전체를 검토한 Draper는 그것이 단지 '사회적 기술', 즉 정치권력의 계급적 성격을 말하는 것에 불과하며, 정부기구의 형태를 지적하는 것이 아니라고 말하고 있다[Draper, "Marx and the Dictatorship of the Proletariat," *New Politics*, 1(1962), pp. 91-104]. 이러한 견해에 반대하여 Miliband는 그것이 정치권력의 계급적 성격에 대한 설명일 뿐만 아니라, 그러한 계급적 성격을 보장하는 권력의 성격을 말하는 것이라고 주장한다(Miliband, "Marx and the State," *Socialist Register*, 1965, pp. 289-290). 한편 '프롤레타리아 독재'가 권위주의적인가의 여부에 있어서도 논자들은 이견을 드러낸다. 예컨대 Lichtheim은(1961: 374 주 24) 그것이 기본적으로 권위주의적인 것이라고 지적한다. 즉 그에 의하면 Marx의 국가에 대한 적대의식에서 연유하는 호소력이 그 과도기에 부여된

를 강조하고 있다.

> 이 사회주의는 혁명의 영구성, 즉 프롤레타리아의 계급 독재에 대한 선언인 것이다. 이 계급 독재는 계급차별 일반의 폐지, 이러한 차별의 기반이 되는 생산관계의 폐지, 이러한 생산관계에 상응하는 모든 사회관계의 폐지, 그리고 이러한 사회관계에서 결과하는 모든 관념을 혁명화하는 과정에 필요한 전환점이 되는 것이다.[110]

국가의 폐지에서 과도기의 프롤레타리아 독재 같은 어떤 종류의 정치제도의 필요성으로 강조점을 옮기는 논의 과정에서 우리는 마르크스가 무정부주의적 반국가주의로부터 더욱 거리를 두려고 했다는 점을 발견할 수 있다. 말을 바꾸어, 비록 마르크스는 '부르주아 국가'를 부르주아 계급의 지배수단으로 규정함으로써 그것에 대한 극단적인 적개심을 드러냈지만 국가 그 자체는 단순히 정치적 억압을 위한 계급지배 도구 이상의 것으로서 보았던 것이다. 이러한 점은 자본주의와 공산주의 사이의 과도기에 프롤레타리아의 혁명 독재가 있을 것이라는 그의 예견에서 분명해지고 있다.[111] 이러한 예견은 그가 한때 제기한 아래와 같은 물음

정치 지배의 권위주의적 성격에 의해 감소된다는 것이다. 자유의 창출을 위하여 또 다른 형태의 권위주의의 출현을 예상한 Marx의 그러한 견해야말로 헤겔적인 패러독스의 전형이라고 그는 지적한다. 이에 반대하여 Miliband(1965: 293)는 권위주의적 흔적을 전혀 발견할 수 없다고 반박하고 있다. 그러나 Marx 자신이 '프롤레타리아 독재' 개념에 대하여 아무런 의견도 보이지 않고 있는 점에서 이 논쟁의 승패를 가리기는 사실상 불가능한 것이라 여겨진다.

110 Marx and Engels, *Selected Works*, Vol. 1, p. 203.

111 "Critique of Gotha Program," Marx and Engels, *Selected Works*, Vol. 2, p. 30.

에 대한 간접적 답변으로 제기되었던 것이다.

> 그곳[공산주의 사회]에는 오늘날의 국가기능에 비유할 만한 어떤 사회적 기능이 잔존하게 될 것인가?[112]

비록 이때(고타강령의 비판문을 작성할 때) 그는 이 물음에 대하여 아무런 직접적인 답변을 제시하고 있지는 않다. 그러나 그보다 몇 년 전에 저술된 『프랑스의 내란』에서 제시한 미래의 정치질서의 본질에 관한 구절이 앞의 물음에 대한 답변이 될 수 있을 것이다.

> 옛 통치권력 중 단순히 억압적인 부분은 절단·제거되어야 할 것이지만 사회에 대한 군림을 참칭하는 권위로부터 [통치의] 정당한 기능을 따로 떼어내 사회의 책임 있는 기구로서 회복시켜야 할 것이다….[113]

이 인용문에서도 국가 그 자체의 소멸에 관한 어떠한 예측도 회피하고 있음을 알 수 있다. 그 대신 그가 희망했던 바는 국가가 갖고 있는 억압적인 성격의 폐지였다고 말할 수 있다. 그는 '공산주의 사회' 속에서 발견될 수 있는 대안적 국가형태에 관하여 어떤 분명한 답도 제시하기를 거부한다. 그 이유는 매우 분명하다.

> 이 문제는 오로지 과학적으로만 해답될 수 있는 것이다. 인민과 국가라는 말들을 수천 번씩 엮어봤자 문제에는 벼룩이 뛰는 거리만큼도 접근

---

112 "Critique of Gotha Program," p. 30.

113 Marx and Engels, *Selected Works*, Vol. 1, p. 472.

할 수 없는 것이다.[114]

그가 제시하는 답은 오로지 과도기에는 '프롤레타리아 독재가 나타날 뿐'이라는 것이었다.[115] 실상에 있어 이것은 아무런 답변도 될 수 없는 것처럼 보인다. 왜냐하면 그 자신 '프롤레타리아 독재'가 무엇인지에 대하여 한 번도 분명히 한 적이 없기 때문이다.

비록 애매모호하게 논의되고 있기는 하나 국가의 소멸에 관한 마르크스의 '예견'은 국가에 대한 그의 두 가지 서로 다른 '이론'이라는 문제에 새로운 빛을 던져주는 것으로 볼 수 있다. 앞에서 지적되었듯이 국가 그 자체가 아닌 국가의 억압적 부분이 폐지되어야 한다는 점을 마르크스는 분명히 했다. 비록 무엇이 정당한 기능인지는 말하지 않고 있지만 국가의 정당한 기능은 부정적 요소로부터 따로 떼어내야 한다는 것이 그의 주장이었다. 이러한 주장으로써 국가기구 중에는 반드시 '시민사회'의 부분적 이해를 대변하지 않는 요소도 있음을 분명히 인지했다. 만일 이러한 논점을 그의 초기 저작 속에서 논의했다면 아마도 이 점은 특정 사회계층으로부터 독립된 요소로서의 관료제의 논의 속에서 지적되었을 것으로 보인다. 실제로 관개사업과 관련하여 '동양적 국가'를 논의하는 과정에서 그러한 국가의 정당한 기능에 관한 논의에 상당히 접근했음을 발견할 수 있다. 그 다음에 근접하는 논의는 『자본론』 1권 중 19세기 영국에서의 노동입법을 다루는 데에서 나타나고 있다. 그러나 여기

114 *Selected Works*, Vol. 2, p. 30.

115 이 점에 대해서는 상게(上揭)(주 109) Draper, 1962; Stanley Moore, *Marx on the Choice between Socialism and Communism*(Cambridge, Ma.: Harvard University Press, 1980) 참조.

에서 그러한 입법활동도 궁극적으로는 전체로서의 자본가계급의 이익을 위한 국가간섭으로서 결론지워지고 있음은 잘 알려진 일이다.

여하튼 마르크스는 묵시적 인지 이상으로는 국가의 '긍정적' 기능을 뚜렷하게 지적하지 않고 있다. 이렇게 국가가 갖는 두 가지 면은, 즉 계급지배적 측면과 '복합적인 사회와 경제의 행정적 필요를 채우기 위한 도구'(Giddens의 표현)로서의 국가의 존재를 똑같이 인정하지 않은 결과 궁극적으로는 후자의 측면이 전자 속에 포섭되어 버리고 말았다.[116]

8. 결어

자본주의 체제의 기본적 성격을 자본과 임금노동의 관계에서 분석하는 마르크스의 이론을 단순히 경제학적 또는 사회학적 차원에 국한된 분석으로서만 볼 수는 없을 것이다. 왜냐하면 마르크스의 사회이론은 인간사회의 전 국면에 대한 설명을 꾀하고 있기 때문이다. 그에 따르면 시장에서의 자본과 노동 사이의 경제적 관계는 단순히 경제적 관계에 멈추지 않고 반드시 사회적·정치적 영역에서 그 제도적 표현을 발견하게 된다. 그러나 그는 그러한 경제적 관계가 정치적 영역, 그리고 궁극적으로는 규범적으로 정당화되는 공공 권위체로서의 국가에서 어떻게 표현되는가에 대해서는 아무런 해답을 남겨놓지 않았다. 오로지 그러한 해답을 제시한다는 약속만을 남겨놓은 채 세상을 떠났다. 이러한 '약속 불이행'은 국가에 대한 그의 논의가 일련의 단편들로서만 남아 있고, 풀

116 Giddens, 1973, pp. 208-211, 127 참조.

란차스의 말을 빌리자면 '체계성'(systematicity)을 결여하고 있다는 사실에서 잘 드러나고 있다.

마르크스가 '상하부구조론'을 바탕으로 하여 국가의 문제를 논의하려 했다는 점은 거의 확실시되고 있다. 환언하여 그는 정당성의 관념에 의하여 타당화되는 정치권력 관계는 기본적으로(전적으로가 아니라) 자본주의적 시장관계, 즉 자본과 임금노동의 관계를 반영하는 것으로 보고자 했음이 확실하다. 그러나 앞에서 몇 차례 지적했듯이 이러한 작업에 거의 착수하지도 못했다. 그러한 문제 접근을 위한 기본 골격이 되고 있는 '상하부구조론'을 어떻게 적용할 수 있는가에 대해서는 아무런 언급도 하지 않았기 때문에 그 뒤로 마르크스 자신도 동의하지 않을 수많은 자의적인 해석들이 출현했던 것이다.

본고에서의 논의는 마르크스가 분명히 언급한 것만을 취급했기 때문에 우리들의 논의 자체도 마르크스의 '국가론'을 그대로 반영하여 오히려 불완전한 모습을 드러내고 있는 것처럼 보인다. 그럼에도 불구하고 우리들의 노력은 주어진 한계 내에서 단편적인 마르크스의 논의에 어떤 체계성을 부여하려는 것이었다.

앞에서도 지적했듯이 마르크스 이후로 마르크스의 '상하부구조론'에 대한 기계론적 해석을 가능하게 만든 것은 그 '상하부구조론' 자체가 포함하고 있는 애매성 때문이며, 그러한 기계론적 해석에서 나타난 전형적인 결과가 단순한 경제적 환원론임은 주지의 사실이다. 많은 네오 마르크스주의 이론가들이 지적하고 있듯이 바로 이러한 환원주의 때문에 과거 마르크스주의 이론의 전통에서 국가 그 자체 성격에 대한 논의가 불모화되었던 것이다. 이러한 이론적 경향이 낳은 중대한 결과 중 하나는 국가권력의 남용을 회피하거나 제한하는 문제에 마르크스주의 이론가들로 하여금 관심을 갖지 못하게 한 것이었다. 그러나 소위 사회주의적 계획안이 현대 세계에서 어느 정도의 타당성을 가질 수 있으려면 위의 문제를 정면대결해야만 할 것이다. 필자 자신도 따르고 있는 이러한 견해에 입각해 보자면 국가에 대한 연구는 또한 자본주의의 국제적 메커니즘과 연결될 때 자본주의와 그 대안에 대한 연구도 마르크스 자신이 생각했던 것보다 훨씬 완벽한 것이 될 수 있으리라고 여겨진다.

국가_The State,

전쟁_War,

한국_Korea

6장
배링턴 무어와 『독재와 민주주의의 사회적 기원』

1. 서론

우리가 고전으로 평가하는 인문-사회학 분야의 모든 작업들은 특정 시기와 장소를 넘어서는 가치를 갖는 것이지만, 이러한 보편적 가치는 그 작업들이 만들어진 특정 시기 및 장소와의 긴밀한 연관성을 바탕으로 만들어진 것이다. 즉 그러한 보편성을 함의하는 고전적 가치의 창출은 구체적이고 특수한 문제에 대한 관찰자의 투철한 문제의식을 전제로 해서만 가능한 것이다.

이러한 일반적 명제를 모두(冒頭)에 제시하는 까닭은 최소한 영미권에 있어서는 배링턴 무어에 의해 크게 활성화되기 시작한 비교역사사회학(comparative and historical sociology)이라는 이름의 이론적 작업의 학설사적 의의를 제대로 이해하기 위해서는 그러한 작업의 출현이 갖는 구체적인 정치사회적 맥락 또는 배경을 먼저 고려해야 한다는 점을 강조하기 위해서이다. 무어가 그의 주저로서 얘기될 수 있는 『독재와 민주주의의 사회적 기원』[1](이하 『사회적 기원』으로 줄여서 부름)에서 다루고 있는 문제는 서구식 의회민주주의와 이것과 대척점에 있는 전체주의 체제(파시즘과 공산주의)의 역사적 뿌리를 찾는 것인데, 이것은 다양한 유형의 정치체제의 역사적 뿌리를 찾는다는 제한된 의미의 학술적 작업으로 그치는 것만은 아니었다. 즉 그의 작업은 당시까지 학계를 포함한 미국 사회 전반을 지배하고 있던 정치적 자만심과 그것을 떠받치고 있던 이데올로기적 자기 기만, 그리고 그러한 자만심의 표현으로서 사회과학의 탈역사적 경향에 대한 정면적 비판과 수정의 요구를 수반하는 정치운동의 성격을 띠는 그러한 것이었다.

유럽을 중심으로 발전된 근대 사회이론은 유럽 근대사의 경험을 바탕으로 발전한 것이다. 미국에서의 사회이론도 마찬가지로 미국적 정치 및 사회의 경험을 바탕으로 유럽과는 다른 성격을 띠면서 발전해 왔다. 특히 미국의 사회과학은 유럽과는 다른 미국의 특성에 대한 강력한 자의식을 바탕으로 하여 발전되어 왔는데, 이것은 소위 '미국적 예외주의'(American exceptionalism)라는 이름을 갖고 성장해 왔다. 구체적으로 미국은 봉건제의 역사도 경험하지 않았고, 또한 왕정에 항거하는 혁명을 통해 공화정으로부터 나라가 시작되었다는 점과 유럽과 달리 대량빈곤과 산업화에 따른 계급갈등을 경험하지 않았다는 두 가지 명제가 그러

1 Barrington Moore, Jr., *Social Origins of Dictatorship and Democracy: Lord and Peasant in the Making of the Modern World*(Boston: Beacon Press, 1966). 진덕규 역, 『독재와 민주주의의 사회적 기원』(까치, 1985).

한 미국적 예외주의의 기초를 이루고 있었다.[2]

이러한 낙관론과 자만심은 제2차 세계대전 이후 미국이 서방세계의 맹주가 되면서 더욱 강화되었고, 이 점은 미국 사회이론에 그대로 반영되었다. 특히 유럽과는 별도의 세계로서 미국의 자아상 확립이라는 암묵적인 작업과 관련하여 정치학이나 사회학 같은 사회과학의 여러 분과학문들은 기술전문주의, 개량주의, 그리고 탈역사주의를 특징으로 하면서 발전했다. 이러한 사회이론은 단순히 미국 자신에 대한 이해라는 제한된 목적만 갖고 있었던 것이 아니라, 전후 미국의 세계정책 수립을 위한 이론적 기초로서도 기능했다. 특히 세계정치에 있어서 소련과의 대립을 전제로 작성된 신흥국들의 근대화 정책의 기준이 된 정치발전과 경제발전은 근본적으로 미국의 성취를 바탕으로 작성된 것이었다.

제2차 세계대전 직후 미국은 승전국으로서 유럽을 대신하는 세계정치의 주도국으로서 그 지위를 확실히 했다. 비록 소련의 핵위협 문제가 새로 나타나기는 했지만, 미국의 막강한 경제력과 이것에 의해 뒷받침되는 군사력은 누구도 감히 도전할 수 없을 것으로 여겨졌다. 승전 직후의 낙관론과 경기상승에 따른 국내정치적 기대감과 미국식 민주주의에 대한 자신감은 1950년대 중반경 최고조에 달하게 되었고, 이에 따른 이데올로기적 경향도 보수적으로 흐르게 되었다.

이러한 낙관론은 다음과 같은 몇 가지 일들에 의해 감소하게 되었다. 우선 소련의 수소폭탄 실험의 성공으로 인해 국제정치에 있어서의 미국의 일방적 우위는 더 이상 사실이 아닌 것으로 평가되기 시작했다. 또한 아시아 및 아프리카의 국가들이 중립 또는 비동맹을 표방하면

---

2 이 점에 관해서는 Dorothy Ross, *The Origins of American Social Science*(Cambridge: Cambridge University Press, 1991), pp. 22-50을 볼 것.

서 미국의 일방주의적 정책에 제동이 걸리기 시작했다. 이집트의 수에즈 운하 국유화 선언과 이를 무효화하려 한 영국과 프랑스의 개입이 실패한 것도 이와 같은 맥락에서 이루어진 것이었다. 이 사건은 미국과 직접적으로 관련된 것은 아니었지만 쿠바에서의 사회주의 혁명의 성공은 미국의 명성에 타격을 입혔고, 또한 실질적으로 미국의 군사적 안보를 위협하는 사건이었다.

국내적으로도 1950년대 말부터 서서히 표면화되기 시작한 흑인 민권운동이 1960년대에 들어서면서 본격적으로 조직화되기 시작했고, 전국적인 뉴스의 초점이 되어갔다. 예컨대 1965년 로스앤젤레스의 와츠(Watts) 지역에서 발생한 흑인 소요 사태 시 거의 4천 명에 가까운 사람들이 체포되고 34명이 살해되었는데, 그 이후로 흑인 소요 사태는 전국적으로 지속적으로 번져나가기 시작했다.

이렇듯 1960년대 중반에 이르면서 미국 사회는 아직은 표면화되지 않은 불안감으로 휩싸이게 되었던 것으로 기억된다. 그러나 미국의 사회과학계는 탈콧 파슨즈(Talcott Parsons)류의 낙관주의적 보수주의가 지배하고 있었다. 이러한 학계의 주류에 대한 비판적 언급은 쉽게 용납되지 않았는데, 예외적으로 밀즈(C. Wright Mills)와 같은 진보적 경향의 학자만이 비판적 논의를 제기했지만[3] 여전히 고립된 작업에 지나지 않았던 것으로 여겨진다.

3 C. W. Mills, *The Sociological Imagination*(New York: Oxford University Press, 1959).

2. 무어 교수의 약전

앞에서 언급한 미국의 사회학자 밀즈와 거스(Hans H. Gerth)는 1946년에 펴낸 막스 베버의 영역 논문집[4] 앞부분에 기고한 베버의 약전에서 대학자가 될 수 있었던 조건으로서 '창조적 여가'(creative leisure)를 언급한 바 있다. 물론 막스 베버는 큰 부자는 아니었지만 자신의 개인적 사정으로 대학교수로 재직한 기간은 얼마 되지 않았으면서도 학자로서의 학문 활동은 지속할 수 있었다. 밀즈와 거스는 베버가 대학자로서의 작업을 할 수 있었던 여건으로 직업인으로서의 교수들과는 달리 학문외적 업무에 시간을 뺏기지 않으면서 자신의 학문적 작업에 집중할 수 있었던 좋은 환경을 가졌다는 점을 지적했던 것이다. 이러한 환경에 관한 사항은 배링턴 무어 교수의 개인 약전을 언급하는 사람들에 의해 가장 많이 그리고 우선적으로 지적되는 점이 되기도 한다.

1913년 5월 12일 워싱턴 DC의 부유한 집안에서 태어난 무어는 엘리트 교육을 받은 것으로 알려져 있다. 중고등학교로는 동부 명문의 하나로 알려진 로드 아일랜드 주 뉴포트 시 소재의 기숙사립학교인 세인트 조지 고등학교(St. George's School)를 다녔고, 대학은 매사추세츠 주의 윌리엄즈 대학(Williams College)을 다녔다. 교수 전원이 아이비 리그 출신으로 구성되어 있는 것으로 유명한 이 학교는 인문 기초분야를 집중적으로 교육하는 것으로도 널리 알려져 있다. 무어는 이곳에서 라틴어

4 H. H. Gerth and C. W. Mills, eds. & trs., *From Max Weber: Essays in Sociology* (New York: Oxford University Press, 1946).

와 고전 그리스어 같은 고전학을 전공했고 독일어에도 정통했던 것으로 알려져 있다. 이러한 고전어와 외국어의 기초가 그의 학문방향을 정하는 데 큰 역할을 했던 것으로 지적된다.

그는 예일 대학교로 옮겨 사회계층 분야의 연구로 1941년에 박사 학위를 취득했다. 학위를 마친 후 그는 전쟁 중 정부기관, 오늘날의 중앙정보국(CIA)의 전신으로 알려진 전략연구청(OSS: Office of Strategic Studies) 및 법무성에서 정보분석관으로 일하기도 했다. 당시 국무성에서 동유럽과의 과장 서리로 일하던 마르쿠제(Herbert Marcuse)를 알게 되었는데, 이 두 사람은 여러 가지 면에서 다른 입장을 보이면서도 마르쿠제의 사망 시까지 비판적 이론의 동지로서 우정을 지속했다.

종전 후 무어는 시카고 대학교에서 강의를 시작했지만 1948년에 하버드 대학교로 옮겼다. 그는 잠시 사회관계학과(Department of Social Relations)에서 강의했지만 이곳에 자리 잡지 않고 1951년에는 러시아문제연구소(Russian Research Center)로 근거지를 바꾸어 이곳에서 1979년 정년퇴임 시까지 재직했다. 그가 자리를 옮긴 것에 대해서 당시 미국 사회학의 태두였던 탈콧 파슨즈의 사회학 패러다임을 거부했기 때문에 무어 자신이 그곳에 머무르기를 거부했다는 설과 파슨즈를 중심으로 하는 학과 내 다수파에 의해 배척되었다는 설 등 상충되는 설명이 있었지만, 여하튼 간에 무어의 이론적 입장이 파슨즈의 사회학과 조화되기 어려웠다는 점을 말해준다. 또한 중요한 것은 무어 자신의 경제적 여유 덕분에 그는 대학 내에서의 지위 같은 세속적 문제에 상대적으로 초연하면서 자신의 계획에 맞추어 학문적 작업을 밀고 나갈 수 있었다는 점이 될 것이다.

그의 가까운 친구들이나 제자들의 회상에 따르면, 그는 집안의 내력을 이어받아 요트 항해에 대단한 취미를 갖고 있어 대부분의 여름은 자신의 요트에서, 그리고 겨울에는 유타 주에 있는 자신의 스키 별장에서 지냈던 것으로 알려져 있다. 이러한 점은 표면적으로는 그의 사상이 드러내는 대단히 급진적인 면과 상당히 대조적인 측면으로 보이므로 여러 사람들에 의해 자주 지적되는 부분이다. 그러나 하버드 대학 사회학과의 호만스(George C. Homans) 교수와 함께 무어가 공동 박사지도 교수로 논문을 지도했던 틸리(Charles Tilly)는 그러한 여유가 바로 무어 교수의 독립적 사유의 기초가 되었다는 점을 강조한다. 이러한 독립심은 기성의 패러다임을 그대로 받아들이기를 거부하고 자기 스스로를 설복할 수 있을 때까지 문제를 끝까지 추적하려 했던 그의 철두철미한 탐구 자세로 나타났던 것으로 여겨진다. 이러한 그의 자세로 인해 그는 학문적으로 어떤 타협도 받아들이지 않으려 한 급진적 인물로 여겨지기도 했다. 이러한 의미에서 영국 출신의 정치사회학자인 네틀(J. Peter Nettl)은 무어를 평해서 "단독으로 행동하는 위대하고 준엄한 학자적 자세를 갖춘 급진주의자"라고 평하기도 했다.[5]

하버드 대학교 러시아문제연구소에서 활동하면서 러시아 정치와 관련하여 무어는 두 권의 책을 출간했는데 『소비에트 정치학』(*Soviet Politics*, 1950)과 『공포와 진보: 소련』(*Terror and Progress USSR*, 1954)이 그것들이다. 이 작업들을 통해 그가 공통적으로 보인 관심은 정치적 폭력, 억압, 권위주의, 전체주의, 정치 이데올로기 등의 문제들이었는데, 이 문제들의 일부는 그가 전시 중 수행한 OSS에서의 활동과 연결된 것으로 이해된다. 그는 또한 사회과학의 방법, 전체주의적 억압의 역사적 기원에 관한 문제들에 관해 기왕에 발간된 논문들을 묶은 책 『정치권력과 사회이론』(*Politcal Power and Social Theory*, 1958)을 출간했는데, 이 책에 실린 논문들의

5 "Return of the Intellectual," *New Statesman* 73(October 6, 1967), p. 438.

공통점을 들라고 한다면 아마도 당시까지의 미국 주류 사회과학의 이데올로기적 한계에 대한 비판의식을 말할 수 있을 것이다.

러시아의 전체주의에 대한 연구결과의 일부로 여겨지는 그의 중심 논지 가운데 하나로 전체주의를 산업자본주의적 현상의 일부로 보는 견해에 대한 그의 비판이 있다. 제2차 세계대전 이후 서방세계, 특히 미국에서는 나치즘과의 대결 경험과 막 시작된 냉전 분위기로 인해 전체주의에 대한 집중적 연구가 이루어졌는데, 거의 대부분의 논의는 이러한 전체주의적 통제를 기술적으로 가능하게 만들었던 산업사회적 양상을 고려하여 전체주의를 20세기에 와서 대두된 독특한 역사적 현상으로 취급하는 경향이 있었다.[6]

이에 비해 무어는 기술적 조건보다는 사회를 총체적으로 통제하려는 시도를 중요시한다. 그리고 이러한 시도는 이미 농업사회에서도 존재했다는 점을 강조하고 있고, 또한 자유사회에서도 사람들의 행동을 일정한 틀에 순응하도록 하는 경향이 있음을 역설한다.[7] 실제 무어에 있어서는 산업사회의 기술적 조건을 바탕으로 하는 완성된 통제기술과 이데올로기적 프로파간다를 바탕으로 하는 20세기에 국한된 전체주의보다는 정치적 억압이라는 보다 일반적인 정치적 폭력이 더 중요한 문제로 여겨지는 것으로 보인다. 이러한 관점에서 직접적인 폭력을 바탕으로 하

---

6 이러한 경향의 대표적 논의로는 Carl J. Friedrich and Zbigniew K. Brzezinski, *Totalitarian Dictatorship and Autocracy*(Cambridge: Harvard University Press, 1956)을 들 수 있다.

7 이러한 두 가지 경향에 대한 논의는 앞서 언급된 1958년 책의 두 개 장에서 심도 있게 다루어지고 있다. 앞의 것은 2장 "Totalitarian Elements in Pre-Industrial Societies"에서, 뒤의 문제는 6장 "Reflections on Conformity in Industrial Society"에서 논의된다.

는 정치적 억압이 일상적 정치행태가 되고 있는 권위주의 또는 독재에 보다 큰 관심을 갖는 것은 자연스러운 일처럼 여겨지는데, 그의 책의 제명에서 '독재'(dictatorship, autocracy)라는 말이 강조되는 점에 유의할 필요가 있을 것이다.

사회과학의 방법에 관한 책을 출간한 후 상당 기간의 공백기가 있다가 1966년이 되어서야 그는 그의 주저로서 의문의 여지가 없는 『사회적 기원』을 출간하는데, 그동안에 그는 이 책의 저술을 위한 연구에 매진했던 것으로 전해진다. 1958년의 책에서는 그가 『사회적 기원』을 통해서 하고자 했던 상당 부분의 논점들이 이미 언급되고 있는데, 따라서 『사회적 기원』에 대한 저술은 이미 러시아 문제에 관한 저술이 마쳐지면서 의도된 것으로 볼 수 있다. 따라서 무어가 이 책의 저술에 바친 시간은 10년이 넘을 것으로 추정된다. 1960년대 전반에 무어의 대학원 세미나에 참석했던 사람들의 증언에 의하면 이때 세미나에서 부과되었던 독서 자료들 대부분이 『사회적 기원』에서 이용되었던 것이라고 한다.

3. 『사회적 기원』의 내용 요약

무어는 『사회적 기원』의 저술 의도에 대해 자신의 책 첫머리에서 "농업사회로부터 근대 산업사회로의 전환과정에서 상층 지주계급과 농민들이 담당했던 여러 가지 정치적 역할을 설명하는 것"(xi/5)[8]으로 압

8 무어의 제자이기도 했던 틸리는 러시아와 독일에 관해서는 이미 원고가 마련되어 여러 차례 수정되면서 타이프라이터로 찍은 복사물이 회람되었다고 회고하고

축적으로 밝히고 있다. 이러한 작업은 "이 두 개의 농촌집단이 개별적으로 또는 함께 서양의 의회주의 민주주의와 좌우의 독재체제, 즉 파시스트 정권과 공산주의 정권이 대두하던 그 이면에서 중요한 세력이 되게끔 만든 역사적 조건들의 범위를 발견하려는 시도"(xi/5)인 것이다. 좀 더 평이하게 말한다면 무어의 작업은 20세기에 나타났던 세 가지 상이한 정치체제인 의회민주주의, 파시즘 및 공산주의의 사회적·역사적 기원을 찾는 것인데, 그가 특히 주목하는 점은 그 전환과정에서 농촌사회의 양대 세력인 지주계급과 농민이 담당했던 역할이다.

그러한 자급형 농업사회에서 산업사회로의 전환은 기존의 이해관계의 변동을 수반하고 동시에 중요한 사회집단 전체가 해체되고 재편성되는 과정을 겪을 수밖에 없으므로 불가피하게 다양한 갈등과 투쟁을 낳게 된다. 근대사회가 수립되면서 취하게 되는 정치체제의 형태는 결국 그러한 투쟁의 결과로서 출현하게 되는데, 그 결과는 근대사회의 모체로서 전근대사회를 구성하는 주요 세력들 간의 힘의 관계에 의해 결정된다. 따라서 전근대사회의 양대 사회세력인 상층부의 지주계층과 농민이 당연히 논의의 중심적 지위를 차지하게 되는 것이다.

무어는 산업화 이전의 세계에서 근대사회에 이르는 역사적 도정(道程)을 크게 세 가지로 나누어 관찰하고 있는데, (1) 자본주의와 의회민주주의로 연결된 부르주아 혁명, (2) 자본주의를 바탕으로 하는 반동적인 정치체제(파시즘), (3) 공산주의가 그것들이다. 압도적으로 농업사회였

있다. 그러나 『사회적 기원』이 인쇄에 들어갈 때에는 독일과 러시아에 관한 더 나은 학술적 업적이 나타났기 때문에 최종 출간된 책에서는 독일·러시아 장을 제외한 것이라고 그는 전하고 있다. Charles Tilly, "Barrington Moore, Jr.," *Canadian Journal of Sociology Online*, January–February 2006. *인용 면수 중 뒤의 것은 번역판의 것임.

던 전근대사회에서 근대사회로의 변화는 농촌사회의 해체를 의미하고, 보다 구체적으로는 농촌사회의 양대 세력인 지주계층과 농민의 해체 및 변화를 말하는 것이다. 이러한 변화, 즉 농업의 상업화라는 도전에 대해 이들 양대 세력이 취한 대응방식의 성격이 다양한 정치적 결과가 만들어지는 과정에서 가장 결정적인 요인으로 지적되고 있는데(xvii/11), 또한 그들 양대 세력이 취하게 된 특정한 태도를 결정한 다양한 또 다른 변수들과 이 변수들의 상호작용을 검토하는 것이 무어의 작업내용이 되고 있다.

이러한 작업을 위해 그는 20세기에 와서 상기 세 가지 정치체제를 대표하는 나라들을 선택하여 비교역사학적 고찰을 시도하고 있다. 첫 번째 의회민주주의의 경우로는 영국, 프랑스 및 미국, 두 번째 파시즘의 경우로는 일본, 공산주의의 경우로는 중국이 검토되고 있고, 과거 한때 '아시아의 민주주의'로 지칭되던 인도의 경우는 제4의 유형으로 논의된다. 공산주의의 전형적 경우로서 러시아와 파시즘의 전형이었던 독일의 경우는 논의에서 제외되고 있는데, 저자 자신의 설명에 따르면 이미 많은 일급의 연구가 이루어져 있고, 이들을 포함시킬 경우 책이 너무 길어질 것이기 때문에 제외하기로 결정했다고 한다(xii/6).[9] 그러나 3부(7-9장)에서의 이론적 논의과정에서 비교를 위해 러시아와 독일의 경우가 논의되고 있어 이 두 경우가 완전히 논의에서 빠진 것은 아니다. 참고로 무어의 논의에서 검토되는 나라들의 경우는 전부가 그 발전과정이 전적으로 대내

9 이 책은 총 3부 9장으로 구성되어 있다. 1부(1-3장)는 의회민주주의의 길을 걸은 영국, 프랑스 및 미국의 경우가 다루어지고 있고, 2부(4-6장)에서는 아시아를 대표하는 3개국, 즉 중국, 일본 및 인도의 경우가 논의된다. 3부에서는 의회민주주의, 파시즘 및 공산주의의 세 가지 경우에 대한 이론적 논의가 이루어진다. 그리고 에필로그와 부록이라는 이름이 붙은 추가의 논의에서는 당시까지의 보수적 사회이론에 대한 비판적 논의가 이루어진다.

적 요인에 의해서 이루어진 나라들임에 유의할 필요가 있다. 정치적·경제적으로 다른 강력한 국가에 의존해 온 중소국가들의 경우는 그 발전의 (많은) 결정적 요인들이 외부적인 것들이기 때문에 순전히 대내적 요인에 의해서 발전과 변화과정의 모습이 결정된 나라들을 다루는 무어의 경험적 일반화라는 작업에 적합한 사례가 될 수 없다. 이러한 점은 무어 자신이 밝히고 있는 점인데(xiii/7), 그렇기 때문에 무어의 논의에서 취급되는 나라들은 단순히 편의상 선택된 경우가 아니라 다룰 수 있는 모든 경우가(독일과 러시아만 제외한다면) 다 포함된 것이라 말할 수 있다.

서양식 민주주의가 싹틀 수 있는 정치적·사회적 조건들을 논의하면서 무어는 우선 어떤 특정 집단이나 개인들이 지배자의 권력으로부터의 간섭이 배제된 자유로운 영역을 누릴 수 있다는 관념, 부정의한 권위에 대한 저항의 권리를 가진다는 관념, 그리고 자유로운 개인들 간에 자유롭게 맺어지는 상호적 약속으로서의 계약관념 등의 존재를 지적하고 있다(415/419). 이러한 관념군은 오로지 서유럽에서만 출현했는데, 이렇게 되기 위해서는 주요한 정치세력들, 즉 절대군주, 농촌의 지주세력으로서의 귀족과 도시세력으로서의 부르주아지 사이의 일정한 균형상태가 이루어졌어야 했다고 지적된다(417–418/421). 이러한 의미에서 "부르주아 없이는 민주주의도 없다"라는 마르크스주의의 고전적 명제에 대해 무어는 기본적으로 동의하지만, 이러한 명제의 의미가 제대로 이해되기 위해서는 부르주아지를 둘러싼 농촌사회의 양대 세력과의 동맹 또는 대립관계의 이해가 전제되어야 한다고 말한다.

그러한 사회세력 또는 계급들 사이의 일정한 균형상태의 존재 여부 및 성격을 결정짓는 주요 요인으로서 무어는 세 가지를 말하고 있는데, 아래에서 상세히 논의되고 있는 상업적 충격의 강도, 상업적 농업의 형식(노동억압적 또는 시장적) 및 농민혁명의 잠재력 등이 그것들이다. 그리고 이 세 가지 요인은 그의 논의의 기본 구조를 이루고 있다.

3-1. 상업적 충격의 강도

전근대 농업사회에서 근대 산업사회로의 이행과정에서 결과되는 다양한 정치체제의 결정인자를 탐구하는 무어의 논의 전체에 있어 가장 중요하게 제시되는 요인 또는 변수는 상업적 충격의 강도이다. 절대주의는 영국, 프랑스, 독일 등지에서 모두 수립되었으나 그에 대한 견제가 처음으로 이루어진 곳은 영국이었다. 그러한 점은 영국의 경우 상업적 충격이 강했던 까닭으로 토지귀족들이 가장 먼저 상업적 성격을 획득했기 때문이라고 설명된다. 즉 절대주의가 뒤에 어떻게 변모했는가를 결정한 가장 중요한 인자는 토지귀족의 상업세력화 여부와 그러한 상업화가 취한 형태라고 무어는 말한다(419/423). 예컨대 영국의 경우 지주귀족들은 일찍이 상업화되었기 때문에 군주에 대한 의존관계를 일찍이 털어내었고, 따라서 왕실의 절대주의화 기도에 적대적 태도를 취했던 것으로 설명된다. 동시에 영국에서 농업의 상업화가 취한 형태는 예컨대 동부 독일의 경우와 달리 도시세력의 이해관계와 일치했기 때문에 절대주의화 기도에 맞선 의회파의 승리가 확보될 수 있는 요인으로 작용한 것이라고 설명된다. 이와 달리 상업화의 충격이 약했던 지역에서는 대규모의 농민층이 잔존하게 되어 민주주의 수립에 상당한 방해요소로 작용했던 것으로 풀이된다. 최악의 경우 농민혁명의 저수지 역할을 하게 됨으로써 결국에는 공산혁명으로 이어졌거나 상층계급이 이들 농민층을 토지에 묶어두려고 각종 정치적·사회적 지렛대를 사용하려 한 경우에는 파시즘으로 결과하기도 했다고 주장한다(420/423-424).

한편 농업의 상업화 정착 정도를 결정짓는 요인을 추적하는 작업과 관련하여 무어는 전통 또는 문화 등을 말하는 재래적인 설명에 반대하고, 대신 주변지역의 시장 또는 적절한 교통수단의 존재 같은 상업화를 위한 기회의 존재 여부에 주목한다. 그러나 무엇보다도 중요한 것은 정치적 변수로서 상층계급들이 상업화에 의존하지 않고서도 지대수취 같이 자신들의 이익을 챙기는 과정에서 국가의 강제장치를 손쉽게 이용할 수 있는 경우에는 굳이 상업화의 노력을 기울이지 않았다고 설명된다. 구체적인 예로 아시아 대부분의 나라들과 혁명 전의 프랑스와 러시아가 지목된다. 이 점은 결국 기존의 왕국과 상층 지주계급의 관계와 시장 상대 생산을 위한 요청사항에 대한 지주계급의 대응방식에 관한 것인데, 이러한 논의에는 이미 상층 지주계급과 도시민, 특히 부르주아지라고 부르는 상층부 도시민 사이의 협력과 대결의 다양한 형태 문제가 깔려 있는 것이라고 무어는 말한다(423/426). 무어에 있어 이 문제는 대단히 중요한 것으로서, 근대에 있어 상대적으로 자유로운 사회의 발전에 기여한 지주계급과 도시민들 사이의 관계가 구체적으로 어떤 것이었는가를 찾아내는 것이 자신의 작업의 주된 내용이라고 한다.

앞에서 언급되었듯이 민주주의의 경로를 밟은 영국을 바탕으로 관찰할 때 의회민주주의의 정착에는 왕국, 지주계급 그리고 도시민(부르주아지) 사이의 힘의 관계가 가장 중요한 변수로서 논의되는데, 비록 소극적 의미에서이기는 하지만 농촌(농민)의 역할을 기억해둘 필요가 있다. 즉 농민이 (상대적으로) 평화적인 방식으로 다른 종류의 사회세력으로 전환됨으로써 농민문제가 제거되는 일 혹은 농업부문의 순치(馴致)가 민주주의를 위해 최선의 전조가 되는 일이라고 무어는 강조한다(422, 429/425, 431). 역사상 가장 평화적이었다고 평가되는 영국의 민주주의의 수립은 농민문제가 인클로저 운동을 통해 해결되었기 때문에 가능했던 것이라고 무어는 평가한다. 인클로저 운동이 결코 평화로웠던 것은 아니지만, 후일의 러시아나 중국 또는 독일의 경우에 비해 참혹함이 훨씬 덜한 방식으로 농민문제가 해소되었기 때문에 농민층이 혁명적 목적이나 반동적 목적을 위해 사용된 폭력의 저수지로 사용될 수 있는 것이 예방되었다는 것이다. 자유주의 기치 하에서 이루어진 부르주아 혁명에서도 일정한 정도의 폭력과정은 불가피했던 것이고, 영국의 인클로저 운동에서 드러난 폭력성은 민주주의의 평화적 이행이 취할 수 있는 폭력성의 최소한의 한계로 보아야 한다고 무어는 강조한다(426/429).

3-2. 상업화된 농업에 있어서의 노동 통제방식

농업 중심의 전근대사회가 근대 산업사회로 전환되면서 농업은 상업화하게 되는데, 농촌에서 지주계급이 시장을 상대로 한 농업활동을 위해 노동력을 확보하는 방법으로서 무어는 두 개의 이상적인 유형을 제시한다. 노동억압적 방식과 시장적 방식이 그것들이다(433-434/435-436). 전자의 경우는 농민사회의 기존 체제를 바꾸지 않은 채 이들의 노동력 확보를 위해 정치적 강제력을 사용하는 것을 말하고, 후자는 노동시장을 통한 노동력 확보 방식을 말하는데, 이 노동 통제에 관한 두 개의 유형론은 한 사회가 근대사회로 전환하는 과정에서 민주주의의 성장 여부를 결정하는 두 번째 중요한 변수로 제시되고 있다.

상업화된 농업에 있어 노동억압적 방식의 노동 통제방식이 시장적 방식에 비해 농민들의 고통을 더 많이 결과하는 것은 아니지만, 무어에 있어서 중요한 문제는 농민들의 고통의 양이 아니라 노동억압적 방식이 민주주의 성장을 위해 비우호적인 토양이 되고 제도적 복합체의 적지 않은 부분이 파시즘으로 유도된다는 점이다. 따라서 그는 왜 그리고 어떠한 방식으로 그렇게 되는가를 밝히는 데 많은 노력을 기울인다.

농업생산이 시장에서의 판매, 즉 상업목적의 생산으로 변화되면서 지주계층은 농민층에 대한 전통적인 우월적 지위를 유지하면도 동시에 이들을 토지에 계속 묶어두어야 할 필요가 생긴다. 이러한 작업은 결국에는 국가의 강제력에 대한 의존을 필요로 한다. 무어는 앞서 의회민주주의의 조건을 말하면서 상층 지주계급의 왕국으로부터 상대적인 독립을 말한 바 있는데, 사회경제적 필요에 따른 지주계급의 대왕국 의존이 높아지면서 그러한 독립이 점차로 줄어들게 되어 결국은 의회민주주의의 중요한 조건 하나가 사라진다는 점을 지적한다(435/438).

국가에 대한 지주계급의 높은 의존은 프러시아에서 전형적으로 나타난 일인데, 국가와 귀족 간 힘의 관계가 유일한 변수는 아니다. 즉 도시 부르주아지의 역할이 중요한 매개변수가 된다. 19세기 후반 근대화-산업화가 심화되는 과정에서 상공업 계층이 정치적·사회적으로 상승했는데, 지주계층과 이들 사이의 상대적 힘의 균형이 중요한 변수가 된다. 그런데 독일-프러시아의 경우 도시 상공업 계층은 독자적으로 정권을 장악할 만큼 성장하지 못했다. 이러한 상황에서 노동자 계층의 성장은 이들에게 커다란 정치적·사회적 위협을 주었고, 따라서 이들은 토지귀족과 왕국에게 자신을 맡길 수밖에 없었다. 이들 상공업 계층은 그러나 중국과 러시아 같이 공산혁명이 일어나는 것을 막을 만큼은 강했다. 그러나 이러한 노동억압적 농업은 미국과 같이 선진기술을 갖춘 나라들로부터의 강력한 경쟁에 직면하여 자신의 경제적 지위와 정치적 지배를 지속하기 위해 권위주의적이고 반동적인 경향을 더욱 강화하지 않으면 안 되었다고 무어는 말한다(437/439).

이러한 정치체제는 아직은 파시즘으로 말할 단계에 도달한 것은 아니다. 이러한 보수주의 정권도 과거의 봉건유제를 파괴하고 새로운 것을 도입하는 데 나름대로의 상당한 성과를 거둘 수 있지만 문제는 그 사회구조의 내부까지를 바꾸지는 못한다. 보수적인 정부가 외형적인 근대화를 꾀하는 근본적인 이유 중 하나는 원래의 사회구조를 가능한 범위 안에서 유지하고자 하기 때문인 것이다. 따라서 보수적 근대화의 작업 결과는 비유적으로 말해 "부족한 화장실과 새롭게 칠한 벽 안에 단정하게 감추어져 있는 물 새는 수도관을 그대로 갖추고 있지만 현대 전기식 부엌을 갖고 있는 오늘날의 빅토리아식 건물" 같은 것이라고 지적된다(438/440). 사회구조의 온존(溫存)을 목적으로 하는 보수주의적 개혁은 노동자·농민층으로부터의 불만 표출과 도시와 농촌 상위계층 사이의 갈등을 낳을 수밖에 없게 된다. 이러한 딜레마를 해소하기 위해 군국주의를 추구하고 이를 정당화하기 위해 국제적 갈등을 고조하는 정책을 취할 수밖에 없게 되는데, 대체로 이러한 단계에 이르게 되면 파시즘을 언급할 수 있는 것이라고 주장한다(439/441).

이러한 파시즘의 경향이 반드시 독일에만 국한된 것은 아니고 영국에서도 한때(19세기 전반부) 이러한 경향이 짙게 나타난 적이 있었던 것으로 무어는 말한다. 그러나 영국의 경우는 우선 중앙정부가 확보하고 있었던 억압수단(예컨대 육군병력과 경찰)이 크지 않았고, 부르주아지들은 일찍이 성취한 산업화 덕분에 토지귀족에 대한 정치적 의존 이유도 없었을 뿐만 아니라, 귀족 또한 노동력 확보를 위해 농민층을 정치적으로 억압할 필요가 없었기 때문에 독일과 같은 권위주의적 보수주의와 그 극단적 형태인 파시즘은 처음부터 자리 잡을 수 없었다고 설명된다(444/445).

3-3. 농민층의 혁명적 잠재력

부르주아 혁명이나 파시즘의 경우는 모두 농업의 상업화가 일어난 곳에서 발생한 현상인 데 비해 러시아나 중국이 그 대표적 경우인 공산혁명은 농업의 상업화가 실패한 곳에서의 양상이다. 우선 러시아와 중국에서의 공산혁명을 무어는 기본적으로 농민혁명으로 규정한다. 이곳에서의 혁명이 지식인 출신의 직업혁명가들에 의해 주도되고 완성되었지만 기본적으로는 농민층의 좌절과 불만에서 비롯되었다는 점에서 농민혁명으로 규정되어야 한다는 것이다(480/479).

농민혁명의 발발이 있기 위해서는 우선 정치적 세력으로서의 농민층이 잔존해 있어야 하고, 그 농민층이 충분히 강력한 세력으로 작용할 수 있는 농촌사회가 잔존해 있어야만 한다는 점이 지적된다. 이러한 점이 쉽게 설명되기 위해서 정반대 사례인 영국과 독일의 경우가 소개된다. 영국의 경우 양모산업의 발전으로 인해 지주계층은 노동력보다는 토지를 더 필요로 했기 때문에 토지에서 농민들을 몰아냈고(444, 460/445, 461), 독일의 경우는 정반대로 지주귀족들이 수출용 곡물생산을 위해 농민들을 강제력을 통해 토지에 결박시킴으로써(460-464/461-465) 농민들을 정치적으로 무력화시켰다는 점을 무어는 강조한다.

이에 비해 중국과 러시아에서 상층 지주계급은 상공업이 중심이 되는 근대 세계로의 진입에도 실패하고 농민들의 기존 사회조직을 파괴하는 것에도 실패함으로써 사회적 불만의 원천을 그대로 남게 했다고 그는 말한다(467/467). 사회적 불만을 가진 대규모의 농촌사회가 온존하고 있다는 사실 자체만으로 혁명이 바로 발발하는 것은 아니다. 혁명이 일어날 수 있는 것은 다른 조건들 또는 매개변수들의 작용과도 관련되는데, 무어는 다음과 같은 세 가지를 들고 있다. (1) 농촌 공동체와 지주들이 맺고 있는 연계의 성격, (2) 농민층 자체 안의 계급관계, (3) 농민 공동체가 갖는 유대 또는 응집력(468/467-468) 등이 그것들이다. 예컨대 러시아의 경우는 농촌사회의 강한 유대가 제정 러시아의 붕괴에 크게 도움이 되었으나 중국의 경우 원자화된 농민층 때문에 혁명의 성공은 중국 공산당의 적극적인 역할을 필요로 했다.

농업의 상업화가 일어나지 않고 기존의 농촌조직이 그대로 남아 있던 러시아나 중국의 경우 재래적인 수취관계에서만은 더 나쁜 형태로 변화했다. 즉 다른 국가들에서 이루어진 농업의 상업화와 산업화의 영향으로 국가나 지배계급이 농민들을 상대로 해야만 하는 경제적 수취의 양은 더 증가할 수밖에 없게 된다. 무어는 이 점에 관해 명백히 말하고 있지는 않지만 우리는 강화된 군사경쟁과 다른 부분에서의 소비증대 등을 그 요인으로 쉽게 짐작할 수 있다. 특히 혁명 전 프랑스의 경우 중앙집중화가 강화되면서 왕국은 구귀족들의 경제적 특권은 해치지 않고 그대로 두면서 더 많은 수취를 시도했는데, 그 추가 부담은 모두 농민에게 전가되었다. 이렇게 구귀족들은 기왕에 행하던 농민에 대한 보호 기능을 상실한 채 농민의 사회경제적 지위는 더욱 열악해질 수밖에 없었다(472/472). 이렇듯 농민들에 대한 재래적 수취관계는 아무런 변동이 없으면서 새로운, 즉 자본주의적 경제잉여의 수취가 추가될 때 농민들은 봉기했던 것으로 설명된다(473/473).

이러한 상황들을 다양한 각도에서 검토하면서 무어는 이제 다음과 같은 결론을 내린다(477/477).

> 요약컨대 농민혁명의 가장 중요한 요인들로는 상층부 지주계층들에 의해 주도된 상업혁명의 부재와 이에 수반하는 농촌 사회제도들의 (새로운 긴장과 시련을 겪는) 근대까지의 잔존을 들 수 있다. 일본에서와 같이 농민 공동체가 남아 있는 곳에서는 혁명이 회피되기 위해서는 지배계급이 농촌에서 긴밀한 유대를 맺고 있어야만 했다. 따라서 농민혁명을 돕는 중요한 요인으로 상층계급과 농민관계의 수탈적 성격에 더해 상층계급들과 농민사회를 묶는 제도적 연결고리의 취약성이 있다.

지금까지 우리는 배링턴 무어의 논의의 기본 골격을 중심으로 요약했다. 그에게 있어서 자유주의적 의회민주주의가 달성될 수 있기 위해서 가장 중요한 것은 농업의 상업화라는 도전에 대해 구사회의 지배계급, 특 토지귀족들이 어떻게 대응했는가 하는 것이었다. 이 과정에서 상층부 지주계급들은 농민을 직접 수취하지 않으면서 농민을 토지로부터 몰아냄으로써 농민 문제를, 즉 근대사회로의 진입과정에서 만들어지는 폭력적 요소를 원천적으로 해소했던 것으로 이해한다. 이에 비해 독일과 같은 경우 지배계급의 상업적 농업에 대한 대응은 강제력을 바탕으로 농민을 토지에 결박해야만 하는 상황에 부딪혔고, 이에 따라 권위주의적 정치체제의 존재가 필요하게 된 것이라고 본다. 공산혁명의 경우는 농업의 상업화의 실패에 따른 농촌사회의 잔존과 농민에 대한 추가적 수탈의 필요성 때문에 발생한 농민혁명으로 이해된다.

4. 『사회적 기원』에 대한 학계의 반응

『사회적 기원』은 출판되자마자 학계에 상당한 반향을 일으켰는데, 이러한 반향의 증거로 우선 1967년에는 우드로우 윌슨 재단 상(Woodrow Wilson Foundation Award)이 수여되었고, 1968년에는 미국사회학회가 주는 매키버 상(MacIver Award)이 수여되었다는 점을 들 수 있을 것이다. 이 책에 대한 외국에서의 관심도 대단하여 발간 10년 안에 프랑스어, 독일어, 스페인어, 이탈리아어 그리고 스웨덴어로 번역되었다. 한글 번역판은 1985년이 되어서야 나왔는데, 아마도 이 책이 갖고 있는 독특한 관점과(마르크스주의와 연관되는 일체의 논의가 허용되지 않던) 그 당시 한국 사회의 특수성 때문에 출간되기 어려웠을 것이라는 짐작이 가능하다.

무어의 작업에 대한 학계의 반응도 당연히 엄청난 것이었다. 『사회적 기원』에 대한 토론이 집중적으로 이루어진 출간 후 10년간에 있어서 영어권 학술지를 통해 나온 비평은(짧은 학술지의 논평과 본격적인 비평 논문 모두 포함하여) 대략 30편을 훨씬 넘었다. 이러한 대단히 큰 반응이 만들어진 이유는 여러 가지 각도에서 언급될 수 있을 것이다. 우선은 『사회적 기원』에서 토론되는 사례들의 폭이나 깊이가 당시까지 미국 학계에서 나온 인문·사회 분야의 그 어떠한 작업들과도 비교할 수 없는 것이었다는 점을 들 수 있을 것이다. 또한 뒤에 다시 언급되겠지만 지금까지 학계의 '정통적' 시각에 정면으로 도전하는 시도로 여겨질 수 있다는 점도 기억할 필요가 있다. 이 '정통'은 이데올로기의 좌우를 모두 포함한다. 기성 학계를 주도하던 자유주의 입장에서는 무어의 논의가 갖고 있는 우상파괴적 성격에 대해, 그리고 마르크스주의 계열 학자들의 경우 무어의 논의가 갖고 있는 정통 마르크스주의적 관점에 대한 수정 요구에 대해 대단한 불편함을 표시했다. 이러한 논의들은, 무어에 대한 비평들을 종합적으로 검토한 바 있는 한 필자에 의하면, "무어의 작업이 갖는 장단점을 드러내는 것이기도 하지만 동시에 [미국과 유럽의] 사회과학의 현상태의 모습을 그대로 보여주는 것"이었다.[10] 즉 다양한 시각에서 무어에 대한 비판이 이루어졌다.

『사회적 기원』에 대한 논평들은 대체로 세 가지 내지 네 가지로 분류해 볼 수 있다. 첫 번째로 들 수 있는 것은 무어의 사회계급을 중심으로 하는 분석과 관련한 방법론을 둘러싼 논의, 두 번째는 무어의 논의에

10 Jonathan M. Wiener, "The Barrington Moore Thesis and Its Critics," *Theory and Society*, 2-3(Autumn, 1975), p. 323.

서 사용되는 중심적 개념들의 적절성에 관련된 논의, 세 번째는 무어 논의의 학설사상의 위치, 그리고 마지막으로 개별 국가들의 역사에 관련된 무어의 논의의 적절성 등에 관한 것들이 그것들이다.[11]

4-1. 방법상의 문제

무어의 사회계급 분석을 기초로 한 논의에 대해서 당시 주류 미국 학계의 기본적 반응은 당시까지 배척되던 마르크스주의적 관점이 채택된 점에 대한 거부감과 연관되는 것으로 보인다. 책이 출판된 직후 당시 미국 정치학계와 사회학계의 중심인물이었던 알몬드(Almond, 1967)와 벤딕스(Bendix, 1967)는 바로 논평을 시도했는데, 모두가 무어의 사회계급 중심의 분석방식에 대한 불편함을 토로하고 있다. 알몬드는 무어의 책이 "우리들이 애써 피해온 문제들, [특히] 상이한 근대화의 정치적 도정들 사이의 상대적 비용 문제에 대해 우리들로 하여금 자세히 살펴보도록 하고 있다"고 높이 평가하면서도 그러나 무어는 "경제결정론으로 흐르는 경향이 있는데", 이 점에서 "균형을 상실하고" 있다고 비판하고 있다(Almond, 1967: 769).

이러한 입장에서 볼 때 무어의 논의는 정치에 대한 경제의 우위를 강조하는 마르크스주의 도그마에 매달려 있는 논의로서 사상이나 관념이 역사형성에서 갖는 독자적 역할을 무시하고 있기 때문에 근본적으로 결함이 있는 것으로 평가되었다(Lowenthal, 1968: 259). 이러한 입장에 대해

11 이러한 구분은 Jonathan M. Wiener의 앞의 논문(1975)과 무어의 『사회적 기원』에 대한 같은 필자의 리뷰 논문[*History and Theory*, 15-2(May, 1976), pp. 146-175]에서의 논의를 원용한 것이다.

적지 않은 수의 학자들이 동감을 표시하고 있는데, 이러한 논조를 가장 분명하게 제시하는 것 중 가장 잘 알려진 논의로는 로스만의 글을 들 수 있을 것이다(Rothman, 1970). 로스만은 무어의 이론적 입장을 (1) 생산양식이 사회계급들의 이데올로기를 결정하고, 또한 (2) 모든 지배계급은 가능한 최대의 착취를 일차적 목표로 한다는 두 가지 명제로 구성되는 경제적 결정론으로 규정하면서 이 결정론의 결함을 지적하는 데 초점을 맞추고 있다(Rothman, 1970: 62).

로스만의 비판점에 적지 않은 문제가 있는 것으로 지적되는데, 우선 무어가 사용하는 계급분석의 시각은 사회구조적 설명을 말하는 것으로 이것과 경제결정론을 혼동해서는 안 된다는 점이 지적된다. 단순한 경제결정론은 무어 자신이 대단히 경계하는 이론적 입장이다. 예컨대 농민반란을 "상업과 공업의 영향 하에서의 농민 상황의 악화라는 관점에서 [설명하려는] 단순한 경제결정론"은 버려야 할 첫 번째 것이라고 무어 자신은 밝히고 있다(Moore, 1966: 453/454). 그가 실제 하고자 하는 것은 경제사정의 악화라는 조건 하에서 농민반란은 일어날 수도 일어나지 않을 수도 있는데, 이러한 것을 결정하는 또 다른 경험적 요인을 찾아내는 것이 그가 하고자 하는 작업의 내용이다(454/455).

로스만은 무어 논의의 대안으로서 문화적 접근법을 제시한다. 그에 따르면 이 문화적 변수에 대한 강조는 막스 베버의 작업에서 뚜렷하게 나타나고 있고 무어가 이러한 입장에 대해 비판하고 있지만, 그러한 문화적 접근이야말로 무어로 대표되는 네오 마르크스주의 또는 다른 마르크스주의적 사회이론에 대한 가장 효과적인 대안이 된다고 강조한다(Rothman, 1970: 64). 이러한 문화적 요인에 대한 강조는 상기 로웬탈에 의해서도 강력히 제안되고 있다. 그러나 무어가 문화적 요소를 배제하는 것은 아니다. 그의 논의에서 강조되는 점은 이러한 문화적 요인들은 독립변수로서가 아니라 매개변수로서만 취급되어야 한다는 것이다.[12] 문화적 변수의 중요도를 상대적으로 낮게 취급한 점에 대해서 어떤 평자는 "집단행동의 양태를 문화적 패턴이라는 관점에서 해석하는 입장에 대한 통렬한 비판이 무어의 뛰어난 공헌의 일부"라고 평가하기도 한다(Poggi, 1968: 217).[13]

실제 로스만과 로웬탈의 비판은 가장 '적대적'인 입장에서 이루어지고 있는 것인데, 굳이 그러한 노골적인 적의를 표하지 않는 다른 많은 비평논자들도 사회계급 관계 외의 다른 요인들에 대한 균형된 고려가 필요하다는 점을 강조하고 있다.[14] 예컨대 반드시 고려해야 할 요인들의 리스트로서 블랙이 제시하는(Black, 1967: 1338) 것에는 이데올로기, 사회심리, 지도력, 전쟁, 외교, 그리고 우연이 포함된다. 실제로 무어도 어떤 사건을 설명함에 있어서 경제적 요소는 정치적·사회적·정신적 요인들 같은 다른 것들에 대한 고려 없이 그 하나만 따로 고려하는 것은 오해를 낳을 수 있음을 시인한다. 그러나 다양한 요인들을 나열하고 그치기만 한다면 지적인 혼란상태를 결과할 뿐이라고 경고하고 있다(Moore, 1966: 135/155).

지금까지의 논의는 문화적 설명의 필요성에 대한 논평을 둘러싼 것

12 이러한 점은 프랑스 혁명 때의 방데(Vendée) 반혁명 사건에서의 종교의 역할을 다루는 곳(pp. 98-99), 또는 기술혁신의 수용에 반대한 중국 지배계급의 태도를 다루는 곳(pp. 178-180), 일본에서의 비판적 지식인 부재(p. 240), 인도의 문화적 전통과 근대화의 장애를 다루는 곳(pp. 402-403) 등에서 잘 엿보인다.

13 독일 학계에서 이루어진 논평들에서도 문화적 설명을 배격하고 사회구조적 설명을 시도하는 무어의 논의방식에 긍정적이었다. 그 대표적인 것으로는 Narr(1973)와 Borchardt(1968)을 들 수 있을 것이다.

14 Bendix, 1967; Benson, 1972; Black, 1967; Kraminick, 1972; Rokkan, 1971; Stone, 1967; Zagorin, 1973.

이었는데, 우리가 더 큰 관심을 갖고 고려해야 할 비판으로는 국제관계의 영향에 관한 논의가 거의 생략되었다는 지적이 있다. 이러한 지적은 문화적 요소에 대한 거론과는 달리 이데올로기적 입장에 무관하게 이루어졌다. '보수적' 시각에서 이 문제를 언급한 학자들로서는 우선 알몬드(1967)와 벤딕스(1967)를 들 수 있다. 무어의 (네오) 마르크스주의적 관점을 기본적으로 지지하는 입장에서도 이 점이 문제로 지적되었다. 스카치폴을 대표적 논객의 한 사람으로 들 수 있다. 즉 위로부터의 혁명과 근대화의 시도는 반드시 토착적 사회발전의 결과로 발생하는 것이 아니라 국제적 환경과 자극에 의해서 이루어지는 경우가 많은데, 이 점이 무어의 논의에서 충분히 고려되었어야 한다는 지적이다(Skocpol, 1973: 30-33).

국제관계 측면에 관련된 논의가 부족하다는 지적과 관련되는 점으로서 군사적 요소에 대한 논의가 없다는 점도 자주 지적된다. 물론 무어가 이 부분까지 자신의 논의에서 다루어야 했다는 점을 의미하는 것인데, 여하튼 이러한 아쉬움은 다우닝(Downing, 1992)에 의해 별도의 연구로 제출되었다. 이 책에서 다우닝은 자신의 작업이 무어의 작업을 비판하는 것이라기보다는 보완이라는 점을 애써 강조하고 있다.

4-2. 개념 사용상의 문제

무어의 논의를 경제적 결정론으로 규정하는 논의들은 대부분 무어의 논의가 갖는 마르크스주의적 색채에 대해 부정적으로 평가하는 논의들인데, 이 비판들은 단순히 마르크스주의적 관점 그 자체보다는 모든 근대화 또는 산업화 과정이 크든 작든 일정한 폭력적 과정을 수반할 수밖에 없다는 무어의 논지 때문에 자극되었던 것으로도 보인다. 또한 폭력적 봉기를 찬양하는 듯한 무어의 발언도 상당한 반발요인으로 작용한

듯 보인다. 이 점에 대해서는 무어 자신도 충분히 예견한 듯 보인다. 즉 그는 "인간의 자유를 증진시키는 방안으로서 점진적인 개혁이 폭력적 혁명에 비해 우수성을 발휘해 왔다고 하는 가정은" "깊은 골이 파인 사고습관"인바, 이에 위배되는 혁명적 급진주의를 서방의 학자가 대변하는 일이 결코 쉽지 않다고 말하면서 그러나 실제 역사에서 발견되는 증거를 바탕으로 볼 때 절제와 중용의 대가가 혁명에 못지않게 참혹했다는 점을 강조하고 있다(505/502).

이러한 점을 고려하면 무어가 급진적 논객이 아니라는 점을 강변하기는 어렵다. 그러나 기왕에 이러한 입장을 견지하던 급진적 이론가들의 입장에서 보면 무어의 정치적 이상은 여전히 서유럽의 자유주의 전통에 있고, 이것이 불만스러운 것으로 보인다. 이러한 점은 무어의 개념 사용상에서 나타난다고 지적된다. 우선 무어의 기본 논지에 대단히 동감한다고 하던 홉스봄은 무어가 말하는 자유의 개념은 헌정질서의 테두리를 전제로 한 것이고, 따라서 그것은 부르주아 민주주의에 국한된 논의일 것이라는 점을 암시한 바 있다(Hobsbawm, 1967: 822). 이러한 점, 즉 무어의 민주주의 개념은 영미적 경험에만 기반을 둔 것이라는 점에 대해 보다 명백한 지적은 스톤(Stone, 1967: 34)에 의해서 이루어졌다. 무어 자신은 민주주의에 대해서 나름대로의 기준을 제시한 바 있는데(415/419), 민주주의라고 해서 반드시 억압이 부재하는 것은 아니라고 지적한다. 공산주의 정권들이 억압을 자국 내 국민을 향해서 행사하는 데 비해 서방식 민주주의의 경우는 억압을 대외적으로 행사되고 있는데, 이러한 점에서 "공산주의나 서방식 민주주의 모두 여러 가지 억압을 정당화하고 감추는 이데올로기로 변화하기 시작했다"고 말하기도 한다(508).

보수적 시각에서 크게 문제시된 개념으로는 '착취'(exploitation)가 있다. 이 점은 로스만에 의해 제기되고 있는데(Rothman, 1970: 63, 80), 그에 따르면 무어는 모든 지배계급이 각 사회에 따라 아무런 차이 없이 동일하게 착취적인 것으로 보기 때문에 비교 연구에 별로 큰 효용성을 갖지 못한다고 한다. 그러나 실제 무어는 지배계급이 행하는 서비스(군사적 보호 등)와 여타 계층이 제공하는 서비스는 질적으로 상이한 것이기 때문에 교환의 공정성 정도를 비교하기는 어렵다는 점에서 착취의 정도를 정확히 측정하기는 어렵지만, 그래도 분명히 장소와 시간에 따라 차별화할 수 있는 객관적 개념임을 역설하고 있다(470–471/470–471).

로스만과 유사하게 무어에 대해 일관되게 비판적 입장을 취하고 있는 로웬탈은 무어가 사용하는 개념들, 예컨대 민주주의, 파시즘, 민주주의 또는 공산주의 같은 것들이 대부분 부정확하거나 일관성이 없고, 또는 그 대상이 잘못 선정되었거나 아니면 전혀 없는 그러한 것들이라고 지적하고 있다(Lowenthal, 1968: 26). 엄밀하게 정의된 개념이 사용되지 않는다는 비판은 소머즈에 의해서도 지적되고 있는데(Somers, 1971), 그는 무어의 작업을 다섯 개의 변수군으로 구성되는 보다 체계적인 논의로 바꾸는 시도를 하고 있다. 그에 의해 제시된 다섯 개의 변수군은 집단, 구조, 환경요소, 과거의 사건, 그리고 문화적 가치 등이 포함된다. 무어의 작업의 원래 취지는 "어떤 일들이 왜 어떻게 발생했는지를 이해하고 설명하는 것"으로, 엄밀한 개념정의보다는 이해를 위한 기준점으로서의 (이상형적) 인문학의 개념을 제시하고자 하는 무어의 본래 의도와 멀어질 가능성이 농후하다. 이 점에 대해서는 무어 자신도 미리 경고하고 있는 바인데(429/431), 이에 대해 랜달 콜린즈는 무어의 논지를 형식화하려는 그러한 사이비 과학적 태도는 부적절하고 또한 잘못된 것으로 지적한 바 있다(Wiener, 1976: 160에서 재인용).

4-3. 무어의 학설사상의 위치

무어의 작업이 나온 후 영미권에서 제출된 대부분의 논의는 무어를 마르크스주의 이론의 테두리에 속한 것으로 평가하고 있다. 무어를 마르크스주의 테두리에 포함시키는 것에는 호의적인 것과 적대적인 논평 모두가 포함된다. 예컨대 앞서 언급된 로스만의 경우 무어는 단연코 마르크스주의 이론가인데, 이러한 성격 규정은 당시까지의 미국 사회과 학계 안에서의 반공주의 또는 반마르크스주의의 분위기를 그대로 반영한 것으로 보인다.

그러나 긍정하는 뜻으로서 마르크스주의로서 성격 규정을 한 평가도 적지 않다. 스카치폴은 무어의 논의를 "이론적으로 정교화된 사실상의 유일한 근대화의 정치이론"(Skocpol, 1973: 1)으로 규정하고 있는데, 마르크스의 사회분석을 긍정적으로 보는 상당수의 사람들이 이러한 마르크스주의적 규정에 동의한 바 있다(Wiener, 1976: 160-161). 실제로 무어가 자신의 『사회적 기원』에서 시도하는 계급분석은 이미 그가 1958년에 발간된 책의 한 논문에서("Strategy in Social Science") 중심적인 논의방식으로 정리한 바 있다(Moore, 1958: 116).

> …정치의 기초적인 소재로서 경제적 관계와 계급갈등의 역사적으로 특정한 집합에서 나오는 사회계급의 개념은, 마르크스주의자이든 아니든 간에 역사와 정치 행동의 연구자들이 갖게 되는 가장 중요한 생각을 이루는 것이다….

무어를 긍정적으로 평가하는 논평자들의 대부분은 무어가 전통적인 마르크스주의로부터 벗어나고 있다는 점을 지적하면서 높이 평가한 바 있다. 예컨대 미국의 저명한 진보적 지식인인 마이클 로긴(Michael Rogin)은 1967년에 한 서평에서 무어의 책 속에서 "마르크스주의 정통 이론은 매 순간마다 잘못되었음이 밝혀지고 있다"고 말하고 있는데, 많은 평자들이 동의하고 있는 점은 계급 사이의 동맹과 갈등관계가 정통 마르크스주의에 비해 훨씬 세밀하게 토론된다는 점이다(Dore, 1969: 296). 홉스봄도 무어가 노동자 대신에 농민을 반자본주의 혁명에 중심세력으로 논의한다는 점에서 마르크스와 차별되는 점이라고 말한다(Hobsbawm, 1967, 822). 농민의 역할에 대한 무어의 강조에 대해 기든스도 농민에 대한 마르크스의 상대적 경시를 수정한 것이라는 평가를 내리고 있다(Giddens, 1973: 144, 147, 165, 214 ; Smith, 1983: 6).

마르크스와 일정한 거리를 두고 있는 무어의 이론적 자세와 관련하여 무어가 막스 베버와 독일 역사학자 오토 힌체(Otto Hintze)로부터 상당한 영향을 받은 흔적이 강하다는 점이 몇몇 독일 평론자들에 의해 지적되었다(보다 자세한 점은 Wiener, 1976: 162). 무어 자신도 막스 베버의 저작 중에서 역사적 관점이 강조되는 부분에 대해서는 상당히 높은 평가를 하고 있다(Moore, 1958: 122). 그러나 무어의 논의가 계급분석을 출발점으로 하고 있다는 점에서 베버보다는 마르크스 쪽에 더 가까운 것으로 보아야 할 것이다.

4-4. 개별 국가사의 문제

무어의 작업은 불가피하게 특정한 개별 국가들의 역사를 다루고 있는데, 무어 자신은 자신의 책에서 다뤄지고 있는 국가들에 대한 전문가는 아니다. 따라서 특정 국가들의 전문가들 입장에서는 언뜻 동의하기 어려운 부분이 있을 수 있다. 이 점에 대해서는 무어와 유사한 작업을 시도했던 다른 학자들에 의해 변호되었다. 예컨대 홉스봄은 "전문가들이 이 사례 연구들 중 어떤 하나를 상대로 비판하는 일은 쉬운 일이겠지만 별로 의미 있는 일은 아닐 것"이라고 말하면서 비교분석가는 "전문가들과 경쟁하는 것이 아니라 그들을 이용하고 그들에 대해 질문을 하는" 것이라고 무어의 작업을 옹호했다(Hobsbawm, 1967: 82 ; 유사한 관점으로는 Stone, 1967: 32)

무어의 개별 국가들의 논의 가운데 가장 많은 비판과 토론의 대상이 되었던 것은 미국 남북전쟁에 관한 장이었다. 우선 가까이에서 무어를 논의한 사람들은 역시 미국인들로서 미국사 전문가들이 많았던 이유도 있고, 무엇보다도 당시까지 미국사 연구에서 마르크스주의적 논의는 거의 제출된 적이 없었으므로 기성 학계에 엄청난 충격을 주었기 때문이라고 여겨진다. 무어의 논지에 대한 찬반은 진보적 경향과 보수적 경향으로 갈렸는데, 앞서 다른 문제에서 비판적이었던 로스만이나 로웬탈의 견해는 바로 미국사의 이해에서 그 실마리를 찾을 수 있을지 모르겠다.

미국사 다음으로 많은 논의가 야기되었던 주제는 영국사였는데, 무어의 논지는 영국 내란(1641–1649)은 당시의 논쟁점이 아니라 결과 면에서 부르주아 혁명으로 규정할 수 있다는 것이었다. 이에 대한 비판은 앞서 언급된 로웬탈에 의해서 제기되었는데, 그의 비판은 참가자의 의도라는 점에서 부르주아 혁명으로 볼 수 없다는 것이었다(Lowenthal, 1968: 264–265).

무어의 중요한 학문적 기여 가운데 하나는 동양과 서양의 근대화 문제를 하나의 이론틀 속에서 같이 논의하려고 시도했다는 점에서 발견되는데, 많은 동아시아 전문가들은 무어의 작업에 큰 관심을 갖지 않았는지 아니면 동의하지 않아서인지 『사회적 기원』에 대해 언급하지 않았다. 그런 가운데 중국 전문가인 찰머스 존슨은 무어(그리고 벤딕스)의 작업 같은 "진정한 지역연구야말로 정치발전의 진정한 이론을 향하는 유일한 옳은 길"(Johnson, 1974: 575)이라고 하여 무어의 작업을 높이 평가하고 있으나 작업의 구체적인 내용에 관해서는 더 이상 깊게 언급하지 않았다.

영국의 일본사 전문가인 도어는 지주-농민 관계와 일본의 발전에서의 국제정치의 중요성에 대해 불만스러운 부분이 있지만 일본 문제의 전반을 보여주는 저작 중에서 가장 잘 된 4-5개 가운데 하나에 들 수 있다는 높은 평가를 내리고 있다(Dore, 1969: 295-300). 도어는 동시에 중국에 관한 무어의 작업도 막스 베버나 비트포겔에 비할 때 논점이 훨씬 분명하고 또한 세부적 사항의 미묘한 차이를 잘 포착하는 것으로 평가하고 있다(Dore, 1969: 299).

앞에서 지적된 바 있지만 무어는 강대국의 경우만 다루고 있는데, 이에 대해 스웨덴의 로칸은 무어가 "크기와 경제력에 있어 여러 수준의 정치를 설명하려는 노력을 전혀 하지 않는다. 실제로 그는 이러한 작업을 자신의 지적 노력의 가치가 없는 것으로 거부하고 있다"(Rokkan, 1971: 141)고 비판한 바 있다. 이 점과 관련하여 이미 이 글의 모두에서 지적한 바 있듯이 무어는 "중소국가들은 경제적·정치적으로 크고 강한 국가들에 의존하며 그들의 정치에 대한 결정적인 요인들은 그들의 국경 바깥에 있기"(xiii/7) 때문에 중소국가들의 경우를 강대국과 비교할 수 없다고 말하고 있다.

5. 평가와 결론

분야에 무관하게 후일에 높은 평가를 받는 인문·사회 분야의 모든 저술은 시간과 공간을 넘어서는 일반성을 갖기 때문인데, 이 일반성은 그 저술들이 태어난 특정 시점과 고장의 문제에 대한 절실한 해명과 해답을 추구한다는 점에서 비롯된다. 자신의 시대를 넘어 후대에까지 기억되는 대부분의 저술들은 그것들이 태어난 시대의 문제에 대한 탐구, 그리고 동시대인들과의 대화라는 의미를 지니는 것이다. 이 대화가 시대를 넘어서는 의의를 갖기 위해서는 단순히 주도적인 시대의 조류를 추종하는 것이 아니라, 그러한 조류가 갖고 있는 문제점을 비판적으로 지적하여 쟁점을 제기해야 할 필요가 있다. 배링턴 무어의 작업이 갖고 있는 일차적인 의의는 바로 이러한 문제제기에서 발견된다. 그의 작업은 사회생활의 갈등보다는 조화의 측면을 강조하던 당시 미국의 주도적 사회이론의 이데올로기적 성격을 비판하고, 동시에 사회에 내재해 있는 갈등의 측면을 다시 논의의 전면에 부각시키는 것이었다. 이러한 의미에서 1968년의 한 논평에서 폿지는 다음과 같은 요지의 발언을 하고 있다. 20세기 사회학에서는 갈등과 조화 측면에 대한 강조가 교대로 이루어진 바 있는데, 이러한 관점에서 본다면 『사회적 기원』이[그리고 렌스키(Lenski)의 『권력과 특권』(*Power and Privilege*)[15]이] 출간된 1966년은 전자가 복귀한 기념의 해로 기억될 수 있다는 것이었다. 이때 폿지가 말하는 갈등의 측면은 세 개의 핵심 개념을 중심으로 구성된다. 첫째로 사회 내의 상층 및

15 Gerhard E. Lenski, *Power and Privilege*(New York: McGraw-Hill, 1966).

하층을 묶고 있는 객관적인 착취관계, 둘째로 이러한 관계의 유지를 위해 동원되는 강제력의 체계적 사용, 셋째로 다수의 노동력에 의해 생산되는 잉여생산물이 소수에게로 이전되는 과정이 그것들이다(Poggi, 1968: 215-216). 아마도 무어의 작업이 갖는 이러한 성격이 당시 미국의 기성 사회(과)학계의 큰 반발을 자극했고, 동시에 이것을 계기로 비판적 관점을 갖는 다양한 논의들이 공식적으로 수용될 수 있게 되었던 것으로 여겨진다. 또한 우리가 기억해둘 필요가 있는 점은 미국과 유럽 전체에 걸쳐 기성의 모든 관행과 제도를 비판하고 나선 반체제 운동이 바로 거의 같은 시점인 1960년대 중반부터 일어나기 시작했다는 사실이다.[16]

역사적 관점에 대한 강조는 단순히 방법상의 문제로 그치는 것이 아니라 그의 비판적 관점과 긴밀하게 연결되어 있다. 이러한 점은 앞서 언급된 무어의 1958년 책에서 이미 강조되고 있다. 무어는 뒤르켐이나 베버에서 나타나는 정치적인 보수적 경향과 관련되는 실증주의적 경향을 비판하면서 그러나 이들이 견지하던 역사적 관점 덕분에 이들의 논의에 경청할 바가 여전히 많다는 점을 지적한 바 있다(Moore, 1958: 121-122).

무어의 진정한 관심은 엄밀한 개념 정의를 바탕으로 하는 정밀한 이론 모델의 구축에 있는 것이 아니라 개별적인 역사 사례에 대한 이해

16 물론 이러한 반체제 운동이 서양 세계에만 국한된 것은 아니었고 동구 공산권에서도 약간의 시차를 두고 있지만 거의 동시적으로 발생했다는 점 또한 기억할 필요가 있을 것이다. 한편 미국 사회과학계의 문제점으로 지적된 탈역사적 경향은 '정치발전론'에서도 그대로 나타난 바 있는데, 헌팅턴이 지적한 '정치쇠퇴'(political decay)론도 역시 역사적 관점의 부활을 요구한 논의였다(Huntington, 1968). 그러나 무어와 결정적으로 다른 점이 있는데, 그것은 계급적 관점의 부재라는 점을 말할 수 있겠다.

에 있다. 특정 개별 국가의 역사과정은 다른 국가들과 공유하는 부분도 있고, 동시에 개별 국가에 특유한 측면이나 우연적 요소도 존재한다. 전자를 위해서는 비교 연구가 필요한데, 다양한 유사 사례들을 종합적·비교적으로 검토할 수 있는 개념이나 이론 모델의 개발이 중요하지만 후자의 측면은 일반 이론이나 개념과는 별도로 검토해야만 한다. 따라서 개별 사례에 관한 역사적 서사(historical narrative)가 대단히 중요한데, 사실상 무어의 작업에서 발견되는 장점은 이 역사적 서사 부분이다. 무어가 책의 뒷부분에서 시도하고 있는 이론적 논의를 통해 그가 시도한 역사적 서사의 과정에서 고려된 일반론적 측면을 명확히 부각시키고 있는데, 이 부분은 앞에서 이루어진 개별 사례에 대한 논의에 대한 심층적 이해를 돕는 것이지 개별 사례에 대한 서사를 대체할 수 있는 것은 결코 아니다. 즉 『사회적 기원』에서 무어는 나름대로의 분명한 이론적 구상을 갖고 있지만, 이것은 개별 역사적 사례의 이해를 위한 비교의 기준을 제시하기 위해 마련한 것이지 정밀한 이론틀 자체의 구성이 궁극적 목표였던 것은 결코 아니다.[17]

무어의 중요성은 무어 자신의 작업내용 그 자체 외에도 그에 의해 자극받아 그의 동료 학자 또는 후배들에 의해 이루어진 일련의 후속 작업들을 통해서도 발견된다. 이러한 영향 또는 자극이 감지되는 후속 연구들을 들자면 다음과 같은 작업들을 말할 수 있다. 우선 전통적 마르크스주의 이론에서 경시되던 농민층에 대한 무어의 강조는 울프(Wolf, 1969), 샤닌(Shanin, 1971), 무니에(Mousnier, 1971) 등의 작업으로 보강되었고,

17 앞서 언급된 Somers(1971)의 작업은 무어의 논의를 엄밀한 이론 모델로서 재구성하려는 시도인데, 이러한 점은 무어 자신의 관심이나 무어의 작업의 의의와 전혀 무관한 것이다.

기든스에서 보듯이 선진자본주의 국가들의 계급구조의 논의에서 농민층과 지주계급이 정당한 지위를 확보할 수 있게 되었다.

무어에 의해 채택된 비교역사사회학적 관점을 바탕으로 하는 역사적 서술의 시도는 다양한 학자들에 의해 시도되었다. 예컨대 페리 앤더슨의 『유럽 절대주의 국가들의 계보』(Anderson, 1974), 왈러스타인의 『세계체제론』(Wallerstein, 1974, 1980)이 아마도 가장 대표적인 작업들로 꼽힐 수 있을 것이다. 이러한 거시적 비교 연구의 방향과는 약간의 거리가 있지만 근대국가의 발전을 다양한 주제별로 다양한 전문학자들을 동원하여 비교 연구를 시도한 틸리(Tilly, 1975)의 작업도 무어의 작업을 빼고서는 생각할 수 없는 것으로 보인다. 그리고 근대 이후 성공적으로 수행된 세 개의 사회혁명의 정치과정을 비교 분석한 스카치폴의 작업 역시 무어를 모델로 한 것이었다(Skocpol, 1979).

앤더슨이나 틸리 또는 왈러스타인 등에 의해 자극된 서양 근대국가의 역사적 성격에 관한 관심은 역사사회학적 논의에 대한 많은 관심을 자극했는데, 폿지의 작업(Poggi, 1979)은 이러한 문제와 관련하여 높아진 지적 호기심을 배경으로 이루어진 것이었다. 비교역사사회학의 관심이 지속적으로 높아지면서 지적 야심이라는 관점에서 기왕의 모든 유사한 작업들을 넘어서려 한 작업이 맨에 의해서 시도되고 있음을 우리는 잘 알고 있다(Mann, 1986, 1993).

무어의 『사회적 기원』은 앞에서 강조된 바와 같이 객관적 진실을 추구하는 학술적 작업이지만 동시에 현실문제에 대한 실천적 고려가 강하게 깔려 있는 작업이다. 그럼에도 무어의 작업이 학술적으로 높은 평가를 받은 것은 현실문제에 대한 도덕적 판단이 가능한 한 그의 역사적 서사 안에 끼어들지 않고 있기 때문이다. 객관성의 추구와 도덕적 관점 사이의 팽팽한 긴장이 느껴지지만 어느 한쪽으로 기울지 않고 있는 무어의 태도가 상당히 높은 평가를 받았다.

무어는 아래에서 소개되듯이 『사회적 기원』 이후에도 상당히 여러 권의 책을 저술했다. 객관적 진실을 추구하는 그의 기본적 입장 자체는 아무런 변동이 없지만 그럼에도 뒤에 나온 책들에서는 실천적 관심이 더욱 강력하게 표출되고 있다는 일반적인 평가를 받았다. 이러한 점에 대해서는 입장에 따라 긍정적으로도 비판적으로도 볼 수 있겠지만 그의 관심의 방향의 변화를 읽을 수 있다.

무어의 궁극적 관심이 어떤 쪽으로 흘러갔는가 하는 문제는 그의 『사회적 기원』의 의미를 다루는 이 글에서는 상대적으로 덜 중요한 문제로 취급될 수 있다. 그의 『사회적 기원』 하나만 놓고 그 책의 의미를 검토할 경우 우리는 이 책이 20세기의 역사적 변화를 반영하면서 동시에 그러한 변화를 촉진하게 만들었던 학술(이론)과 실천 양면 모두에 걸쳐 대단히 중요한 의미를 갖는 몇 안 되는 인문·사회 분야 저술의 하나였다는 점에 대해 어떤 이의를 달기 어려울 것이다.

참고문헌

1. 무어 교수의 저술목록

1950. *Soviet Politics: The Role of Ideas in Social Change*. Cambridge, MA: Harvard University Press.

1954. *Terror and Progress USSR: Some Sources of Change and Stgability in the Soviet Dictatorship*. Cambridge, MA: Harvard University Press.

1958. *Political Power and Social Theory*. Cambridge, MA: Harvard University Press.

1966. *Social Origins of Dictatorship and Democracy: Lord and Peasant in the Making of the Modern World*. Boston: Beacon Press.

1972. *Reflections on the Causese of Human Misery and on Certain Proposals to Eliminate Them*. Boston: Beacon.

1978. *Injustice: The Social Bases of Obedience and Revolt*. White Plaines, NY: M.E. Sharpe.

1984. *Privacy: Studies in Social and Cultural History*. White Plaines, NY: M.E. Sharpe.

1987. *Authority and Inequality Under Capitalism and Socialism: USA, USSR and China*. London: Oxford University Press.

1998. *Moral Aspects of Economic Growth, and Other Essays*, Ithaca. New York: Cornell University Press.

2000. *Moral Purity and Persecution in History*. Princeton, NJ: Princeton University Press.

2. 『사회적 기원』의 비평논문 및 관련 문헌

Almond, G. 1967. Review of *Social Origins*. *American Political Science Review*, 61-3: 768-770.

Anderson, Perry. 1974. *Lineages of the Absolutist State*. London: New Left Books.

Bendix, Reinhard. 1967. Review of *Social Origins*. *Political Science Quarterly*, 82: 625-627.

Benson, Lee, 1972. *Toward the Scientific Study of History*. Philadelphia: Lippincot.

Black, Cyril E. 1967, Review of *Social Origins*. *American Historical Review*, 72: 1338.

Borchardt, Knut. 1968. Review in *Der Staat: Zeitschrift für Staatslehre, öffentliches Recht und Verfassungsgeshichte*, 7(1973): 513-516.

Dore, Ronald P. 1969. "Making Sense of History." *European Journal of Sociology*, 10-2: 295-305.

Downing, B. 1992. *The Military Revolution and Political Change: Origins of Democracy and Autocracy in Early Modern Europe*. Princeton, N.J.: Princeton University Press.

Femia, J. V. 1972. "Barrington Moore and the Preconditions for Democracy." *British Journal of Political Science*, 2-1: 21-46.

Giddens, Anthony. 1973. *The Class Structure of the Advanced Societies*. London: Hutchinson.

Hobsbawm, E. J. 1967. Review of *Social Origins*. *American Sociological Review*, 32-5: 821-822.

Huntington, Samuel. 1968. *Political Order in Changing Societies*. New Haven: Yale University Press.

Johnson, Chalmers. 1974. "Political Science and East Asian Studies." *World*

Politics, 26-4(July, 1974): 560-575.

Kraminick, Isaac. 1972. "Reflections on Revolution: Definition and Explanation in Recent Schoarship." *History and Theory* 11: 26-63.

Lowenthal, David. 1968. Review of *Social Origins*. *History and Theory*, 7-2: 257-278.

Mann, Michael, 1986. *The Sources of Social Power*, vol. I: *A History of Power from the Beginning to A.D. 1760*. Cambridge: Cambridge University Press.

_____. 1993. *The Sources of Social Power*, vol. II: *The Rise of Classes and Nation–States, 1760–1914*. Cambridge: Cambridge University Press.

Mounier, Roland. 1971. *Peasant Uprisings in Seventeenth-Century France, Russia and China*. London: Unwin.

Narr, Wolf-Dieter. 1973. "Decmokratie zur Entwicklung—Entwickling zur Demokratie: Thesesn zu Statik und Dynamik von Demokratie." *Österreiche Zeitschrift für Politikwissenschaft*, 2(1973): 19-32.

Poggi, Gianfranco. 1968. *Review of Social Origins*. *British Journal of Sociology*, 19-2: 215-217.

_____. 1979. *The Development of the Modern State: A Sociological Introduction. Stanford*: Stanford University Press, 1978. 박상섭 역, 『근대국가의 발전』. 민음사, 1995.

Rokkan, Stein, 1971. "Models and Methods in the Comparative Study of Nation-Building." in R. J. Nossiter(ed.), *Imagination and Precision in the Social Sciences*(London: Faber): 121-156.

Rothman, S. 1970. "Barrington Moore and the Dialectics of Revolution: An Essay Review." *American Political Science Review*, 64-1: 61-82.

Shanin, Teodor. 1971. *Peasants and Peasant Societies*. London: Penguin.

Skocpol. T. 1973. "A Critical Review of Barrington Moore's *Social Origins of Dictatorship and Democracy*." *Politics and Society*, 4-1: 1-34.

Skocpol, Theda. 1979. *States and Social Revolutions: A Comparative Analysis of*

France. Russia and China. Cambridge: Cambridge University Press.

Smith, D. 1983. *Barrington Moore: Violence, Morality and Political Change*. London: Macmillan.

_____. 1991. *The Rise of Historical Sociology*. Philadelphia: Temple University Press.

Somers, Robert H. 1971. "Applications of an Expanded Survey Research Model to Comparative Institutional Studies." in Ivan Vallier(ed.), *Comparative Methods in Sociology: Essays on Trends and Applications.* Berkeley: University of California Press: 357–420.

_____. 1984. "Discovering Facts and Values: The Historical Sociology of Barrington Moore." in T. Skocpol(ed.), *Vision and Method in Historical Sociology*. Cambridge: Cambridge University Press: 313–355.

Stone, Lawrence. 1967. "News from Everywhere." *New York Review of Books*, 9(1967): 32–36.

Tilly, Charles(ed.). 1975. *The Formation of national States in Western Europe*. Princeton: Princeton University Press.

Wallerstein, Immanuel. 1974. *The Modern World–System*, vol I: *Capitalist Agriculture and the Origins of the European World–Economy in the Sixteenth Century*. New York: Academy Press.

_____. 1980. *The modern world–system*, vol II: *Mercantilism and the consolidation of the European world–economy. 1600–1750*. New York: Academy Press.

Wiener, Jonathan M. 1975. "The Barrington Moore Thesis and Its Critics." *Theory and Society*, 2–3(Autumn, 1975): 301–330.

_____. 1976. "Review of *Social Origins of Dictatorship and Democracy. Lord and Peasant in the Making of the Modern World* by Barrington Moore, Jr.." *History and Theory*, 15–2(May, 1976): 146–175.

Wolf, Eric R. 1969. *Peasant Wars of the 20th Century*. New York: Harper.

Zagorin, Perez. 1973. "Theories of Revolution in Contemporary Historiography." *Political Science Quarterly*, 88–1(March, 1973): 23–52.

7장

한국 정치와 자유민주주의

현대 한국 정치사의 정치사회학적 이해를 위한 시론

1. 머리말

일본 식민통치로부터 해방·독립된 이후 40년간의 한국 정치사에 있어 지배적인 정치규범은 자유민주주의의 원리였다. 이 이념은 일반 국민의 정치적 열망의 표현이었을 뿐만 아니라 집권을 희망하는 정치인들에게는 통치정당성의 원천이 되기도 했다.[1] 한마디로 자유민주주의의 이

1 해방 이후 40년의 한국 현대사에 있어 이데올로기적 상황도, 특히 자유주의에 관련된 지적 상황도에 대한 체계적 연구가 없음은 유감스런 일이다. 한국 정치와 사회에 있어 자유주의 또는 자유민주주의의 위치에 관한 간략하지만 대단히 날카로운 통찰을 보이는 글로는 노재봉, "한국에 있어 이데올로기로서의 민주주의," "한국민족주의와 자유주의," "한국 정치와 이데올로기"를 볼 것. 이상 3편은

념은 최소한 공개적으로는 범할 수 없는 정치적 신성성을 대표하는 것이 되었다. 그러나 자유민주주의가 그 본고장에서와 같이 기능할 수 있는 사회적 기반이 한국의 경우 전혀 결여되어 있거나 아니면 기껏해야 대단히 취약하다는 점은 이제 주지의 사실이 되었다. 즉 서구의 시민계층에 해당되는 사회세력이 전혀 없거나 아니면 대단히 미약하게 형성되어 있을 뿐이라는 것이다.

이러한 점에서 볼 때 자유민주주의가 그토록 장기간 강력한 정치규범으로서 남아 있게 된 것은 수수께끼 같은 일이 아닐 수 없다. 그러나 자유민주주의의 정치이상이 한국에 도입되고 지난 40여 년 간 전개되어 온 역사적 상황을 고려한다면, 비록 그 형식과 내용에 있어서는 상당히 변모되어 있지만, 자유민주주의가 어떻게든 유지되어 온 사실을 전혀 설명하기가 어려운 것은 아니다.

그러나 자유민주주의가 한국에서 성공해 왔다고 하는 주장은 사실과 한참 거리가 있는 것이다. 그 이념은 지속적으로 도전받아 왔고, 무시되었으며, 비록 가장된 형태이기는 하지만 특히 정권담당자들에 의해 경멸을 받아왔다. 이러한 의미에서 자유민주주의는 비록 정치이상으로서는 여전히 살아남아 있으나 구체적인 정치 프로그램으로서는 실패했다고 말할 수 있다. 이러한 현상, 즉 정치이상과 그 현실 간의 괴리를 설명할 수 있는 요인과 방법은 여러 가지가 있을 수 있다. 그러나 이 글에서는 한 사회를 구성하는 세 가지 하위구조로서의 정치, 이데올로기 문화 및 경제의 세 가지 영역 간의 부정합(disarticulation)이라는 관점에서 문제

모두 『사상과 실천』(녹두, 1985)에 실려 있음. 1950년대 여·야 간에 전개된 이념논쟁에 관한 경험적 연구서로는 백운선의 논문을 참조. "자유당과 민주당의 이념논쟁," 진덕규 등, 『1950년대의 인식』(한길사, 1981)에 실림.

에 접근하고자 한다.

정치이상과 현실 사이의 괴리는 구체적으로는 만성적인 정치불안정을 의미하는 것이다. 이러한 불안정은 여러 가지 원인에서 야기되는 것으로 이해될 수 있다. 엄격히 말해 한국적 사회정치 체제의 모델이 되고 있는 서양식 자유주의-자본주의 체제도 내부적으로는 불안정을 겪어왔다. 그러나 그러한 체제들은 내부적 교란요소들에도 불구하고 자기의 틀을 상당 기간 발전적으로 유지해 왔다는 점에서 비교적 성공한 체제라고 할 수 있다. 이때 성공이란 말은 그 체제에 대한 지속적인 비판과 전복의 시도들이 사회 전반에 걸쳐 수락되지 않았다는 점을 의미한다. 그 성공요인에 대해서는 여러 각도에서 설명할 수 있겠으나 그 핵심 요소는 그 체제의 지지자들보다는 오히려 비판자들, 특히 최근의 비판자들의 견해에서 더 선명히 드러나는 듯 보인다.

역설처럼 들릴지 모르는 이 말은 다음과 같이 풀이할 수 있다. 자본주의 사회에 대한 최근의 비판자들, 특히 현대 서구 마르크스주의자들은 현대 자본주의 사회의 필연적인 붕괴 경향을 강조하기 위해서는 그동안 수세기에 걸친 자본주의 체제의 성공을 시인하고 또 그 이유를 설명하지 않을 수 없었다. 그러한 필연적 붕괴론은 혹자에게는 관심의 대상이 될 수도 있고 그렇지 않을 수도 있으나 그들로서는 최소한 현재까지 자본주의 체제가 유지될 수밖에 없었던 이유를 설명하지 않을 수 없었다. 물론 이러한 논의의 시각을 채택함으로써 불가피하게 그들이 의도하는 예측까지 받아들여야 할 위험이 있음을 시인해야 할 것이다. 그러나 기성사실의 설명이 아무리 '과학적'이더라도 개연성의 진술을 넘어서는 미래에 대한 예언은 이미 과학의 영역을 벗어나는 일이므로 그 예언까지 반드시 받아들여야 할 어떤 적극적 이유는 없는 것으로 보인다.[2] 더욱이 우리가 설명을 시도하는 것은 표피적으로 서양의 체제와 유사하면서도 내용적으로는 전혀 달리 작동해 온 한국 정치사회의 문제이고, 또한 이 글에서의 시도가 다른 시도들을 완전히 배격하는 것이 아니므로 여기에서 채택되는 시각이 갖는 이데올로기적 함의에 관해 크게 염려할 바 없으리라 여겨진다.

앞에서 자본주의 체제에 대한 최근의 비판론이라 함은 구체적으로는 현대 구미 마르크스주의 국가론을 말하는 것이다. 본장에서 원용하고자 하는 부분은 단순히 어떤 특정 이론가의 특정 시각이나 특정 이론적 명제가 아니라, 그 이론들을 종합할 때 제시되는 사회총체(사회구성체) 또는 권력체제로서의 자본주의론이다.[3] 필자가 이해하는 바로는 자본주의 사회의 동태를 설명하려는 하나의 역사사회학 이론으로서의 현대 마르크스주의 국가이론적 시각에서 지난 40년간 한국의 정치적 동태를 설명하고자 하는 것이 이 글의 근본적인 의도있음을 밝혀두고자 한다.[4]

---

2 이 예언의 비과학성에 대해서는 Karl R. Popper, *The Open Society and Its Enemies* (Princeton, N.J.: Princeton University Press, 1950), vol. 2를 볼 것.

3 '권력체제로서의 자본주의'라는 구절의 의미에 대해서는 Gianfranco Poggi, *The Development of the Modern State*(Stanford: Stanford University Press, 1978). p. 122 이하 및 박상섭, 『자본주의 국가론』(한울, 1985), pp. 217-218을 볼 것.

4 한국 현대 정치사 40년간의 연구는 이제 갓 시작된 단계로 그 세부 문제들은 아직 많은 연구가 필요한 실정이다. 그럼에도 불구하고 본 논문에서 거시적·이론적 이해를 시도하고자 하는 것은 일단 가설적 명제들을 수립함으로써 세부적인 연구방향을 설정하고자 하기 때문이다.

2. 한국에 있어서 자유민주주의의 도입과 그 의미

자유민주주의, 즉 자유주의적으로 한정된 민주주의의 이상은 그 역사적 형성 면에서나 기능 면에 있어서 서양 자본주의 사회에 있어 자본주의적 사회경제질서에 상응하는 상부구조적 형태라는 점은 이제는 일반적인 지식이 되고 있다. 그러나 한국의 경우 그 이념은 전혀 이질적인 정치적·사회적 맥락 속에 수용되었기 때문에 자유민주주의 이념은 서구에서와는 전혀 다른 것을 의미하고 또한 전혀 다른 결과를 낳게 되었다.

우선 자유민주주의는 제2차 세계대전에서의 일본의 패망으로 얻어진 해방과정 속에서 도입되었던, 보다 정확하게는 해방자로서 미국의 이상과 체제를 본뜬 것에 불과하다고 하겠다. 어떤 의미에서 자유민주주의는 '완제품으로서 수입된' 것이었기 때문에 그 이념의 역사적·사회적 함의(connotation)는 사상(捨象)된 채 그 외의(外儀, denotation)만이 고려되어 마치 보편적 정치원리인 것처럼 취급되었다. 즉 그 이념은 '비변증법적'으로 이해됨으로써 어떤 고정된 사물로 취급되었다. 어떤 저자가 이러한 상황을 지적, 한국에 있어 자유민주주의를 '비탄력적' 또는 '비유기적'인 것으로 성격규정한 것은 바로 그러한 뜻에서였다.[5]

돌이켜 볼 때 한국적 상황 속에서 자유민주주의 이념이 국내외적인 대(對) 좌익투쟁에서 이데올로기적 무기로 사용되었다는 점을 고려한다면 자유민주주의의 이상이 그러한 식으로 변질되게 된 것은 오히려

5 노재봉, 1985, pp. 339-340.

너무나 당연한 일이 아니었겠는가 하는 의심마저 든다. 대외적으로 그 이념은 공산권으로부터의 위협에 대항하는 반공정책의 이념적 지주였다. 대내적으로도 그 이념은 남한에서 그 근거지를 확보한 보수연합 세력을 정당화해 주는 기능을 수행했다. 동시에 자유민주주의는 새로이 수입되던 (남한 내의) 정치사회의 구성원리, 즉 보편선거 원리에 기초한 대의제 정부의 이념을 대변하던 것이었다.

한국에 있어 자유민주주의의 발단이 갖는 정확한 역사적 의미는 비록 그 이념의 구체적인 적용, 즉 반공정책에서 찾아야 할 것이지만, 그 이념이 일반 국민뿐만 아니라 (하버마스적 의미에서의) '공공영역'(Öffentlichkeit), 예컨대 대학사회 또는 언론계 등의 지식인들 사이에서 광범하게 최고의 정치적 가치로 수락되고 있었던 사실도 부인하기 어려운 것이다.[6] 바로 이렇게 광범위하게 받아들여졌다는 의미에서 자유민주주의 이념은 그람시(Gramsci)적 의미에서의 '헤게모니'적 지위를 누렸다고 말할 수도 있을 것이다. 물론 상당한 부분에 있어서 미국식 자유주의를 본떠서 이루어진 국민교육을 통한 정치적 사회화의 의식적 노력이 중요한 역할을 했다는 것은 부인할 수 없을 것이다. 그러나 여하튼 간에 사회 전체에 있어서 헤게모니적 지위를 차지한 사회계층이 부재한 가운데에서 그러한 일이 어떻게 가능했는가 하는 점은 충분히 하나의 문제로서 제기될 수 있을 것이다. 이러한 점에 대해서 우리는 풀란차스(N. Poulantzas)를 따라 지배계급을 대신하여 국가가 헤게모니를 마련해 주었을 것이라고 설명할

---

6 이곳에서 사용된 '공공영역'의 개념은 Jürgen Habermas, *Die Strukturwandel der Öffentlichkeit*(Neuwied am Rhein: Luchterhand, 1962)에서 차용한 것이다. 이와 유사한 개념으로는 Poggi가 '계급으로서의 부르주아지'(bourgeoisie-as-class)에 대비시켜 '공중으로서의 부르주아지'(bourgeoisie-as-public)라고 부르고 있는 바를 들 수 있겠다. Poggi, 1978, pp. 81-84를 볼 것.

수 있을지도 모른다.[7] 또는 자유주의적 정치철학 그 자체가 포함하는 보편적 가치내용이 갖는 강력한 설득력에서 그 이유를 발견할 수도 있을지 모른다. 이와 더불어 한국전쟁에서의 쓰라린 경험이 가져다 준 결과를 생략하기는 어려울 것이다. 즉 해방의 정치철학으로서 자유민주주의에 대해 일반 국민들이 갖고 있던 비교적 우호적인 태도는 전쟁의 쓰라린 경험에서 비롯한 공산주의에 대한 혐오감—물론 정부에 의해 의식적으로 고무된 부분도 없지 않겠지만—의 정도에 따라 절대적 신앙으로 굳어졌다는 점을 지적해야만 할 것이다. 이에 따라 자유주의의 이데올로기는 갈수록 탄력성을 잃고 점점 그 내용 면에서 부정적인 것이 되어갔다.

우리의 논의 주제와 관련하여 중요한 의미를 갖는 바는 정치·경제 면에서의 지배적 엘리트와 시민적 '공공영역'에 속하는 지식인들이 자유민주주의 이념에 대해 갖고 있던 관념이 갈수록 거리가 멀어졌다는 점이다. 특히 시민적 '공공영역' 속 지식인들의 관념이 이승만을 둘러싼 권력집단들로부터 점차 소외되어 가던 보수세력에 의해 합세되었다는 점은 흥미롭다. 이러한 두 집단 간의 합세는 이승만에 대해 비판적 태도를 취한 동아일보의 역할에서 가장 극적으로 드러난 바 있다.

이승만을 둘러싼 정치 지배집단이 자유주의 이데올로기를 고집할 때 실제로 문제된 바는 경찰과 같은 강력한 억압도구를 유지하고(때때로는 사적으로) 사용하는 것을 정당화해 줄 수 있는 반공적 측면이었음은 이미 지적한 바와 같다. 간단히 말해 이승만 정부는 자유민주주의가 정권의 이익에 저항하는 주장으로 내세워지는 한에 있어서 그 이념이 갖

7 Nicos Poulantzas, *Political Power and Social Classes*(London: New Left Books, 1973), p. 299 이하 참조.

는 보편주의 원칙을 준수할 의사를 전혀 갖지 않는 것으로 보인다.[8] 자유민주주의의 핵심 원칙인 '법치'(rule of law)는 그 본고장에서도 역사적으로 대단히 형식논리적으로 적용되기는 했지만, (한국의 경우) 지배층에 의해서 그 형식논리마저도 존중되지 않음으로써 자유민주주의는 그 본고장에서와 같이 '헤게모니'적 정치규범으로서 기능할 수 없었다. 말을 바꾸어 그 이념은 정치·경제 면에서 실질적인 권력을 장악했던 시민계층에 의해 기존 질서의 유지를 위해 사용된 이데올로기로서가 아니라, 특정인을 중심으로 구성된 권위주의 정권에 대항하는 저항 이데올로기로 작동하는 면이 더 커졌다.

돌이켜 보아 이러한 '실패'는, 해방 이후 한국의 정치상황이 서구적 자유주의 정치풍토와 전혀 달랐다는 점을 고려할 때 너무나 당연한 일처럼 보인다. 일반적으로 주지되듯이 자유주의의 핵심적인 정치원리는 최소정부의 관념으로 보완되는 법치의 이념이었다. 또한 그 최소정부의 관념은 정치(국가)와 경제(시민사회)가 별개의 제도 또는 영역으로서 보는 관념을 바탕으로 한다. 실제 최소정부의 관념은 국가영역이 이윤의 최대 실현(the maximum realization of profit)[9]이라는 자본주의 경제질서에 있어서 기본 논리의 보완적 역할을 한다고 여겨질 때 그 구체적 의미를 갖는 그러한 관념이었다.

그러나 한국에서와 같이 새로이 조직된 국가가 부정적 또는 소극적으로 고착된 일련의 관념들을 바탕으로 자신의 제도적 기반뿐만 아니라 자신이 속한 사회의 경제적 기반까지 스스로의 힘으로 수립해 나가

---

8 백운선, 1981 참조.

9 C. B. Macpherson, *The Real World of Democracy*(New York: Oxford University Press, 1966), 4장 참조.

야 했던 곳에서 자유민주주의가 갖는 보편적 가치내용은 실제 정치과정과 전혀 무관한 것이 될 수밖에 없었다. 자유민주주의가 한국 정치과정에서 비록 전혀 무의미한 것이라고 하지만, 여하튼 이승만 '독재'정권이 자유주의적 정치이념에 고취된 '시민'혁명에 의해 붕괴되었다는 점과 최소한 자유주의적 관점으로 그 붕괴가 정당화되었다는 것은 대단히 중요한 일이다. 이승만 정권을 붕괴시킨 시민봉기의 성공요인에 대해서 저자들은 현실 정치과정상의 다른 요인을 들기도 한다.[10] 예컨대 미국의 은밀한 개입[11]과 1950년대 말에 있어서 크게 부각된 경제적 불안정 상황[예컨대 미국의 경원감축(經援減縮)][12] 등이 지적되지만, 이승만 정권의 붕괴는 여전히 이승만 정부가 스스로 자신의 정당화의 논리를 파괴해 갔다는 점에서 설명할 수 있는 것이다. 이 정권의 붕괴는 일반 국민뿐만 아니라 지식인들 사이에서도 자유민주주의 원리의 성공을 의미하는 것으로 받아들여졌다. 과연 실제로 그런지의 문제는 차치하고라도 그러한 일반적인 믿음은 그 이후 한국 정치사에 대단히 중요한 유산을 남겼다. 왜냐하면 그 이후 정치문제에 관련된 한국 사회의 지적 상황도는 거의 전적으로 정치적 자유와 독재라는 양분논리를 바탕으로 그려지게 되었기 때문이다. 말

10 4·19 혁명이 갖는 여러 가지 측면에 대한 평가에 관해서는 강만길 등, 『4월혁명론』(한길사, 1983)을 볼 것.

11 1950년대 초부터 미국이 이 정권의 전복을 위해 은밀히 활동해 왔다는 주장이 그동안 끈질기게 있어온 것은 사실이다. 그러나 아직 그러한 '기도'에 대한 구체적 증거가 없는 상황에서 그 점은 추측 이상의 의미를 가질 수는 없을 것이다.

12 4·19 혁명의 경제적 배경에 관해서는 다음의 글들을 참조할 것. 전철환, "4월혁명의 사회경제적 배경," 강만길 등, 1983(주 10), pp. 131-150; 정일용, "원조경제의 전개," 이대근·정운영 편, 『한국자본주의론』(까치, 1984), pp. 133-162; 박찬일, "미국 경제원조의 성격과 그 경제적 귀결," 김병대 등, 『한국경제의 전개과정』(돌베개, 1981), pp. 67-96.

을 바꾸어 그 양분법은 정치적 논쟁에 있어서 대부분의 개념도식을 형성하게 한 가장 지배적인 문제틀(problematique)이 되었던 것이다.

3. 남한에 있어서 국가형성의 성격 : 국제정치적·사회적 요인

국가형성(state formation)이라 할 때 이 글에서는 비교적 좁은 의미로 이해한다. 즉 관료기구, 군대, 경찰 등과 같은 국가 행정기구의 건설을 의미한다. 이것은 '국가성'(stateness)[13]의 다양한 특징들의 최소공배수로서 말할 수 있을 것이다. 그러나 해방 이후 한반도에 있어서는 미국과 소련 점령지역에서의 최소한 두 개의 분명한 국가형성 과정이 있었으므로[14] 단일한 국가형성 과정이 있었던 것처럼 말하기는 어려울 것으로 보인다.[15]

---

13 이 개념은 J. Peter Nettl, "The State as a Conceptual Variable," *World Politics*, 20(1968), pp. 559-592에서 빌려온 것임.

14 양 지역 중 어느 곳에서 먼저 단독적 정부수립(국가건설)이 시작되었는가에 대해서는 아직 논쟁이 종결되지 않았으나 두 개의 별도의 과정이 사실상 거의 동시적으로 시도되었다는 점만은 부인하기 어려울 것이다. 소련 점령지역에서의 국가형성 과정에 대해서는 김정원, 『분단한국사』(동녘, 1985), 3, 5, 8장 참조. 또한 와다 하루끼의 "소련의 대북한정책, 1945-1946," 브루스 커밍스 등, 『분단 전후의 현대사』(일월서각, 1983), pp. 234-310도 볼 것.

15 Bruce Cumings는 그의 대표작인 *The Origins of the Korean War 1945-1947*(Princeton, N.J.: Princeton University Press, 1981)에서 남한에 있어서의 국가형성 과정의 초기 단계에 대해서 중요한 시사점을 던져주고 있다. 그러나 북한에 있어서 소련 지원 하에 이루어진 국가건설 과정의 속도와 강도를 거의 언급하지 않음으로써 그의 견해가 어느 정도 편견으로 흐르고 있지 않는가 하는 인상을 버리기가 힘들다. 또 양 지역에 있어서 국가형성 노력의 시작이 과연 어디에서 출발되었

그러나 본장의 제한된 목적상 북한에서의 국가형성 과정에 관한 논의는 일단 제외될 것이다. 또한 '국가성'의 정도에 관한 문제가 대단히 중요한 것이기는 하지만 본장에서는 정치사회학적 문제, 즉 한국 사회의 어떤 세력이 여하한 방법으로 국가기구의 통제권을 장악했는가 하는 문제에 초점이 두어질 것이다. 이 문제에 대한 고찰은—비록 그것이 아직 예비단계에 머물러 있을지라도—국가형성의 전체 또는 그 과정을 이루는 정치투쟁의 양식과 내용이 경제발전의 방향과 '국가성'의 정도 그 자체까지도 결정짓는 것이므로 대단히 중요한 일로 여겨진다.

우선 해방 직후의 정치경쟁과 국가형성이 사실상의 백지상태, 즉 일제 식민통치의 폐허 위에서 시작되었음을 상기할 필요가 있다. 즉 어떠한 정치세력 또는 사회세력도 효과적인 통치작업을 위한 물적 자원과 정당성을 확보할 수 없었다. 이러한 국내적 권력의 진공상태 속에서 국가형성의 실제 과정은 비국내적 세력에 의해 불가피하게 규정될 수밖에 없었던 것으로 이해된다.[16]

대부분의 주변부 국가들의 경우와 마찬가지로 제2차 세계대전 이후 한국에 있어서의 국가형성 과정은 국제상황과 직결되어 있다. 다만 다른 많은 경우와는 달라서 유명한 왈러스타인(I. Wallerstein)[17]적 경제결정

던 것인가의 문제는 잠시 보류하더라도 남한에서의 과정이 상당 부분 북에서의 과정에 대한 대응책으로 실행되었던 점을 무시하기는 힘들 것이다.

16 해방 직후 전개된 국가형성 과정에서의 미군정의 역할에 대해서는 Cumings의 전게서 외에 미군정 내부로부터의 견해도 살펴볼 필요가 있을 것이다. 이에 대해서는 E. Grant Meade, *American Military Government in Korea*(New York: King's Crown Press, 1951) 참조.

17 Immanuel Wallerstein, *The Modern World System I: Capitalist Agriculture and the Origins of the European World Economy*(New York: Academic Press, 1974), 2-3장.

론적 일반론은 제2차 세계대전 직후의 한반도를 둘러싼 상황에는 그대로 들어맞는 듯이 보이지 않는다. 오히려 미국으로 하여금 한반도 정치에 대한 개입정책을 채택하게 한 것은 지정학적 또는 군사전략적 고려인 것으로 보인다.

제2차 세계대전 이후 새로이 전개되는 세계자본주의 체제의 헤게모니 국가로 등장하던 미국이 동아시아 전체에 있어서는 (넓은 의미에 있어서의) 경제적 이해관계를 가졌는지 몰라도 관찰의 범위를 한반도에 국한시킬 경우 경제주의적 논점은 지탱하기가 어려운 듯싶다. 당시 미국의 대한정책이 기본적으로는 한반도 분단에 대한 대처의 필요성과 동아시아에 있어서의 소련의 팽창 억제라는 비교적 우연적인 요소에 의해 규정되었다는 사실을 고려할 때 정치적인 해석보다 더 적실성이 있는 것으로 보인다.[18]

이 지역에 있어서 미국 개입정책의 기본 동기가 무엇이었든지 간에 한반도에서의 미군 주둔과 미군의 반공정책은 남한에 있어서 국가형성의 가장 중요한 단일 요인이었다. 왜냐하면 국가통제권을 장악하기 위한 여러 개의 정치·사회 세력 간 정치경쟁의 실제 과정을 규정하는 데 있어 미군정의 정책이 가장 중요한 요인이었기 때문이다.[19]

---

18 미국의 대한정책의 다양한 제 측면에 관해서는 다음의 책 등을 참조할 것. Frank Baldwin(ed.), *Without Parallel: The American-Korean Relationship Since 1945*(New York: Pantheon, 1973); Nathan White, *U.S. Policy Toward Korea: Analysis, Alternatives, and Recommendations*(Boulder, Col.: Westview, 1979); Bruce Cumings(ed.), *Child of Conflict: The Korean-American Relationship, 1943-1953*(Seattle: University of Washington Press, 1983).

19 이 점에 대해서는 김정원, 1985, 2장; 이호재, "민족통일을 위한 내적 노력과 좌절과정," 커밍스 등, 1983(주 14), pp. 311-375; 송건호, "해방 이후의 한국 민족주의," 송건호·강만길 편, 『한국민족주의론』(창비사, 1982), pp. 160-214; 강만

이 경쟁에는 계급배경 또는 이데올로기 등의 어떤 단일 기준으로 쉽게 분류하기 어려운 많은 개인 또는 집단들이 참여했다. 즉 이승만같이 특정한 조직배경을 갖지 않으면서 전국적인 명성을 배경으로 하는 정치가들, 식민통치 기간을 살아남은 후 애국적인 민족자본가로 자처한 부유한 명망가들로 뒤에 한국민주당[20]이라는 단일 정당을 조직한 집단, 식민기간 동안 반일항쟁을 유일한 정통성의 근거로 내세운 한국 임시정부의 요인들, 그리고 중도 우익계 인사 및 한국 공산당 활동가들 사이에서 맺어진 좌파연합 세력들이 가장 유력한 경쟁 당사자로 부각되었다.

이들 중 한민당 그룹과 좌파연합 세력이 우선 여타 세력보다 강력한 도전자로 등장했다. 이들이 보다 강력하게 등장할 수 있었던 것은 무엇보다도 효과적인 정치자원을 동원할 수 있었기 때문이다. 한민당의 경우 경제적 기반을 갖추고 있었고 좌파연합은 조직력을 갖추고 있었다. 그러나 그들대로 약점이 없었던 것은 아니었다. 즉 한민당 세력은 장기간의 대일항쟁을 통해서만 획득될 수 있었던 민족주의적 정당성을 결여했다. 한편 좌파연합은 최소한 남한 내에서만이라도 강력한 반공정권의 수립을 바란 미국에 의해 고려에서 제외될 수밖에 없었다. 한편 임정세력은 미국의 공식 정책에 공공연히 반대하여 미군정당국에 의해 적대적인 취급을 당함으로써 국내정치에서의 효과적인 지위를 점차 상실해 갔었다.

국내 정치·사회 세력 중 스스로의 힘에 의해 '헤게모니'적 지위를 효과적으로 주장할 수 있는 집단이 없었다는 이유와 또한 남한 내의 새

길, "좌우합작운동의 경위와 그 성격," 송건호·강만길 편, 『한국민족주의론 II』(창비사, 1983), pp. 62-108 참조.

20 한민당의 조직과정에 대해서는 심지연, 『한국민주당 연구』(풀빛, 1982) 참조.

로운 정부는 최소한 좌파 세력이어서는 안 된다는 미국의 정책 때문에 새로이 수립되는 정부는 보수연합 세력에 기반을 둘 수밖에 없었던 것으로 보인다. 그리고 이 보수연합의 참여자들은 각자가 동원할 수 있는 자원들, 예컨대 정당성의 상징과 물적 자원들을 갖고 서로의 단점을 보완해 주었다. 그 구체적 결과로 나타난 것은 개인으로서의 이승만과 한국민주당 사이의 불안한 연합이었다.

비록 그 보수연합이 미국 정책에 항상 협조적인 것도 아니었고 또 미군정도 이 세력만을 지원한 것은 아니지만 남한 내에 강력한 반공정부의 수립을 원한 미국으로서는 별다른 대안이 없었던 것으로 보인다. 보수정당이 수립된 후 첫 번째 과제는 다루기 힘들고 또한 안정을 방해하는 하층계급 운동이었던바, 이 운동은 당시 좌파연합 세력에 의해 비교적 잘 조직되었고 또 동원되었다.[21] 이들 좌파 세력은 식민통치 기간 동안의 사회주의적 항일투쟁의 경력을 기반으로 하여 자신의 정당성을 주장했다.[22] 주로 좌파 세력에 의해 조직된 하층계급 운동의 억압을 위해서는 급속한 경찰조직의 재건이 필요했던바, 이것은 결국 일본 식민정부가 만들어 놓았던 구 조직의 복귀를 의미하는 것이었다.

국가기구의 재건 외에도 새로이 형성된 국가를 합리화해 줄 수 있는 새로운 정치 정당성의 이론이 필요했다. 이러한 정치적 목적에 봉사한

---

21 이것은 '건준'(建準), 그리고 뒤의 '인민공화국'의 지방 대중조직으로서의 인민위원회의 급속한 조직과정을 말한다. 또한 '전농'(全農)과 '전평'(全評)의 경우도 들어야 할 것이다. 그러나 이 조직들의 정치적 의미를 오로지 발표된 회원 수에 의거해서 평가한다는 것은 지나치게 단순한, 따라서 어느 정도의 위험성을 내포하는 해석이 될 우려가 있다.

22 일제 치하의 공산주의 운동에 관해서는 Dae-Sook Suh, *The Korean Communist Movement, 1918-1948*(Princeton, N.J.: Princeton University Press, 1967) 참조.

것이 바로 자유민주주의였다. 그렇다고 그 이념이 단순히 정치현실과는 전혀 무관한 구실에 지나지 않았던 것은 아니었다. 실제로 자유민주주의 이념은 부분적으로는 새로운 주도세력으로서의 보수연합계 인사들이 그들의 사회적 배경 또는 교육배경을 통해 갖게 된 세계관을 대변하는 것이었다. 동시에 그 이념은 신생국의 해방자이며 또한 조직자였던 미국의 정치관념이기도 했다.

4. 한국 자본주의 경제발전의 성격

1945년 일본이 한국에서 쫓겨갔을 당시 한국에는 독자적 경제발전을 위한 유리한 상황이라고는 거의 없었다. 원래 식민통치 하에서의 한국 경제는 산업국 일본에 대한 식량공급, 원료생산 또는 노동력 보급기지로서의 보완적인 의미를 띠면서 성장했다. 따라서 해방될 당시 한국 경제는 '반(半)봉건적'[23] 토지소유권을 바탕으로 하는 농업경제가 압도적이었다. 비록 1930년대에 부분적인 공업화가 이루어졌으나 그나마도 한국의 경제발전 그 자체 때문에 이루어진 것이라기보다는 만주 및 중국 본토에서의 전쟁목적상 이루어진 것이었다. 오히려 한국의 독자적인 경제발전을 방해하려는 의식적인 노력은 일본이 한국 토착자본가의 성장을 억제했다는 사실에 의해 잘 증명된다. 한마디로 일제 35년간 식민통

23 일제 치하의 한국 경제에 대한 간략하지만 도움이 되는 논의로는 안병직, "식민지경제의 성격과 분단의 경제적 의의," 김병태 등, 1981(주 12), pp. 27-34; 장시원, "식민지 반봉건사회론," 이대근·정운영 편, 1984(주 12), pp. 13-14쪽 참조.

치의 경제적 유산은 경제구조의 파행성이라는 말로 요약될 수 있을 것이다. 즉 한국 경제는 제국 경제체제의 한 부분으로서만 제 기능을 했던 것인데 이제 전체체제로부터 떨어져 나오게 되자 한국 경제는 독자적으로 작동할 수 없게 되었다.

더욱이 남북분단으로 인하여 이미 불리한 여건들은 더욱 악화되었다.[24] 식민통치 하에서 경공업은 남한에, 중공업은 북한에 편중되어 발전되었던 관계로 남북분단은 산업 간 및 지리적 상호 보완성을 완전히 파괴해 버렸다. 특히 한국전쟁으로 인하여 그나마 남아 있던 산업들까지 완전히 파괴되었다. 이러한 상황 속에서 국가경제의 재건은 국가건설 그 자체를 의미하는 것이나 다름없었다. 왜냐하면 적합한 물질적 기반 없이 국가 그 자체가 존립하기가 힘들기 때문이다.

앞에서 이미 지적했듯이 국가형성의 주도권은 보수연합 세력에 의해 장악되었고, 동시에 대부분의 좌파집단들에 의해 동원되었던 기층민들의 대중조직은 배제되었다. 물론 이러한 결과가 생기게 된 것은 상당 부분이 국제정치에 그 이유가 돌려져야 할 남북분단과 무관한 것이 아니었다. 그러나 국제정치적 요인에 대한 강조 때문에 전 세계적인 미·소 대결이 한국에서는 분단으로 이르게 한 것을 더욱 용이하게 만든 국내정치상의 이데올로기적 분열상황 그 자체가 무시되어서는 안 될 것이다. 굳이 이 점을 지적하는 뜻은 그 진정한 이유야 어떻든 간에 남한의 경우 정치와 경제를 새로 건설하는 과정에서 대중적 참여가 사실상 거의 전무했다는 점을 지적하고자 하는 것이다. 이러한 대중 참여의 부재가 경제체제의 조직과정에서 갖는 함의는 사회주의와 대항되는 의미에

24 이대근, "6·25의 사회경제사적 인식," 이대근·정운영 편, 1984(주 12), pp. 101-132.

있어서 '자본주의'가 사실상 가능했던 유일한 선택이었다는 점에서 찾을 수 있다. 이 '자본주의'는 보수연합 세력의 주요 구성분자들의 경제적 지위 또는 사회적 배경과 조화되었을 뿐만 아니라 '생산성의 정치'(politics of productivity)[25]를 강조하는 미국의 경제관과도 일치하는 것이었다.

그러나 문제는 자본주의 그 자체가 아니라 그것이 사실상 영점 상태에서부터 조직되어야 했다는 데 있다. 자본주의 경제에 적합한 객관적 여건이 전혀 마련되어 있지 않았기 때문에(자본형성의 부재, 자본가계층의 미형성) 자본주의는 국가에 의해 조직되어야 했다. 이러한 점은 한국 자본주의 발전과정에 있어 시원적 축적 시기라 할 수 있는 1950년대의 자본축적 과정에 의해 잘 예시되고 있다.[26] 즉 귀속 일본인 재산의 처리, 원조불(援助弗)의 도입, 농지개혁 등 자본의 시원적 축적과 관련된 모든 계기들은 모두 정부의 결정과 깊은 관련을 맺고 있는 것들이었다. 이 외에도 실제 가격보다 훨씬 낮게 책정된 공정환율, 인플레적인 자본공급, 그리고 원조의 특혜적 배분 등은 국가에 의해 후원된 자본축적 과정을 더욱 가속화시켰다.

---

25 'Politics of productivity'라는 구절로 대변되는 미국의 대외경제 정책의 특징적 양상과 그 의미에 대해서는 Charles S. Maier, "The Politics of Productivity: Foundations of American International Economic Policy After World War II," in Peter Katzenstein(ed.), *Between Power and Plenty: Foreign Economics Policies of Advanced Industrial States*(Madison: University of Wisconsin Press, 1978), pp. 23–49 참조.

26 한국의 경제조직 건설과정에 있어서 국가의 역할에 대해서는 다음의 문헌을 참조할 것. 홍성유, 『한국 경제와 미국원조』(박영사, 1962); 이종훈, "미군정 경제정책의 역사적 성격," 송건호 등, 『해방전후사의 인식』(한길사, 1979), pp. 449–502; 이종훈, "한국 자본주의 형성의 특수성," 김병태 등, 1981(주 12), pp. 97–130; 정윤형, "경제성장과 독점자본," 김병태 등, 1981, pp. 131–164; 이재희, "자본축적과 국가의 역할," 이대근·정운영 편, 1984(주 12), pp. 193–220.

1950년대에 있어서 한국식 국가자본주의의 특징적 양상으로서 우리는 자족성의 결여를 들 수 있다. 말을 바꾸어 새로이 형성된 자본의 성격은 압도적으로 전체 산업부문별 분업구조와 구조적 연관을 갖지 못한 상업자본적인 것이었다. 이에서 연유하는 경제구조의 '파행성'은 미국원조에 의해 보완될 수밖에 없었다.[27] 그러나 미국의 원조는 농업 같은 부문에 있어서는 사태를 더욱 악화시켰다. 왜냐하면 농산물 원조에 따라 국내 곡물가격은 대단히 낮게 형성되어 국내 농업의 확대 재생산은 사실상 불가능하게 되었다. 이러한 사태는 농지개혁과 아울러 농민층뿐만 아니라 정치적인 의미를 갖는 사회세력으로서의 지주계층을 해체하는 사회적 결과를 낳았다.[28] 그리고 무엇보다도 비록 원조가 '인도주의적' 고려 하에 주어진 것이기는 하지만 원조로 인해 한국 경제의 구조적인 대외의존이라는 정치적·경제적 결과가 빚어지게 되었다. 즉 미국의 원조 없이는 한국의 국가경제는 거의 유지되기 힘들었다. 그리고 해외 의존적인 상업자본가들이 국내에서 가장 강력한 계층으로 급속히 성장하게 된 바의 정치사회학적 결과는 국내정치적 상황 속에서 헤게모니적 지위를 주장할 수 있는 '민족계급'(national class)이 제대로 형성될 수 없었다는 점에서 찾을 수 있다.

27 박찬일, 1981(주 12) 참조.

28 농지개혁의 사회적 결과에 대해서는 김병태, "농지개혁의 평가," 김병태 등, 1981(주 12), 35-66쪽; 유인호, "해방 이후 농지개혁의 전개와 성격," 송건호·강만길 편, 전게서(1983, 주 19), 371-448쪽.

5. 군사정권의 등장과 자유민주주의에 대한 공개적 도전

1960년의 시민봉기 과정 속에서 권력을 장악할 수 있었던 민주당 정부 치하의 대단히 짧았던 기간은 아마도 한국 현대사에 있어서 진정한 자유민주주의의 실험으로서는 유일했던 것으로 꼽을 수 있을 것이다.[29] 그러나 그것은 군부 쿠데타에 의해 좌절되어 결국은 실험으로서의 의미 이상을 갖지 못하게 되었다. 민주당 정부를 논의함에 있어 의도되었던 바가 아니라 실제로 행해졌던 바를 바탕으로 평가하는 것이 약간 불공평한 일일지도 모른다. 아무리 그렇다고 하더라도 대부분의 민주당 인사들이 자신들의 정치 프로그램을 개념화했던 '자유 대 독재'라는 단순한 문제틀은 복잡한 현실문제를 대처하는 데 있어 지나치게 비현실적이었다는 점을 인정해야 할 것이다. 당시의 일반 국민들이 요구했던 바는 자유민주주의의 추상적 원리를 넘어서는 구체적인 것, 예컨대 안전, 물질적 풍요 등의 것이었다. 이러한 점은 국가안보를 몇 개의 핵심적 명분의 하나로 내걸고 이루어진 1961년의 군부 쿠데타가 비록 수동적이기는 하나 국민들에게 어느 정도 수긍되었다는 점에서 간접적으로 증명될 수 있다.

실제에 있어 군부 쿠데타는 일정한 조건 하에서 수락된 것으로 보아야 할 것이다. 말을 바꾸어 군부의 정치개입은 일시적이라는 조건에서만 수락될 수 있다. 이러한 점은 문민통치라는 자유주의적 관념이 지식

29 민주당 정권의 등장과 실각과정에 대해서는 Seung Joo Han, *The Failure of Liberal Democracy in Korea*(Berkeley: University of California Press, 1974) 참조.

인·언론인 등 특수집단의 사람들뿐만 아니라 일반인의 관념 속에 깊이 자리 잡고 있었음을 의미하는 것이다. 바로 이러한 정상적인 헌정질서에 대한 요구는 군사정권에 대해 정당성 문제를 야기했다. 군사통치자들이 의사(擬似)민주주의적 방법, 즉 국민투표를 통해 민간인 정부로서 모습을 바꾸기로 결정한 기본적인 이유는 바로 정당성 문제와 관련된 것으로 보인다.

한국의 정치문맥에서는 민주주의를 의미하는 문민통치로서 자신을 가장하는 데 덧붙여 군사정부는 점차적으로 자유민주주의의 정치원리를 근대화의 구호 등에서 잘 예시되는 바와 같은 행정적 효과성의 주제로 대체시킴으로써 자유민주주의를 바탕으로 정당성을 확립해야 한다는 부담을 덜고자 노력했다. 동시에 '민족적 민주주의'의 개념을 제시함으로써 민주주의 개념에 대한 재정의를 시도하기도 했다. 결과론적으로 볼 때 이 '민족적 민주주의'가 뒤에 '유신'(維新)의 개념으로 발전하게 되었음은 자연스러운 사태의 진전으로 보이기도 한다.

효과성(efficacy)의 개념에 대한 강조는 경제·정치의 양면에서 동시적으로 구체화되었다. 일반 국민의 복지욕구를 충족시키는 명분으로 이루어진 정부 주도 하의 산업화 정책을 통한 급속한 경제개발 정책이 그 하나였고, 각종 개발정책들을 조정하고 집행할 국가기구들의 확장이 그 다른 하나였다. 이 후자 속에서 효과적이고 효율적인 정부 활동에 장애요인으로 등장한 정당성의 부족을 보충할 목적으로 수립된 것으로 여겨지는 억압기구들의 수적 증가와 질적 강화 등이 포함되어 있음에 주목할 필요가 있을 것이다.

이승만 정부의 기본적 딜레마는 자유주의적 정치이상과 현실 사이의 괴리였다. 한편 제2공화국 하의 정치적 실험이 남긴 교훈은 이상에 대한 맹목적 추구는 허망한 꿈에 불과하다는 것이었다. 그러나 보다 현실주의적인 제3공화국 하에서의 새로운 정치적 실험도 그 나름대로의 문제가 없지 않음이 밝혀지게 되었다. 정치적 정당성의 새로운 기반을 창출하려는 노력 그 자체가 새로운 정당성의 필요성을 창출하게 되었다. 통치대상으로서의 시민사회의 성장과 경제의 확대를 능가하는 국가기구의 성장으로 인해 새로운 정부는 항구적인 정당성의 결핍상태를 겪어야 했다. 결국 국가기구의 확대는 정치의 안정보다는 오히려 불안정에 기여한 면이 더욱 컸다고도 할 수 있을 것이다.

6. 효과성과 정당성 : '사회행복론'적 정당화[30] 노력과 그 실패

'민주적' 절차에 기반을 두고 있는 '정상적' 헌정질서에 대한 국민적 요구로 인해 1961년 정권을 장악하는 데 성공한 군사정부는 조속히 민간정부로 그 모습을 바꾸었다.[31] 즉 이들은 자신의 정당을 조직하고 동시에 이것을 바탕으로 대중동원을 위한 조직기반을 마련했다. 그러나 그러한 피상적 조처는 자신의 정당성을 재고해야 하는 부담을 별로 경감

30 이것은 독일의 인류학자 Arnold Gehlen의 표현으로 물질적 풍요의 보장을 바탕으로 하는 정당성 유형인바 Max Weber의 정당성 3유형에 덧붙여 논의되고 있다. A. Gehlen, *Studien zur Anthropologie und Soziologie*(Neuwied am Rhein: Luchterhand, 1963), p. 255.

31 혹자는 이러한 것은 외국, 특히 미국의 압력으로 볼 것을 주장한다. 그러나 실상 미국의 압력이 있다 해도 그것은 대체로 국내적 저항이 있음으로 해서 이루어지는 것으로 판단되므로 이곳에서 말하는 '국민적 요구'는 그러한 외국의 압력을 포함하는 것으로 이해될 수 있다.

해 줄 수 없었다. 왜냐하면 군부의 정치적 등장과정 그 자체가 이미 확립된 자유민주주의적 정치규범에 배치되는 것이었기 때문이다.

현 시점에서 볼 때 초기의 군사정권은 자신에 대한 이데올로기적 공격에 바로 대결하지 않음으로써 '이데올로기 논쟁'을 회피하고자 한 듯이 여겨진다. 대신 이들은 북한으로부터의 군사위협의 상존과 국가주도적 경제발전의 필요성을 강조했다. 이러한 선택은 사실상 자유민주주의를 희생하는 한이 있더라도 강력한 국가의 존재가 필요하다는 집권당국의 정치적 의지를 반영하는 것이나 다름없었다. 군사적 안보와 경제개발의 두 가지 주제는 민주주의적 정치규범과 아울러 1960년대 및 1970년대 한국 정치를 둘러싼 논쟁의 성격을 규정하는 세 가지 기본 주제였다고 할 수 있다.

근대화라고 하는 보다 일반적인 개념 속에서 논의되기 시작한 경제개발의 문제가 1950년대 후반부터 원조에서 차관 및 직접투자의 형태로 바뀌게 된 미국의 대(對)신생국 정책변화와 일치하는 것은 전혀 우연이 아닌 듯하다. 이러한 상황변화와 아울러 1950년대 후반부터 비교정치학 분야에서 근대화 문제에 관한 논의가 점점 증가했던 사실은 대단히 흥미있는 추측을 불러일으키게 한다. 여하튼 간에 1960년대 초에 정권을 잡은 군사정권이 자신의 정당성을 변호하기 위해 그 근대화의 주제를 채택했다는 것은 전혀 우연한 일이 아니다. 즉 군사정권은 어떤 사회세력도 독자적인 경제개발 계획을 추진하지 못하는 사회에 있어서 스스로를 근대화의 추진자로 내세움으로써 자신의 정치적 기반을 주장할 수 있게 되었다는 점에서 경제개발의 주제는 새 정부에게 대단히 시의적절한 구실을 제공했다.

이러한 점에서 제3공화국의 정권은 앱터(D. Apter)가 말하는 '동원정부'(mobilization regime)로서 특징지을 수 있을 것이다.[32] 위와 같은 주장 밑바닥에 깔려 있는 조야한 사회분석은, 어떤 특정 사회계급들도 조직과 경제적인 기반을 바탕으로 하거나 아니면 이데올로기를 통해 헤게모니적 지위를 효과적으로 주장할 수 없었던 상황을 고려한다면 전적으로 설득력이 없는 것은 아니었다. 이러한 점 등과 아울러 개개인의 자본가들 모두가 정부 정책 여하에 따라 그 생존 여부가 결정되는 한국 사회의 여건 속에서 국가로부터 독립된 자본가계급에 관해 운위하기란 거의 불가능하다. 바로 이러한 구조적 조건이 국가자본주의의 일 변종으로 또는 정부 스스로 주장했듯이 '지도적 자본주의'(guided capitalism)[33]로 여겨지는 그 이후의 자본주의 발전의 기본 성격을 규정하게 되었다. 그렇다고 우리는 하버마스가 선진자본주의 사회의 맥락에서 주장했듯이 국가의 간섭정책이 고전적 자유방임적 자본주의의 기능상의 원리를 범하기 때문에 국가의 강력한 개입주의가 정당성의 문제를 야기한다[34]는 논리를 한국적인 상황에서 그대로 적용할 수는 없을 것이다. 왜냐하면 국가와 시민사회의 관계에 관한 고전적 자유주의적 관념이 일반인들의 의식 속에 전혀 뿌리내리고 있지 않기 때문이다. 그러면서도 이들은 자유민주주의 정치규범은 확고히 갖고 있었다. 결국 이 점은 한국에 있어 자유민주주의가 서구에서와 같이 정치적·사회적으로 상승하던 시민계급의 세계관으로 제고된 것이 아니라는 점을 말하는 것이다.

그러나 정부에 의해 추진된 경제개발 정책의 구체적 내용은 중립

---

32 David Apter, *The Politics of Modernization*(Chicago: Chicago University Press, 1965), pp. 359－361.

33 이러한 표현은 제1차 5개년 경제개발 계획에 관한 정부 보고서에 나타나는 것인바, 그 정확한 의미에 관해서는 아무런 언급이 없으나 대체로 국가주도형 자본주의발전을 지칭하는 것으로 보아 무방할 것이다.

34 이 점에 대해서는 J. Habermas, *Legitimation Crisis*(Boston: Beacon, 1975) 참조.

적 조정자 또는 민족주의적 근대화의 추진자로서 정부의 이미지에 의문을 던지게 했다. 정치권력에 대한 여하한 '초월적' 정당화가 사실상 불가능한 현대사회에 있어 어떤 특정 정권의 정당성은 그 정권이 사회적인 중립성을 고수해야 할 것이라는 기대에 상당한 정도 의존하고 있다.[35] 따라서 국가는 자신의 정당성을 유지하기 위해 구조적으로 규정되는 자신의 계급적 성격을 은폐해야만 한다. 자유주의적 정치기제는 그동안 자연법적 공리, 가장 대표적인 예로 법적으로 자유롭고 평등한 당사자들 간에 맺어진 계약의 '신성성'의 개념 등에 의해 정당화되어 온 자본-노동관계에 직접 개입하지 않는 한에서 제대로 작동해 올 수 있었다. 그러나 국가가 비록 자본가들과 연합하여 노동자의 권익을 억압하는 경우가 아니더라도 자본주의 체제를 구하기 위해 개입정책을 폄으로써 기존의 자유주의적 정치사회의 정당성 기반이 흔들리게 된 것은 부인하기가 어렵고, 이 점은 이제 주지의 사실처럼 되었다. 이러한 사정 속에서 선진자본주의 사회 내 대부분의 국가들이 다수의 노동자 보호 법규를 제정하고 각종 복지정책을 수립함으로써 자신의 계급적 성격을 부인하려고 하는 노력들이 이해될 수 있는 것이다.

한국에 있어 그와 같은 문제는 비슷하거나 또는 더욱 악화된 형태로 나타났다. 왜냐하면 국가는 단순히 자본주의 질서를 조정만 하는 것이 아니라 처음부터 조직해야 했기 때문이다. 국가는 기존의 자본가들을 우호적으로 대했을 뿐만 아니라 그들과 연합하기도 했고, 자본주의적 발전을 추진하기 위해 자신이 확보하고 있던 제도적·물적 자원을 바

35 사회경제 문제와 관련된 정당성의 새로운 측면에 관한 논의는 J. Habermas, "Legitimation Problem in the Modern State," in Habermas, *Communication and the Evolution of Society*(Boston: Beacon, 1979), pp. 181-183 참조.

탕으로 하여 자본가들을 새로 만들어내기도 했다. 실제로 국가와 연합했던 기존 상업자본들은 그 연합 하에서 이루어진 자본축적 과정에 상당한 부정과 추문이 개재된 것이 공개됨으로써 공중적인 신망을 잃기도 했다.[36]

더욱이 지속적 성장의 핵심으로 여겨지는 자본축적이 적어도 그 상당한 부분에 있어서, 즉 생산성 증가율을 따르지 못하는 저임금에 기반을 두고 있었다는 점을 지적해야 할 것이다.[37] 혹자는 한국에서 저가의 노동력 이외에 다른 모든 자원이 부족한 채 수출주도형 경제성장을 추진하기 위해서는 저임금 정책이 불가피했다고 주장하기도 했다. 이러한 주장이 옳든 그르든 간에 그것이 낳은 정치적 결과는 정치 정당성의 기반 약화로 나타났다는 점을 부인하기는 어려울 것이다. 특히 대중적 신망을 잃은 자본가들에 대한 정부의 공공연한 편애로 인해 정당성의 약화는 더욱 가중되었다. 한편 자본가들에 대한 정부의 편애가 그나마도 대기업 쪽으로 편중되었기 때문에 상황은 더욱 악화되었다.

7. 자유민주주의의 공개적 부인

앞에서 지적된 바와 같이 우리는 그동안 '비민주적', 즉 비헌법적

---

36 초기 단계에 있어서 자본축적에 관련된 여러 가지 스캔들에 관해서는 정윤형, 1984(주 26); 이대근, "차관경제의 전개," 이대근·정운영 편, 1981(주 12), pp. 163-190을 볼 것.

37 이재희, 1984(주 26) 참조.

출생 때문에 취약한 정당성 기반밖에 갖지 못했던 제3공화국 정부가 또 다른, 이번에는 계급갈등과 연관된 정당성 상실의 계기를 맞게 되었음을 발견할 수 있게 된다. 정당성을 강화하기 위해 시도된 정책들 그 자체가 정당성 강화 노력의 부담을 가중시켰다는 것은 역설처럼 들릴지 모른다. 또한 한때 단명했던 '민족적 민주주의'의 주장 속에서 시사되었던, 정당성 강화의 목적으로 제시된 바 있는 민족주의적 주장은 현재 '종속적 발전'[38]으로 널리 알려지게 된 경제개발 전략의 결과로 나타난 경제 대외의존성의 증가로 그 빛을 잃게 되었다.

구미 국가들에 있어서 자유민주주의의 정치적 성공의 한 요인은 계급갈등 문제를 국지화[39]하는 전략에서 찾을 수 있다. 이러한 전략이 제대로 기능할 수 있기 위해서는 노동자들의 호전성을 약화시킬 수 있는 몇 가지 기제들(예컨대 노동자의 경영 참가를 허용하는 코포라티즘적 조직, 노조활동의 용인, 실업보험 등의 복지정책)이 마련되어 있어야 한다. 그러나 한국의 경우 그러한 문제에 대한 우호적인 관심이나 그 실현 등을 위한 재원 등이 불충분했다는 점에서 구미와는 사정이 달랐다. 그 결과 노동자들이 그 불만을 정치영역에 직접 제출하는 것밖에는 없었던 것으로 보인다. 그러나 노동자층은 보수세력에게만 배타적으로 공개된 정치 경쟁과

---

38 Peter Evans, *Dependant Development*(Princeton: Princeton University Press, 1979) 참조. 한국에 있어서의 '종속적 발전' 현황에 대해서는 Lim Hyun-Chin, *Dependent Development in Korea*(Seoul National University Press, 1985) 참조.

39 이러한 명제는 Poulantzas의 국가의 상대적 자율성에 관한 논의의 일부분에서 따온 것이다. "The capitalist state, in which the specific autonomy of instances is located by its relation to the relations of production, sets the limits which circumscribe the relation of the field of the class struggle to its own regional structures," Poulantzas, 1973, p. 187.

정 속에서 자신의 요구를 효과적으로 제시할 만한 수단을 갖지 못했기 때문에 그들에게 주어진 전략은 다음의 두 가지 중 하나밖에 없었다. 그 하나는 보수세력과 연합하여 보수정당으로 하여금 자신의 이익을 간접적으로 대변하게 하는 것이었고, 다른 하나는 자신의 조직기반을 통해 초헌법적 방법을 사용하는 것이었다. 그러나 이 후자의 방법은 압도적으로 반사회주의적 정치문화 속에서 성공할 가능성이 대단히 희박했던 것으로 보인다. 왜냐하면 정부당국의 관용은 고사하고 일반 국민의 지지도 기대하기 어려웠기 때문이다.

1971년을 전후해서 전자의 방법이 추진될 수 있는 유리한 상황이 전개되었다. 즉 정권으로부터 오랫동안 소외되어 왔던 여러 갈래의 보수 야당세들이 박정희 대통령에 반대하여 연합했던 대통령선거전이 그러한 기회를 제공했다. 야당의 보수정객들에게 있어 노동자의 불만은 집권정부에 도전함에 있어 사용할 수 있는 효과적인 무기였다. 노동세력이 반정부적 대중동원을 위한 적합한 기반을 제공할 수 있으리라는 정치적 고려가 당시 야당 대통령후보로 하여금 민중주의적 또는 의사(擬似)사회주의적 정치 프로그램을 내걸게 한 요인이 되었던 것으로 보인다.

비록 야당후보가 결국에는 패퇴했으나 자유민주주의에 대한 호소가 여전히 선거전에서 효과적인 무기로 사용될 수 있었음은 대단히 특기할 만하다. 자유민주주의에의 호소는 집권정부의 아픈 곳, 즉 두 가지 의미에서 말할 수 있는 취약한 정당성의 문제를 건드렸다. '발생적 결함', 즉 그 정권이 출현할 때의 비헌법 절차가 그 하나였고, 다른 하나는 대기업에 대한 공공연한 편애와 이로부터 결과한 농민층, 중소기업, 노동계층 등 광범위한 사회계층의 희생이었다.

이러한 사태에 대한 집권정권의 대응은 한편으로는 이데올로기 면에서 자유민주주의적 주장에 대한 직접 대결, 다른 한편으로는 폭력수단을 통한 물리적 억압으로 나타났다. 사실상 이러한 대응은 의사(擬似)헌법적 절차를 통한 위헌성의 은폐, 직접적인 폭력 사용 또는 그 위협, 민족주의적 상징에의 호소를 통한 자유민주주의의 공격 등 사실상 동원할 수 있는 모든 수단을 사용한 정상적 헌법절차의 완전한 정지를 의미하는 것이었다. 이것은 모든 면에 있어서 보나파르트주의 정권의 탄생을 의미하는 것이었다.

그러나 그 보나파르트주의 정권도 자신의 논리적 근거와 사회적 지지기반이 없는 것은 아니었다. 가장 잘 알려진 논리는 국가안보에서 마련되었고, 그 지지기반은 그동안 국가주도형 '종속적' 산업화 속에서 다소간 혜택을 입은 신흥 도시 중간계층들의 침묵 속에서 마련된 듯이 보였다.[40]

억압적 조치를 바탕으로 사실상 모든 형태의 정치적 반대를 금지시킨 채 정부는 이제 자유민주주의가 외래 이념임을 강조, 토착적 정치토양에서 부적합함을 주장함으로써 그 이념에 대한 전면적인 공격을 감행했다. '외래' 이념으로서의 자유민주주의는 토착적 '민주주의'로 대체되어야 함이 강조되었던바, 그것은 곧 정부의 행위는 '무책임'한 대중적 요구가 아니라 자신이 설정한 행정적 효과성 기준에 의해서만 그 방향이 설정될 것을 의미하는 것이다. 즉 관료적 합리성과 민족주의적 호소를 혼

40 한국 중산층의 정치적 성격에 관해서는 보수·진보적 두 가지 해석이 아직도 갈려 있고 그에 대한 확실한 규정은 아직 더 연구되어야 할 주제로 보인다. 이 글에서는 그 성격 규정을 일단 보류하면서도 일단은 중산층이 박 정권에 대해 묵시적으로나마 지지의 태도를 보였다는 입장을 취한다. 여하튼 중산층의 태도는 항상 일정치 않을 수 있음을 염두에 두어야 할 것이다. 이 문제를 둘러싼 논쟁에 대해서는 한상진, "한국의 중산층은 과연 보수적인가," 『사상과 정책』, 3-3(1986 여름), pp. 114-132 참조.

합한 새로운 이데올로기가 정당성의 궁극적 기반으로 제시되었다. 이러한 노력은 결국 기존의 사회적 동의체계에 전면적으로 배반되는 새로운 정치규범을 행정력으로 창출한다는 처음부터 실패할 운명을 안고 있는 작업이었다. 왜냐하면 그러한 작업은 혁명적 작업, 즉 새로운 사회적 동원 및 지지기반이 확립된 바탕 위에서만 가능한 작업인데도 불구하고 사회의 거의 모든 세력을 소외시킨 채 행정적으로만 추진된 시도였기 때문이었다.

8. 토의와 결론

한국 정치 40년간에 있어 자유민주주의의 실패는 곧 한국에 있어 국가 구성원리 확립의 실패를 의미하는 것이고, 이러한 실패는 곧 지속적인 정치 불안정을 의미하는 것이었다. 본장에서 시도한 바는 이러한 불안정의 정치사회학적 의미를 밝히는 시론적(試論的) 작업, 즉 정치 불안정을 정치사회학적으로 설명하는 것이다. 이러한 설명작업은 일차적으로 정치 차원에서의 정당성 미확립과 사회 차원에서의 헤게모니 세력 부재라는 각도에서 시도되었다. 당연한 일이지만 이러한 현상들을 낳게 한 뿌리는 일본 식민통치가 남긴 역사적 유산과 남북분단에 의해 조건지워진 바탕에서 시도된(국가기구의 건설과 자본주의 경제의 조직과정을 모두 포함하는 의미에서의) 한국에 있어서의 국가형성 과정 속에서 발견될 수 있고 또 발견되어야 할 것이다.

최근에 와서 한국 현대 정치사의 문제를 단순한 기술을 넘어서서 이론적으로 설명하려는 몇 가지 주목할 만한 논의가 있어왔다. 예컨대 관료적 권위주의 국가(bureaucratic authoritarian state)론에 근거한 유신체제의 설명, 과대성장국가(over-developed state)론에 입각한 한국 현대 정치사의 설명 노력 등을 그 대표적인 예로 들 수 있을 것이다.[41] 이러한 시도들은 그 나름대로 그동안 근대화론으로 압도된 이론적 경향으로서는 밝힐 수 없었던 정치의 갈등구조를 밝히는 데 중요한 공헌을 했다. 그러나 상기 이론적 명제 또는 모델들이 발생적으로 불가피하게 갖는 한계점들을 비판적으로 검토하는 과정을 충분히 거치지 않은 듯한 이유 때문에 때에 따라서는 설명되어야 할 자료들이 설명을 위해 사용된 이론적 모델에 의해 원래의 뜻과 다르게 곡해될 수 있는 소지를 보여온 것도 사실이었다.[42] 또는 그 반대로 한국사의 자료를 읽는 과정에서 새로이 제시된 이론적 모델 또는 유형 개념들이 유사한 다른 현상들과의 비교 연구를 위한 일반성을 결여함으로써 새로운 유형 개념의 제시 이유를 알기에 어려운 것도 있었다.[43]

---

41 관료적 권위주의 시각에 입각한 논의로는 강민, "관료적 권위주의의 한국적 생성," 『한국정치학회보』 17집(1983); 강민, "한국 정치체제의 구조적 특성-신권위주의를 중심으로," 『한국정치학회보』 18집(1984); 한상진, "관료적 권위주의와 한국사회," 서울대학교 사회학연구회 편, 『한국 사회의 전통과 변화』(법문사, 1983)를 볼 것. '과대성장국가론'의 한국적 적용으로는 최장집, "과대성장 국가의 형성과 정치균열의 구조," 『한국사회 연구』, 3(한길사, 1985)을 볼 것.

42 이 점에 대해서는 주 41의 논문들에 대한 박광주의 비판을 참조할 것. 박광주, "국가론을 통한 한국 정치의 패러다임 모색: 최근의 연구동향과 반성," 『현상과 인식』, 9-2(1985 여름), pp. 30-78.

43 이 점에 대해서는 진덕규의 "산업화 통치체제론"과 이효재의 '가부장적 권위주의' 개념(이상은 모두 한국기독교사회문제연구원 편, 『한국 사회변동 연구』, 1985에 실린 저자의 글들임)에 대한 김성국의 비판을 참조할 것. 김성국, "한국 사회, 어디에서 오고 있는가," 『오늘의 책』 6(1985 여름), pp. 388-407, 특히 pp. 394-399쪽을 볼 것.

따라서 본장에서 시도하는 바는 이제 막 지적된 두 가지 위험을 모두 회피하면서 한국 정치사의 경험을 정치사회학적으로 설명하고자 하는 것이다. 이러한 설명을 위해 필자가 원용하고 있는 이론적 시각은 1960년대 말부터 구미학계에서 활발히 논의된 바 있는 마르크스주의 국가이론들이다. 실제로 그 이론들은 어떤 특정의 제한된 문제들만을 공통의 대상으로 삼고 있으며, 또한 공통된 체계를 갖춘 논의들이 아니다. 개별적인 이론들이 독특하게 갖는 문제와 논의 체계를 일단 넘어서서 볼 때 적어도 필자에게는 그 이론들이 기본적으로 지향하는 바는 사회변동의 이해를 위한 역사사회학 이론의 제시라고 여겨진다.[44] 한편 그 구체적인 논의는 (정치, 이데올로기, 경제를 포괄하는) 사회총체로서의 자본주의 체제를 일차적 대상으로 하여 이루어지고 있는바, (부분적인 교란에도 불구하고) 하나의 안정된 체계로서의 자본주의 체제의 작동원리와 작동과정을 밝혀내고 그 체제의 내부변화에 따라 원래의 작동원리가 제대로 가능하지 못하는 데에서 연유하는 여러 가지 교란적 현상과 그 체제변동의 역사적 추이를 예측하는 일이 그 이론들의 기본 작업으로 여겨질 수 있다.

현대 마르크스주의 국가이론들에서 제시되는 이론적 명제들은 서구 자본주의의 역사적 발전을 바탕으로 하여 추출된 이상형적 개념으로 구성되어 있기 때문에 당연히 한국과 같이 자본주의 발전이 외래적으로 유도된 지역의 문제를 설명하는 데에는 기본적인 한계를 갖고 있다. 그러나 마르크스주의 국가이론에서 제기된 이론적 명제들을 바탕으로 한국

44 현대 마르크스주의 국가론에서부터 새로이 시작된 국가현상에 대한 강조는 단순히 국가의 계급성을 새로이 증명하는 것이라기보다는 국가 역할의 동태를 통해 사회변동의 역사적 성격을 파악하는 작업이라는 점은 Perry Anderson, *The Lineage of the Absolutist State*(London: NLB, 1975)에서 가장 대표적인 형태로 예시된다.

적 문제들을 설명하는 것이 아니라, 한국(또는 기타 제3세계 지역의 국가의 경우도 마찬가지이겠지만)에서의 상황이 자본주의 체제의 이상형으로부터 다르게 나타나는 점을 지적할 수 있다면 비교 고찰로서의 성과와 의의를 가질 수 있을 것이라 생각되는 것이다.

현대 네오 마르크스주의 국가이론가들에 의해 제시되는 사회 총체로서의 자본주의 체제의 기본적 특징은 '국가와 시민사회의 분리'라는 현상에서 찾아진다.[45] 이러한 '분리'의 의미는 요약한다면 경제체제의 운영은 자유롭고 평등한 개인들 사이에 맺어지는 계약의 신성성, 천부적 사유재산권 등의 몇 가지 원리를 바탕으로 하는 시장기제의 독자적 작동에 맡겨지고 정치적 강제력의 직접적 개입은 경제과정에서 배제되는 것을 의미한다. 이것은 곧 경제적 생산영역에서 경제적 효율성에 장애가 되는 모든 경제적 논리의 간섭 내지 작용이 배제되고, 나아가서는 정치까지 경제적 효율성 논리의 자기 전개에 봉사하게끔 만든 상황을 지적하는 것이다. 이러한 상황은 그러한 경제적 효율의 논리를 사회 전체의 차원에서 관철시킬 수 있었던 주체 또는 담지자(擔持者)의 존재를 전제로 하는바, 구체적으로는 자본계급으로서의 부르주아지가 그 역할을 맡았음은 잘 알려져 있다.

실제로 위의 '분리'를 전제로 해서 이루어진 정치원리가 곧 자유주의 정치이론이었다. 생산활동에 직접 참여하지 않는 정치세력으로서의 군주와 봉건귀족층에 대한 시민계급의 저항이념으로서 자유주의가 제고되었다는 점을 고려할 때 자유주의의 사회적 배경 또한 부르주아지의 정치세력으로서의 역사적 등장에서 찾아질 수 있을 것이다. 역사적으로 자유주의 정치이론에서 최소정부론이 그 핵심 내용 중 하나가 되었음은

45 박상섭, 『자본주의 국가론』(한울, 1985), pp. 211-216 참조.

위와 같은 사정을 고려할 때 우연이 아님을 알 수 있다.

자유주의가 이렇게 특정 사회계급의 사회적 이익과 연결되면서 역사적으로 출현했음에도 불구하고 그 이념이 보편적인 이념으로 작동할 수 있었던 것은 부르주아지의 정치적 능력에만 관련된 것은 아니었다. 그것은 자유주의가 갖는 이념내용들을 계급기반을 넘어 사회·정치 영역 속에서 일관되게 적용함으로써 그 이념내용들이 보편적인 것처럼 투사될 수 있었기 때문이다. 바로 이 점은 그람시의 헤게모니론의 핵심 내용을 이루는 것으로 시민계급이 헤게모니 세력으로, 또는 자유주의가 헤게모니 이념으로 되었다는 사실을 지적하는 것이다.

이때 자유주의(또는 자유민주주의)가 부르주아지의 정치이상이었고, 또 이러한 정치이상은 '국가와 시민사회의 분리'라는 관념을 바탕으로 한다는 점을 상기할 때 부르주아지의 헤게모니적 지위와 '분리'의 체제는 밀접한 관련을 갖는다. 이러한 관련은 두 가지 면에서 파악된다. 우선 '국가와 시민사회의 분리'라는 표상은 시민사회의 영역에서 부르주아지의 헤게모니적 지위 유지를 위해 필수적인 것으로 생각될 수 있다. 앞서 지적된 마르크스주의 국가이론에 의거할 때 상기의 '분리'라는 관념 또는 외양은 사회문제의 처리와 관련된 국가활동, 또는 국가활동 전반이 갖는 사회적 함의와 관련하여 국가의 정당성을 확립해 주는 근거가 되는 것으로 이해된다.[46] 왜냐하면 국가는 경제과정에 직접 개입하지 않고 역사적으로 확립된 자본주의 시장기제의 기능 원리에 따라 그 과정이 작동되는 것을 돌보기만 함으로써 항상 사회적으로 중립적인 위치를 표방할

---

46 현대 자본주의 사회에서 정치권력의 정당성이 일차적으로 사회문제와의 관련성 속에서 논의될 수 있게 되었다는 명제의 의미와 그 역사적 연유에 대해서는 Habermas, *op. cit.*(주 35) 참조.

수 있기 때문이다. 그러나 이러한 중립성의 주장에서 근거하는 정당성을 바탕으로 이루어지는 자본주의 기능 원리의 보호는, 실제로 그러한 기능 원리들이 자본계급들의 우월한 지위를 지속적으로 보장해 주고 있다는 점에서 실질적으로는 부르주아지의 헤게모니적 지위를 떠받치고 있는 것으로 이해될 수 있다.

다른 한편에 있어 경제영역으로부터 국가의 '분리'라는 표상이 지속적으로 유지되기 위해서는 경제성장, 즉 자본축적이 경제 효율성의 원칙에 따라 외부적 간섭 없이 순조롭게 진행되어야 한다. 이때 이러한 '순조로운' 진행은 단순히 경제법칙의 기계적 작용을 의미하는 것이 아니라, 그것을 떠받쳐 주는 헤게모니적 이념과 그 주체로서의 헤게모니 세력의 존재를 전제로 한다. 이 헤게모니 계층, 즉 자본주의 하에서 부르주아지의 존재는 결국 국가가 경제영역으로부터 '분리'되어 있다는 표상을 가능하게 해주는 사회적 전제라고 볼 수 있다.

이러한 점에서 자유민주주의 체제 하에서 국가 정당성과 헤게모니 계급 및 이념의 존재는 사회 총체로서의 자본주의 체제의 유지를 위한 상호 보완적인 양대 지주로서 이해할 수 있다. 이것을 구체적으로 가능하게 해주는 이상형으로서의 자본주의 체제(자본주의 사회구성체)의 구조상의 특징은 정치, 이데올로기 및 경제가 각기 서로 독립된 영역들로서 나타나면서 동시에 이러한 독립을 바탕으로 기능상으로는 그 영역들이 서로 보합되어 체제 자체의 유지를 도모하는 단일체로 작동하는 독특한 영역 간의 접합양식을 보이는 데 있다.

그러나 한국에 있어서의 세 영역 간의 상호 접합관계와 기능은 전혀 다른 양상을 보이고 있다. 우선 자유민주주의 이념은 사회 주도계급의 세계관, 즉 헤게모니적 이념으로 확립되지 않았고, 또 현실정치상에서 그 이념은 집권당국자에 의해 경시되거나 부인됨으로써 기성체제의 유지를 위한 이데올로기적 기초로 작용하지 않았다. 또한 국가주도적 자본주의 경제체제의 확립으로 인해 '국가와 시민사회의 분리'라는 명제는 애초부터 성립될 수 없었다. 그 결과 헤게모니적 지위를 주장하는 주도계급은 부재한 채 국가의존적 사회세력만이 성장하는 결과를 낳았다. 또한 국가의 후원 하에 성장함으로써 독자적 정치세력화의 기회와 기대를 갖지 못한 사회 주도세력에 있어 자유민주주의의 이념은 그들의 정치적·사회적 이익과는 큰 관계를 갖지 않는 것이 되었다.

이러한 관점에서 볼 때 한국에서의 정치발전 과정이 구미적 자본주의 체제의 이상형과 어느 정도의 근사성이나마 보이면서 전개될 수 없었다는 것은 너무나 자명한 일이다. 이 점에서 한국 정치과정의 이해를 자본주의 구성체라는 시각에서 이해하기는 어려운 듯이 보인다. 비록 한국 사회가 일반적으로 자본주의 사회로 지칭되지만 단순히 자유임금노동의 존재 또는 생산수단의 사적 소유로 규정되는 경제체제로서 자본주의를 이해한다면 모르거니와, 사회구성체라는 점에서 자본주의 체제를 이해한다면 한국의 경우는 이 범주에서 제외되어야 할 것이다. 결국 구미적 자본주의 체제에서 기능한 바 있는 자유민주주의 정치과정을 도입하여 국가운영 원리로 삼은 지난 40년간의 정치실험이 의도대로 전개되지 않고 오히려 그 역방향으로 나가게 되었음은 차라리 당연한 일처럼 보인다.

정치운영 원리로서의 자유민주주의의 실패는 곧 정치적 불안정 상태의 지속을 의미한다. 그러나 이러한 실패가 반드시 정치이상으로서의 자유민주주의가 한국적 상황에서 전혀 실현될 가망이 없다거나 또는 무의미하다는 것을 의미하는 것은 아니다. 오히려 한국적 상황에서 그 이념이 어떤 특정 사회세력에 의해 지지되어 온 것이 아니라는 약점은 그것이 국민 전 계층에 의해 공통적으로 지지되는 정치적 민주화의 이상으로 작용할 수 있는 강점의 기반이 될 수도 있는 것이다. 이와 같은 사태는 실제에 있어 그것이 특정 사회적 기반이 사상(捨象)된 추상 개념으로 남아 있을 때에만 가능할지도 모른다. 이러한 의미에서 한국에 있어 자유민주주의의 실패는 한국에서 민주주의가 계속 불가능할 것이라는 점을 지적하기보다는 오히려 민주주의의 지속적 생명력의 원천이 될 수도 있다는 것을 의미하는 것이다.

8장
일본 군사-무사 전통의 기원

1. 서론 : 문제 제기

이 글의 기본 목적은 세계사에 있어서 근대국가 형성과정에 있어서 군사전통 또는 전쟁의 역할에 관한 일반적 논의의 틀 속에서 아시아 국가로서는 가장 일찍이 성공한 일본 역사의(다른 아시아 국가와의 비교에서) 특이성이라고 할 무사 중심성의 전통을 일본의 성공적 근대국가 건설작업의 역사적 전제로서 살펴보고자 하는 것이다.

서양의 근대국가 형성과정에 있어서 전쟁이 수행한 중심적 역할에 관해서는 최근에 들어 구미 역사사회학계의 중심적 논의를 이루고 있다.[1] 이러한 관점에서 볼 때 근대국가 형성 작업이란 한 국가가 다른 국가와 대치된 상황에서 자신을 지킬 수 있는 권력자원, 즉 일정 규모의 군사적-경제적 능력을 만들어내고 이것을 자신의 수중으로 이전 또는 동원할 수 있는 정치·사회 체제를 만들어내는 작업을 의미한다. 평상시 보다 큰 규모의 자원생산 및 그것의 동원은 대체로 전쟁과 같은 비상상황에서만 쉽게 이루어질 수 있었던 것이 인류사의 일반적 양식이었다. 우리가 알고 있는 근대국가 체제의 핵심적 기구들은 거의 전쟁수행과 직접 또는 간접적 관련을 갖는다. 우선 관료제의 발달은 전쟁의 효과적 수행을 위한 재정과 관련된 것이고, 민족주의-민주주의(국민대표제)도 자원의 효율적 동원과 관련되어 발전한 것이었다.[2]

아시아 또는 비구미 지역에 있어서 근대국가 체제 형성을 가장 빨리 그리고 아마도 (서구 선진국의 수준에 도달하는 데) 유일하게 성공적으로 이룩한 나라는 일본이었다. 물론 일본의 근대화는 서양의 충격에 대한 반응이라는 과정에서 이룩된 것이다. 그러나 외부 자극론만으로는 단지 한 세대에 걸쳐 신속하게 변모하여 서양 국가와 거의 대등한 위치에 설 수 있게 되었다는 점을 설명하기 어렵다. 예컨대 일본과 같이 19세기 후

---

1 최근에 발표된 몇 개의 대표적 저작으로는 다음과 같은 것을 들 수 있다. Brian Downing, *The Military Revolution and Political Change: Origins of Democracy and Autocracy in Early Modern Europe*(Princeton: Princeton University Press, 1992); Anthony Giddens, *The Nation-State and Violence*(Berkeley: University of California Press, 1985); Michael Mann, *The Sources of Social Power*, vols. 1 & 2(Cambridge: Cambridge University Press, 1986, 1993); Michael Mann, *States, War and Capitalism*(Cambridge: Cambridge University Press, 1988); Bruce D. Porter, *War and the Rise of the State: The Military Foundations of Modern Politics*(New York: Free Press, 1994); Charles Tilly, *Coercion, Capital and European States, A.D. 990-1990*(Oxford: Blackwell, 1990); 박상섭, 『근대국가와 전쟁』(나남, 1996)을 참조할 것.

2 이 점에 관해서는 박상섭, 1996, 11장에서 압축적으로 논의되고 있다.

반 또는 그 이전 시기에 외부로부터의 도전에 직면했던 비구미 지역 대부분의 국가들은 그러한 충격에 효과적으로 대처하지 못했다. 이러한 점을 고려할 때 그러한 효과적 대응을 가능하게 한 내부적 추진력을 발생시킨 일본 사회 자체의 어떤 특성과 관련시켜 설명하지 않으면 안 된다. 그러한 요인들에 대한 설명은 여러 가지 각도에서 가능할 수 있겠으나 필자가 착안한 바는 우선 일본의 독특한 군사전통이다. 이 점은 근대국가의 성립과 발전은 대부분 전쟁활동과 관련하여 이룩된 것이라는 서양사의 경험에 관한 역사사회학적 논의에서 출발한 것이다.

물론 일본이 서양의 충격을 받았던 德川(도쿠가와) 막부 말기의 경우, 250년이 넘는 장기간 동안 대내외적으로 평화 시대가 지속되었기 때문에 군사적 준비는 거의 되어 있지 않았다.[3] 그럼에도 단기간에 이러한 약점을 극복하고 강력한 군사국가로 성장할 수 있었던 것은 일본이 아시아의 다른 나라(중국과 조선)와 다른 독특한 군사적 전통을 갖고 있었기 때문이다. 비록 군사적 준비가 되어 있지 않았다고 하더라도 도쿠가와 막부는 기본적으로 장기간에 걸친 내란상태를 종식, 일본을 통일시킨 후 무사계급 안에서 권력의 수직적·군사적 공고화(vertical military consolidation of power)의 결과로 이루어진[4] 강력한 군사정권으로 출발한 정권이었고, 잠재적으로 지배계급으로서 무사층은 정신적으로는 항상 무장

3 물론 전혀 없었던 것은 아니다. 이 점, 즉 幕末의 군사개혁의 노력에 관해서는 熊澤 徹, "幕府軍制改革の展開と挫折," 坂野 潤治, 宮地正人, 高村直助, 安田浩, 渡辺治 編, 『シリーズ 日本近現代史－構造と變動, 1 維新變革と近代日本』(岩波書店, 1993), 3장, pp. 117－160; 藤原彰, 『日本軍事史』, 嚴秀鉉 역(時事日本語社, 1994), pp. 19－32 참조.

4 Eiko Ikegami, *The Taming of the Samurai: Honorific Individualism and the Making of Modern Japan* (Cambridge, Mass.: Harvard University Press, 1995), pp. 37, 337.

할 준비를 갖추고 있었다는 점을 상기해야 할 필요가 있다.

무사문화는 장기간의 평화기간 일체의 사적 폭력행위도 허용하지 않았던 정부 정책에도 불구하고 지배계급으로서 무사계층을 내부적으로 결속시키는 기능을 수행해 왔다. 이에 그치지 않고 사적 폭력의 표출을 억제한 정부는 무사정신을 내면화시킨 '명예'의 관념을 의도적으로 진작시킴으로써 이 명예의 개념을 통해 일본 무사정신의 전통이 일본 지배계급의 주도문화로 지속될 수 있었다. 이것이 바탕이 되어 외부의 도전에 맞서 국가의 강병정책이 내부적으로 큰 저항 없이 추진될 수 있는 계기를 마련해 주었다고 최근의 한 연구는 밝히고 있다.[5] 이러한 일본의 독특한 무사정신의 정치사회학적 바탕이 되는 무사가 과연 어떠한 상황에서 출발하여 어떠한 과정을 거쳐 사회의 지배계급으로 자리 잡게 되고, 이러한 무사 중심성이 일본의 독특한 국가체제 발전과 성장에 어떠한 영향을 미쳤는가를 밝히는 점이 이 글의 목적이다.

이 글의 본론에서 집중적으로 다루어질 문제의 하나이지만 일본에 있어 무사의 문제는 서양 전근대 사회의 경우와 같이 좁은 의미의 군사 그 자체에 국한되는 것이 아니라 사회구성 원리에 직결되는 문제이다. 즉 영지 소유를 둘러싼 사회조직 원리는 무사의 무력에 의해서 떠받혀졌다는 점에서 무사의 문제는 바로 영지 소유 문제의 다른 측면이었다. 서양사의 근대와는 약간 성격을 달리하지만 효과적인 중앙집권적 통치가 가능한 통일국가의 형성이라는 관점에서 보면 일본사에 있어서 근대국가의 효시적인 모습은 도쿠가와 막부의 수립에서 찾을 수 있을 것이다. 그런데 도쿠가와 통일국가의 수립은 무사의 수직적 결합을 통해 군사적 지

5 바로 이러한 논지가 Ikegami 작업의 기본 논지가 되고 있다.

주계급의 공동 이익을 집단적으로 확보하는 방안으로서도 이해된다.[6] 이런 점에서 도쿠가와 막부의 형성과정은 동시에 '一揆' 형태의 수평적 동맹체의 파괴, 그리고 비무사계급에 대한 강제적 탈군사화 및 복속을 수반한 것은 자연스런 것으로 보인다. 즉 일본에 있어서 최초의 통일국가의 수립은 동시에 위계적-권위주의적 체제의 수립을 낳았다.

도쿠가와 막부의 통일국가는 중앙집권적이었으나 동시에 상당히 '봉건제적',[7] 즉 분권적이었다는 이중성을 띠고 있었다. 이케가미는 이 점을 'integrated but decentralized'라는 표현을 쓰고 있다.[8] 이 분권적 성격은 도쿠가와 막부가 통일국가로서 출발할 당시에 존재하던 군사적-정치적 세력 사이의 세력배분 상태를 반영하는 것이었다. 德川家康(도쿠가와 이에야스)가 제일 강력한 정치세력이었지만 그가 이룩한 정치적 통일은 유력한 大名(다이묘)들 사이의 정치적 및 군사적 연합을 바탕으로 해서만 가능했던 점을 그대로 반영하는 것이다. 중앙집권적 체제를 이룩하기는 했지만 이 체제는 동시에 당시까지의 분권적인 군사력 배분상태가 반영

6 이러한 이해는 Ikegami, 1995, p. 184에서의 논의에 근거하고 있으나 이 논의 자체는 Perry Anderson, *Lineages of the Absolutist State*(London: NLB, 1974)의 논지를 바탕으로 하는 것이다.

7 이 '봉건제적'이라는 표현은 일본 사학계에서는 자연스럽게 사용되고 있으나 유럽사의 맥락에서 발전된 이 개념이 일본사 연구에서 갖는 타당성 또는 효용성에 대해서는 많은 논쟁이 벌어졌다. 본 논문에서는 이러한 논쟁과 무관하게 '분권적'이라는 의미로 사용된다. 일본사 연구와 관련된 '봉건제' 개념의 문제점에 대한 종합적 논의로는 John W. Hall, "Feudalism in Japan-A Reassessment," in John W. Hall and Marius B. Jansen(eds.), *Studies in the Institutional History of Early Modern Japan*(Princeton: Princeton University Press, 1968), pp. 15-51 참조(원래 이 논문은 1962년에 저술됨). 또한 같은 책에 수록된 Joseph R. Strayer, "The Tokugawa Period and Japanese Feudalism," pp. 1-14도 참조할 것.

8 Ikegami, 1995, p. 339.

되었다. 통일체제에서는 정치적 복속의 대가로 다른 혜택—예컨대 통일 국가 체제 안에서의 지배계급으로서의 정치적·경제적 지위의 보장—이 주어졌다.

이러한 독자적 군사세력, 즉 무사를 기반으로 하는 분권적 성격이 일본이 다른 아시아 국가와 차이를 갖게 만드는 점이고, 근대국가 체제를 만드는 데 앞선 서유럽의 국가에 보다 근접할 수 있게 만든 가장 중요한 요인으로 생각된다. 일본이 동아시아권 국가들 가운데 유독 혼자서만 서양식 근대국가 제도를 채택할 수 있었던 요인 가운데 하나는 내부적으로 지속적인 전쟁을 치렀고, 이를 바탕으로 강력한 군사기구를 만들었으며, 다시 이를 바탕으로 중국적 세계질서에의 편입을 거부한 것과 유관된다.[9] 이 거부의 구체적 사례로는 임진왜란 때의 豊臣秀吉(도요토미 히데요시)의 주장을 들 수 있을 것이다. 군사력을 바탕으로 한 독립적 정치질서 또는 정치조직의 관념은 서구 근대국가의 그것과 대단히 흡사한 것으로 이해된다.

일본사에서 무사전통의 문제는 일본 학계에서는 사실상 그 연구가 마무리된 것이기 때문에 무사전통에 관한 필자의 논의 자체는 독창적인 연구가 될 수 없다. 따라서 필자의 논의가 주된 관심을 두고 있는 부분

---

9 이 "중국적 세계질서"의 개념은 John K. Fairbank(ed.), *The Chinese World Order: Traditional China's Foreign Relations*(Cambridge, MA.: Harvard University Press, 1968)에서 빌려온 것임. Key-Hiuk Kim, *The Last Phase of the East Asian World Order: Korea, Japan, and the Chinese Empire, 1860-1882*(Berkeley: University Of California Press, 1980)도 참조할 것. 중세 말 및 근세 초 일본에 있어서 대중국관계 관념의 변화에 관해서는 Asao Naohiro(朝尾直弘), "The Sixteenth Century," in John W. Hall(ed.), *The Cambridge History of Japan*, vol. 4(Cambridge: Cambridge University Press, 1991), pp. 66-78을 볼 것.

은 서양 근대국가의 경험에 비추어 볼 때 일본의 경험이 갖는 특수성과 일반성을 논의함으로써 구미 역사사회학계에서 이루어진 근대국가 형성 과정의 일반적 논의를 일본의 경험과 연결시키는 것이고, 여기에 이 논문의 기본적인 의의가 있다고 말할 수 있다.

정치사회학적인 관점에서 근대국가는 정치권력이 담겨지는 용기(power container)로서 규정되기도 한다.[10] 역사적으로 존재했던 도시국가, 제국 등 여러 종류의 권력의 용기 가운데 현재까지는 최소한의 노력으로 최대한의 자원을 동원할 수 있다는 의미에서 가장 효율적인 것으로 평가된다. 서양에서 유독 이러한 것이 만들어질 수 있었던 것은 지속적인 전쟁을 치러온 서유럽의 독특한 역사와 관련된다. 전쟁수행을 위한 최대한의 자원동원 노력, 이러한 노력의 과정 속에서 각 국가는 양적으로만 성장한 것이 아니라 내부체제의 질적 변화—민족주의와 민주주의—까지 가져오게 되었다[이 점은 권력의 변증법(dialectic of power)이라는 개념 하에서 설명된다].[11] 일본의 경우도 단순히 무사전통 또는 무사정신의 작용으로 인해 조속한 근대화 및 근대국가화를 달성한 것으로 쉽게만 생각할 수는 없다. 그것에 앞서 일본 열도라는 좁은 지역적 범위 안에서이기는 했지만 19세기 말까지 이어진 지속적(잠재적이기는 했지만) 전쟁상태[이것은 明治(메이지)維新 쿠데타를 통해서 재발된 것으로 이해된다]가 근대화 작업을 구체적으로 가능하게 만든 중요한 계기가 되었음도 염두에 둘 필요가 있다.

10 이 점은 Anthony Giddens, 1985에서 집중적으로 다루어지는 문제이다.

11 이 문제에 관해서는 박상섭, 1996, 11장 참조.

2. 중세 무사의 前史: 고대에서 중세 무사단의 형성까지

2-1. 율령제 군대의 출현 전후

일본에 있어서 세습무인의 역사는 고대에까지 거슬러 올라간다. 5세기경 奈良(나라) 분지에 수립되었던 大和(야마토) 왕국의 경우, 왕국 자체가 주변지역에 본거지를 두고 있던 유력 호족들의 연합정권이라는 성격이 강했고, 야마토 정권의 중심이자 대표자인 大王(오오키미)도 이들 가운데 가장 유력한 호족에 지나지 않았다. 그리고 이때의 야마토 정권의 군대는 유력 호족들이 보유하는 호족군을 합친 일종의 연합군에 지나지 않았으며, 大王에 직속하는 왕국 자체의 군대란 아직 생각할 수 없는 상태였다.[12]

5세기 후반에 이르면 왕권은 점차 성장하여 왕실이 관장하는 기능이 증가함에 따라 伴(도모)이라고 불리던 관직으로 구성되는 원시적인 관료조직이 성립하게 되었다. 이 중에는 군사적 업무도 포함되었는데 구체적인 임무는 궁정의 諸門의 경비였다. 군사업무는 특정 가문의 독점적인 기능으로 되어 세습되었다.

中大兄(나카노오에) 황자[뒤의 天智(덴지) 천황]와 中臣鎌足(나카토미노 카마타리)에 의한 쿠데타를 통해 이루어진 645년의 大化改新(다이카카이신)은 당시 중국 대륙에서의 唐으로부터의 위협을 배경으로 한 것이었는데, 일본 고대국가 및 그 군사조직의 발전과정에서 중앙집권화를 향한 중요

12 笹山晴生, 『古代國家と軍隊: 皇軍と私兵の系譜』(中央公論社, 1975), pp. 20-21.

한 전기가 되었다고 평가된다. 덴지 천황의 사후 그를 계승할 大友(오오토모) 왕자에 반기를 들고 쿠데타(壬申의 亂=672)를 감행하고 천황에 즉위한 大海人(오오아마) 왕자[뒤의 天武(덴무) 천황]도 군사의 중앙집권화 작업을 계속했다.

일본에 있어 무기와 전술의 변화는 660년 백제의 멸망 이후 유민들에 의한 복고운동을 돕기 위해 백제에 파병했다가 나당연합군에게 대패한 백촌강(白村江) 전투(663) 이후 변화하기 시작했다. 그 이후 중국식의 대규모 보병이 사용되기 시작했고, 또한『日本書紀』의 기록에는 방패와 축성에 관한 언급이 있어 당시 보병전투의 양상을 잘 말해주고 있다. 지휘구조에 있어서는 6세기 이후의 양상이 반복되었다. 오오아마 왕자의 경우 백촌강 전투 이후 國宰(구니노미코토모치=지방 행정관=國司의 전신)로 임명되어 지방에 파견되었던 중앙귀족들이 확보하고 있던 상당한 군사력을 전란의 초기 단계에서[특히 伊勢(이세)와 美濃國(미노노쿠니)] 잘 활용했던 것으로 지적된다.[13] 당시의 전란과정에서 양측은 모두 전국의 병력동원을 위해 노력했지만, 앞서 지적했듯이 오오아마 왕자 측이 이 작업을 보다 성공적으로 추진할 수 있었다. 그 이후 당시의 권력자에 있어서는 지방의 광범한 무력을 장악하는 일이 대내외를 막론하고 권력을 유지하는 데 있어 필수의 과제가 되었다.[14]

673년 천황에 즉위한 오오아마 왕자는 즉위 직후 전란 경험을 바탕으로 군대의 개혁작업에 착수했는데, 그 핵심은 관인의 무장과 비관인의 무기 몰수였다. 덴무 천황의 황후로 그의 사후 천황에 즉위한 持統(지토오) 천황은 군사개혁 작업을 계속 추진하여 당시 唐의 부병제(府兵制)를

13 早川庄八, "律令制の形成",『岩波講座 日本歴史』(1975) 2 古代 2, pp. 230-232.

14 笹山, 1975, p. 62.

모방한 군단제(軍團制)를 수립했다. 이 군단제의 목적은 기본적으로 국가 대 국가의 총력전을 예상하여 국가의 무력을 결집시키기 위한 체제의 형성에 있었던 것이었다.[15]

이러한 새로운 군제는 지금은 남아 있지 않은 701년의 大宝律令(다이호리츠료오)을 개정하여 757년부터 시행되기 시작한 養老律令(요오로리츠료오)에서 그 모습을 찾아볼 수 있다. 이 養老律令 가운데 군사관계 사항은 軍防令(군보료오)으로 규정되고 있는데, 그 대부분은 정토군(征討軍)의 편성, 대장의 임무, 권한 및 훈공을 정하는 방법 및 기타 전시동원에 관한 규정이다. 이 규정의 대부분은 唐의 군방령(軍防令)을 모방한 것이나 실제의 이 규정에 의한 군대의 발동은 동북지방의 다른 종족인 蝦夷(에미시)와의 전투에서만 이루어졌을 뿐이다.[16]

2-2. 군단과 지방 수장층

율령제 하에서의 기초 행정단위인 郡(군, 고오리)은 이전의 評(고오리)

---

15 이 제도는 일반 농민가구 1戶당 21세에서 60세 사이의 남성 3인 가운데 1인을 징발하여 1천 인의 병사로 구성되는 군단을 각 지역에 설치하는 것이었다. 전국의 백성은 戶로 편성되고 50戶가 一里로 되어 1軍團은 20里로 구성되었다. 그러나 실제 매호마다 1인씩의 병사가 나올 수 없는 경우도 있어 1군단의 병력은 500인에서 1천 인 사이가 되었다. 이러한 작업을 추진하기 위해 '編戶' 또는 '造籍'으로 불리는 호구조사가 실시되었다. 군단은 전술단위가 아니라 행정단위였다. 따라서 인원수의 변동은 가능했다. 전술단위는 50인으로 구성되는 '隊'였는데, 이 군대의 감독은 國司의 책임과 권한 사항이었다. Karl F. Friday, *Hired Swords: The Rise of Private Power in Early Japan*(Stanford: Stanford University Press, 1992), pp. 17-20.

16 笹山, 1975, p. 63.

의 후신으로 改新 후에 설치된 것인데, 실제로는 과거부터 國造(구니노미야츠코)가 지배하던 영역을 그대로, 또는 분할 및 합병하여 만든 행정단위였다. 군지(郡司)에는 在地의 國造의 계보를 갖는 수장층이 임명되었고, 또한 군단의 장관급인 軍毅(군키)의 경우도 마찬가지였다.

大寶律令(다이호리츠료오)에서 규정되고 있는 중국식 대규모 보병을 바탕으로 하는 새로운 군사양식의 효과성에 대한 결정적 시험은 740년, 聖武(쇼오무) 천황 재위기간에 벌어진 藤原廣嗣(후지와라노히로츠구)의 반란을 계기로 이루어졌다. 735년에 있었던 흉작과 천연두의 만연으로 전체 인구의 40%가 죽는 상황에서 야기된 지방호족과 농민들의 불만을 배경으로 지배층 내부의 갈등 형태로 일어난 이 사건은 일본 군사사상에서 다음과 같은 몇 가지 중요한 의미를 갖는다.

藤原廣嗣의 난은 우선 율령제 군단의 병사가 전국적으로 동원되었던 몇 안 되는 내란이었다. 율령제에 입각한 군단병력의 동원이 과거에도 있었으나 대부분의 경우 북쪽의 아이누 등 외부 종족의 정복의 경우에만 사용되었다. 이러한 군단병력의 동원은 정부군 측만 아니라 반란을 일으킨 히로츠구의 경우도 마찬가지였다.[17] 당시 군대의 규모와(정부군 약 17,000, 반란군 약 1만 병력) 무기(석궁) 등으로 미루어 볼 때 양측 군대는 모두 궁사(弓射) 기마병뿐만 아니라 보병을 포함했던 것으로 여겨진다. 이 점에서 중국식 전술의 채택이 공식으로 언명된 지 약 100년이 지난 후 군제개혁의 노력이 군사기술과 전술에 부분적으로나마 영향을 미친 것으로 이해된다. 그러나 이러한 영향은 부분적인 것에 불과한 것으로 이해된다. 왜냐하면 아직도 결정적인 승부는 기마전을 통해서 판가름났기

17 笹山, 1975, p. 107.

때문이다.[18] 특히 더 중요한 문제는 군대의 조직과 지휘의 문제인데, 예외 없이 지방 수장층이 군대를 통솔했다. 이들 재지(在地) 수장층에 의해 병사가 징발 및 조직됨으로써 율령제 국가와 그 군대는 처음부터 재지 수장층의 민중 지배력에 의존했다. 이렇듯 율령제 국가는 중앙집권화라는 처음의 의도와는 다르게 중앙집권적이지 못했고, 약 550개로 추산되는[19] 지방호족 가문의 협조에 전적으로 의존하는 국가였다. (이들 지방호족은 율령제 도입 이전의 國造의 후예들로 이들은 郡司의 직책을 통해 자신의 세력을 유지하고 있었다.)[20]

2-3. 사병의 출현

일본의 고대국가를 황족과 귀족으로 구성되는 지배층이 피지배층으로서의 농민에 대한 지배체제로서 말한다면 공적 무력으로서 군대는 그 체제를 대내외적 위협으로부터 지키는 수단이었다. 그러나 국가체제가 공고화되고 이에 따라 국가권력을 둘러싼 지배층 간의 경쟁과 대립이 격화되면서 무력충돌에 대비하기 위한 공적 군대와는 별도로 사적 무력이 점차로 등장하게 되었다.

이러한 사적 무력의 사용은 비단 귀족층에게만 국한되는 것이 아니라 황족 또는 천황 자신에 의해 선도된 면이 없지 않았다. 중앙집권화를 위해 만들어진 율령국가 하에서도 천황은 지배층의 단결을 위해 불

---

18 William Wayne Farris, *Heavenly Warriors: The Evolution of Japan's Military, 500-1300*(Cambridge, Mass.: Council on East Asian Studies, Harvard University, 1992), pp. 63-64.

19 Farris, 1992, p. 69.

20 原秀三郎, "郡司と地方豪族," 『岩波講座の日本歴史』, 古代 3(1975), pp. 203-217.

가결한 중심적 존재였지만 통치는 귀족층의 협조를 얻어 이루어졌다. 따라서 천황에 의한 공적 무력의 동원은 지배층 전체의 의지를 대표하여 이루어지는 것이지, 이들의 의지에 반해 마음대로 이루어질 수 있는 것은 아니었다. 천황 자신도 귀족층에 대립하여 자신의 사적 이익을 지켜야 할 경우가 발생하게 되면 자신의 의지대로 사용할 수 있는 사병을 유지해야 할 필요가 생기는데, 8세기 사병으로서의 성격을 지니는 천황의 친위군이 처음 출현했다.[21]

다이카(大化) 개신 이후 황족이나 귀족에 의한 토지나 인민의 사적 영유는 금지된 반면 대부(大夫) 이상에게는 대신 食封(지키후)가 지급되었다. 식봉이란 일정 호수의 농민을 이들 귀족에게 배당하여 이들로부터의 조세를 봉주(封主)의 수입으로 하는 제도를 말한다. 그러나 실제에 있어 과거 호족이 사적으로 영유하던 지역의 농민이 그대로 식봉으로 설정되어 기존의 호족에 의한 사적 영유가 그대로 계속되었다. 한편 일정 직급 이상의 귀족에게는 국가에 의해 帳内(쵸오나이), 位分資人(이분시진), 職分資人(시키분시진) 등으로 불리는 종자(從者)가 주어졌다. 이들은 식봉(지키후)의 경우와 마찬가지로 국가 소유의 인민이었으나 형식적으로는 관인을 받는 모양을 하면서 과거부터 연고를 갖고 있는 재지의 종자를 거느려 이들을 사병의 원천으로 하는 것이 일반적 양상이었다. 이를 위해서는 대규모의 경제를 유지해야 했으며, 또한 이를 위해서는 다시 율령국가의 관인으로서 높은 지위를 유지해야만 했다. 바로 이러한 사정 때문에 귀족들 사이에는 정치적 대립이 심각해졌고, 이에 따라 사병의 확충을 위한 노력이 지속되었다.

귀족들 가운데 가장 뛰어난 지위를 차지한 가문은 다이카 개신으

---

21 笹山, 1975, pp. 84-86.

로, 이어진 성공적 쿠데타에서 中大兄 황자를 도운 中臣鎌足(나카토미노카마타리)의 일문이었다. 쿠데타 이후 藤原(후지와라)이라는 새로운 성을 받은 카마타리의 아들 不比等(후히토)은 다이호 율령의 제정을 위시하여 율령국가 창설에 큰 공을 세웠는데, 그 이후 후지와라 가문의 딸들을 계속해 황후로 들임으로써 천황가의 외척으로서의 지위를 확보했다. 또한 이들은 천황이 황위 계승 작업을 자신의 뜻대로 하기 위해 설치한 친위군 성격의 授刀舍人(쥬토토네리)의 지휘권을 장악함으로써 이 무력을 사적 목적 달성을 위한 수단으로 삼기도 했다.[22] 그리고 이 쥬토토네리를 바탕으로 기존의 공적 군사조직(궁정 경호부대)인 伍衛府(고에후)와 임무가 겹치는 새로운 衛府로서 中衛府(츄우에후)를 창설하여 고에후를 제압함으로써 조정 내의 병권을 완전히 장악했다.[23] 이 츄우에후는 지방호족 출신의 도네리들로 충원되었다. 이러한 사병적 성격의 친위군이 성장할 수 있었던 것은 율령이 국가제도로서 관철될 수 없었던 상황에서 일어난 현상으로 이해된다. 이 점은 전술의 츄우에후의 경우도 마찬가지였다.

원래 율령국가는 지방호족(율령제 이전의 國造 세력)을 억누르고 중앙귀족의 지위를 강화하는 체제였으나 조정 내의 갈등과정에서 성장하게 된 사병조직을 통해 지방호족들이 재등장하게 되어 율령국가 체제는 8세기 후반부터는 점차로 무너지는 경향을 보이게 되었다. 특히 774년부터 812년 사이 약 40년간 지속되었던 동북지방의 원주민인 蝦夷(에미시)의 정복전쟁 중 국가재정의 부족과 징집병력의 부족 때문에 군단제는 점차 포기되다가 桓武(간무) 천황 때인 792년 군단제가 폐지되고 대신 郡司

22 笹山, 1975, p. 98.

23 古代 衛府에 관한 대표적 연구로는 笹山晴生, 『日本古代衛府制度の研究』(東大出版會, 1985)를 볼 것.

가문 출신의 궁사 기마병인 健兒(곤데)가 설치되기에 이르렀다.[24]

2-4. 지방호족의 군사적 역할 증대와 부케(武家)의 등장

792년 군단제가 공식적으로 포기되면서 군사활동을 위한 병력은 해당 지역의 호족 또는 부유한 농민층에 의존했음은 위에서 지적한 바와 같다. 이러한 사실은 율령제 국가 설립에도 불구하고 지방호족층의 세력이 전혀 감소하지 않았음을 반영하는 것이다. 이들은 주로 郡司(군지)직을 가지면서 인구 및 토지조사, 토지배분 및 징세 등의 작업을 통해 중앙정부에 협력했는데, 실제로 이러한 협조 없이는 통치가 불가능했다. 이 직책은 세습적이었고 또 상당한 행정 및 군사적 권한을 수반하는 것이었기 때문에 지방유력자들은 이 직책의 확보에 첨예한 관심을 보였다. 8세기 중엽까지는 이 郡司(군지)직의 임명을 둘러싸고 큰 말썽이 없었으나 735-737년간의 대역병(천연두) 이후 많은 郡司 가문이 없어지면서 새롭게 문제로 대두되게 되었다.

또한 대역병으로 인한 인구감소는 노동력 부족상태를 결과하여 전체적으로 경제사정은 대단히 악화되었다.[25] 이러한 상황 하에서 郡司직의 임명을 둘러싼 대립은 폭력사태로까지 번지게 되었다. 이러한 까닭은 어려운 경제상황 하에서 부유층이 일반 농민을 경제적으로 수탈하는 데

---

24 健兒와 健兒制에 대한 자세한 내용에 관해서는 井上滿郎, 『平安時代軍事制度の研究』(吉川弘文館, 1981), pp. 29-54를 볼 것.

25 이 점에 대해서는 Farris, *Population, Disease, and Land in Early Japan, 645-900*(Cambridge, Ma.: Council on East Asian Studies, Harvard University, 1985)를 볼 것.

이 郡司직이 큰 도움이 되었기 때문이다.[26] 또한 이러한 수탈을 통해 증가된 부유층의 수가 증가되었기 때문에 郡司직의 임명을 둘러싼 대결이 더 첨예해졌다. 조정은 결국 임명권을 國衙(고쿠가)에 위임했는데, 고쿠가는 郡司직의 수를 늘려 후보자 전원을 임명함으로써 폭력사태에 까지 이른 대결의 문제를 해결했다. 이러한 해결책으로 인해 개별 郡司들의 권한은 줄어들고 고쿠가(와 그 수령인 國司)의 권한은 더욱 강화되어 지방유력자들과 신임 國衙 관리들 사이에는 폭력적 대결사태까지 벌어지게 되었다. 이러한 사태로 인해 郡司들의 협조가 줄어들게 되면서 인구-토지 조사 체제가 붕괴되고, 농촌에서 도망하는 인구가 늘었으며, 또한 國衙 및 郡의 관리들은 중앙정부로 보내야 할 세수(稅收)를 더욱 많이 착복하기에 이르렀다. 이에 따라 8세기 중엽부터 9세기 말에 이르는 기간에 걸쳐 중앙정부로 보내진 세수의 질과 양은 현저히 줄었다.[27]

이러한 재정위기 상황 하에서 간무 천황(재위 781-806)은 이 위기를 극복하고 율령제를 재흥하는 노력을 기울였다. 우선 재정지출을 줄이기 위해 불요불급의 관직을 철폐하고 食封을 받는 황족 및 귀족의 수를 제한했다. 또한 농민의 부담을 줄이고 새롭게 대두된 부유농민층을 국가의 수중에 장악하여 이들에게 조세부담을 지우는 정책, 官田, 公營田 등의 국영의 전지를 새로 만들어 이들 부유농민층에게 맡기는 정책 등도 실시했다.

한편 정부는 세수증대를 위해 고쿠가의 권한을 강화하고 그 관리들을 징세청부업자로 전환시켰다. 이들 관리들은 세수를 가능한 한 크게 증대시켜 그 일부(70%)를 국가에 납입하고 나머지를 자신의 것으로 했

26 Farris, 1992, p. 124.

27 Farris, 1992, p. 125.

다. 고쿠가의 중요성을 강조한 이러한 정책은 당시 고쿠가가 지방에 있어서 중앙정부의 유일한 권력기반이었기 때문에 불가피했던 것으로 여겨진다. 여하튼 이러한 정책은 國衙職 자체에 큰 영향을 미쳤다.[28]

이때를 전후하여 천황을 중심으로 하는 최고 지배층 일부의 일체화 작업이 적극적으로 추진되어 다음의 嵯峨(사가), 淳和(쥰나), 仁明(닌묘) 등의 천황 때까지 이어졌다. 이렇듯 율령제 국가는 소수 특권귀족의 이익추구와 보호를 위한 기구로 변함에 따라 다이카 개신 이후 중앙집권 국가의 지배층으로서 혜택을 누려오던 중하위급 중앙호족층의 대부분은 국가의 보호를 잃게 되었다. 이러한 상황에서 중앙의 중하위의 귀족들은 정부와는 독립적인 수입원을 확보하기 위해 당시 대두하고 있던 부호층과 개별적인 정치적·경제적 유대를 발전시켰다. 즉 수확의 일부를 확보하는 대가로 중앙귀족들은 농업에 투자하고 또 지방유력자들을 정치적으로 지원하기도 했다. 초기(8세기) 장원의 형성은 중앙귀족과 지방유력자 간 협조의 한 예로서 설명될 수 있다.[29]

또한 이들 중하위 중앙귀족들은 정부가 수입을 더 이상 보장해 주지 못하게 되자 지방 거주에 대한 정부의 금지령을 무시하고 지방에 거처를 마련하기 시작했다. 이에 따라 國衙의 규모, 권력, 경제적 역할이 커지게 되면서 보호를 필요로 하게 되었는데, 792년의 健兒(곤데)制의 실시는 이러한 상황과 유관한 것으로 여겨진다.[30] 그럼으로써 국가의 권력중

---

28 國衙의 변화에 관한 선구적 연구작업으로는 竹內理三, 『律令制と貴族政權』 II (お茶の水書房, 1958), pp. 436-444을 볼 것.

29 초기 莊園의 발전과 성격에 관해서는 Elizabeth Sato, "The Early Development of the Shoen," in John W. Hall and Jefferey P. Mass(eds.), *Medieval Japan: Essays in Institutional History*(New Haven, Conn.: Yale University Press, 1974), pp. 91-108.

30 Farris, 1992, p. 126.

추가 분열되고 院宮王臣家 등이 독점적으로 지방지배를 전개하기 시작했다. 따라서 이 시기에 이르러 율령국가의 근간이 되었던 중앙집권 체제가 크게 동요하기 시작했다.

고쿠가의 군사적 중요성의 증가는 당시의 군사적 상황과도 관련된다. 앞서 율령제 군사체제에서 군단의 조직과 운영, 그리고 관할지역의 법과 질서유지에 관한 권한과 책임이 國司에게 귀속되었다는 점이 잠시 언급되었다. 그러나 國司에 의한 병력동원이 너무 자유롭게 될 경우 결과할 위험 때문에 國司의 봉기가 발생하기도 했다. 따라서 20명 이상의 병력을 사용해야 될 필요가 있는 경우에는 반드시 사전에 조정에 보고하여 승인을 받게끔 규정했다. 즉 國司의 군사활동의 자율성이 상당히 억제되었다. 그러나 9세기 후반에 이르면, 특히 마지막 5-6년간에는 외적이 아니라 중앙의 황족(院宮)과 연결된 부호층의[31] 무장집단, 즉 '党'에 의한 反國衙 폭력활동이 관동지역(信濃, 甲斐, 武藏, 上野)을 중심으로 빈번해졌다. 이들 가운데 가장 유명한 것으로는 僦馬黨(슈우바노토오)이 있다. 이들은 원래 운송업에 종사하던 板東諸國富豪之輩로서 농민으로부터 말을 약탈하고 이 경우 살해도 서슴지 않는 강도의 성격이 강했던 집단이었다. 이들 무리는 기마를 활동의 중심으로 하는 기동성 높은 집단으로 기사(騎射)를 주요한 전투형태로 했다. 이것은 근본적으로는 소수의 지배자가 다수의 농민을 지배하는 폭력장치로서 기병이 가장 유효했다는 점을 지적하는 것이기도 하다.

이와 함께 東北(도호쿠) 지방(특히 出羽(데와) 및 陸奥(무츠)에서는 이미 평정·복속된 蝦夷, 즉 俘囚(후슈)가 정부의 주거지 이동정책에 반기를 들

31 이 부호층의 성격에 관해서는 戸田芳實, 『日本領主制成立史の研究』(岩波, 1967), pp. 14-45를 볼 것.

어 878년에 봉기를 일으키기도 했다. 이에 따라 이에 대응하는 새로운 군제가 출현하게 되었다.

2-5. 國衙軍制의 형성과 무예 전문가의 출현

정부는 901년 이러한 지방의 폭력사태를 해결하기 위해 기왕에 제한적이었던 國司(고쿠시)의 병력동원 권한을 대폭 확대하여 이에 대처하도록 했다. 그리고 군단제가 실시되었을 때는 주어진 國司의 병사지휘 권한도 강력한 郡司의 존재 때문에 실제로 행사되지 않았으나 9세기 말 10세기 초가 되면 이미 郡司의 세력이 퇴락한 이후였기 때문에 10세기부터는 國衙를 중심으로 군사활동이 전개되었다. 이미 國司의 손에 조세권과 토지권이 집중되어 있던 상황에서 군사적 권한 또한 추가됨으로써 國司의 중요성은 더욱 증가하게 되었다. 여기에서 특히 중요한 사실은 國衙의 틀 안에서 군사 및 경찰활동을 전문으로 하는 무예 전문가들이 등장했다는 점이다.[32]

무예 전문인의 출현과 관련하여 國衙의 역할은 지역별로 차이가 난다. 西國 지역의 경우 國衙는 유사시 지방호족을 國衙에 동원하는 체제를 구축하고 이들을 押領使(오료오시) 이하의 군사직에 임명했다.[33] 國衙는 이 직책의 세습을 인정했는데, 이로써 군사전문의 가계가 육성되었다.[34] 이러한 가문은 뒤에 츠와모노노이에(兵の家)로 불리게 되었다.

---

32 戸田芳實, 『初期中世社會史の研究』(東京大學出版會, 1992), pp. 127-131; Farris, 1992, pp. 129-131; 笹山, 1975, p. 185.

33 戸田, 1992, pp. 131-135; 押領使에 대해서는 井上滿郎, 1981, pp. 132-170.

34 石井進, 『鎌倉武士の實像』(平凡社, 1987), 제1장 中世成立期の軍制, 특히 pp. 38-46을 볼 것.

한편 東國에 있어서는 9세기 후반 이후 에미시의 반란이나 群党의 봉기 등으로 치안상태가 나빠짐에 따라 이 지역에 내려가 거주하고 있던 귀족 또는 황족의 후예들로 하여금 群党을 조직하게 했다. 이들은 중앙귀족과 연결되어 있었기 때문에 國衙와 대등한 지위를 누리면서 군사적 역할을 담당하는 변경 군사귀족(邊境軍事貴族)의 위치를 구축하게 되었다. 이들은 중앙의 유력 귀족과 밀접한 관계를 가지면서 '兵の家'로서 높은 武名을 갖는 유력한 군사귀족이 되었다. 그 대표적인 예로서는 桓武(간무) 천황의 증손으로 새롭게 다이라(平) 씨의 성을 받아 平氏 가문의 시조가 되면서 上總國(가즈사쿠니)의 介(노스케=副知事)로 파견된 高望王(다카모치오오)의 경우를 들 수 있다. 이들의 대부분은 諸家兵士(쇼카헤이시) 등으로서 國衙에 협력하는 입장이었지만 원칙적으로 國衙와는 독립적인 존재였다. 이들은 때로는 國衙와 무관하게 群党을 조직·통솔하여 國衙에 대항하는 움직임도 보였다. 이 점은 중앙귀족과 지방호족이 강력히 결합되어 있던 당시 國衙와 평행하여 무장집단이 출현하는 계기를 마련하기도 했다. 이렇듯 東國에서는 國衙가 무인을 육성한 것이 아니라 강력한 군사귀족이 점차 國衙에 진출하는 형태를 취했다.[35] 이러한 새로운 군사체제는 나름대로 상당한 효과를 발휘한 것으로 평가된다. 935년 平將門(다이라노마사카도)의 반란사건이 있을 때까지 무예의 전통이 강했던 關東에서 나름대로 안정을 마련해 주었다는 점에서 이러한 평가가 내려진다.

지방에 있어서의 여러 변화는 중앙에 있어서의 변화에 수반되는 현상이었다. 중앙에 있어 귀족으로서의 생존 여부를 둘러싼 귀족층 내부의 갈등은 平安(헤이안) 시대에 들어서면서 더욱 심각해지기 시작했다.[36]

---

35 元木泰雄, 『武士の成立』(吉川弘文館, 1994), pp. 27-28.

36 笹山, 1975, pp. 166-167.

지속되는 대립-항쟁의 결과 橘(다치바나) 씨 가문, 미나모토(源) 씨 가문 등 후지와라 가문 등과 어깨를 나란히 하던 귀족가문들은 각종 정변을 통해 차례로 몰락의 길을 걷게 되었다. 이로써 10세기 후반부터는 사실상 모든 고위관직을 후지와라 일 가문이 독점하는 상황에 이르게 되었다. 藤原 가문 중 北家(호츠케)는 9세기 이후 지속적으로 딸을 황후로 들여보내는 특권을 누려왔기 때문에 지속적으로 외척으로 발전했다. 당시 일본의 관습으로 유아 양육이 외가에서 이루어졌기 때문에 천황의 외조부는 항상 천황에 대해 가부장권을 행사할 수 있는 상황에 있었다. 이를 바탕으로 섭정 및 關白의 지위를 독점하고 무력화된 천황을 대신하여 실권을 행사하는 소위 攝關 정치가 이루어졌다.

율령국가는 원래 국가가 공인하는 종자로서의 帳內 또는 資人 이외의 무력을 개인 귀족가문이 갖는 것을 금지시켰으나 실제로 9-10세기에 이르게 되면 상급귀족에 대한 국가의 규제력은 사라지게 되고 각 권문세가는 다른 권문과의 대결을 위해 각자 사적 무력을 확보하고 있었다. 이들 가운데 무예에 뛰어난 자들은 때로는 권세가문의 천거로 중급관직인 國衙의 受領(즈료오)으로 임명되어 지방에서 자신들의 세력을 부식시키기도 했다. 이들은 지방에서의 자신들의 정치적 지위를 유지시키기 위해 중앙의 攝關家에 계속 봉사하여 중앙귀족과 지방무가 사이의 종적인 유대관계를 형성했는데, 결국에는 이러한 집합체 사이에서 나타나는 대립이 헤이안 시대의 독특한 정치구조의 기본 꼴이 되었다.[37]

---

37 이 점에 대해서는 Cornelius J. Kiley, "Estate and Property in the Late Heian Period," in Hall and Mass(ed.), 1974, pp. 109-110 참조. 여기에서 또 하나 짚고 넘어가야 할 점은 대체로 10세기 이후 19세기 중엽까지 일본이 경험한 전쟁은 통상적 의미의 종족 간 전쟁이 아니라 종족 내부의 전쟁, 즉 Farris가 말하는 "intra-specific war"였다는 점이다. Farris, 1992, pp. 132-133. 이러한 전쟁은 Kiley

이러한 사적 무력은 10세기 일본의 가장 큰 내란이었던 關東 지역의 935-940년간의 다이라노마사카도의 반란 사건이나[38] 西國의 후지와라노스미토모(藤原純友)의 난(939-941)에서 이들을 격퇴시키는 데 결정적으로 공헌을 세운 것은 이미 지방에서 확고한 지위를 차지하고 있는 무가(武家)들로, 당시 정부가 이들을 諸家兵士라는 이름을 붙임으로써 이후 계속해 이 이름으로 불리게 되었다. 이들의 군사적 지위는 정부에 의해 공식적인 인정을 받지 않았으면서도 정부의 필요에 의해 징용됨으로써 군사가문으로서의 지위는 확고하게 되었다. 이러한 가문들 가운데 가장 뛰어난 위치를 차지한 것은 상기 동서의 두 개의 난에서 공을 세운 淸和源氏(세이와겐지), 桓武平氏(간무헤이시) 그리고 秀鄕(히데사토) 계열의 藤原 씨 가문이었다.

3. 중세 무사와 무사단의 출현

3-1. 변경 군사귀족

承平-天慶(죠오헤이-덴교오) 연간(935-941)에 일어난 平將門과 藤原

가 "segmentary factionalism"라고 부르는 집단형성을 배경으로 하면서 또한 그러한 파당 사이에서 일어났다. 일본이 이러한 종족 간 전쟁에 몰두할 수 있었던 것은 대륙에서의 정치적 변화와 직결된다. 즉 9세기에 이르면 唐 제국은 점차 쇠퇴해 갔고, 신라도 분열되었으며, 蝦夷도 대부분 평정되었다.)

38 이 사건의 배경과 진행과정 및 영향에 관해서는 福田豊彦, 『平將門の亂』(岩波新書, 1981)을 볼 것.

純友(후지와라노스미토모)의 난은 10세기 초 일본에 있어서 지방정치의 전환에 따른 정치적·사회적 모순의 폭발로 이해된다. 이 전환이란 10세기 초에 있어 國衙의 권한을 강화하고 王臣家人을 國衙에 편입시켰던 지방정치의 변화를 말한다. 이 두 난이 중세 무사 성립과 관련하여 갖는 가장 큰 의의는 중앙 군사귀족을 확립시킨 것으로 말할 수 있다. 이러한 중앙 군사귀족의 출현은 우선 東國의 변경 군사귀족의 존재를 배경으로 한다. 동국에서 병난을 일으킨 平將門도 변경 군사귀족의 하나였다.

이 변경 군사귀족은 9세기 후반 이래 쟁란의 중심이었던 '党'보다는 한층 강대한 조직으로 그 안에 기왕의 '党'을 다수 포함하고 있었다. 이러한 조직에는 당시의 기록으로 남아 있는 『쇼오몬기』(將門記)에 따르면 대등한 신분의 친척을 말하는 인연 외에 從類(쥬우루이) 및 伴類(반루이)라는 두 가지 종류의 무장집단이 포함되어 있던 것으로 전해진다. 전자는 주인과 관계가 밀접하고 그의 가부장권에 속하는 집단을 말하고 후자는 동맹군적 성격의 무장집단을 말하는데, 대부분 私營田 영주의 개인 가구에 기능에 따라 관계되어 있던 자영농민이 포함된다.[39] 이러한 平將門의 무력조직에는 어느 정도의 계층질서를 포함하고 있었다고 여겨진다.

이때 將門의 무력은 보병도 포함하고 있었지만 從類, 伴類 모두 주력은 기병집단이었고 合戰의 중심은 기사전투였던 것으로 여겨진다. 蝦夷와의 오랜 전쟁체험, 심각한 党의 봉기와 쟁란상태의 계속, 동국에 있어 우수한 군마의 생산이나 높은 제철기술에 의한 우수한 무구를 생산

---

39 福田豊彦, "王朝軍事機構と內亂," 『岩波講座日本歷史』 古代 4(1975), p. 86; 이러한 伴類와 從類의 구분이 의미 없다는 견해도 있다. 예컨대 上横手雅敬은 伴類와 從類의 구분이 의미 없다는 입장을 보인다. 戶田芳實 編, 『シンポジウム日本歷史 5: 中世社會の歷史』(學生社, 1972), pp. 157-158.

할 수 있었던 사정이 그러한 전투형태를 넓게 보급할 수 있었던 배경이었다.[40] 특히 이러한 기병은 운송업 등에 종사하여 농업에서 분리되어 있던 존재가 그 공급원이었다고 생각된다. 그러나 그러한 분리는 아직 완전한 것은 아니었다. 이 점은 將門의 패배의 한 원인이 되기도 했다. 즉 병사들이 농번기를 맞이하면 일제히 귀향한 틈을 타서 秀鄕 등에 의해 습격당한 將門은 토벌되었던 것이었다. 이 점은 당시 중세적 所領이 아직 미확립되었다는 사실을 의미한다. 將門을 따르던 무장집단은 기본적으로 주종관계가 미확립되어 있어 헤이안 후기의 무사단과는 상당히 성격을 달리하는 집단이었다고 생각된다. 이러한 관점에서 본다면 將門과 그의 무력은 고대 호족에서 중세 무사단에로의 과도적 성격을 가졌던 것으로 말할 수 있다.[41]

平將門을 진압하는 데 공적을 세웠던 사람은 平貞盛(다이라노사다모리)과 藤原秀鄕(후지와라노히데사토)이었다. 平貞盛의 일문은 將門의 가문과는 오랜 仇敵이었던바, 將門의 추토는 강렬한 복수심을 바탕으로 하는 무사사회에 있어서의 자력구제의 관행이라는 맥락에서 이루어졌다. 이 점에서 볼 때 桓武平氏(간무헤이시)가 兵の家(츠와모노노이에)로서 확립되어 있었다는 점이 드러난다. 또한 이러한 변경 군사귀족은 이미 세습제의 직업전사 신분에 속해 있었다는 점을 의미한다. 이러한 관점에서 볼 때 平將門의 난은 坂東에서 자라난 변경 무사귀족들 사이의 상쟁이었고, 결과는 反國衙側에 대한 國衙 및 국가권력과 연결된 측의 승리였다. 같은 변경 군사귀족이라 할지라도 平貞盛은 중앙에 관직을 갖고 있었다는 점, 즉 중앙귀족과 결합하여 그 보호를 받았다는 점에서 차이가 있다. 이 점

---

40 福田豊彦, 『平將門の亂 』(岩波新書, 1981), pp. 41－54.

41 石井進, 『中世武士團』(小學館, 『日本の歷史』 12, 1974), 1974, pp. 113－115.

에서 平貞盛이나 水鄉은 諸家兵士로 볼 수도 있다.

3-2. 중앙 군사귀족의 성립

조정은 유력 군사귀족, 諸家兵士, 諸國兵士의 동원이라는 새로운 군사체제를 구축했다. 이러한 군제는 전시 비상시의 임시 체제였기 때문에 난의 진압과 함께 해체되었으나 諸家兵士-諸國兵士의 범주를 잇는 새로운 발전도 이루어졌다. 이것은 중앙에 있어서 '兵の家', 즉 군사귀족이 성립했다는 것을 의미한다. 平將門의 난에서 공적을 세운 藤原秀鄕, 平貞盛, 純友의 난에서 공적을 세운 源經基(미나모토노츠네모토)는 모두 중앙귀족에게만 주어지는 직책에 보임되어 중앙에 진출하게 되었다. 중앙귀족의 지위를 얻게 되었다는 것은 특정 유력 귀족에 종속되어 있던 종래의 諸家兵士의 지위를 벗어나 독립적인 군사귀족으로 활동할 수 있게 되었다는 것을 의미한다. 이런 점에서 보면 承平-天慶의 난의 의의는 중앙 군사귀족의 확립에서 찾을 수 있다. 이들의 다수는 東國에 있어서의 전투경험을 갖고 있었기 때문에 동국에서 형성된 兵の道(츠와모노노미치)라고 불리는 특유의 행동양식이나 기사를 중심으로 하는 전투형태는 平安京(京都)에 정착하게 되었다. 그러나 이와 동시에 무예를 하지 않는 다른 귀족들은 살인이나 수렵 등 살생활동을 좋아하지 않아 군사업무를 회피했는데, 이에 따라 군사와 무예는 더욱 더 특정 가계의 가업으로 독점되었다.

이렇듯 당시까지 중앙귀족에 속해 있던 諸家兵士는 스스로 중앙귀족이 됨으로써 조정이 이들을 직접 장악하는 새로운 군제가 나타나게 되었다. 즉 이들 중앙 군사귀족은 유사시에는 藏人頭(구라우도노토오)를 거쳐 천황의 직접 명령에 의해 관직과 무관하게 군사목적에 동원되는 새로운 군사체제가 나타나게 되었다. 이러한 군제는 역사상 처음의 일로 점차 일반화되어 院政期에 이르기까지 계속되었다. 또한 이러한 점은 平安京에 출현한 군사귀족의 입장과 존재형태의 상징으로서 중요한 의미를 지닌다.[42]

중앙에서는 군사귀족이라는 새로운 형태의 군사체제가 형성된 데 비해 지방에서는 10세기 말, 그리고 11세기 초(1028) 平忠常의 난이 발생했을 때까지만 해도 뒤에 나타나게 되는 무사나 무사단의 발전은 아직 없었다. 그럼에도 平將門의 난 이후의 약 한 세기는 특히 坂東에서는 鎌倉(가마쿠라) 무사에 이어지는 '兵の家'가 확립되었던 획기로 볼 수 있다. 특히 坂東에서는 호족들이 많이 등장하여 상호 격심한 항쟁을 벌였다. 특히 이러한 항쟁과정에서는 무가사회의 행동원칙이라 할 수 있는 자력구제의 원칙이 관철되었다. 한편 중앙귀족으로 확고한 자리를 잡은 桓武平氏와 秀鄕流藤原 가문의 이 지역에서의 활동은 더욱 현저해졌다. 이들은 중앙 군사귀족의 입장을 배경으로 하면서 下野(시모츠케) 및 常陸(히타치) 두 개의 國에서 '兵の家'로서 國衙에 일정 지반을 구축함과 동시에 변경 군사귀족으로서의 입장도 견지하고 있었다. 그러나 이들과 지방호족들의 所領(=영지)과의 결합은 아직 충분히 발전하지 않았던 것으로 여겨진다. 그리고 무사와 농민의 구별도 명확히 되어 있지 않고 무사 상호간의 결합조직이라는 중세적 의미의 무사단도 확립되지 않은 상태에 놓여 있었다.[43] 이러했던 까닭은 平將門(다이라노마사카도)의 난에서 平忠常(다이

---

42 元木, 1994, p. 60.

43 元木, 1994, p. 74. 무사단의 개념에 대해서는 安田元久의 "地領主層の同族的結合を中核とする一個の戰闘的權力組織で, 內部構造としては一応ヒエラルヒ-が認められるもの"라고 하는 정의를 표준적인 것으로 받아들일 수 있을 것이다. 安田元久, "武士團の形成," 『岩波講座日本歷史』 古代 4(1962), p. 123. 이와 함께 安田元久, "古

라노타다츠네)의 난까지 약 한 세기 사이에는 새로운 형태의 무사의 출현을 재촉하는 어떤 특정한 군사적 긴장이 존재하지 않았던 때문으로 이해된다. 11세기에 들어와 東國에서 발생된 일련의 병란을 진압했던 河內源氏(가와치겐지)의 가문이 동국 무사들과 주종관계를 형성하면서 武家棟梁(부케노도오료오)로 성장했던 것으로 이해된다.

3-3. 武家棟梁 및 京武者: 河內(淸和)源氏와 伊勢(桓武)平氏

현재 중세 무사단의 개념으로 이해되고 있는 東國에 있어서의 무사 상호간의 결합조직이 처음 그 모습을 드러내기 시작한 것은 長元(쵸오겐) 원년(1028)에 발생한 平忠常을 난을 통해서였다. 忠常은 桓武(간무)平氏 가문에 속한 지방호족으로 中央의 정계와도 관계를 맺는 변경 군사귀족의 성격을 띠고 있었다. 이 난은 10세기 초 이래 오랜 동안 수탈을 계속해 오던 攝關 정치를 떠받드는 受領(즈료오)에 의한 지방정치의 모순이 터진 것으로 이해된다.

이때 이 난을 평정한 것은 한때 忠常을 부하로 거느린 적이 있는 淸和源氏의 일족인 河內源氏 賴信(요리노부)이었다. 난이 끝난 후 그의 아들 賴義(요리요시)는 東國에서 변경 군사귀족으로 자리 잡고 있던 平直方(다이라노 나오카다)의 딸과 결혼한 후 가마쿠라에 본거를 마련한 뒤 平氏 가문을 대신하여 東國의 무인으로서의 명성을 잇게 되었다. 요리요시는 다시 아들 義家(요시이에)와 함께 陸奧(무츠)의 俘囚(후슈우)의 우두머리 安

代末期における關東武士團,"『日本初期封建制の基礎研究』(山川出版社, 1976), pp. 145-228; Jefferey Mass, *Warrior Government in Early Medieval Japan*(New Haven: Yale University Press, 1974), pp. 38-39도 볼 것.

倍(아베)의 반란으로 시작된 '前九年の役'(1051-1062)에서 이 지역을 평정하고 다시 '後三年の役'(1083-1087)에서도 공을 세움으로써 무장으로서 그의 지위는 확고부동한 것이 되었다. 그의 명성과 지위는 너무 올라 조정이 그를 위험시할 정도였다. 따라서 '後三年の役'의 경우 조정은 그에게 병력을 전혀 지원하지 않았으므로 그의 승리는 전적으로 사병에 의한 것이었다. 그 자신이 직접 보유한 병력의 규모는 작았기 때문에 당시 義家는 東國에서 강력한 주종관계를 형성하고 있었을 것으로 추측된다.

平忠常의 난 당시 賴信이 동원한 병력에 관해서는 당시의 기록이(예컨대 將門의 난을 기록한 『將門記』 같은) 없기 때문에 그 자세한 내용은 알려지지 않고 있으나 『今昔物語集』(곤쟈쿠모노카타리슈우) 25권 9절에 실려 있는 '源賴信朝臣, 責平忠恒語'라고 하는 유명한 설화는 당시 國衙軍制의 실태를 말해주는 사료로서 이해된다.[44] 여기에서는 賴信과 같은 중앙 군사귀족이 國守로 부임하는 경우, 재청(在廳) 관인 이하 國衙에 종속하는 무력은 물론[45] 그 명성에 의해 국가로부터 독립한 호족도 동원할 수 있었고, 또한 우수한 군략에 의해 반항하는 호족을 복종시켜 이들을 다시 郎從(로오쥬오)으로 했다는 점 등이 언급되고 있다. 또 하나 중요한 점은 東國의 유력한 호족의 지원이 주요한 병력자원이었다는 사실이다. 賴信의 경우 상기 『今昔物語集』에 따르면 平維幹이 지휘한 3천의 병력을 동맹군으로 확보했다. '前九年の役'의 경우 賴義-義家 부자가 동원한 병력의 경우, 조정의 명에 의해 동원된 諸國의 兵士와 특히 陸奧(무츠)-出羽(데와)의 재청관인과 俘囚였는데 그 자신이 직접 보유하던 동국무사는 근소한 일부였다. '後三年の役'의 경우 '前九年の役'과는 달리 조정의 지원

44 石井進, 『鎌倉武士の實像』(平凡社, 1987), pp. 3-4.

45 이 점에 대한 자세한 논의는 Farris, 1992, pp. 177-188 참조.

이 전혀 없는 상태에서 義家는 자신의 私兵에 의해서만 난을 진압했다. 이 점으로 미루어 볼 때 당시 義家는 동국에 무사단이라고 일컬을 수 있는 강력한 주종관계를 형성하고 있었다고 여겨진다.[46] 동국에서 그는 당시까지 강력한 무사단을 조직하지 않은 상태에서 대신 出羽國의 淸原氏(기요하라시)가 제공한 병력을 주된 무력으로 했다. 그가 동국의 무력을 결집하여 무력을 행사한 가장 큰 목적은 추토의 성공에 따른 은상(恩賞)으로 자신의 지반확대에 있었던 것으로 평가된다.[47] 그러나 그는 '後三年の役'이 끝난 후 은상은 고사하고 陸奧守직에서 해임되었다. 그것은 그가 陸奧守로서 중앙정부에 납부해야 할 세금을 미납했기 때문이다. 그가 이 세금을 완납하여 복직하는 것은 그로부터 10년 후인 1098년이었다.[48]

淸和源氏(세이와겐지)의 정치적 몰락은 당시의 攝關 정치가 院政(인세이)로 바뀐 점과 밀접하게 연결된다. 1068년 攝關家를 외척으로 하지 않는 後三條(고산조) 천황이 즉위함에 따라 섭관정치의 권위는 떨어지게 되었다. 다음의 白河(시라가와) 천황은 즉위 후 곧 죠코오(上皇=院)로 물러앉아 이후 약 100년간 전개된 院政를 전개했는데, 이 시기를 院政期로 부른다.

당시까지 가장 강력한 중앙 군사귀족이었던 義家는 그 강력함 때문에 많은 귀족들의 견제 대상이었다. 그의 경우 섭관가와 강력한 연합을 하고 있었는데 섭관가의 세력이 떨어지고 院政이 실시되면서 그의 세력도 약화되었다. 源氏를 이어 중앙에서 가장 유력한 지위를 갖게 된 군

---

46 安田元久, 『日本初期封建制の基礎研究』(山川出版社, 1976), p. 113; Mass, 1974, pp. 35-37; Farris, 1992, pp. 226-228.

47 安田, 1976, pp. 83-84.

48 福田豊彥, 1975, p. 116.

사귀족은 承平-天慶의 난 진압에 참가한 平貞盛의 아들 維衡(고레히라)이었는데, 그를 소위 桓武(간무)平氏의 새 갈래인 伊勢平氏의 시조로 꼽는다.

강력한 군사력 때문에 시기의 대상이 되었던 義家와 달리 維衡는 院에 장원을 기진(寄進)하는 등 경제적인 접근을 통해 유력자의 지위를 얻게 되었고, 또한 주위의 시기를 피했다고 전해진다.[49] 당시 院政期의 가장 큰 군사과제는 權門寺院의 발호였다. 즉 사원이 보유하는 장원을 둘러싼 受領과의 분규가 발생했고 사원의 인사문제를 둘러싸고 무장승병을 平安京으로 보내 무력시위를 벌였다. 京都 北山에 있는 延歷寺(엔랴쿠지)와 남쪽의 興福寺(고후쿠지)의 두 사원이 항상 소요의 중심이었다.

이 당시 京都에 소재해 있던 平正盛 이하의 군사귀족은 당시 京武者로 불렸는데, 이것은 일반 귀족과는 다른 무사라는 점에서 그렇게 불렸다. 이러한 京武者의 선구로는 전술의 源義家 같은 인물을 든다. 이들의 무력 편성의 특색은 좁은 所領을 군사-경제적 기반으로 하여 겨우 무사단을 구성할 수 있는 처지였다. 따라서 광범한 지방 무사를 조직하는 武家棟梁과는 상당한 차이가 있었다. 京武者의 특색의 하나는 그 임무였는데, 즉 관직과는 무관하게 院이나 장원영주권문(莊園領主權門)을 위해 지방 무사들에 의해 장원제 질서가 파괴되는 일을 맡았다.

河內源氏가 유력한 군사귀족이면서 攝關家의 가산기구 속에 편입되어 있었듯이 平氏도 院領의 預所(아즈카리도코로)에 보임되는 등 院의 가산기구에 편입되어 있었다. 그러나 源氏의 경우와는 다르게 그 기구에 의존하여 무력과 所領을 유지하지는 않았다. 그러나 伊勢平氏의 경우도

49 伊勢平氏와 河內(淸和)源氏 두 무가의 성격 차이에 관해서는 元木, 1994, pp. 116-119 참조.

源氏와 유사하게 주요한 무력기반을 본거지인 伊賀와 伊勢에 두고 있었으나 源氏와는 다르게 지방 무사와 결합하지 않고 단지 院에 정치적으로 의존하고 있었다.[50]

京武者로 불리는 院政期의 무사는 5位 정도의 관위를 갖는 중하급 귀족의 일원으로 원칙적으로 清和源氏나 桓武平氏에 속해 있었다. 이들은 京 및 畿內 주변에 협애한 所領을 무력-경제력의 기반으로 하고 있었고, 극히 한정된 무사들과 주종관계를 이루고 있었다. 즉 무사단으로서는 아직 소규모에 불과했다. 이들의 군사행동은 오로지 천황, 조정 또는 유력 귀족의 명에 의해서만 취해졌는데, 이것도 주로 중앙에 반항하는 지방호족이나 무사를 토벌하는 데 국한되어 자신들의 관위 등 지위상승을 목적으로 했다. 그러나 섭관정치 단계에 나타났던 兵家貴族들의 경우 도적의 체포나 귀족의 사적 경호에 국한되었음에 비해 京武者는 悪僧強訴에 대한 방어 같은 대규모의 군사활동에 동원되었다. 대체로 이 당시부터 이러한 무인들은 武士 또는 武者로 불리기 시작했는데, 이 점은 다른 일반의 귀족들과 구별하기 위한 것이었다.

무사로 불리게 된 京武者들의 가장 큰 특색은 많은 郎従(로오죠오)을 관직과 무관하게 동원할 수 있었다는 점인데, 따라서 이들은 무사로서의 성격을 일상적으로 표출하고 있었다. 또 다른 중요한 점으로는 과거 兵家貴族들이 복수의 가문에 봉사했던 것과는 달리 경무자는 특정 權門에 전속하여 봉사했다는 점이다. 이것은 院政期 이후 장원체제의 성립과 관련되는 일이다. 즉 장원체제가 발전함에 따라 독자적인 경제기반을 갖는 권문이 병립하게 되어 京武者는 預所 같은 수취기구와 강력하게 결합하게 되었다는 점을 말하는 것이다. 즉 京武者는 권문의 장원 지

---

50 元木, 1994, pp. 134-136.

배기구에 있어 폭력장치의 역할을 담당하게 되었던 것이다. 이와 함께 京武者는 일상적으로 군사적 성격을 표출하게끔 되었던 것이다. 그러나 아직은 무사 상호 결합을 통한 자신의 權門化 단계에는 이루지 못했다.

3-4. 지방 무사단의 출현과 상쟁

일본에서 10세기 후반과 11세기 전반에 이르는 약 100년은 역병과 전쟁으로 인해 전 국토가 황폐해졌던 시기였다. 이에 따른 정부의 몇 가지 개혁조치 가운데 장원억제 정책의 해금과(1045) 그에 따른 토지제도의 변화, 그리고 기초 행정단위인 郡(군, 고오리)의 분할 또는 과거와는 다른 鄕(고오리)의 성립이 무사층의 변화에 가장 큰 영향을 미친 것으로 지적된다.

원래 桓武(간무)平氏나 秀鄕(히데사토오)流 藤原氏의 후예들 가운데는 중앙에서 정치적 지위를 상실한 후 지방에서 호족으로 토착화한 후 國衙의 在廳官人으로 남은 사람이 많았다(11세기에서 12세기 초까지). 11세기 중엽 이후 장원억제 정책의 해금에 따라 각지에서는 신경작지의 개간활동이 활발히 전개되었는데, 그 활동의 중심은 지방호족이었다. 이들이 새로 개발한 경작지는 東國의 경우 郡이나 鄕이라고 하는 행정단위로서 인정되었고, 그 개발 영주들은 郡司 또는 鄕司로 임명되었다. 이러한 조치를 통하여 기왕에 호족층이 보유하고 있던 사령(私領)은 토지제도 및 행정제도의 개혁을 통해 공적인 소령(所領)으로 바뀌게 되었다. 이로써 소령 안에는 지배자로서의 영주와 피지배자로서의 농민의 구분이 엄격히 이루어지게 되었다.

한편 인접하는 영주들은 상호 보호와 피보호 관계를 강화하여 주종관계를 매개로 하는 무사단을 확립하는 계기가 만들어졌다. 이로써 호족들은 중세적 무사로서의 성격을 명확히 갖게끔 되었다. 한편 호족들이 소령을 보유한다는 것은 공적 권력과 연계되어 國衙의 말단관직을 갖게 된다는 것을 의미하는데, 따라서 무사는 有官位者라는 원칙도 확립되었다. 뒤에 鎌倉 막부에 있어서 무사는 6위 관직을 의미하는 '侍'(사무라이)에 포함되는 것으로 되었다. 특히 호족들이 國衙의 관리로 대부분 관여하게 된 것은 소령의 개발과 소유의 인정에 있어 國衙가 중요한 권한을 가졌기 때문이었다.

한편 지방호족이 재청관인으로 國衙에 참여하게 됨으로써 國衙의 실권은 점차 이들에게로 옮아가고 일반 행정을 포함하여 무사의 지방 지배는 보다 강화되어 갔다. 이러한 현상은 12세기에 이르러 현저해져 가고 지방의 실권을 장악하는 강대한 무력조직을 갖는 대무사단이 동국 각지에 나타나기 시작했다. 이들 호족들은 앞서 지적했듯이 변경 군사귀족의 후예들로서 재지영주화한 계층인데, 주의해야 할 점은 과거의 통설처럼 재지영주가 무장하여 '兵の家'를 이루고 뒤에 무사단을 만들었던 것은 아니었다는 사실이다.[51]

平氏 및 藤原氏 같은 주요 가문은 자신의 일족과 郎從(로오죠오)을 각지에 배치하여 所領을 매개로 조직·통솔하는 군사조직을 동국 각지에 성립시켰다. 그러나 郡鄕의 개발이나 소령으로서의 인정은 원칙적으로 國衙의 권한이었기 때문에 일족을 郡과 鄕에 배치하여 무사단을 형성하는 일에는 國衙의 권력이 불가피했다. 이런 점에서 볼 때 무사단의 성립은 호족층의 國衙 진출과 병행하여 일어난 일이었다. 이러한 무사단의 출현은 동국뿐 아니라 서국에서도 발견되는 현상이었는데, 다만 동국보다 발전이 늦었고 무사의 재청관인화보다는 재청관인의 무사화라는 성격이

51 元木, 1994, p. 144.

더 강했다.[52]

동국에 있어 國衙의 전면적 지원을 얻지 않은 무사가 독자적으로 소령을 개발하는 것은 불가능했다. 이러한 경우 이들은 장원영주의 경제력에 기대지 않으면 안 되었다. 그러나 國衙는 이들에게 세금납부를 강요하고 이에 응하지 않을 경우에는 무력행사를 불사하기도 했다. 이러한 장원-공령 간 대립은 각지에서 발생했는데, 國衙 자체에 의한 일이라기보다는 재청관인화된 무사들의 國衙 권력의 사적 이용의 경우가 많았다. 이에 따라 國衙의 조정기능은 마비되고 莊公 대립의 격화로 인해 무사단 간의 군사적 긴장은 일상화 또는 장기화되어 갔다.[53]

또한 이 무사단들은 필요한 경우에는 중앙 군사귀족, 즉 京武者의 도움까지 청해 항쟁을 확대해 나갔다. 京武者의 경우도 자신의 세력 확대를 위해 지방에 있는 자신의 일족이나 郎從과 대립하는 무사를 억압했다. 이들은 조정이라는 명목으로 지방 무사단 간의 분쟁에 개입했지만 제3자적 입장을 갖기보다는 일방에 가담하여 京武者의 권위에 근거하여 타방을 종속시키는 형태가 더 많았다. 國衙가 이미 조정기능을 상실했기 때문에 장기간의 심각한 대립을 계속하던 동국 무사들도 國衙에 대신하는 조정자를 기다렸고, 이 역할을 맡은 것이 河內源氏 가문이었다. 京武者의 경우도 자신이 추토사(追討使) 등에 기용되어 지방으로 내려갈 경우에 대비하여 협력자로서 지방 무사의 조직화를 기도하거나 자신이 속해 있는 권문의 장원을 확대할 목적 등을 갖고 지방 무사의 지원을 기대하기도 했다. 이러한 일을 통해 중앙권문 간의 대립은 지방 무사단 간의 상쟁과 연결되었다. 이렇게 지방 무사단의 대립은 중앙정계의 동

---

52 元木, 1994, p. 148. 보다 자세히는 pp. 149-156 참조.

53 事例는 元木, 1994, pp. 160-163를 볼 것.

향과 밀접히 관계하게 되었다.

3-5. 保元-平治(호오겐-헤이지)의 난: 무가의 권문화

院政期의 일본 정치는 중앙에 있어서의 권문의 분열과 대립, 그리고 지방에 있어서의 무사단 간의 항쟁이라는 두 가지 과정이 상호 연결되어 발전해 가던 시기였다. 이러한 연결은 중앙에 있어서의 정쟁이 무력을 통해 전개되면서 그 심도는 점차 커져가게 되었다. 이렇듯 정쟁과정의 무력 개입이 정치 쪽으로부터 '초대'되어 이루어지다가 무력의 주체인 武家가 스스로 정치의 주체인 권문으로 바뀌게 되었고, 드디어는 武家 자신이 정쟁의 주인공으로 나서게 되었다. 이러한 변화는 保元 원년(1156)과 平治 원년(1159)에 있었던 두 난을 통해 구체적으로 가시화되었다.

保元의 난은 전절에서 언급된 카일리(Kiley)가 말하는 'segmentary factionalism'의 전형이라고 할 수 있는 자체적으로 분열되어 있던 황족, 권문, 武家의 연합세력 간의 투쟁이었다. 사건 자체는 천황의 계승 문제를 둘러싸고 일어난 것이었다. 투쟁 당사자들은 모두 황족과 권문의 일파가 포함되어 있었으나 실제로는 유력한 황족[이 사건의 경우에는 고시라가와(後白河) 천황]과 유력한 권문의 우두머리 藤原賴長(후지와라노 요리나가) 사이의[이 藤原 씨 측에는 崇德(스도쿠) 上皇이 연합함] 대결이었는데, 내용적으로는 권문을 국가 공권력 하에 통솔시키려는 노력의 과정에서 일어난 것이었다.

이때 당시 최대 권문이었던 攝關家 藤原 가문은 장원을 기반으로 하는 독자적 경제력을 배경으로 所領과 군사복무를 매개로 하는 광범위한 주종관계를 구축해 오고 있었다. 그리고 나아가서는 京武者와 지방무사를 조직-통속화하는 권문으로서의 발전을 기도하고 있었다. 保元의 난에서 藤原賴長이 의존한 무력은 바로 이러한 자신의 가산기구(家産機構)에 편성되어 있었던 사병이었다. 그리고 京武者의 일원이었던 河內 源氏 爲義(다메요시)도 藤原氏 사병의 주력이 되었다.[54]

천황 측의 무력에는 역시 京武者, 국가 공권력을 대표하는 檢非違使, 그리고 諸國衙兵力이 포함되었는데, 결정적인 전투력은 京武者로부터 제공되었다. 천황 측에 가담한 京武者에는 藤原氏 측에 가담한 源爲義의 아들로 아버지와는 이미 의절상태에 있었던 源義朝(미나모토노요시토모)와 伊勢平氏인 淸盛(기요모리)이 主力으로 참여하고 있었다.

1156년 7월 11일 교토 시내에서의 전투 결과 천황 측의 승리가 결정되었다. 이 승리로 말미암아 攝關家에 의해 가산기구를 매개로 형성되었던 무력조직은 철저하게 해체되었고, 또한 公家(구게)가 京武者나 지방 무사를 조직하여 독자적인 정치세력으로 발전할 수 있는 가능성도 완전히 분쇄되었다. 그러나 이 保元의 난이 끝난 후에서 황가 내부의 대립과 반목은 지속되어 무력이 국가의 장악 하에 비인격적인 기구로 발전할 가능성은 없었다. 이러한 사정을 바탕으로 대표적 京武者였던 平淸盛과 源義朝의 정치적 지위는 급속히 상승했고, 그들이 지휘하던 무력은 무사단으로 자율적으로 발전할 가능성이 현저히 높아졌다. 이에 따라 무사 자신이 권문화하게끔 되는 사태가 전개된 것이다.

保元의 난을 통해 이루어진 무사단 자체의 변화 가운데 가장 두드러진 점은 병력동원이 지방에서 직접 이루어졌다는 사실이다. 당시까지 중앙 군사귀족과 지방 무사단 사이에 긴밀한 협조관계는 있었어도 지방

54 藤原賴長의 武力은 이 외에 興福寺의 僧兵과 崇德上皇의 從者 등이 포함되어 있었다. 보다 자세히는 上横手雅敬, "院政期の源氏," 御家人制研究會 編, 『御家人制の研究』(吉川弘文館, 1981) 所收, pp. 173－175를 볼 것.

무사를 정쟁용으로 京都로 동원하는 것은 전례가 없었고, 기술적으로도 사실상 불가능한 일이었다. 대부분의 협조는 지방 현지에서 所領 보전 등의 문제에서 이루어졌다. 그런데 保元의 난 때 천황 측에 동원된 것으로 추산되는 총 600 기병은 대부분 지방에서 동원된 것이었다.[55] 이 가운데 平清盛의 300기는 주로 畿內에서, 源義朝의 200기는 尾張(오와리) 이동의 17개국에서 차출된 병력이었다.[56]

이들은 保元의 난 이후에는 기왕의 지방 무사단과의 연계를 더욱 강화했다. 난중의 공으로 받은 높은 관위와 소령 지배로 인해 平清盛과 源義朝 두 사람은 중앙에서 지방 무사의 정치적 이익을 대표하는 것이었다는 石母田正(이시모다 쇼)의 효시적 규정은 아직도 타당성을 갖는 것으로 여겨진다. 그리고 이들 두 사람은 경무자의 단계를 넘어서 실질적인 武家棟梁(부케토오료오)으로서의 위치를 확보하게 되었다.

保元의 난의 3년 뒤인 平治의 난도 기본적으로는 천황파와 상황파 사이의 갈등을 바탕으로 일어난 사건이었다. 이 난을 일으킨 당사자로 지목된 源義朝는 平清盛(다이라노기요모리)에 패해 사실상 兵家로서의 源氏는 완전히 멸망하기에 이르렀다. 이에 따라 平清盛은 유일한 武家棟梁으로 남게 되었다. 이에 그치지 않고 기존의 권문이 정치적으로 몰락함에 따라 중앙정계의 실질적인 최고 실력자의 자리를 차지하게 되었다. 바로 이러한 점은 武家棟梁으로서의 그의 지위를 약화시키고 20년 후의 지방 무사들의 반란사건에 적절히 대응할 수 없도록 만드는 데 기여했

---

55 이 규모는 학자에 따라 다르지만 당시의 기록인 『保元物語』에서 얘기되는 4500은 과장된 것으로 이해된다. 600이라는 수는 安田元久, 『院政と平氏』(小學館, 『日本の歷史』, 7, 1974), p. 245에서 인용. 上橫手, 1981, p. 175; Farris, 上揭書, pp. 268-69도 참조.

56 上橫手, 1981, p. 175.

다. 그는 주종관계를 바탕으로 조직화된 지방 무사보다는 천황으로 대표되는 국가권력을 통해 자신의 정치적 위치를 공고화하는 방책을 택했던 것이다. 이러한 관점에서 그는 아직도 고대에 속하는 정치가였다는 일반적인 평가가 이루어지고 있다.[57]

즉 그는 平治의 난 이후 독자적인 지방 무사들과 所領을 매개로 하는 주종관계를 결성하기보다는 이들 무사들을 각 國衙에 결집시켜 국가권력을 통해서 동원하는 군제를 채택했다. 所領을 매개로 하는 주종관계는 자신의 기반 지역인 伊賀 및 伊勢의 지극히 제한된 家人(게닌)과만 맺음으로써 사실상 대부분의 지방 무사들의 이익보호에는 상대적으로 등한시했다. 바로 이러한 점에서 야기된 불만이 중앙정계에 있어서 천황계승을 둘러싼 後白河 상황과의 반목, 그리고 源賴朝(미나모토노요리토모)의 실지회복의 움직임과 연결되면서 그의 몰락이 재촉되었다.[58] 이런 의미에서 源平戰(겐페이센)은 그 이름이 지시하듯이 단순히 源氏와 平氏의 다툼으로 그치는 것이 아니라 당시 所領의 문제를 둘러싸고 팽배했던 각종 중앙과 지방 간의, 무사단 상호간의 모순이 폭발한 사건으로 볼 수 있다.

源平戰에서의 平清盛의 패배를 가져온 가장 중요한 원인은 그의 정책에 불만을 품은 동국 무사단의 태도에서 발견된다.[59] 당시 동국의 무

57 미국의 대표적인 일본 연구자인 John W. Hall이나 Jefferey P. Mass 등은 이러한 견해를 피력한 바 있다. 이에 대해 Farris는 비판하고 있다. Farris, 1992, p. 274 참조.

58 지방 무사에 대한 平清盛의 정책에 대해서는 Jefferey Mass, *Warrior Government in Early Medieval Japan: A Study of the Kamakura Bakufu, Shugo, and Jito*(New Haven: Yale University, 1974), pp. 23-30; 元木, 1994, pp. 192-196 참조.

59 源賴朝가 反平 동맹결성을 위해 東國에서 세력을 규합하려고 노력했을 때 그에 대한 호응 여부는 기본적으로 각 가문의 토지소유 상황을 바탕으로 정해졌고 源氏

사들은 상호 심각한 이해대립 상태에 놓여 있었음에도 불구하고 平清盛은 이러한 분규를 조정하기보다는 이를 이용하여 자신의 지지세력으로 만들기 위해 그 분규를 조장하기까지 했다.

이에 비해 源頼朝의 승리와 궁극적인 성공은 平清盛의 정책과는 전혀 다른 것이었다. 우선 頼朝는 당시 조정의 영향력이 제대로 미치지 못했고, 또한 장원의 발전도 느렸던 동국에서 무사 간의 분규를 조정해 주는 유일한 대안으로 되었다. 물론 이러한 조정의 성공배경에는 전쟁을 통해 몰수한 平氏側 무사들의 所領의 배분이 크게 작용했음을 일러둘 필요가 있다. 또한 이미 확보된 토지에 대한 권리를 인정해 줌으로써(安堵) 토지소유권의 안정성을 도모했다.

이러한 정책은 두 가지 혁명적인 의미를 갖는 것이었다. 우선 하나는 그러한 所領의 급여나 安堵가 조정을 거치지 않고 전적으로 자신의 권위를 바탕으로 이루어졌다는 것이다. 바로 이 점에서 源頼朝는 이미 고대를 벗어난 인물로 평가되는 것이다. 또 다른 하나의 중요한 변화는 所領의 급여와 安堵를 반드시 군사적 복무와 연계시켰다는 점이다. 종래의 소령의 공인은 國衙에 의해 이루어졌지만 군사적 복무에 대한 반대급부는 아니었다. 이러한 연계를 통해서 무사사회에 특유한 주종관계가 역사상 처음으로 명확한 제도로서 확립하기에 이른 것이다. 이처럼 이 두 가지가 불가분하게 연계됨으로써 재지영주와 무사는 일체화되기에 이른 것이었다. 이렇게 하여 鎌倉 막부 하에서는 무사가 아니면 재지영주가 될 수 없게끔 된 것이다. 이렇게 동국 무사의 토지 소유 욕구를 전투

와 平氏 개인에 대한 충성 여부는 큰 관심사가 아니었다. 이 점에 대해서는 Mass, 1974, pp. 61–62를 볼 것.

에 연결시킴으로써 막부는 호전적 집단으로밖에 될 수 없었다.[60]

4. 막부 체제와 전국 시대의 출현

4-1. 鎌倉(가마쿠라) 막부의 역사적 의의

源平戰을 계기로 한 源賴朝의 鎌倉幕府의 수립은 당시까지 일본사를 일관하여 문제가 되어왔던 사적 무력이 결국에는 공권력으로부터 실질적으로 독립하여 독자적 정치질서를 수립하게 되었다는 역사적 의미를 지니는 사건이었다. 이것은 保元-平治의 난 이후 중앙 군사귀족이 권문으로부터 독립하여 스스로가 권문으로 성장한 단계를 넘어 한 걸음 더 나아간 사건으로 지적될 수 있을 것이다. 이러한 독자적 정치질서는 기존의 정당성 관념 위에 수립된 천황을 정점으로 하는 공권력 질서를 완전히 대체한 것은 아니지만, 그것과는 별개로 사실상의 무력에 바탕을 둔 새로운 질서 또는 무사정권의 병렬적 존재의 출현이라는 의미를 지니는 것이었다. 이로써 일본에서는 당시까지와는 전혀 다른 이원적 정치질서가 탄생하게 되었다. 이러한 질서가 궁극적으로는 德川 막부까지 이어져 사실상 700년 동안 계속되었음은 이미 잘 알려진 사실이다. 여하튼 이러한 사실상의 무력에 바탕을 둔 질서가 갖는 자체의 독특한 다이나미즘은 織豊(쇼쿠호오) 시대에 이르러 통일된 질서가 출현하기까지 자체의 논리를 관철하게 된다. 즉 무력가문 간의 상쟁과 상잔은 어떤 결정적

60 元木, 1994, pp. 197-199.

인 무력에 의해 통합될 때까지 지속되었던 것이다.

源頼朝가 源平戰에서 승리한 요인에 대해서는 앞에서 잠시 지적되었듯이 지방 무사 상호간의 재산분규에 대한 그의 성공적 조정역할과 관련되는 것이었다. 그의 승리와 그리고 이어지는 鎌倉幕府의 성공적 수립은 단순히 그의 무력적 위협에만 의존한 것은 아니었고, 궁극적으로는 그 무력의 기능 내지는 효용성과 관련된 조정과 중앙귀족의 승인을 바탕으로 하는 것이었다.[61] 조정이 頼朝의 활동을 공식 승인하게 된 것은 당시 전란상태에서 전국적으로 번지던 각종 무력적 불법활동을 실질적으로 억제할 수 있는 것은 源氏 세력밖에 없다는 판단에서였다. 결국 頼朝는 고위 부재지주들 사이의 재산분규에 관한 최종 권위로서 활동하게 되는데, 이것은 전례가 없던 일이었다. 1184년 초 조정은 頼朝의 平氏 타도를 인정하고 동시에 무인들의 불법활동 근절을 西國에서도 할 수 있도록 승인했다. 이로써 頼朝는 전국에 걸친 군사-경찰권을 확보함으로써 전국적인 무인조직으로서의 막부의 위치를 굳힐 수 있게 되었다.

1185년 3월 平氏 세력을 완전히 타도한 頼朝는 西國의 지도적인 무사들을 찾아내어 이들을 가신으로 대우, 충성을 확보하는 데 많은 노력을 기울였다.[62] 또한 이 지역의 사원 및 중앙귀족들의 영지 보호에도 상당한 노력을 기울임으로써, 말하자면 보편적 평화를 마련하는 데 있어 중심적 역할을 담당함으로써 京都 조정의 환영을 받았고, 지방 무사들의 토지소유를 정당화시켜 줌으로써 대부분의 지역에서 무인들의 지지도 확보할 수 있었다. 이를 통해 鎌倉 막부는 일본의 권위구조 안에서 항구적인 위치를 마련할 수 있었다. 그러한 작업은 곧 처벌과 은상 그리고 몰

61 이러한 承認은 1183년(壽永 2年) 10월의 천황의 宣旨에 의해 확인되었다.

62 Mass, 1974, pp. 80-83.

수와 수여의 작업을 수반하는 것이었는데, 이 작업을 위해 마련된 것이 곧 地頭(지토오)의 제도였다.[63]

地頭制의 기원과 성격과 기원에 관해서는 서로 다른 의견들로 갈리지만[64] 源平戰의 맥락 속에서 頼朝에 의해 처음 사용된 것은 1184-1185년이었다. 당시 중앙귀족의 영지에 대한 지방인들에 의한 불법적 침탈이 地頭라는 명분으로 행해졌는데,[65] 이것을 막기 위해 頼朝는 조정에 대해 地頭 임명의 독점적 권리를 요구했다. 이를 바탕으로 허위의 地頭를 억제하고 적법한 地頭를 임명하여 장원과 장원주에 대한 봉사를 지속시키고 사회적 안정을 회복했다.

地頭와는 별개로 1190년대 초반에 만들어진 守護(슈고)직은 將軍(쇼군)의 대리자로서 지방에 대해 균일한 권위의 행사를 위해 마련된 직책이었다. 地頭와 守護에 대한 임면권을 통해 가신제와 은급지 제도가 결합하기에 이르렀는데, 이 점에서 頼朝의 새로운 권위는 봉건적 수장의 성격을 띠게 되었고, 이때부터 대체로 일본 사회는 봉건단계에 접어들게 되는 것으로 이해되기도 한다.[66]

---

63 Mass, 1974, p. 117.

64 대표적인 논의로는 上横手雅敬, "地頭源流考,"『史窓』12(1957), pp. 19-33; 安田元久,『地頭及び地頭領主制の研究』(山川出版社, 1961)를 볼 것. Mass, 1974, pp. 103-117도 참조. 地頭의 문제에 대한 일본 학계 내의 논쟁 전반에 관해서는 關幸彦,『研究史 地頭』(吉川弘文館, 1983)을 볼 것.

65 Mass, 1974, pp. 102-111.

66 물론 일본 역사의 이해에 있어 서양사적 의미의 봉건제 개념에는 일정한 한계가 있다. 이러한 점을 의식하면서 Jefferey Mass는 頼朝를 봉건적 수장으로 파악하고 있다. 그러나 종래에 이해되었듯이 御家人(고케닌)을 전형적 봉건관계의 가신으로 하는 봉건관계라는 관점은 회피한다. Mass, "The Early Bakufu and Feudalism" in J. Mass(ed.), *Court and Bakufu in Japan: Essays in Kamakura*

鎌倉 막부는 1221년 後鳥羽(고토바) 上皇에 의해 계획·연출된 討幕 운동인 承久(죠오큐우)의 난(1221)이 실패로 돌아가고 그 여파로 서국을 완전히 지배하게 되면서 더욱 크게 성장했다. 後鳥羽 상황이 동원한 병력은 주로 중부 및 서부 지역의, 즉 막부로부터 아무런 혜택을 받을 전망이 없는 그러한 무사들을 바탕으로 했다. 그러나 상황군이 패배함으로써 막부는 서국의 방대한 황실령 장원과 참가 무사들의 소령을 몰수하여[67] 이 지역에 동국 무사들을 地頭로 임명할 수 있게 되었다. 이에 따라 일본에서는 동국 출신의 무사들이 압도하게 되었고, 鎌倉 막부는 사실상 일본 전역에 걸친 지배자로 그 지위를 군히게 되었다. 그리고 조정과 함께 입법자로서 자신을 내세우게 되었는데, 이는 전례가 없던 사실이었다.[68] 또한 京都에는 六波羅探題(로쿠바라탄데이)를 설치하여 서국에서 야

History(New Haven: Yale University Press, 1982), pp. 123-142를 볼 것. 御家人보다는 오히려 地頭職에의 임명이 봉건적 관계 형성에 있어 핵심적인 은급이 되었음을 확인한다. 上同, pp. 137-141. 그런데 이 地頭職은 東國武士들에게 한정되어 임명되었다. Mass는 뒤에 鎌倉 막부의 봉건적 성격에 관한 유보적인 입장을 재확인한다. 즉 비록 頼朝의 권위가 일본사에서 전혀 새로운 것이기는 하지만 봉건제라고 하기에는 약간 이르다는 점을 강조한다. "The Kamakura Bakufu" in Kozo Yamamura(ed.), *The Cambridge History of Japan*, vol III: *Medieval Japan*(Cambridge: Cambridge University Press, 1990), p. 60. 이러한 Mass의 논의 기반은 御家人의 임명이 생각보다 임시변통적이라는 지적에 바탕을 두고 있다. 安田元久, 「御家人成立に關する一試論」(1969) 현재는 『日本初期封建制の基礎研究』(山川出版社, 1976) 第4章 所收.

67 鎌倉幕府의 공식 기록인 『吳妻鏡』에 따르면 약 3000개의 莊園이 몰수되었다고 하나 과장으로 지적된다. 莊園所有權의 몰수보다는 地頭職의 새로운 임명을 통한 실질적 장악의 경우가 많았던 것으로 이해된다. 田中稔, "承久の亂後新地頭補任地〈拾遺〉-承久京方武士の一考察-補遺," 『史學雜誌』 79-12(1970) 참조.

68 이 점에 대해서는 Cornelius J. Kiley, "The Imperial Court as a Legal Authority in the Kamakura Age," in Mass(ed.), 1982, pp. 34-37 참조.

기되는 일체의 소령분쟁을 막부가 직접 담당하도록 했다.

源平戰에서의 頼朝가 승리할 수 있었던 가장 큰 요인은 동국 무사들의 지지를 획득할 수 있었던 때문이고, 또 그러한 지지의 중요한 한 요인은 무사들의 소령분쟁의 조정이었음은 위에서 언급된 바 있다. 바로 이러한 면은 鎌倉 막부의 수립 뒤에도 그대로 이어졌다. 처음에는 頼朝 자신의 이름으로 재정(裁定) 결과가 발표되었으나 1192년 조정이 그에게 만도코로(政所)의 개설을 허가한 뒤에는 그는 자신의 권위를 상당 부분 이 기구에 이양했었다. 재정의 권한은 막부통치 전체 기간 동안 여러 곳으로 이동했으나 그와 무관하게 재정과정의 기술적·절차적 합리화는 꾸준히 지속되어갔다.[69]

鎌倉 막부의 가장 큰 기여점은 시작부터 끝까지 재산(토지)분쟁 해결이었는데, 이 점은 거의 막부의 존재 이유가 되었다고까지 얘기된다. 이 점에 비해 통치의 다른 부분은 사실상 이원정부 체제의 다른 한쪽인 京都 정부에 의해 처리되었다고 지적된다.[70]

4-2. 室町(무로마치)幕府와 戰國大名(센고쿠다이묘)의 출현

단순히 平安(헤이안) 시대로 대표되는 고전기와 德川(도쿠가와) 막부로 대표되는 근세 사이의 과도기로만 이해되어 상대적으로 덜 중요하게 취급되었던 室町 막부 시대는 실상은 일본 사회가 중세에서 근세로 넘어

---

69 Mass, 1990, pp. 75–80.

70 Jefferey P. Mass, "What Can We Not Know About the Kamakura Bakufu?" in J. P. Mass and William B. Hauser(eds.), *The Bakufu in Japanese History*(Stanford: Stanford University, 1985), pp. 24–30 참조.

갈 수 있는 데 필요한 전제가 되는 주요한 정치적·사회적 변화가 있었던 시기였다. 이 글의 주제인 정치군사사와 관련시켜 볼 때 무엇보다도 중요한 것은 지방 유력 무사 내지는 영주들이 자신의 실력을 근거로 실질적인 지방정치의 지배자인 大名(다이묘)으로 출현하던 시기가 바로 이때였다. 또한 별도의 독립된 시기로 파악되는 戰國時代(센고쿠지다이)도 일반적 시기 구분으로는 室町幕府 시대의 마지막 한 세기였음을 기억해둘 필요가 있을 것이다.

足利尊氏(아시카가다카우지)에 의해 北條(호오죠오)氏의 鎌倉 막부가 타도되고 새로운 막부가 京都에 수립되었을 때도 일본의 중앙정치는 여전히 지방 유력 세력들의 태도에 의해 그 방향이 결정되었다. 이것은 아직 전국을 직접 장악하여 통치할 수 있는 중앙집권적 군사조직이나 관료기구의 발달이 없었기 때문이었다. 지방에 광범위하게 퍼져 있던 무력의 지지를 여하히 확보하는가가 중앙의 권력자에게 가장 큰 문제였다. 환언하면 중앙권력자와 지방무력 사이의 독특한 관계가 그때그때의 전국적 정치질서의 기본 패턴이 되었던 것이다.

室町 막부가 들어섰을 때 각국은 점차로 國人(고쿠진)으로 불리게 된 반독립적인 재지영주의 所領, 그리고 社寺 및 부재 중앙귀족의 장원 등으로 짜여져 있어 중앙정부에 의해 임명된 國司를 통한 통치가 더 이상 불가능한 상태에 놓여 있었다. 이에 막부는 지방행정에 있어 國司-守護의 이원행정 체제에서 國司직을 폐지하고 모든 기능을 守護에 맡겼다.[71] 이 守護는 足利氏의 주요 가신들로 개인적으로는 각 지역에서 가장

---

71 원래 守護직은 1190년대 초에 도입된 제도로 각국에 國司와 함께 임명되었으나 大犯三箇條라고 하는 세 가지 중요 임무(殺人, 反逆 및 大番役監督)만 부과되었다. 자세한 점은 Mass, 1974, pp. 203-230 참조.

강력한 영주(지주)-무사들이었다. 그러나 이들이 각 지역(國)에서 제일 강력하기는 했으나 실제로 그들이 개인적으로 장악한 영지는 전체의 작은 일부분에 지나지 않아 그들의 위치는 國人들의 충성에 기반을 두고 있었다. 마찬가지로 쇼군의 위치도 가신 守護들의 지지에 기반을 두고 있었다. 足利 將軍은 본질적으로 "守護 가문의 연합체 위에 위치한 長"이었다고 하는 佐藤進一(사토오신이치)의 언명은 바로 이러한 점을 지적하는 것이다.[72]

室町 시대 제2기에 해당하는 1392년에서 1441년까지의 기간은 將軍-守護 관계가 정점에 도달했던 시기였다. 이때에 나타나기 시작한 가장 중요한 변화는 장원의 점차적 해체와 領國의 등장이다. 이 점은 守護에게 부여된 토지분규 평정권, 몰수토지의 배분권, 그리고 社寺나 귀족의 장원에 대한 징세권(半濟)과 연결하여 나타난 현상이었다. 특히 중요한 것은 鎌倉 시대까지만 해도 수직적 위계질서를 이루고 있던 職(시키)들이 室町 시대에 들어와서는 상호 수평적이고 독립적인 토지소유권으로 바뀌게 되었다는 점이다. 이 점은 장원체제의 해체와 함께 남북조 시대부터 나타난 현상이었다.[73]

앞서 언급한 대로 守護는 자신의 관할지역 안의 일부의 토지만 소유할 뿐이었고 나머지는 대부분 國人들에 의해 자신의 개인적 재산으로 소유되었으며, 경작자들로부터 세금을 받아냈다. 이런 각도에서 본다면 守護도 지방 國人에 지나지 않았다. 이러한 國人領主制는 室町 막부의 모

---

72 Sato Shinichi, "The Ashikaga Shogun and the Muromach Bakufu Administration," in John W. Hall and Toyoda Takeshi(eds.), *Japan in the Muromachi Age*(Berkeley: University of California Press, 1977), p. 45.

73 장원체제 해체에 관한 전반적인 논의로는 宮川滿, "莊園制の解體," 『岩波講座日本歷史』(岩波, 1963), pp. 119-162를 볼 것.

든 정치제도를 떠받치는 기반적 제도로 작용했다.

남북조 동란이 종식된 1392년까지의 室町 막부 초기 단계에서 각 守護들은 각 관할지역 안에서 자신의 토지소유 기반을 확대하여 중앙정부가 임명한 무인 지사로서가 아니라 봉건적 주종관계에 기반하는 실질적인 지역 지배자, 즉 大名으로서의 위치를 확보하는 노력을 전개했다. 이러한 노력에도 불구하고 그 守護와 國人 사이의 주종관계는 강고하지 않았는데, 이것은 國人의 입장에서 자신에게 필요한 경우에만, 예컨대 보호의 필요 같은 그러한 주종관계 형성에 동의했기 때문인 것이었다.[74]

守護의 세력을 약화시킨 다른 추세는 將軍과 守護의 관계에서 동시에 나타났다. 즉 불문률로(關東 지역과 九州를 제외한) 각 守護는 京都에 거주해야 했고, 將軍의 허가 없이는 귀향할 수 없었다. 뒤의 德川 막부 시대 때의 參勤交代制(산킨코오타이)의 전례라고 할 이 제도는 守護들이 막부의 행정기구 업무를 담당했던 것과도 관련된다. 이로 인해 守護들은 자신의 본거지에 대한 통제력을 점차 상실하게 되었고, 이 공백상태는 守護代(슈고다이)나 또는 다른 유력한 國人들에 의해 채워지게 되었다. 실상 守護代에 의해 守護의 권한행사가 이루어지게끔 된 이 제도는 國人領主制의 가장(假裝)으로까지 평가되기도 한다. 이런 의미에서 막부 또는 幕府-守護 구조는 지방 수준에서의 國人領主制에 대한 보장체제로 이해되기도 한다.[75]

이러한 國人들에 대한 가장 큰 위협은 지방토호들을 중심으로 하는 연합체, 즉 土一揆(도잇키, 츠치잇키)의 등장이었다. 이와 아울러 주변의

---

74 Miyagawa Mitsuru, "From Shoen to Chigyo: Proprietary Lordship and the Structure of Local Power," in Hall and Toyoda(eds.), 1977, p. 98.

75 Miyagawa, 1977, p. 99.

보다 강력한 세력에 의한 세력확장 노력도 또 다른 중요한 위협이 되었다. 이러한 위협들에 대한 國人들의 대응책은 보다 강력한 다른 國人에 대한 보호 요청이었다. 이러한 요청은 國人들 사이의 보호와 충성을 교환하는 주종관계의 성립으로 결과했는데, 여기에서 봉건적 위계질서가 나타나게 되었다. 이들 강력한 國人들은 뒤에 戰國大名(센고쿠다이묘)으로 발전하게 되었다.[76] 한편 지방토호들과 일반 농민들 사이에도 분규가 발생하기 시작했는데, 이에 위협을 느낀 토호들은 이러한 위협에 대한 대응책으로 國人에 접근함으로써 토지소유에 대한 보장과 충성이라는 또 다른 봉건적 관계가 수립되기에 이르렀다.[77] 이렇게 하여 16세기 초엽에 이르면 戰國大名-國人-土豪의 3개층으로 구성되는 봉건적 관계가 나타나기 시작했다. 戰國大名의 領地(大名領國)는 이렇게 만들어진 것이다.[78] 이

---

76 戰國大名의 형성은 지역마다 상이한 형태를 밟아서 이루어졌다. 守護가 살아남아 戰國大名으로 轉身한 것은 단 하나의 경우에 불과했다. 戰國大名의 다양한 유형과 발전과정에 대해서는 John W. Hall, "Foundations of the Mdern Japanese Daimyo," in Hall and Jansen(eds.), 上揭書, pp. 65-77을 볼 것. 戰國大名에 관한 일본 내의 다양한 觀點, 論爭, 戰後의 새로운 연구결과 등에 관해서는 총 18권으로 된 永原慶二 編, 『戰國大名論集』(吉川弘文館, 1983-85)을 볼 것.

77 室町幕府 시대 후반에 있어서 일본 농촌사회의 변화에 대해서는 Nagahara Keiji, "Village Communities and Daimyo Power," in Hall and Toyoda(eds.), 1977, pp. 107-123을 볼 것.

78 Miyagawa, 1977, pp. 100-101. 戰國大名의 역사적 특성에 관한 간결한 정의로는 永原慶二, 『戰國の動亂』(小學館, 『日本の歷史』 14, 1975), p. 51을 볼 것. 永原은 가장 핵심적인 것으로서는 "一定領域の獨立した支配權力を確立して, 幕府の行政-裁判權あるいは旣存の所領支配關係など, いわば中央國家の秩序から離脫し自立していることにあるのである"라고 말한다. 大名領國制의 성격에 관한 전반적인 논의로는 永原慶二, "大名領國制の構造," 『岩波講座日本歷史』 中世 4(岩波, 1976), pp. 211-260을 볼 것.

렇게 戰國大名이 자신의 영지 내의 모든 토지에 대해 최고의 영주권을 행사하는 것이 전 시대와는 전혀 다른 의미로 사용하게 된 知行制(치교오사이)이다.

이러한 知行制를 바탕으로 戰國大名은 가신단을 유지했는데, 이 조직은 영주와 가신을 각기 寄親(요리오야)과 寄子(요리코)라는 이름으로 부름으로써 가족적 유대라는 관념 위에서 기능했다. 이 가신단 가운데에서 토호들은 특히 중요한 역할을 담당했다. 즉 이들은 전시에는 전사로 활동했고, 경작자로서는 자신의 출신 村에서 질서유지 및 징세기능을 수행했다. 이렇게 토호층을 통제함으로써 大名은 자신의 무력을 강화할 수 있었고 또한 영지 내의 농민을 통제할 수 있었다.

4-3. 応仁(오닌)의 난과 전국 시대의 도래

室町 막부 말기의 시대적 특징은 사회 내의 모든 집단들의 행동을 규제하는 기왕의 규범들이 그 효력을 발휘하지 못했다는 점에서 찾을 수 있다. 이 점은 다른 각도에서 보면 그러한 규범을 떠받치는 실질적인 정치질서의 부재라는 점으로도 지적할 수 있을 것이다. 따라서 사회 내의 모든 집단은 자신의 힘을 근거로 자신들의 요구를 바로 제출하는 분위기가 형성되었다. 예컨대 사회적 차원에서는 각종 一揆(잇키)의 빈발(土一揆, 國一揆, 一向一揆), 피폐된 농촌에서의 德政令의 요구(德政一揆) 등이,[79]

---

79 15-16세기에 출현한 다양한 一揆의 유형에 대한 전반적 고찰로는 David L. Davis, "Ikki in Late Medieval Japan," in Hall and Mass(eds.), 上揭書(1974), pp. 226-47을 참조. 한편 1428년에서 1562년 사이에 발생했던 중요한 一揆의 일람과 그 내용에 관해서는 佐佐木銀彌, 『室町幕府』(小學館, 『日本の歷史』 13, 1975), p. 199의 표를 참조할 것.

그리고 각 가문에서의 家督 계승을 둘러싼 무력분쟁을 대표적 경우로 들 수 있을 것이다. 또한 國人들의 실력에 의한 상급자에 대한 항쟁 등이 빈발하여 이 시대는 '하극상의 시대'라고까지 불리게 된 것은 잘 알려진 사실이다.

이러한 권위의 약화와 실력자 간의 분규는 大名의 가문이나 막부 안에서도 대부분 家督 상속을 둘러싸고 그대로 나타났다. 室町 막부는 물론 쇼군에 의해 대표되지만 將軍은 어디까지나 유력 무가들의 상급자에 지나지 않았다. 이것을 넘어서는 전제체제 구축 노력은 항상 저항을 받았다. 예컨대 6대 將軍 義教(요시노리)는 將軍의 直轄軍인 奉公衆(호오코오슈우)을 설치하고 관례적으로 管領(간레이)에 의해 이루어지던 재판권을 직접 장악했으나 결국은 암살당하기까지 했다. 이 이후 무력한 장군이 배제되고 실권을 장악한 武家 중심의 정치체제로 복귀했다.

이러한 분위기 속에서 8대 將軍 義政(요시마사) 때였던 1467년(応仁 원년)에는 管領직을 둘러싼 畠山(하타케야마) 가문의 내분이 급기야는 당시 주요 守護大名 전부를 개입시킨 대전란으로 확대되었다. 즉 한편으로는 細川(호소카와) 가문을 중심으로, 다른 한편으로는 山名(야마나) 가문을 중심으로 각기 20개국에서 大名들을 동맹군으로 개입시킴으로써 사실상 전국적인 동란으로 발전했다.[80]

京都 시내에서 대치상태를 지속했던 이 동란은 과거의 전투와는 질적으로 다른 양상을 보였다. 우선 동원된 병력규모가 월등히 컸다고 지적된다. 당시의 京都의 규모나 守護領國의 사정을 고려할 때 믿을 수 있는 숫자는 아니지만 당시의 기록인 『応仁記』에 따르면 細川 측의 東軍

80 '應人の亂'에 개입된 守護大名의 一覽과 지리적 분포에 대해서는 土垣泰彦, "應人-文明の亂," 『岩波講座日本歷史』 中世 3(岩波, 1963), pp. 197-198을 볼 것.

은 16만, 山名 측의 西軍은 11만이라는 대병력이 동원되었다고 전해진다. 여하튼 대병력이 京都 시내에서 일진일퇴하면서 장기간 대치상태를 지속함으로써 일종의 소모전이 전개되었는데, 이 과정에서 새로운 종류의 무사와 그에 따른 새로운 양식의 전투가 출현했다.

전란의 첫 해인 応仁 원년 몇 번의 회전이 있었지만 결정적이지 못한 상태에서 전황은 교착상태에 접어들었다. 이 상태에서 전쟁은 회전보다는 상대 측의 보급선을 배후에서 교란하는 등의 소규모 전투 등으로 지속되었다. 이러한 전투에서는 정규의 무사가 아닌 雜兵 및 足軽(아시가루)이 동원되었다. 도살업자 같은 하층민, 부랑민 또는 징발된 농민병 등이 주력이 되는 보병이 중요한 병력으로 등장하게 되었다. 따라서 병력은 질보다는 양의 시대로 옮아가게 되었고, 또한 단순한 무력전에서 경제력-보급력이 가미되는 총력전의 양상도 띠게 되었다.[81] 이렇게 평민 보병인 足軽의 출현과 그에 따른 전략-전술의 변화로 인해 応仁-文明의 난은 전사상 획기적인 의미를 갖게 되었다.

전쟁이 장기화됨에 따라 이에 동맹군으로 참가했던 守護大名이나 國人領主들은 각자의 본거지에서 守護代 또는 國人들의 움직임이 불온해짐에 따라 전쟁에 염증을 느끼기 시작했다. 더욱이 양측의 맹주인 山名持豊(야마나모치토요)과 細川勝元(호소카와가츠모토)이 차례로 같은 해에 죽음으로써 쟁란은 1477년(文明 9年)에 막을 내렸다.

'오닌의 난' 그 자체는 기존 체제에 대한 반역의 성격을 드러내고 있지는 않았으나 이 이후로는 계속해서 기존 체제에 도전하는 여러 가지 사건들이 발생하기 시작했다. 구체적으로는 將軍에 대한 도전이나 유력 무가의 내부분열, 그리고 막부 체제의 구성분자인 守護大名의 급속한

81 佐佐木, 1975, p. 225.

몰락 등이 대표적인 예들이다. 이 가운데에서 가장 중요한 점은 戰國大名들 사이의 세력확장을 위한 끊임없는 항쟁이 지속되었다는 점이다. 각 戰國大名들은 이러한 항쟁에서 살아남기 위한 자기 체제의 정비에 갖은 노력을 기울여 나갔다.

4-4. 戰國大名의 체제정비 노력

기존의 도덕규범의 틀을 벗어나 전개되었던 戰國大名들 사이의 약육강식적 투쟁 속에서 戰國大名들은 생존할 수 있는 모든 노력을 아끼지 않았는데, 역시 가장 중요한 것은 자신의 정치적 기반으로서의 領國의 내부체제를 정비하는 일이었다. 이러한 여러 가지 노력들 가운데 가장 중요한 것이 貫高制(간다카세이)의 실시였다. 기왕의 石高(고쿠다카)制가 年貢 및 軍役의 산정을 토지의 소출량을 바탕으로 했던 것에 비해 貫高制는 토지 자체를 기반으로 年貢을 화폐단위인 貫文으로 표기하는 제도이다. 이 제도는 장원제가 사실상 거의 해체되면서 도입이 가능해졌는데, 실제로 장원의 영향이 가장 미약했던 관동과 東海(도카이)도 지역에서만 실시되었다.

이 간다카제는 戰國大名의 세수증대, 특히 현금의 필요성과 밀접히 연결되어 도입되었는데, 당시 현금부족 상황과 유통체제의 미발달로 인해 貫高制 실시는 여러 가지 어려움에 봉착했다. 예컨대 相模(사가미)-伊豆(이즈)-武藏(무사시)의 後北條(고후쿠죠오)氏의 경우 악화(惡貨)의 구축에서 六齋市(로쿠사이시=5일장)의 설립 등 貫高制의 정착을 위해 여러 가지 개혁을 시도했다.[82]

82 이 점에 대해서는 Nagahara Keiji and Kozo Yamanura, "The Sengoku Daimyo

보다 효율적이고 통일적인 조세제도 및 軍役 징발의 도입을 통해 세수의 증대가 궁극적인 목적이었던 이 貫高制는 그러나 너무 엄격히 적용되어 납세자들에게 극심한 어려움을 가져옴으로써 오히려 貫高制 그 자체의 효과성을 줄이기도 했다.[83] 특히 가신들에게는 수입감소와 군역 증가라는 두 가지 어려움을 동시에 가져오기도 했으나 사실상 가장 큰 부담은 일반 농민이었기 때문에 상당한 저항을 야기하기도 하여 德政令(도크세이레이)을 반포하지 않으면 안 되는 결과도 낳았다.[84]

일부 戰國大名들에 의해 실시된 貫高制가 결코 완전히 성공적이었다는 평가는 어렵지만, 중요한 점은 이 노력 과정을 통해 戰國大名의 領國은 통합된 단일 경제단위로 변모할 수 있었다. 또한 領國 내에서의 단일세제, 단일미가(米價)의 도입, 경제 전문화, 교역의 진작, 화폐의 광범위한 사용 등을 통해 戰國大名들은 자신의 領國 내의 경제를 보다 효과적으로 장악함으로써 자신의 지역 안에서 자원을 보다 효율적으로 동원할 수 있었다.[85]

4-5. 철포 전래와 전술혁명

일본에 처음 화포가 전래된 정황은 일반적으로 1606년 佛僧 文之

---

and the Kandaka System," in John W. Hall, Nagahara Keiji, and Kozo Yamamura(eds.), *Japan Before Tokugawa: Political Consolidation and Economic Growth, 1500 to 1650*(Princeton: Princeton University Press, 1981), pp. 54-56를 볼 것.

83 Nagahara and Kozo, 1981, p. 53.

84 Nagahara and Kozo, 1981, p. 60.

85 Nagahara and Kozo, 1981, p. 62.

玄昌(분지겐쇼오)이 저술한 『鐵炮記』(뎃포오키)에 적혀 있는 대로 1543년 九州 남쪽의 種子島(다네가시마)에 표류한 포르투갈 상인들에 의한 것으로 이해되고 있다. 이 점은 최근 宇田川武久(우다가와 다케히사)의 연구에 의해 부정되고 있지만,[86] 화포(鐵砲)가 그 이후 급속히 戰國大名들 사이에 보급되어 전국 시대의 역사적 흐름을 결정하는 데 중요한 무기가 되었다는 것에는 이론이 없다.

이 철포는 畿內 중앙지대의 각지에서 제조되었는데, 이것은 물론 철포의 효용을 높이 평가한 戰國大名들의 요청에 따른 것이었다.[87] 이 철포에 처음부터 큰 관심을 갖고 사용한 戰國大名에는 織田信長(오다노부나가), 武田信玄(다케다신겐), 毛利元就(모오리모토나리) 등이 있는데, 이들 모두가 성공적으로 자신의 지위를 확장할 수 있었던 大名이었다는 점은 전혀 우연이 아니다. 이 철포가 가장 효과적으로 사용된 첫 전투의 예로는 信長(노부나가)-家康(이에야스) 연합군이 信玄을 격파한 1575년의 長篠(나가시노) 전투가 항상 지적된다.

철포 사용의 규모는 아직 그리 크지 않았던 것으로 평가된다. 예컨대 1555년 信濃(시나노) 山城의 전투에서 信玄이 300정의 철포를 사용했다는 얘기가 당시의 기록인 『妙法寺記』에 나오지만 당시의 군역기준으로 미루어 볼 때 과장된 것이라고 지적된다.[88] 1554년 信長이 그의 장인(舅) 齋藤道三(사이토도오산)과 행한 유명한 회견기에 보면 철포를 활과 함께 합해 500의 숫자를 말하고 있는데, 이 중 철포의 수는 절반이 안 되

---

86 宇田川武久, 『鐵炮傳來: 兵器から語る近世の誕生』(中公新書, 1990), 第1章.

87 宇田川, 1990, 2-3章 참조.

88 永原, 1975, p. 193.

는 것이라고도 지적된다.[89]

당시 철포의 장비는 군역의 일부로서 大名에 의해 가신들에게 부과되었는데 그 규모를 아래에서 대강 살펴볼 수 있을 것이다. 1575년 '上杉(우에스기)軍役帳'에는 군역 총수 5192인 가운데 철포는 300정에 지나지 않았다. 1572년의 後北條領 284관의 知行人의 군역은 36인이었는데 이 중 철포는 2정이었다. 武田의 경우에도 군역 30인을 부담하는 知行人이 철포 1정 정도를 부담했다. 따라서 아직 1570년대 초반만 해도 대규모의 집단화된 철포병단까지는 이르지 못했던 것으로 보인다.[90] 그리고 일부의 기록에는 信長이 나가시노 전투에서 철포부대를 삼분하여 교대로 사격하게 하는 새로운 전술을 구사했다는 기록이 있으나 이것도 사실과는 차이가 있는 것으로 지적된다. 다만 信長軍이 武田軍을 이길 수 있었던 것은 철포 수의 차이와 관련되는 것으로 지적된다.[91] 이러한 점에서 16세기 서양의 군사혁명에 비견할 수 있는 혁명적 변화를 얘기하기에는 아직 이른 것으로 보인다.[92]

철포가 보다 대규모적이고 효과적으로 사용된 것은 豊臣秀吉(도요토미히데요시)에 의한 조선 출병 때였던 것으로 지적된다. 그러나 전국 시

---

89 宇田川, 1990, p. 62.

90 永原, 1975, p. 193.

91 宇田川, 1990, pp. 60-63.

92 서양의 '군사혁명'의 전반적인 내용에 관해서는 Geoffrey Parker, *The Military Revolution: Military Innovation and the Rise of the West, 1500-1800*(Cambridge: Cambridge University Press, 1988)을 볼 것. 최근에는 이 '군사혁명'의 논지 자체에 대한 회의도 적지 않게 일어나고 있다. 이 점에 대해서는 Jeremy Black, *Military Revolution? Military Change and European Society 1550-1800*(London: Macmillan, 1991)을 볼 것.

대 당시 이미 철포가 사용되었다는 점이 갖고 있는 중요한 점은 이것이 戰國大名들에게 상당한 재정적 부담을 주었다는 사실이다. 앞서 지적된 貫高制의 채택이나 상업의 진작을 통한 재정 확보 노력은 새로운 군사기술과 군사환경에 따라 이에 뒤처질 경우 모든 것이 수포로 돌아갈 수 있는 긴박한 상황에서 만들어진 계책이라는 점을 이해할 필요가 있을 것이다.

과연 철포의 사용이 전술과 전략에 혁명적 변화를 가져왔는지에 대해서는 비판적으로 관찰할 필요가 있다. 그러나 이 철포의 사용과 함께 평민출신의 보병부대인 足輕의 등장은 당시까지 기마무사 중심으로 이루어져 오던 전투양식에 결정적 변화를 가져오는 계기가 되었고, 또한 전투력이 무사 개인의 용맹보다는 장기적으로 많은 병력자원을 투입할 수 있는 다이묘들의 능력(자원의 동원과 관리)에 더 의존하게 되었다는 점을 인식하는 일이 중요하다. 이러한 상황에서 보다 큰 능력의 소유자에 의해 분열되었던 정치상황이 점차 통일 쪽으로 향하게 된 것은 자연스러운 일이다.

4-6. 전국법과 무사 기율의 강화

약육강식 또는 적자생존이라는 표현이 그대로 적용되던 전국 시대에 나타난 중요한 변화 가운데 하나는 각 領國에 있어서의 전국법의 제정이다. 이러한 노력은 戰國大名들 간에 경쟁적으로 전개되었던 내부 체제정비 노력의 핵심적 부분이기도 했다. 이 전국법에서 보이는 두 가지 중요한 사항은 사적 폭력행사의 금지와 엄격한 기률의 강조이다.

사적 폭력행사의 금지는 서양의 국가형성 과정의 경우 절대주의 체제가 확립되면서 개인 간의 결투를 금지하는 조치에서도 잘 나타났듯이 폭력은 어디까지나 공적 권위체인 국가만이 독점적으로 보유·사용할 수 있다는 원칙을 말하는 것이다. 일본의 경우 喧嘩兩成敗(겐카료오세바이) 법의 제정은 바로 이러한 맥락 속에서 이해될 수 있는 것이다.

개인적인 싸움이 있을 경우 잘잘못을 따지지 않고 양 당사자 전부를 처벌한다는 이 법은 전국 시대 당시 무사들 간의 싸움이 대부분 개인 간의 싸움으로 그치지 않고 결국에는 가문 간의 복수전의 연속으로 이어지던 상황을 배경으로 만들어진 것이었다. 이 점은 무사의 전통으로 이어져 내려온 분쟁해결에 있어서 자력구제의 원칙이 갖는 논리적인 귀결이었다. 시기의 선후는 있지만 당시의 주요한 戰國大名들은 거의가 다 이 원칙을 領國 내의 군법에 포함시켰다.[93] 이 喧嘩兩成敗의 원칙은 뒤에 德川 막부에 이르게 되면 굳이 성문법에 넣지 않아도 될 불문률로 그 위치가 굳어졌다.

한편 당시 戰國大名들은 반드시 무사 간의 싸움뿐만 아니라 무사들의 행동을 규제하는 포괄적인 戰國法을 작성하여 무사 개인들의 기율을 강화하려는 노력을 시도했다. 이러한 노력은 大名(국가)에 의한 폭력의 집중화라는 각도에서도 설명되지만 당시 변화하던 전술이라는 각도에서도 설명된다. 즉 당시의 합전은 이미 무사 개인 간 결투의 산술적 합이 아니게끔 되었다. 즉 철포가 도입되고 훈련된 보병이 전투에 투입되며 다양한 무기가 사용되어 이 다양한 요소들이 지휘관의 명령에 따라 체계적으로 움직여야만 의도한 대로의 전투결과가 산출되게 되었다. 따라서 전투원 개인의 행동에 대한 높은 기율이 요구되었다. 이와 같은 전투양

93 자세한 내용에 관해서는 勝俣鎭夫, "戰國法,"『岩波講座日本歷史』 中世 4(岩波, 1976), pp. 196-197을 볼 것. 이 법의 형성에 관한 더 자세한 논의는 勝俣鎭夫, 『全國法成立史論』(東京大出版會, 1979)를 볼 것.

식의 변화는 무사들의 높은 기율을 필요로 했고, 다시 이 필요에 의해 전국법의 채택을 자극한 것으로 볼 수 있는 것이다.[94]

5. 통일정권의 출현과 군사의 쇠퇴: 織豊 정권과 德川 막부

5-1. 織田信長(오다노부나가): 전술혁신과 상업의 활성화

尾張(오와리)의 守護代의 아들로 태어나 일본을 군사적으로 통일하기 직전 가신에 의해 암살된 織田信長의 성공요인은 무엇보다도 그의 군사적 지략과 용맹에서 발견된다. 그러나 이러한 개인적 자질을 만개하게 만든 객관적 요인도 무시할 수 없을 것이다. 이러한 요인 가운데 중요하게 꼽히는 것은 그의 본거지가 된 尾張의 경제적 환경이다. 즉 木曾川(기소카와) 삼각주에 자리 잡은 이 지역은 일본 내에서 가장 높은 농업 생산력을 자랑하던 곳이다. 또한 이 지역은 당시 확대되던 상공업을 통해서 畿內(기나이)와 밀접히 연결되어 있으면서도 지리적 거리 때문에 중앙의 전통적 권위의 간섭이나 영향을 덜 받고 있었다. 따라서 신흥 大名들이 영향력을 확장하는 데 상당히 유리한 지역이었다.

---

94 서양 근대국가의 발전과정이라는 맥락에서 Max Weber는 기율의 중요성을 다음과 같이 말하고 있다. "대포의 화약과 그와 연관된 전쟁의 모든 기술은 기율의 존재와 연결되어서만 의미있는 것이 되었고, 또한 기율의 존재를 전제로 하는 전쟁조직(war machinery)이 사용될 때 그 잠재적 의미가 완전히 현실화되었다." Max Weber, *Economy and Society*(eds.), G. Roth and C. Wittich(New York: Bedminster, 1968), p. 1152.

1560년 桶狹間(오케하자마) 전투에서 자신보다 훨씬 강력한 今川義元(이마카와요시모토)의 군대를 격파함으로써 尾張 안에서 가장 강력한 大名으로 지위를 확립한 信長은 곧 美濃(미노)을 합병한 후 군사적으로 가장 강한 戰國大名의 1인이 되었다. 막부 將軍직을 희망한 足利義昭(아시카가요시아키)를 도와준 대가로 1568년 京都에 진출한 信長은 京都의 행정과 치안을 맡아 처리했고, 또한 公家(구게) 및 社寺(신사와 사원)의 土知行을 보호함으로써 중앙귀족으로부터 환영을 받았다. 信長과 불가피하게 반목하게 된 義昭의 信長 토벌 호소에 응해 反信長 동맹을 결성했던 武田(다케다)氏, 朝倉(아사쿠라)氏, 淺井(아사이)氏 및 一向宗(잇고쇼오)의 본거인 本願寺(혼간지)를 차례차례 물리친 信長은 1573년 장군 義昭를 京都에서 추방함으로써 室町 막부에 종지부를 찍었다.[95]

信長의 성취는 무엇보다도 전례를 뒤집는 그의 군사적 독창성과 관련되는 것이었다. 철포의 사용에 대해서는 전술한 바 있지만 그 외에 足輕의 체계적 사용도 그에 의해 처음 시도된 것으로 알려진 발전이었다. 16세기 초반만 해도 보조병력으로만 사용되었던 이 보병군은 신장에 의해 훈련을 바탕으로 조직된 군편성으로 성장하게 되었다.

그의 전술 중 또 다른 특징 가운데 하나로는 기동성이 지적된다. 이 기동성은 철저한 계획에서 비롯된 것이었다. 즉 그는 이를 위해 전략도로를 정비하고 부교와 대규모 수송선을 철저히 준비했다. 이렇게 그의 전술은 단순히 전투병력만이 아니라 수송대와 공병대 같은 보조 지원부대를 효과적으로 이용하는 것이었다. 따라서 이러한 전투는 領國 내의 자원의 총동원을 수반하는 것이었다.[96]

---

95 永原, 1975, pp. 306–315.

96 Asao Naohiro, "The Sixteenth Century," in John W. Hall, *The Cambridge History*

京都에 머무르고 있는 동안 信長은 畿內의 堺(사카이)와 大津(오즈) 등의 교통·무역 중심 도시의 통제권을 장악했는데, 특히 堺의 경우는 국내·국제 교역의 중심지였고, 또한 철포의 생산지로 대단히 중요한 의미를 지니는 도시였다. 信長은 특히 자신의 정치사업에 있어 상업활동의 중요성을 인식하여 자신의 새로운 근거지로 정한 近江(오오미)의 安土(아즈치)를 중심으로 하는 전국적인 교역망 건설작업을 추진했다. 한편 그는 자신의 지배지역에서 국내 세관제를 폐지하는 한편 자유시장(樂市)과 자유 길드(樂座)의 설립을 도와 상인들의 자유활동을 촉진시켰다.[97] 특히 상업활동에 대한 귀족이나 사원 같은 중세적 특권계급의 간섭을 배제하는 정책을 추진했다. 또한 信長은 새로 출현하기 시작한 城下町(죠카마치)에 상업활동을 집중시키는 노력도 추진했다.[98] 이 모든 것들은 그의 군사활동을 위한 경제적 기반으로 모색된 것으로, 특히 城下町의 건설은 현물로 징수한 방대한 양의 세금을 영토확장 사업에 필요한 현금으로 전환하는 메커니즘으로서 도시가 필요하다는 인식에 바탕을 둔 것으로 이해된다. 즉 그는 도시를 군사장비, 무기, 탄약, 병사들이 사용할 소비재 보급의 중심점으로 만들고자 했던 것이다.[99]

---

of Japan, vol. 4: *Early Modern Japan*(Cambridge: Cambridge University History, 1991), p. 54.

97 樂市와 樂座, 新都市 建設에 관해서는 脇田修, "近世都市の建設と豪商,"『岩波講座日本歷史』近世 1(岩波, 1975), pp. 155-194; Wakita Osamu, "The Social and Economic Consequences of Unification," in J. W. Hall(ed.), 1991, pp. 110-121을 볼 것.

98 城下町에 관해서는 John W. Hall, "The Castle Town and Japan's Modern Urbanization," in Hall and Jansen(eds.), 1968, pp. 169-188 참조.

99 Asaho Naohiro, 1991, p. 58.

5-2. 太閤檢地(다이코겐치)와 무사계급의 변모

전투수행에 있어서 秀吉(히데요시)의 방식은 信長이 취한 방식을 더 이상 확대하는 것이었다. 秀吉의 전투법의 특징은 대규모 병력이 동원되는 방식을 택했다는 점에서 발견된다. 예컨대 공성에 있어 성 주위에 대규모 제방을 건설하여 물을 저장했다가 수공전(水攻戰)을 전개한다든지, 또는 공격대상의 성 주위에 해자를 파서 주위로부터의 물자공급을 차단하는 방식을 채택했다. 秀吉은 여기에 소요되는 병력을 효과적으로 동원-관리하는 우수한 방법을 고안했다.[100] 이 외에도 소선 침략을 위한 20만 병력의 집결, 大阪(오오사카) 성 같은 대규모 구조물의 건설 같은 예를 들 수 있을 것이다. 또한 흥미로운 일은 한곳에 집중시킨 병력을 위한 보급품, 특히 식량과 軍馬의 사료 보급을 위해 그는 과거와는 달리 현금 지급을 바탕으로 상인들과 운송업자들을 대량으로 고용했다는 점 또한 당시로서는 생각하기 어려운 일이었다.[101]

秀吉이 대륙침공을 위해 전국적으로 20만이라는 대규모 병력을 집결시킬 수 있었던 것은 石高制(고쿠다카세이)에 기반을 두는 사상 최초의 전국적 군역제 덕분이었다. 소출량 100석당 4명 또는 5명의 軍丁(군정)을 제공하게끔 한 이 군역제는 1582년부터 연차적으로 실시해 온 檢地(토지

---

100 Asao, 1991, p. 55.

101 Asao, 1991, pp. 55-56. 특히 대규모 軍隊를 바탕으로 하는 전쟁이 도입된 17세기 이후의 서양에서도 이 보급-병참의 문제는 전투 그 자체보다도 더 중요한 전쟁수행의 핵심적인 문제였다. 이 점에 관해서는 Martin van Creveld, *Supplying War: Logistics from Wallenstein to Patton*(Cambridge: Cambridge University Press, 1977)을 볼 것.

조사) 사업에 바탕을 두는 것이었다(檢地 사업 자체는 秀吉의 사후인 1598년까지 계속되었음). 秀吉의 官名을 따라 太閤檢地로 불리우는 이 토지조사 사업은 세수의 증대와 군역제의 개선이라는 직접적인 목적 때문에도 중요하게 다루어지지만, 그 檢地 사업에 부수된 몇 가지 중요한 조치는 무사의 정치적·사회적 지위, 그리고 나아가서는 국가의 성격과 관련된 중요한 역사적 의미를 지닌다.

원래 檢地 사업은 전국 시대부터 자신의 領國 내에서의 농업생산력에 대한 체계적 통제권을 장악하고자 했던 大名들에 의해 부분적으로 실시되어 왔던 것이다. 토지의 규모, 생산능력 및 인력배분에 대한 정확한 정보를 가져야만 조세부과와 군역할당이 가능했기 때문이다. 그러나 중세의 중층적 토지소유 관계 때문에 완벽한 조사는 사실상 불가능한 것이었다. 이 점은 織田信長의 경우도 마찬가지였다.[102]

信長의 사망 직후인 1582년 7월 秀吉은 바로 승전지역인 山城國(야마시로노쿠니)의 社寺부터 검지사업을 시작하고 이 사업을 전국적으로 확장했는데, 이에 대한 저항도 작지 않아 그가 信長에 비해 훨씬 더 강한 군사력을 배경으로 하고 있었기 때문에 가능했던 일이었다. 이 檢地에서 중요한 것은 복잡하게 얽혀 있는 토지소유권을 간결하게 만들었다는 점이다. 우선 모든 토지소유권은 기본적으로 일단 최고 영주에게 속하는 것이고, 모든 무사 그리고 사원이나 중앙귀족들까지도 預物(아즈케모노=위탁물)로서만 최고 영주의 승인 하에 토지를 보유하는 것이라는 새로운 개념을 제시했다. 모든 토지는 최고 영주로부터 위탁받아 보유한다는 이러한 신개념은 새로운 권력집중화의 기초가 되었다.[103] 太閤檢地에

102 보다 자세히는 Wakita, 1991, pp. 102–103을 볼 것.

103 Wakita, 1991, p. 103.

서는 모든 토지를 잠재적 소출량, 즉 石盛(고쿠모리)을 표시하는 高의 개념을 통해 표시했고, 이를 바탕으로 연공과 군역을 정했기 때문에 石高制로 불리운다.

이와 함께 도입된 새로운 정책은 토지소유 관계를 단순화하는 목적과도 연결된 것이지만 侍(사무라이) 계급과 百姓(햐쿠쇼)를 분리한 兵農分離의 원칙이었다. 당시까지 궁극적으로는 중앙귀족, 社寺 또는 유력 무가가 영주권을 갖는 토지의 관리자로서 경작자들로부터 지대로서 연공을 받아오던 복잡한 토지관계는, 최고 영주로서의 중앙정부로부터(大名을 통해) 知行地 또는 영지를 배당받고 이에 대해 年貢을 징수할 권리만을 보유하게 된 무사계급과 실제의 경작자의 관계로 단순화되었다. 동시에 무사는 이 영지로부터 일정한 지대를 받을 권리만 부여되었을 뿐 그 영지의 자유로운 처분과 특히 경작이 금지되었다. 이에 따라 大名의 가신들로서 무사는 독립적인 영지보유자에서 종속적인 급료생활자로 성격이 바뀌게 되었다. 실제 이들 무사계급은 물리적으로 농촌에서 퇴거하여 城下町에 거주하면서 大名의 관리로서, 또는 국가 행정업무를 독점하는 계층으로 활동하게 되었다.

무사계급을 농촌으로부터 격리시킴으로써 자율적인 村의 존재가 확인되었고 농민에게는 토지경작권이 확보되었다. 이러한 변화는 근세초 농업기술의 발전과 상업발달에 따라 농업생산성이 증가하면서 결과된 부농의 증가와 이들을 중심으로 한 자율성 증대운동의 증가와 직결되는 일이었다. 그러나 大名들은 자신의 領國에 대한 지배권을 더욱 확실히 하는 정책을 추구했다. 이 두 개의 갈등되는 경향에서 제기된 문제는 상기와 같은 병농분리 정책을 통해 상당한 정도 해결될 수 있었다.[104]

---

104 Wakita, 1991, p. 100.

이렇듯 병농분리 정책은 밑으로부터의 사회적 압력을 해소시키는 목적과 직결되면서 추진된 것인데, 동시에 이러한 위협의식은 농민으로부터 일체의 무기를 몰수한 刀狩(가타나가리) 정책[105]에서도 잘 표현되었다. 이러한 위협의식은 信長이나 秀吉이 다른 大名들을 군사적으로 정복한 다음에도 정복지역을 자신의 직접 관할지에 포함시키지 않고 이들을 상당수 그대로 존치시켰다는 사실에서 발견되는 것이다.[106] 이 점은 信長이나 秀吉, 그리고 뒤에 德川家康의 경우에도 마찬가지로 모두 자신이 직접 통제하는 대규모의 상비군을 갖지 않았다는 사실과 관련된다. 새롭게 어떤 지역을 정복해도 그 지역 질서유지의 필요성은 남게 되는데, 이 기능은 기존의 大名을 통해서 그대로 수행되도록 했던 것이다. 이와 동시에 지속되는 정복전의 경우에도 이들은 필요한 병력을 최근에 정복을 통해 확보하게 된 大名의 군대를 그대로 사용함으로써 충당했다. 원칙으로서 秀吉은 새로 복속시킨 大名의 군대를 그 다음의 정복전투에서는 최전방에 위치시킴으로써 이들의 충성심도 동시에 시험하기도 했다. 즉 당시의 군대는 처음부터 끝까지 大名들의 연합부대에서 뽑아낸 파견군으로 구성되어 있었다. 특히 秀吉의 경우 끝까지 싸우기보다는 협상을 통해 적대 大名을 포섭하는 데 상당한 노력을 기울여 왔다. 이러한 大名간의 상호 의존은 德川 막부의 幕蕃(바쿠한) 체제의 핵심 부분으로 발전하게 되었다.

---

105 이 刀狩 정책은 사적 폭력의 금지라는 각도에서도 이해될 수 있다. 그러나 실제이 사적 폭력의 금지와 밑으로부터의 위협의식은 밀접히 연결되어 있는 것이다.

106 John W. Hall, "Introduction," in Hall(ed.), 1991, p. 14.

5-3. 德川幕府의 군사조직

장기간의 지속적인 전쟁을 통해 결국에는 안정된 통일국가 수립에 성공한 德川家康은 전형적인 戰國大名으로 통일 후에 수립된 막부는 사실상의 군사독재 체제로 말할 수 있을 것이다. 흥미 있는 일은 그가 만든 幕府 체제의 발전이 전형적인 문민관료 체제 쪽으로 이루어졌다는 사실이다. 이 점은 德川 막부의 군사조직에서 잘 드러나고 있다.

1649년에 제정된 '軍役人數割'에 의하면, 전시의 경우 大名들은 領地의 규모에 따라 일정한 병력을 제공하기로 되어 있다. 예컨대 10만 석의 경우 기병 170, 철포 350挺, 궁사 30, 창병 150 등을 포함하여 총 2,155명의 병력을 공급해야 했다. 200석의 侍(사무라이)는 자신을 포함하여 총 5명의 병력을 동원하게끔 되어 있었다.[107] 이 점을 바탕으로 계산한다면 이론상 막부는 필요한 경우 약 40만의 병력을 동원할 수 있었다. 이 규모는 같은 시기 유럽의 어떤 국가보다 더 큰 규모의 병력이 된다. 예컨대 1635년 스페인의 경우 35만의 병력을 갖고 있었던 것으로 지적된다.[108] 그러나 실제로 막부는 이러한 규모의 병력을 동원할 수도 없었고,[109] 또한 250년간 단 한 번의 전쟁이나 내란을 겪지 않은 상황에서 그러할 필요도 없었다. 여기에다가 대부분의 藩들은 심각한 재정난을 겪어야 했기 때문에 충분한 군비는 생각하기 어려운 일이었다.

---

107 John W. Hall, "The *Bakuhan* System," in Hall(ed.), 1991, p. 159.

108 이 점에 대해서는 Geoffrey Parker, "'The Military Revolution', 1560-1660—a Myth?" *Journal of Modern History*, 48(June 1976), p. 206을 볼 것.

109 이 점은 Conrad D. Totman, *Politics in the Tokugawa Bakufu, 1600-1843*(Cambridge: Harvard University Press, 1967), pp. 53-63에서 잘 분석되고 있다.

평시 막부가 보유하고 있던 군사조직은 德川家 領地에 분산배치시켰던 22,500에서 26,000 규모의 德川家 직할군단이 있었다. 이 부대는 기본적으로 영지 내 주요 성 또는 전략적 요충을 지키는 番方으로 여기에는 大番, 書院番, 小性組番, 新番, 小十人組, 持弓, 持筒組, 步行組, 先手番 등으로 구성되어 있었는데, 1650년을 전후해 최대 병력을 보유하다가 그 뒤로는 약간 감퇴했던 것으로 추정된다.[110]

5-4. 德川幕府의 역사적 성격

德川 막부 체제는 기본적으로 사적 폭력을 바탕으로 분열적 정치구조를 지속해 오던 일본 역사에서 처음으로 무사계급 조직을 효과적으로 통제하고 전국적인 평화를 제도화하고 질서를 제공했다는 점에서 그 역사적 의의를 찾을 수 있을 것이다. 이 점은 서양에서 16세기부터 이루어진 근대국가 형성과정에 비견될 수 있는 일로 여겨진다. 그러나 바로 이러한 점의 대부분이 德川 막부가 이룩한 것이라기보다는 이미 전국 시대와 織豊 시대 때부터 시작된 일련의 과정의 결말을 맺는 작업이었다는 점을 상기하는 일이 중요하다. 따라서 德川 막부의 역사적 성격을 논의하기 위해서는 전국 시대와 織豊 시대의 의의를 파악하는 일이 중요하다.

戰國 시대 및 織豊 시대 때부터 이루어진 것으로 파악되는 정치적·사회적 질서 부여의 작업은 사적 폭력의 억제를 의미한다. 일본에서 사적 폭력의 문제는 결국 이 폭력의 주역이었던 무사의 역사적 역할변화의 문제로 파악될 수 있다. 전국 시대로 들어가기 전의 室町 막부 시대를 개인 무사들의 전성기로 볼 수 있을 것이다. 즉 장원체제도 해방되고 守

110 朝尾直弘, "將軍政治の權力構造,"『岩波講座日本歷史』, 近世 2(岩波, 1975), p. 21.

護(슈고)들의 장악도 강력하지 않았기 때문에 지방에서의 지위는 상승했고 독립성도 강화되었다. 그러나 이 시기는 동시에 지방 토호들의 세력과 농민들의 집합적 주장도 강력해졌던 때였다. 바로 이러한 상황 속에서 무사들 상호간의 知行(토지보유의 보장)과 군사복무(충성)를 매개로 한 '봉건적' 주종관계 형성 또는 수직적 결합이 발생하게 된 것으로 이해된다. 따라서 鎌倉 막부의 수립이 아니라 이때를 봉건제의 시초로도 볼 수 있게 되는 것이다. 여하튼 무사 상호간의 수직적 결합의 첫 번째 형태는 戰國大名으로 나타났고, 다음 織豊 정권을 거쳐 德川 막부에서 안정된 제도로 고착하게 된 것이었다. 이러한 점에서 볼 때 德川 막부도 봉건제의 틀을 벗어났다고 말하기는 어려울 것으로 보인다. 그러나 그것을 단순히 '봉건제'의 범주에 넣기 어려운 것은 정치적·군사적으로 분열되었던 일본을 실질적으로 통일했다는 점이다. 이런 점에서 德川 막부는 '근대적' 질서로 파악될 수 있다.

일견 이 점은 모순같이 보이나 서양 근대국가의 첫 모델이 된 절대주의 왕조국가의 역사적 성격에 관한 앤더슨(Perry Anderson)의 논의를[111] 염두에 둔다면 이 점을 굳이 모순으로 생각할 필요가 없다. 그에 따르면 우리가 근대국가의 효시적 모델로 이해하고 있는 서양의 절대주의 왕조

111 Perry Anderson, *Lineages of the Absolutist State*(London: NLB, 1974). Anderson은 마르크스주의 시각에서 이러한 절대주의의 발전을 봉건세력의 위기극복이라는 관점에서 설명하고 있다. 또한 이러한 관점에 입각하여 Ikegami도 德川 막부를 비슷한 관점에서 설명하고 있다. Ikegami, 1995, p. 184. 그러나 반드시 이러한 기능주의적 입장을 채택하지 않고서도 우리는 근대국가의 발전이 봉건왕국의 연속선상에서 이루어졌음을 알 수 있다. 이러한 관점에서의 논의로는 Joseph Strayer, *The Medieval Origins of the Modern State*(Princeton: Princeton University Press, 1971)을 볼 것.

국가도 그것이 딛고 있는 사회적 관계에서 볼 때 여전히 봉건국가에 속한다. 이때 절대주의 왕조국가의 근대성이란 중앙집권적 관료기구와 국왕의 상비군을 바탕으로 이룩된 통일된 정치적 틀의 완성을 얘기한다. 이러한 점에서 볼 때 德川 막부는 서양의 절대주의 왕조국가와 같은 이중성을 띠는 근대 정치질서로 볼 수 있을 것이다. 그리고 이러한 질서의 수립 또한 장기적 전쟁의 결과로 이룩된 것임을 상기할 때, 일본에 있어서의 근대국가 형성의 결과는 단순히 우연의 산물만은 아니라는 점을 쉽게 이해할 수 있을 것이다.

다만 서양의 경우와 일본의 경우에서 우리는 몇 가지 결정적인 차이를 발견할 수 있다. 우선 서양의 경우 부단한 전쟁이 대륙의 규모에서 일어났기 때문에 일단 국민국가 규모의 정치단위는 항상 상비군의 보유를 필요로 했고, 이 상비군의 존재로 인해 통일 및 통합의 정도가 훨씬 더 높게 되었다. 이에 비해 일본의 경우 19세기에 들어오기 전에는 모든 전쟁이 내란의 성격을 지녔기 때문에 일단 이것이 해소된 이후는 상비군의 필요성이 전무했다. 대신 안정된 정치체제는 내란에 참여했던 당사자들(大名)의 타협을 통해 달성되었다. 즉 德川 막부는 그 자체의 성장과정에서 근대국가적 관료제화의 작업을 추진해 왔다는 점에서 분명히 근대성을 말할 수 있는 면이 있다. 그러나 동시에 그 체제는 織豊 시대 때 시작되었던 역사적 추세를 완성시켰다는 점 이상의 의미를 부여하기 어려울 것으로 보인다. 이러한 점은 19세기 후반 서양국가의 도전을 받았을 때 이에 대항할 만한 아무런 군사적 준비를 하고 있지 않았다는 점을 근거로 지적될 수 있는 일이다. 또한 그 도전 또는 그와 유사한 다른 종류의 도전 없이는 더 이상의 발전은 불가능했다고도 말할 수 있을 것이다.

따라서 일본에서의 德川幕府로 대표되는 통일국가 체제의 심도는 서양에 비해 떨어질 수밖에 없었다. 이러한 한계는 일본이 19세기 후반 이후 본격적으로 서구적 세계정치질서에 편입된 후에 비로소 인식·극복될 수 있는 것이었다. 물론 그러한 극복이 '도전에 대한 응전'이라는 식의 단순화된 명제로 설명하기는 어려울 것이다. 그러한 외부로부터의 도전은 국내체계의 재정비, 그에 따른 계층 간의 갈등, 그 갈등해소를 위한 정치권력의 작용 등 일련의 복잡한 과정을 거치면서 적절하게 대응될 수도 아니면 대응을 못해 식민지로 전락해 버릴 수도 있었던 것이 역사의 현실이었다. 일본의 경우 이케가미의 논의처럼 '명예'의 문화적 전통이 대응을 위한 정신적 준비를 제공했다고 설명할 수도 있을 것이고, 아니면 무어의 주장처럼 파시즘의 등장과 패전이라는 참경을 겪어야만 했다고도 말할 수 있을 것이다.

6. 요약과 결론

근대 국제질서는 기본적으로 국민국가(the nation state)를 기본적인 구성단위로 하고 있다. 완성된 국민국가의 내부조직은 그 구성원 사이의 독특한 관계를 전제로 하는데, 민족주의·민주주의는 바로 그 점을 지적하는 것이다. 이 민족주의·민주주의가 갖는 정치사회학적으로 중요한 의미는 사회적 자원의 동원이 자발성을 바탕으로 이루어진다는 점에서 가장 효률적 정치체제로 말할 수 있다는 점이다. 그런데 이러한 체제는 역사적으로 근대국가의 형성을 전제로 해서만 가능했다.

서양에 있어서의 성공적인 근대국가 형성은 예외 없이 전쟁과정을 통해서 이루어졌고, 바로 이러한 점에서 독일의 역사학자 힌체(Otto Hintze)는 "모든 국가조직은 기원상 전쟁을 위한 군사조직이었다"고 단언했던 것이다.[112] 본 논문은 바로 이러한 점을 염두에 두면서 19세기까지 비구미 지역에서는 거의 유일하게 성공적으로 근대국가 형성에 성공한 일본의 경우를 검토함으로써 서구의 경험을 바탕으로 제시된 전쟁과 근대국가 형성의 관계에 관한 논지를 확인하는 것을 일차적인 목표로 한다. 동시에 일본사 전개과정의 특수성을 서구 근대국가 형성과정에 비추어 이해하고자 하는 목적도 갖고 있다.

일본에 있어 사적 무력의 전통은 상당히 오래된 것으로 고대부터 문제로서 의식되어 왔다. 무사의 존재양태와 관련하여 일본사에서 고대 이래 일관되게 나타나는 특징의 하나는 무인은 항상 세습무인이었다는 점이다. 즉 무력은 특정 가문에 의해 사적으로 독점되는 기능이었는데, 대부분 지방 수장층 또는 호족층이 주된 무력의 보유자였다. 645년의 大化改新(다이카카이신), 672년의 壬申의 亂 이후 조정은 항상 군사의 중앙집권화를 꾀했지만 이에 필요한 독자적인 군사자원을 갖지 못했기 때문에 항상 지방세력과 타협하지 않으면 안 되었다. 8세기 이후의 율령국가 하에서의 군단제도 역시 소기의 성과를 거두지 못했다.

사적 무력의 중요성이 더욱 커진 것은 지배층 내의 대립이 격화되면서였고, 이 점에서는 천황도 예외가 아니었다. 율령군대는 고대 일본의 주요한 군사적 과제였던 蝦夷(에미시)의 문제가 해결되면서 공식으로 포기되었다. 9세기부터 발생한 지방 부호층의 집단적 폭력활동이 새로운 문제로 등장했다. 이에 대한 조처는 國衙(고쿠가)를 활용하는 것이었는데, 대체로 이때부터 전문적 무예인이 등장했던 것으로 알려지고 있다. 이와

112 Otto Hintze, "Military Organization and the Organization of the State," in Felix Gilbert(ed.), *The Historical Essays of Otto Hintze*(New York: Oxford University Press, 1975), p. 181.

함께 지방, 특히 東國에는 군사귀족들이 출현하기 시작했는데, 이것은 변경 군사귀족이라고 불렀다.

변경 군사귀족에 의한 난의 하나인 平將門(다이라노마사카도)의 난이 10세기에 발발했을 때 지방의 武家들이 그 해결수단으로 사용되었고, 그 이후 이 武家들은 군사가문으로 확고한 지위를 차지하게 되었다. 특히 清和源氏(세이와겐지)와 桓武平氏(간무헤이시)가 두드러진 존재가 되었다. 承平-天慶年間에 일어났던 이 난은 중앙 군사귀족의 지위를 확립시켰다는 역사적 의의를 갖는다. 이들은 원래는 유력 귀족가문 혹은 권문에 종속되어 있어 '諸家兵士'라고 불리우기도 했으나 이때를 계기로 독립적 군사귀족으로 활동할 수 있게 되었다.

이때까지만 해도 아직 상호간 주종관계를 맺는 무사단의 발전은 없었다. 그러나 平忠常(다이라노타다츠네)의 난을 계기로 동국지방에는 무사단으로 얘기할 수 있는 주종관계를 바탕으로 하는 무력조직이 생겨나기 시작했다. 그 중심적인 인물이 清和源氏의 義家(요시이에)였다. 그는 이미 後三年의 전쟁 때에는 조정의 지원도 받지 않고 자신이 동원한 사적 무력만으로 전쟁을 치르기도 하여 武家棟梁으로 불리우게 된 첫 번째 인물이 되었다.

桓武平氏 正盛(마사모리)도 京都에서 상당한 무력을 통솔하는 군사귀족이었다. 이들은 이미 대규모 군사활동에 동원되었는데, 특히 중요한 것은 특정 권문에 봉사하면서 장원 지배기구의 폭력장치의 기능을 수행했다는 점이다.

11세기 중엽 장원억제 정책의 해금이 있으면서 대개간이 시작되었는데, 이때 개간사업의 중심이 된 것은 지방호족이었다. 이들은 특히 郡司 또는 鄕司 같은 직책에 임명되어 자신들의 私領을 所領(쇼료오=영지)으로 바꾸었다. 특히 이들 영주들은 상호 보호-피보호 관계를 강화했다.

주종관계를 매개로 하는 무사단이 확립되면서 중세적 무사의 성격은 명확해지기 시작했다. 무사의 지방에 대한 지배의 강화는 12세기에 이르면 현저해지는데, 이때부터 대무사단이 등장하게 되었다.

한편 무사들의 수가 증가하면서 이들 상호간의 항쟁도 빈번해졌다. 당시의 國衙는 이미 무사들 사이의 분쟁에 대한 조정기능을 상실하고 있었다. 따라서 군사적 긴장은 고조되었고 또한 일상화·장기화되어 갔다. 또한 이들은 중앙 군사귀족이나 다른 권문과의 결합을 기도했다. 이에 따라 중앙에서의 권문 간의 대립과 지방 무사 간의 상호 항쟁은 연결되기에 이르렀다. 이러한 대립은 保元-平治의 난으로, 결국에는 源平戰으로까지 이어지게 되었다.

源賴朝(미나모토노요리토모)의 승리 요인은 무사단 간의 갈등의 조정을 포함하여 무사단의 이익을 보호해 준 점에서 발견된다. 이러한 사실에서 발견되는 중요한 점은 源賴朝가 조정의 힘을 빌리지 않고 오로지 자신의 군사력 및 권위에 의거해서 그러한 기능을 수행했다는 점이다. 이때 이후 토지 소유관계는 안정되었고, 무사 간의 주종관계가 형성되었으며, 특히 在地領主와 무사는 일체화되기에 이르렀다.

源平戰을 계기로 한 源賴朝의 鎌倉 막부의 수립은 당시까지 일본사를 일관하여 문제가 되어왔던 사적 무력이 결국에는 공권력으로부터 실질적으로 독립하여 독자적 정치질서를 수립하게 되었다는 역사적 의미를 지니는 사건이었다. 그러나 여기에서 다시 한 번 확인된 사항은 중앙정치의 전개는 여전히 지방 유력세력의 태도와 관련하여 이루어졌다는 점이다. 이 점은 중앙집권적 상비 군사조직이나 관료기구가 부재했다는 사실과 직결되는 사항이다. 또한 이때부터 중앙권력자와 지방 무사 사이에는 독특한 관계가 맺어지게 되었다.

한편 室町 막부 때에 이르면 지방 무사들은 國人으로 불리는 반독립적 재지영주로서 성장하여 國人領主制는 室町 막부의 정치제도를 떠받치는 기반적 제도로 되기에 이르렀다. 특히 國의 守護가 在京 거주의 의무 때문에 國에 부재하는 동안 國人의 세력은 더욱 성장하게 되었다. 이 당시 지방에는 土一揆 등의 조직이 성장하여 지배층을 위협하게 되었다. 이에 國人들 사이에는 보호와 충성을 교환하는 주종관계가 성립하여 봉건적 위계질서가 형성되었다. 이것이 성장하여 결국에는 戰國大名으로까지 발전했다.

이 시기는 실력에 의한 戰國大名들의 자기 확장 노력이 무한적으로 전개되던 시기였다. 특히 실력 있는 하급자가 상급자를 공격하는 일은 일상화되어 '하극상의 시대'라고까지 불리게 되었다. 사회의 모든 수준에서의 상쟁이 일상화되던 상황 속에서 1467년의 応仁의 亂은 戰國時代라고 불리우는 1세기의 대동란 시대의 시작을 알리는 신호가 되었다. 이 상황 속에서 戰國大名들은 생존을 위해 모든 노력을 아끼지 않았는데, 특히 각자 領國의 내부체제 정비의 노력을 경주하게 되었다. 당시의 토지소유 관계나 정치구조는 압도적으로 봉건적이었으나 재정확충을 위한 貫高制의 실시, 철포와 보병 같은 새로운 전투기술의 도입, 무사기율의 강화 노력 등은 서양의 절대주의 왕조국가 형성 초기에 비견할 만한 것이었다.

일체의 기존 규범의 규제를 벗어나 전개된 전국 시대 무력항쟁의 다이나미즘은 결국 최강의 세력에 의해 완전히 이들을 완전히 복속시킬 때까지 계속될 수밖에 없었는데, 그러한 통일작업을 완수한 것이 織田信長과 豊臣秀吉이었다. 사회적 기반은 여전히 봉건제였지만 織豊 시대 때 이루어진 통일국가 형성 작업은 근대국가 형성의 기초를 다지는 작업으로 이해될 수 있다. 예컨대 재정기반의 형성을 위한 상공업의 장려, 太閤檢地 같은 전국적 토지조사 사업, 토지소유 관계의 정비는 그 대표적인 예로 들 수 있는 것들이다. 이 과정에서 이루어진 兵農分離는 지배계급으로서의 무사계급의 위치를 재확인하는 동시에 농촌의 자율성도 보장해 준 조치였다. 그리고 刀狩 조치에서 보이는 사적 무력의 금지도 근대성의 중요한 지표의 하나로 얘기될 수 있는 것이다. 德川 막부의 작업은 바로 이러한 織豊 시대의 유산을 제도화했다는 점에서 그 의의를 찾을 수 있을 것이다.

일본이 서양의 발전과 근본적으로 차이를 갖는 점은 서양에서의 근대국가 형성은 대외적인 면과 대내적인 면을 동시에 갖고 있었다는 점이다. 즉 대내적으로는 통일국가 형성에 반대하는 구봉건세력의 저항을 극복하는 것이었고, 대외적으로는 유사한 국가들 간의 상쟁이었다. 따라서 근대국가의 형성이 끝나고 안정성을 찾기까지는 수세기가 더 걸렸다. 그러나 지리적으로 고립되어 일본 열도의 정치가 전부였던 일본의 경우 德川 평화로 인해 군사와 그와 관련되는 조직의 근대적 성장은 일단 중단되었다. 가장 중요한 점으로 아무런 필요성이 없었기 때문에 중앙에서 직접 통제하는 상비군의 발전이 없었다는 점을 들 수 있을 것이다.

이러한 점 때문에 19세기 후반 일본이 세계정치의 틀 속에 편입될 때 일본은 자신의 무력(無力)에 스스로 놀라지 않을 수 없었던 것이다. 그러나 동시에 일본이 서양 제국주의에 희생되지 않고 단기간 내에 군비를 갖추고 스스로 그 제국주의의 반열에 참가할 수 있었던 것은 일본이 갖는 근대국가 형성을 위한 노력의 경험과 또한 강력한 무사전통 때문이었던 것으로 이해된다. 한편 강력한 중앙집권적 통치를 하는 대신 大名을 막부 정권에 의한 통치의 불가결한 일부로 만든 막부의 독특한 정치구조는 뒤에 완전히 통일된 현대 일본이 보이는 지역적 다양성과 자율성의 바탕을 이루는 것으로 이해된다.